D1108646

¡La Migra!

Sección de Obras de Sociología

Traducción:
Gerardo Noriega Rivero

Kelly Lytle Hernández

¡La Migra!

Una historia de la Patrulla Fronteriza de Estados Unidos

Primera edición en inglés,   2010
Primera edición en español, 2015

Hernández, Kelly Lytle
    ¡La Migra! Una historia de la Patrulla Fronteriza de Estados Unidos / Kelly
Lytle Hernández ; trad. de Gerardo Noriega Rivero. — México : FCE, 2015
    475 p. ; 21 × 14 cm – (Sección de Obras de Sociología)
    Título original: Migra! A History of the U. S. Border Patrol
    ISBN 978-607-16-2218-1

    1. Ilegales — Frontera (México-Estados Unidos) 2. Inmigrantes — Estados
Unidos de Norteamérica 3. Patrulla Fronteriza Estadunidense — Historia 4. Problemas fronterizos — Sociología I. Noriega Rivero, Gerardo, tr. II. Ser. III. t.

LC JV6483   Dewey 363.2850973 H769m

Distribución mundial

Título original: *Migra! A History of the U.S. Border Patrol*
D. R. © 2010, The Regents of the University of California
Publicado por acuerdo con University of California Press

Diseño de forro: Teresa Guzmán Romero

D. R. © 2015, Fondo de Cultura Económica
Carretera Picacho-Ajusco, 227; 14738 México, D. F.
Empresa certificada ISO 9001:2008

Comentarios: editorial@fondodeculturaeconomica.com
www.fondodeculturaeconomica.com
Tel. (55) 5227-4672; fax (55) 5227-4694

ISBN 978-607-16-2218-1

Impreso en México • *Printed in Mexico*

A mi madre
porque me enseñaste a escribir

A mi padre
porque me das aliento para afrontar el mundo

A mi hermano
porque me enseñas que el cambio es posible

A mi esposo
porque eres hermoso

A mis hijos
porque los amo

Un inmigrante mexicano en espera de ser deportado, hacia 1953. Fotografía oficial de la Patrulla Fronteriza (McAllen, Texas), archivo núm. 48-7. Cortesía del Museo Nacional de la Patrulla Fronteriza, El Paso, Texas.

(Hablado)
Es un pájaro,
es un avión,
no, hombre, es un mojado.

(Cantado)
Llegó del cielo y no en avión
venía en su nave, desde Criptón
y por lo visto no es un americano,
sino otro igual que yo, indocumentado.

Así es que "migra" él no debe de trabajar
porque aunque duela, Superman es ilegal.
Es periodista, también yo soy
y no fue al Army, ah qué camión.

Y aquél es güero, ojos azules, bien formado
y yo prietito, gordinflón y muy chaparro,
pero yo al menos en mi patria ya marché
con el coyote que pagué cuando crucé.

No cumplió con el servicio militar,
no paga impuestos y le hace al judicial,
No tiene "mica" ni permiso pa'volar.
Y les apuesto que ni seguro social.

Hay que echar a Superman de esta región
y si se puede regresarlo pa'Criptón.
¿Dónde está esa autoridad de emigración?
¿Qué hay de nuevo, don Racismo, en la nación?

De que yo sepa no lo multan por volar,
sino al contrario, lo declaran Superman.

JORGE LERMA, *Superman es ilegal*

Sumario

Agradecimientos   13
Prefacio a la edición en español   18
Introducción   23

Primera parte
FORMACIÓN   [49]

I. Los primeros años   53
II. Refugio de violencia   102
III. La zona fronteriza de California y Arizona   147
IV. Trabajadores migrantes de México,
inmigrantes ilegales de Estados Unidos   169

Segunda parte
TRANSFORMACIÓN   [197]

V. Un nuevo comienzo   201
VI. Las rutas de control migratorio   239
VII. Rebelión: un levantamiento de agricultores   285

Tercera parte
OPERACIÓN MOJADO Y MÁS ALLÁ   [313]

VIII. Los triunfos de 1954   317
IX. "La era del mojado se acabó"   362

Epílogo	403
Bibliografía selecta	435
Índice analítico	457
Índice general	481

Agradecimientos

No fue sino con el amor, el apoyo y la generosidad de una comunidad de académicos, activistas, archivistas, amigos y familiares, como pude realizar la investigación y exponer las ideas centrales de este libro. Para dar las gracias a todos como se debe, tengo que empezar por los orígenes del libro durante los años en que fui voluntaria en los campamentos de migrantes del condado de San Diego Norte. En ese entonces yo era apenas una adolescente, pero los padres Roberto Martínez y Osvaldo Vencor, de La Casa de los Hermanos, me permitieron ayudarlos en su labor con los jornaleros indocumentados y sus familias, que vivían en las cañadas. Como representante de La Casa hice un poco de todo. Año tras año, Roberto, Osvaldo, el personal de La Casa y los habitantes de los campamentos accedían a que siguiera colaborando como pudiera. Estoy en deuda con ellos por haberme dado la oportunidad de participar en las vidas, las luchas y los ocasionales triunfos que tan a menudo pasaron inadvertidos cuando el estado de California transitaba hacia la aprobación de la Propuesta 187, en noviembre de 1994.

Mientras trabajaba en los campamentos, también asistía a los cursos de George Lipsitz en la Universidad de California en San Diego. George me infundió deseos de volverme académica, y desde hace 15 años lo considero un modelo de excelencia y capacidad intelectuales, acompañadas de un enorme compromiso personal con la búsqueda de una vida más plena en un

13

mundo mejor. Él me hacía las preguntas adecuadas, me dejaba equivocarme y siempre me impulsaba a rendir un poco más, porque las indagaciones propias de nuestro oficio así lo exigen y lo merecen. Gracias, George.

Como estudiante de posgrado tuve el placer de trabajar con Eric Monkkonen. La pasión de Eric por la "historia policiaca" me llevó a ver a la Patrulla Fronteriza desde otra perspectiva, a buscar pruebas del pasado en lugares insospechados y a ensayar nuevos métodos. Y fue su extraordinario sentido del humor lo que me hizo aspirar a una vida dedicada al estudio.

Este proyecto nunca habría despegado de no ser por Marian L. Smith, la historiadora del Servicio de Inmigración y Control de Aduanas. Ella consiguió un singular acuerdo de colaboración entre lo que entonces era la Biblioteca de Referencia Histórica del Servicio de Inmigración y Naturalización (INS, por sus siglas en inglés), los Archivos Nacionales y Administración de Documentos (NARA, por sus siglas en inglés) y yo, gracias al cual participé en un proyecto de indización que se estaba desarrollando con todos los archivos del INS que se encuentran en NARA. Agradezco a David Brown y Cynthia Fox, supervisores del proyecto en el INS, la gentileza de permitirme trabajar en los archivos. La oportunidad de participar en la indexación fue una experiencia invaluable. Todos los archivistas y demás personal de NARA fueron serviciales durante el verano que pasé allí, pero la persona con quien colaboré de manera más cercana fue Suzanne Harris, quien, al igual que Marian, tenía un conocimiento excepcional del conjunto de documentos núm. 85. Su ayuda fue incalculable, y su generoso consejo, un apoyo constante.

Otro recurso decisivo para este libro fue el Museo Nacional de la Patrulla Fronteriza (NBPM, por sus siglas en inglés), cuyo personal me trató con amabilidad y apertura, y me brindó su apoyo al saber que estaba escribiendo una historia de la Patrulla Fronteriza de Estados Unidos. Agradezco en particular a Brenda Tisdale y Kristi Rasura toda su ayuda y conversaciones. Doy las gracias a Mike Kirkwood, entonces director del NBPM, por haberme dado libre acceso a los archivos, documentos y fotografías del museo. Es innegable que nuestras versiones del pasado de la Patrulla Fronteriza difieren mucho, pero el personal del NBPM mostró un grado de apertura y transparencia insólito en una agrupación que se dedica a preservar la historia de una corporación policial. También estoy en deuda con los muchos agentes de la Patrulla Fronteriza que se entrevistaron conmigo durante mis viajes a las oficinas centrales del INS en Washington, D. C.; con el NBPM y con los funcionarios de Información Pública que me llevaron de gira a la frontera méxico-estadunidense en Texas y California. Gus de la Viña y Bill Carter abrieron espacio en sus apretadas agendas para expresarme sus puntos de vista sobre la historia de la Patrulla Fronteriza estadunidense y contarme sus experiencias como agentes y administradores de la institución.

Mi investigación inicial en México la facilitaron Antonio Ibarra, Ariel Rodríguez Kuri y Jaime Vélez Storey, quienes me presentaron generosamente en el Archivo General de la Nación (AGN) y en el Archivo Histórico de la Secretaría de Relaciones Exteriores (AHSRE). Una asociación fortuita con Pablo Yankelevich me dio acceso al acervo del Instituto Nacional de Migración de México. No puedo agradecer lo suficiente a Antonio, Ariel, Jaime y, sobre todo, a Pablo, cuyo decisivo apoyo me permitió realizar una investigación en México y me abrió nuevos horizontes de desarrollo profesional e intelectual.

Muchos colegas y mentores tuvieron la generosidad de leer y comentar capítulos y artículos derivados del manuscrito. Entre ellos se cuentan Ellen DuBois, Deborah Cohen, Michael Meranze, Erika Lee, Mae Ngai, Eric Avila, Scot Brown, John Laslett, Teresa Alfaro Velkamp, Roger Waldinger, Rubén Hernández-León, Kitty Calavita, Benjamin Johnson, Gilbert González, Roger Lane y Wilbur Miller. Robert Alvarez, George Lipsitz, Steve Aron, Naomi Lamoreaux, Natalia Molina, Geraldine Moyle, George Sánchez y Vicki Ruiz leyeron borradores de todo el manuscrito. Sus comentarios y los informes de los lectores de la University of California Press mejoraron el texto y mi análisis.

Quiero dar las gracias a las siguientes instituciones por el apoyo económico que brindaron para que la idea de este libro

15

se materializara: la Beca de Investigación en Historia de Texas Mary M. Hughes de la Asociación de Historia del Estado de Texas, el Internado de Posgrado en Asuntos Internacionales del Instituto de Conflicto y Cooperación Global, los programas de investigación conjunta UC Mexus y UC Mexus/Conacyt, el Centro de Investigaciones de Estudios Chicanos de la Universidad de California en Los Ángeles (UCLA), el Centro de Estudios México-Estados Unidos y el Centro de Estudios Migratorios Comparados de la Universidad de California en San Diego, la Beca de Docencia John y Dora Randolph Haynes, y las siguientes dependencias de la UCLA: el Instituto de Culturas Americanas, el Senado Académico, la Minibeca del Instituto de Investigación sobre Trabajo y Empleo, la Beca de Docencia del Instituto Internacional, el Premio de Desarrollo Profesional y la Facultad de Historia.

Algunos destacados investigadores de licenciatura y posgrado me ayudaron en la preparación del libro: Carlos Niera, Anahí Parra Sandoval, Paola Chenillo Alazraki, Jennifer Sonen, Morelia Portillo, Monika Gosin, Adriana Flores, Alfred Flores, Amin Eshaiker, Angela Boyce, Rachel Sarabia y Liliana Ballario.

Por último, estoy en deuda con aquellos de mis amigos que escucharon muchos más relatos de la cuenta sobre la Patrulla Fronteriza. Mi gran amiga, Angela Boyce, realizó una "investigación de emergencia" para mí en San Diego. Mi padre, Cecil, y mi tía Alice me acompañaron en sendos viajes de investigación para hacerse cargo de mis hijos mientras yo trabajaba en los archivos. Ellos, así como los demás hermanos de mi padre, también han sido una constante fuente de estímulo por su valentía, dedicación a la familia y compromiso con la justicia social. Mi madre me enseñó a escribir. De ella aprendí a escuchar al predicador —no solamente lo que dice, sino cómo lo dice—, a leer más a James Baldwin y a practicar el arte de ordenar mis pensamientos con claridad. Después, decía, "sé tenaz". Ella ya no está aquí, pero leyó de principio a fin todos los borradores de mis trabajos escolares. Con las horas que dedicó, amorosa y entusiasta, a revisar lo que yo escribía, me hizo un regalo perdurable. Y les doy las gracias a mi marido, Sebastian, y a nuestros dos hijos, Isaiah y Solomon. Estos últimos son la fuerza extraordinaria que me impulsa a levantarme por la mañana; Sebastian me lleva a buen término al final del día.

Prefacio a la edición en español

Hoy, el presidente Obama y un grupo bipartidista de senadores se encuentran discutiendo la reforma migratoria en Washington, D. C., y si bien no puedo adivinar cuál será el resultado de sus deliberaciones, el esquema básico de su compromiso actual incluye homologar la amnistía para los inmigrantes indocumentados que ya están en Estados Unidos al dar una explicación para las vías para la inmigración legal, intensificar la vigilancia fronteriza y tomar medidas enérgicas contra los patrones que contratan inmigrantes indocumentados. Se trata de una fórmula conocida (utilizada en la Ley de Reforma y Control de Inmigración de 1986), la cual tuvo como consecuencia la amnistía de tres millones de personas e intensificó el control migratorio a lo largo de la frontera entre Estados Unidos y México. Si el pasado fuera una guía útil para esbozar el futuro, el compromiso actual, al igual que el compromiso previo y los muchos otros que lo han antecedido, no acabará con el problema de la inmigración indocumentada a Estados Unidos. Después de haber otorgado millones de amnistías, de multar a los patrones y de construir muros más grandes y fuertes, Estados Unidos todavía se enfrenta a una crisis de inmigración. La crisis seguirá no sólo porque la gente pueda encontrar nuevas formas de entrar al país sin documentos —algo que sin duda sucederá—, sino debido a que el sistema de inmigración de Estados Unidos seguirá siendo un punto generador de desigualdades profundamente significativas dentro de la ley y la vida estadunidenses.

La historia ofrece un lente crucial para descubrir las desigualdades del sistema migratorio de Estados Unidos. A fines del siglo xix, el Congreso de Estados Unidos puso en marcha el control de inmigración al establecer un conjunto de requisitos administrativos para la entrada legal al país y restringir quién podía entrar legalmente al país y quién no. Cuando las personas entraron a Estados Unidos sin considerar las restricciones del Congreso, la Corte Suprema intervino para definir los derechos de aquellos que vivían en el territorio sin documentos y como podrá leer en *¡La Migra! Una historia de la Patrulla Fronteriza de Estados Unidos*, la Corte Suprema de Estados Unidos limitó considerablemente los derechos de los inmigrantes indocumentados al acotar los alcances constitucionales, y la Carta de Derechos de Estados Unidos, de los procedimientos migratorios. En otras palabras, el inmigrante indocumentado es una categoría de persona formal y legítimamente marginada dentro de Estados Unidos.

¡La Migra! penetra en estas zonas más profundas de la desigualdad arraigada en el sistema migratorio de Estados Unidos, detallando el aumento de la aplicación de las leyes conexas en la frontera entre Estados Unidos y México. En particular, *¡La Migra!* narra los vaivenes de los inmigrantes mexicanos al convertirse en los principales objetivos de la Patrulla Fronteriza de Estados Unidos y, en el proceso, explora cómo la categoría de inmigrante indocumentado en Estados Unidos se racializó como mexicano.

Si bien el desarrollo del sistema migratorio de Estados Unidos llegó a convertirlo en un escenario de raza y desigualdad, en el plan de la reforma migratoria actual no hay nada que prometa abordar esas cuestiones. Por el contrario, las nuevas inversiones en la Patrulla Fronteriza de Estados Unidos sólo habrán de concentrarse en la persecución de inmigrantes indocumentados —es decir, de mexicanos— al norte de la frontera y, por lo tanto, en avivar la historia de la desigualdad racial en Estados Unidos.

Sin embargo, la historia nos ofrece más que una gama de inequidades. Al comienzo del experimento del Congreso para restringir la inmigración a Estados Unidos, el brillante orador abolicionista autoemancipado que trabajó incansablemente por la emancipación de los negros y la libertad en Estados Unidos, el otrora esclavo Frederick Douglass, ofreció una aguda crítica del aumento en el control migratorio. En 1869, justo después de la Guerra de Secesión de Estados Unidos y durante un momento en que los ciudadanos estadunidenses debatieron vigorosamente el futuro de la libertad, la emancipación y la democracia, muchos empezaron a temer la llegada de inmigrantes chinos. Les preocupaba que fuera imposible incorporar a esos inmigrantes y que su llegada desencadenara otros problemas raciales y de pertenencia en una época en que el país ya estaba luchando por incorporar a los esclavos liberados. Sin embargo, Douglass apoyó con firmeza la inmigración sin restricciones, de todo el mundo, y rebatió la idea de que los inmigrantes chinos crearían nuevos problemas raciales y de desigualdad en Estados Unidos. Al leer las nuevas preguntas relacionadas con el problema de la inmigración a través de su experiencia en el debate sobre el problema de la esclavitud, Douglass argumentó: "No fue el etíope como hombre, sino el etíope como esclavo y artículo mercantil codiciado, lo que nos acarreó problemas". Como abolicionista, advirtió contra la creación de un sistema de control migratorio, pues, según él, éste sólo abriría nuevas brechas sociales en Estados Unidos.[1]

Como Frederick Douglass predijo hace más de un siglo, el sistema de inmigración estadunidense se convirtió en un escenario de desigualdad; desde el establecimiento de la Patrulla Fronteriza de Estados Unidos, se ha vuelto una zona de desigualdad que ha impactado principalmente a personas de origen mexicano al norte de la frontera. ¡La Migra! cuenta esta historia. El compromiso actual de reforma migratoria no considera ningún ajuste para con el extranjero ilegal visto como una construcción de la inequidad, es decir, la desigualdad racial, en la ley y la vida estadunidenses; antes bien, mantiene intacta la categoría del inmigrante ilegal. Desde esta perspectiva, es claro que ningún muro puede mantener al inmigrante ilegal fuera de Es-

[1] Frederick Douglass, "Our Composite Nationality", 1869.

tados Unidos: no hay camiones, autobuses, trenes o aviones que puedan deportarlo y la amnistía no puede abolirlo. Sin embargo, al pensar y debatir sobre la reforma migratoria, recordar la crítica abolicionista de Douglass puede ayudarnos a imaginar una vida sin ella.

Kelly Lytle Hernández
Los Ángeles, California
Marzo de 2013

[Traducción de Dennis Peña Torres]

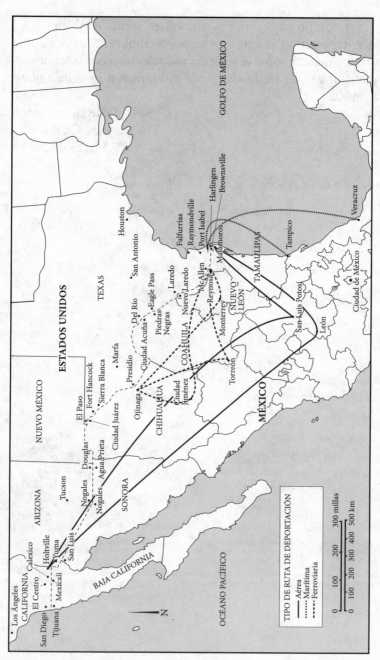

Región fronteriza méxico-estadunidense, con ciudades, poblaciones y rutas de deportación seleccionadas.

Introducción

Hacia el final de la Gran Depresión, la editorial de historietas DC Comics inició la publicación de un cuento fantástico sobre un niño extraterrestre huérfano que de adulto se convierte en el héroe estadunidense *Superman*. La serie *Superman* comienza con la espectacular llegada del joven superhéroe a la Tierra. En el último minuto antes de la destrucción de su planeta natal, Criptón, los padres salvan al niño enviándolo en un cohete a Kansas. Adoptado por una pareja sin hijos, pero creyente y de principios, Superman lleva la vida del típico joven angloamericano oriundo de una comunidad rural estadunidense; pero, debajo de su apariencia externa, es distinto. A diferencia de sus vecinos, Superman puede volar, derretir el acero y ver a través de las paredes. Y, a diferencia de sus vecinos, es un inmigrante ilegal.

Treinta y un años antes de que Superman aterrizara en el folclor estadunidense, el Congreso de Estados Unidos aprobó la Ley de Inmigración de 1907, que exigía a todo inmigrante pasar por un puerto de entrada oficial, someterse a inspección y obtener un permiso del gobierno para poder internarse en el país de manera legal. Al caer del cielo y no registrarse ante las autoridades de inmigración, Superman había entrado en Estados Unidos sin permiso. De acuerdo con la ley de inmigración, el incorruptible líder de la Liga de la Justicia era un inmigrante ilegal. Y sin embargo, la historia de Superman transcurrió sin alusión ni referencia explícita alguna a su condición ilegal. Es cierto que se

23

trataba de una mera ficción y, como tal, ni personaje ni cuento tenían que sujetarse a la realidad de las restricciones migratorias estadunidenses. Pero, por los mismos años en que la popularidad del superhéroe crecía como la espuma, Estados Unidos se volvía una nación profundamente dividida en cuanto al problema de la inmigración ilegal. Desde el Congreso hasta las autoridades locales de las escuelas, los estadunidenses denunciaron lo que muchos llamaban una "invasión de inmigrantes" y la pérdida del control de las fronteras del país. La controversia giraba alrededor del problema de la inmigración mexicana no autorizada en la frontera méxico-estadunidense. A mediados de la década de 1970 grupos de justicieros o vigilantes ya patrullaban la frontera, y el Congreso era escenario de candentes debates sobre cómo resolver el problema de los "mojados". Mientras la controversia en torno a la inmigración mexicana no autorizada se extendía por el escenario político estadunidense, el activista y compositor chicano Jorge Lerma pidió a sus oyentes considerar la ironía de la inmensa popularidad de Superman. "Es un pájaro, es un avión, no, hombre, es un mojado", dijo; pero pocas personas prestaron atención al hecho de que el icónico Hombre de Acero era un inmigrante ilegal.

El provocador cuestionamiento de Lerma sobre Superman como el inmigrante ilegal olvidado de Estados Unidos era una crítica a la Patrulla Fronteriza estadunidense por dedicarse casi exclusivamente a vigilar a los trabajadores migrantes mexicanos, descuidando muchos otros posibles sujetos y métodos para aplicar con rigor la ley de inmigración. La Patrulla Fronteriza se creó en mayo de 1924 para hacer cumplir de manera integral las restricciones migratorias estadunidenses impidiendo cruces no autorizados de la frontera y patrullando las zonas fronterizas a fin de localizar y arrestar a las personas que cayeran en la definición de inmigrantes no autorizados. La entrada a Estados Unidos de asiáticos, prostitutas, anarquistas y muchos otros grupos estaba terminantemente prohibida, y ante el extenso territorio que era necesario vigilar, los agentes de la patrulla se esforzaron por traducir este encargo general en un procedimiento práctico de aplicación de la ley. No obstante, en la región fronteriza méxico-estadunidense, los agentes pronto empezaron a dedicarse casi de lleno a detener y deportar mexicanos indocumentados. Más adelante, a principios de la década de 1940, la responsabilidad de la Patrulla Fronteriza se enfocó en la frontera sur. Desde el fin de la segunda Guerra Mundial, esta fuerza policiaca nacional, fundada para hacer cumplir las restricciones migratorias estadunidenses en general, se ha dedicado casi exclusivamente a controlar la inmigración mexicana no autorizada en la zona fronteriza de México y Estados Unidos. Con su canción, Jorge Lerma hace una aguda crítica de cómo se ha racializado y regionalizado la aplicación de la ley migratoria estadunidense. Superman era un inmigrante indocumentado que volaba sobre el escenario cultural, pero, por ser blanco, se libraba de ser capturado, mientras que los mexicanos de la región fronteriza, sin importar su condición migratoria o su nacionalidad, eran objeto de sospecha, vigilancia y violencia de Estado en la medida que los agentes de la Patrulla Fronteriza inspeccionaban agresivamente no sólo la frontera méxico-estadunidense, sino comunidades y lugares de trabajo mexicanos.

Este libro cuenta cómo los trabajadores migrantes mexicanos se convirtieron en el blanco principal de la Patrulla Fronteriza estadunidense y cómo, en consecuencia, ésta dio forma a la historia racial de Estados Unidos. En otras palabras, es el relato de cómo un icono estadunidense se despojó de su ilegalidad y cómo los mexicanos adquirieron el carácter de "inmigrantes ilegales icónicos".[1] Los contornos de esta historia están enmarcados por la dinámica del nativismo angloamericano, el poder de la seguridad nacional, los problemas de soberanía y los intereses de control de la mano de obra propios del desarrollo económico capitalista en el suroeste estadunidense. Pero este libro se desarrolla al nivel del suelo y presenta una historia menos conocida de agentes de la Patrulla Fronteriza que se esfuerzan por traducir las órdenes y abstracciones de la ley de inmigración estadunidense en acciones cotidianas de cumplimiento de la ley. Si se tiene en cuenta la vida laboral de los agentes, y si la palabrería de

[1] Mae Ngai, *Impossible Subjects: Illegal Aliens and the Making of Modern America*, p. 58.

los personajes importantes en grandes debates en sitios lejanos se toma como el contexto y no como el contenido del cumplimiento de la ley de inmigración, el que la Patrulla Fronteriza se haya enfocado en vigilar la inmigración mexicana no autorizada se revela como un proceso que evolucionó de maneras mucho más complejas y fortuitas de lo que hacen pensar las principales descripciones que determinan nuestro conocimiento del control migratorio estadunidense. Este libro explora, en particular, la aplicación de la ley de inmigración estadunidense como un asunto de violencia del Estado contra la vida comunitaria; desentraña las dimensiones transfronterizas del control migratorio, y explica que la expansión de la Patrulla Fronteriza estadunidense en la frontera méxico-estadunidense es parte intrínseca de la expansión del mecanismo federal de aplicación de la ley en la vida estadunidense del siglo xx. Las dimensiones comunitarias, transfronterizas y de lucha contra el crimen que presenta el desarrollo de la Patrulla Fronteriza dan una nueva precisión al análisis de cómo evolucionó la aplicación de la ley de inmigración hasta convertirse en un asunto de discriminación racial e inequidad en Estados Unidos. En consecuencia, este libro escarba profundamente en el mundo social expansivo de la aplicación de la ley de inmigración estadunidense para explicar cómo se produjo y qué sentido tiene la expansión de la patrulla en la frontera con México.

Aunque éste es el primer libro dedicado a la historia de la Patrulla Fronteriza de Estados Unidos, muchos estudiosos han escrito con perspicacia sobre las políticas de control migratorio que determinan las actividades de esta institución. La obra de Peter Andreas, Joseph Nevins y Timothy Dunn, sobre todo, deja en claro que el nativismo angloamericano, la creciente preocupación por la soberanía en una era de integración económica y los intereses laborales del desarrollo económico capitalista desempeñan un papel esencial en la configuración de la ley de inmigración estadunidense contemporánea y su observancia.[2] Da-

---

[2] Peter Andreas, *Border Games: Policing the U.S.-Mexico Divide*; Timothy Dunn, *The Militarization of the U.S.-Mexico Border, 1978-1992: Low-Intensity Conflict Doctrine Comes Home*; Joseph Nevins, *Operation Gatekeeper: The Rise of the "Illegal Alien"*

Gilbert González y George Sánchez retrotrajeron este análisis en
el tiempo y confirmaron la influencia del nativismo, la soberanía
y el control de la mano de obra en la concepción del control migratorio estadunidense.[3] Estos estudiosos insisten sobre todo en
la considerable influencia de la industria agrícola del suroeste de
Estados Unidos en la formación inicial de las actividades
de cumplimiento de la ley migratoria en la frontera con México.
Explican que la Patrulla Fronteriza se estableció en un momento
de extraordinario auge de la producción agrícola en el suroeste
del país. Para plantar, recolectar y cosechar las tierras de cultivo
en rápida expansión, los empresarios agrícolas contrataban jornaleros temporales de México y rara vez dudaban en exigir
prácticas de control migratorio favorables a sus intereses de
contar con una inmigración ilimitada de trabajadores mexicanos a Estados Unidos. Sin embargo, a muchos patrones también
les convenía lo que Nicholas De Genova llama la "deportabilidad" emergente de los trabajadores indocumentados, porque la
amenaza de deportación disciplinaba y marginaba a la mano de
obra migrante mexicana.[4] Los empresarios agrícolas pataleaban,
cabildeaban y recurrían a toda clase de argucias para exigir a la
Patrulla Fronteriza acciones que permitieran el acceso ilimitado
a los trabajadores mexicanos, y que a la vez promovieran la dis-

and the Making of the U.S.-Mexico Boundary. Véanse también Jorge Bustamante, "Commodity Migrants: Structural Analysis of Mexican Immigration to the United States", y Josiah Heyman, "State Effects on Labor Exploitation: The INS and Undocumented Immigrants at the U.S.-Mexico Border".

[3] Kitty Calavita, *Inside the State: The Bracero Program, Immigration, and the I.N.S.*, y *U.S. Immigration Law and the Control of Labor, 1820-1924*; Roger Daniels, *Guarding the Golden Door: American Immigration Policy and Immigrants since 1882*; Juan Ramón García, *Operation Wetback: The Mass Deportation of Mexican Undocumented Workers in 1954*; Gilbert González y Raúl A. Fernández, *A Century of Chicano History: Empire, Nations, and Migration*; David Montejano, *Anglos and Mexicans in the Making of Texas, 1836-1986*, p. 97; Ngai, *Impossible Subjects*; George Sánchez, *Becoming Mexican American: Ethnicity, Culture, and Identity in Chicano Los Angeles, 1900-1945*, pp. 59-60, y Daniel J. Tichenor, *Dividing Lines: The Politics of Immigration Control in America.* Véanse también Alexandra Minna Stern, "Nationalism on the Line: Masculinity, Race and the Creation of the U.S. Border Patrol, 1910-1940", y Eithne Luibhéid, *Entry Denied: Controlling Sexuality at the Border.*

[4] Nicholas De Genova, "Migrant 'Illegality' and Deportability in Everyday Life".

ciplina efectiva de la mano de obra de origen mexicano de la región.[5]

Esta obra sostiene que los empresarios agrícolas y las exigencias generales de control de los trabajadores en la espiral del desarrollo económico capitalista, sobre todo en el suroeste estadunidense, influyeron de manera considerable en la evolución de la Patrulla Fronteriza. Creada para administrar la migración de personas a través de las fronteras del país, la Patrulla Fronteriza vigilaba la ruta de migración laboral entre Estados Unidos y México.[6] Sin embargo, un examen atento de sus esfuerzos cotidianos por hacer cumplir las restricciones migratorias estadunidenses revela que el proyecto de la institución en la frontera con México distaba mucho de ser una expresión inevitable y absoluta de los intereses del desarrollo económico capitalista. Por el contrario, las prácticas de la patrulla eran un constante motivo de conflicto. Empleadores, inmigrantes, agentes de la Patrulla Fronteriza, burócratas, políticos mexicanos, nativistas, activistas mexicano-estadunidenses y muchos otros se oponían a la realidad social en que se traducían las restricciones migratorias de Estados Unidos en la frontera entre ambos países. Este libro insiste en el conflicto incesante que implica la aplicación de las restricciones migratorias por parte de la Patrulla Fronteriza.

Contar esta historia de lucha exigió muchos años de búsqueda en cajas guardadas en garajes, armarios, cuartos traseros y, en un caso, en una fábrica abandonada cuyos archivos, creados por la Patrulla Fronteriza o sobre ella, permanecieron intac-

---

[5] [Aquí, en lugar de "de origen mexicano" la autora usa, en inglés, *Mexicano*, el gentilicio castellano, en oposición al propiamente inglés *Mexican* (T.) y explica:] Por *Mexicano* entiendo el grupo social que comprende tanto personas de nacionalidad mexicana como ciudadanos estadunidenses de ascendencia mexicana. Es decir, la palabra designa una amplia categoría social que engloba a todas las personas de origen mexicano, sin importar su nacionalidad. Uso "mexicano-estadunidense" para referirme única y específicamente a los ciudadanos estadunidenses de ascendencia mexicana, y "mexicano" para referirme exclusivamente a los ciudadanos mexicanos.

[6] Véanse textos sobre las rutas migratorias en González y Fernández, *A Century of Chicano History*; Douglas S. Massey, Jorge Durand y Nolan J. Malone, *Beyond Smoke and Mirrors: Mexican Immigration in an Era of Economic Integration*, y Saskia Sassen, *The Mobility of Labour and Capital: A Study in International Investment and Labour Flow.*

tos durante décadas. Para obtener acceso a documentos que aún había que archivar oficialmente o indexar o ambas cosas, fue necesaria la generosidad de muchísima gente que atendió mis peticiones de abrir y desempacar literalmente la historia de la patrulla. Por ejemplo, cuando inicié este estudio, la inmensa mayoría de los archivos de la correspondencia de la patrulla seguían perdidos en los estantes de los Archivos Nacionales y Administración de Documentos (NARA) y nadie los había visto desde que se archivaron en 1957. Con la guía experta de la historiadora del Servicio de Inmigración y Naturalización (INS) Marian L. Smith y el apoyo de los archivistas de NARA David Brown y Cynthia Fox, pude pasar de la sala de investigación a los estantes de NARA para revisar el caudal de memorandos, expedientes de personal, informes de actividades de campo e investigaciones internas de la institución.[7] De manera similar, el Museo Nacional de la Patrulla Fronteriza en El Paso, Texas, me dio pleno acceso a los estantes y las maletas de documentos que los agentes jubilados han donado al museo con el tiempo. De estas cajas, estantes y maletas salieron montones de documentos que aún faltaba inscribir en los registros históricos oficiales. Los detallados e ingenuos documentos de los agentes —poemas, memorandos, cartas, recuerdos, informes y notas manuscritas— constituyen la médula de la narración de este libro y ofrecen un complejo retrato de la expansión de la patrulla en la zona fronteriza méxico-estadunidense.

En primer lugar, los archivos de la correspondencia y las narraciones orales aportan nuevas ideas sobre las diversas maneras en que los agentes de la patrulla y las comunidades fronterizas donde vivían determinaron la evolución de las acciones estadunidenses de control migratorio. Divulgar los relatos de la comunidad que participa en las acciones de cumplimiento de la ley federal brinda una perspectiva fundamental del complicado proceso de traducir la ley de inmigración estadunidense en su

---

[7] En marzo de 2003, el INS se cambió del Departamento de Justicia al recién creado Departamento de Seguridad Nacional y la Entidad Ejecutora de las Leyes de Inmigración y Aduanas. En consecuencia, la anterior Biblioteca Histórica del INS cambió de nombre por el de Biblioteca de Referencia Histórica del Servicio de Ciudadanía e Inmigración.

aplicación porque, aunque las autoridades superiores dictaban las órdenes y establecían el marco general del control migratorio, los agentes de la Patrulla Fronteriza solían trabajar en caminos secundarios y poblaciones pequeñas. Allí, tomaban decisiones a discreción, negociaban e innovaban, con lo que vinculaban estrechamente su labor con la vida comunitaria e influían profundamente en la evolución general de la institución. Pero lo más importante es que los agentes sorteaban la manera de usar la autoridad que se les confería como funcionarios encargados de hacer cumplir la ley de inmigración, participando en luchas cotidianas debidas a su singular función policiaca de ejercer la violencia del Estado en la búsqueda del control migratorio. Allí donde su vida en la zona fronteriza se cruzaba con su autoridad como agentes de policía federales, los agentes de la Patrulla Fronteriza racionalizaban y priorizaban su mandato de hacer cumplir la ley de inmigración teniendo en mente las preocupaciones sociales, las tensiones políticas y los intereses económicos que intervenían en el proyecto policiaco general de usar la violencia del Estado para establecer y mantener el orden social mediante el control migratorio. En otras palabras, la evolución de la Patrulla Fronteriza se entiende mejor como un proceso intrínsecamente social y político que gira en torno a cuestiones de violencia y orden social antes que como un sistema de reacciones desmedidas contra acciones criminalizadas.

Este libro se centra en las negociaciones y disputas motivadas por el uso de la fuerza a medida que se fue arraigando en las prácticas de la Patrulla Fronteriza. Exploro este hecho al nivel más básico de la lucha desigual entre agentes, inmigrantes y miembros de las comunidades en torno a la violencia implícita en el proyecto de controlar la movilidad de personas no sólo a través de la frontera, sino de la amplia zona fronteriza méxico-estadunidense. Este enfoque de la historia de la Patrulla Fronteriza lleva a comprender con mayor profundidad la manera en que los inmigrantes mexicanos se convirtieron en los principales blancos de la observancia de la ley de inmigración estadunidense. Por ejemplo, durante los primeros años de la patrulla en la zona fronteriza entre México y Estados Unidos, región donde

las arraigadas divisiones entre jornaleros inmigrantes mexicanos y terratenientes angloamericanos dominaban la organización y las relaciones sociales, los agentes de la Patrulla Fronteriza —a menudo blancos y de clase trabajadora que no poseían
tierras— consiguieron entrar de manera singular al sistema regional principal de relaciones sociales y económicas al dirigir la
violencia de la aplicación de la ley migratoria contra la mano de
obra más importante de la región: los trabajadores inmigrantes
mexicanos. Sin embargo, para los que trabajaban como agentes
de la patrulla, la autoridad que se les había conferido como encargados de hacer cumplir la ley migratoria no implicaba sólo
satisfacer las necesidades de la empresa agroindustrial. Más
bien, también constituía un medio para atraer el respeto de las
oligarquías locales, exigir deferencia social a los mexicanos en
general, lograr un ascenso en la movilidad social para sus familias y ocultar la violencia racial en el marco del trabajo policial.
En esta historia social de la actividad de la patrulla —una historia de la violencia derivada de la política cotidiana de hacer
cumplir las restricciones migratorias estadunidenses— sostengo
que la expansión de la patrulla en la frontera común no sólo
evolucionó según las exigencias económicas y las preocupaciones nativistas, sino que también funcionaba conforme a los intereses personales y las inversiones comunitarias de los hombres
que trabajaban como sus agentes.[8]

Mientras los agentes de la Patrulla Fronteriza de Estados
Unidos daban forma a la aplicación de las restricciones migratorias federales, también ejercían su facultad específica de hacer
cumplir la ley de inmigración vigilando a los ciudadanos extranjeros por los delitos cometidos en la frontera con México.
En consecuencia, el trabajo de la patrulla emanaba de mandatos
nacionales y giraba en torno a condiciones locales, pero también

---

[8] Si se buscan estudios comunitarios parecidos de los sistemas policiales estadunidenses, véanse Sally Hadden, *Slave Patrols: Law and Violence in Virginia and the Carolinas*; Roger Lane, *Policing the City: Boston, 1822-1885*; Eric Monkkonen, *Police in Urban America, 1860-1920*; Dennis Rousey, *Policing the Southern City: New Orleans,
1805-1889*; Robert M. Utley, *Lone Star Justice: The First Century of the Texas Rangers*, y
Lone Star Lawmen: The Second Century of the Texas Rangers, y William Westley, *Violence and the Police: A Sociological Study of Law, Custom, and Morality*.

se realizaba dentro de un marco internacional que establecía la política transfronteriza y las posibilidades de los esfuerzos estadunidenses de control migratorio. Este libro describe cómo la Patrulla Fronteriza tomó forma en un contexto binacional de políticas y prácticas para controlar la inmigración mexicana no autorizada a lo largo de la frontera.

Cuando empecé la investigación para este proyecto, no apreciaba cabalmente la importancia que la dimensión binacional del control migratorio tuvo en el desarrollo de la Patrulla Fronteriza estadunidense. La patrulla es una fuerza policiaca nacional encargada de hacer cumplir la ley federal de inmigración, y yo actué suponiendo que su trabajo, la observancia de la ley nacional contra extranjeros indeseados y excluidos, era la máxima expresión de la soberanía y los intereses nacionales.[9] Además, su autoridad como fuerza policiaca nacional cesaba en la frontera internacional. La implicación analítica de mis primeras suposiciones sobre el carácter limitado del trabajo de la patrulla era que, si bien yo podía examinar cómo se traducían la ley nacional y el poder policiaco federal en los contextos locales de la zona fronteriza, el límite último y más externo del desarrollo y despliegue de las acciones de la patrulla estaría determinado por los límites territoriales del Estado-nación. No obstante, cuantos más archivos polvorientos leía, más me daba cuenta de que la expansión de la patrulla cristalizó en un contexto transfronterizo de control migratorio a ambos lados de la frontera con México.

Los primeros indicios que hallé de las influencias transfronterizas sobre las prácticas y prioridades de la Patrulla Fronteriza de Estados Unidos salieron a la luz en los archivos de la correspondencia de la patrulla y del Departamento de Estado. Aquí y

---

[9] El poder absoluto del Congreso sobre el control de la inmigración se fundamenta tanto en el principio de que el gobierno nacional conserva el poder soberano de dictar quién puede entrar en el territorio nacional como en el precepto de que el gobierno federal dirige las relaciones internacionales. Véanse *Fong Yue Ting v. US*, y T. Alexander Aleinikoff, *Semblances of Sovereignty: The Constitution, the State, and American Citizenship*, pp. 151-181. La ejecución y el sentido del control migratorio de Estados Unidos casi siempre se examinan en un contexto exclusivamente estadunidense. Véanse, por ejemplo, Ngai, *Impossible Subjects*; Peter H. Schuck, *Citizens, Strangers, and In-Betweens: Essays on Immigration and Citizenship*.

allá, memorandos de agregados diplomáticos estadunidenses en México y de agentes de la patrulla que trabajaban en la frontera se referían a una "patrulla Fronteriza mexicana", adscrita al Departamento de Migración, que colaboraba con su homóloga estadunidense en la vigilancia de los cruces no autorizados de la frontera común. Yo nunca había oído de una patrulla fronteriza mexicana (y tampoco ninguno de los académicos y archivistas a los que consulté), y me intrigaba la posibilidad de que las acciones de la patrulla estadunidense en las regiones aledañas a la frontera con México se realizaran conjuntamente con una institución situada al sur de la frontera.[10] Para averiguar más, acudí a la ciudad de México, donde realicé investigaciones en el Archivo General de la Nación, el Archivo de la Secretaría de Relaciones Exteriores y la Hemeroteca Nacional. Si bien estos archivos fueron de extraordinaria utilidad para conocer la política mexicana de control emigratorio, no tenían lo que yo esperaba: los archivos del Departamento de Migración.

Creado en 1926 y llamado Departamento de Migración hasta 1993, el Instituto Nacional de Migración (INM), dependiente de la Secretaría de Gobernación, es responsable de hacer cumplir la ley de inmigración mexicana gestionando, facilitando, regulando y vigilando la inmigración y la emigración de personas. Los funcionarios del INM se dedican a hacer cumplir las restricciones de inmigración en contra de ciudadanos extranjeros y a gestionar la salida y el regreso de los ciudadanos mexicanos. Así, buena parte de la historia de la inmigración y la emigración en México durante el siglo XX se encuentra en los archivos del INM.

[10] En años recientes, los académicos han hecho aportaciones importantes al estudio de la manera en que las fuerzas policiales circunscritas a un territorio trasponen los límites de su autoridad llegando a acuerdos de cooperación transfronteriza. Esta obra deja en claro que las innovaciones transfronterizas de mediados de siglo de la Patrulla Fronteriza estadunidense se produjeron a la par que la expansión de la vigilancia internacional posterior a la segunda Guerra Mundial. Véanse, por ejemplo, Malcolm Anderson, *Policing the World: Interpol and the Politics of International Police Co-operation*; Ethan A. Nadelmann, *Cops across Borders: The Internationalization of U.S. Criminal Law Enforcement*; J. W. Sheptycki, "Transnational Policing and the Makings of a Postmodern State", *Issues in Transnational Policing*, e *In Search of Transnational Policing: Toward a Sociology of Global Policing*, y Neil Walker, "The Pattern of Transnational Policing".

Cuando empecé mi investigación en México, aún faltaba archivar, indexar sistemáticamente o divulgar de manera oficial los registros históricos del INM (es decir, los del antiguo Departamento de Migración), tal como ocurría con los registros de la Patrulla Fronteriza de Estados Unidos. Sin embargo, en colaboración con el INM y el profesor Pablo Yankelevich, del Instituto Nacional de Antropología e Historia, iniciamos el primer proyecto de indexación e investigación en el Archivo Histórico del Instituto Nacional de Migración (AHINM). El archivo se encontraba en una fábrica abandonada en la ciudad de México. Muchas de las cajas contenían papeles que literalmente se habían desintegrado, pero alrededor de 4000 cajas que según los cálculos contenían unos 400 000 expedientes habían sobrevivido a los años de abandono en un almacén olvidado y con goteras.[11]

Los archivos del Departamento de Migración que sobrevivieron son un testimonio en contra de la tendencia a enmarcar el control migratorio y fronterizo de Estados Unidos exclusivamente en función de asuntos estadunidenses de soberanía, control de mano de obra e inmigración indeseada. Al sur de la frontera, funcionarios de México también trataban de impedir que trabajadores mexicanos cruzaran de manera ilegal hacia Estados Unidos y, cuando la situación política lo permitía, presionaban a los representantes del Departamento de Estado, el Servicio de Inmigración y Naturalización (INS) y la Patrulla Fronteriza estadunidense para mejorar el control de la frontera y deportar a los ciudadanos mexicanos que infringían la ley, tanto estadunidense como mexicana, al introducirse clandestinamente en Estados Unidos.[12] Además, un conjunto de expedientes extraídos de ar-

---

[11] Kelly Lytle Hernández y Pablo Yankelevich, "An Introduction to the Archivo Histórico del Instituto Nacional de Migración".

[12] Este libro dista mucho de ser la primera descripción del control de la emigración en México. John R. Martínez inició esta labor con la tesis doctoral *Mexican Emigration to the United States, 1910-1930*, para la Universidad de California en 1957. A ésta siguieron Mark Reisler, *By the Sweat of Their Brow: Mexican Immigrant Labor in the United States, 1900-1940*, y Lawrence Cardoso, *Mexican Emigration to the United States: 1897-1931*. En 1994, Moisés González Navarro aportó el estudio más exhaustivo hasta la fecha sobre inmigración y emigración en México. El libro de González Navarro, *Los extranjeros en México y los mexicanos en el extranjero, 1821-1970*, vol. 3, se basó en una amplia investigación de periódicos, leyes y archivos mexicanos a fin de examinar la

chivos estadunidenses y mexicanos muestra cómo la expansión
de la Patrulla Fronteriza de Estados Unidos en la región de la
frontera con México durante la década de 1940 y principios de
la de 1950 se produjo a la par que el establecimiento y la expansión de sistemas transfronterizos de control migratorio. El interés de la patrulla en la frontera sur y en las personas de origen
mexicano durante la década de 1940 aumentó en gran parte
como respuesta a las exigencias de México y en coordinación
con los esfuerzos de control de la emigración de este último
país. En consecuencia, el presente libro complica la idea de que
la expansión de la Patrulla Fronteriza estadunidense es producto solamente de intereses estadunidenses, y revela a México
como un socio decisivo en la evolución del control migratorio y
la observancia de la ley en la frontera méxico-estadunidense.

Para incorporar los intereses y las influencias de México en
la Patrulla Fronteriza de Estados Unidos, cuento la historia de la
patrulla en el contexto binacional del control migratorio entre
los dos países. Relato el enfrentamiento entre México y Estados
Unidos implícito en esta historia binacional desde el punto de
vista de la carrera imperialista estadunidense en México. Entre
1848 y la segunda Guerra Mundial, el imperialismo económico
estadunidense en México fue agresivo e intransigente, con amenazas periódicas de intervención militar. Sin embargo, los cambios que esa guerra supuso para el poderío mundial estadunidense y las exigencias de la oligarquía política y económica
mexicana obligaron al imperialismo estadunidense en México a
funcionar con su respaldo y colaboración.[13] Según John Mason
Hart, la nueva era del imperialismo estadunidense en México se

manera en que los funcionarios de este país han tratado de regular la inmigración y la
emigración del territorio nacional. Véanse las siguientes tesis doctorales: Jaime Aguila,
Protecting "México de Afuera": Mexican Emigration Policy, 1876-1928, pp. 96-118; Da-
vid Fitzgerald, *A Nation of Emigrants? Statecraft, Church-Building, and Nationalism in
Mexican Migrant Source Communities*, y Casey Walsh, *Development in the Borderlands:
Cotton Capitalism, State Formation, and Regional Political Culture in Northern Mexico*.

[13] John Mason Hart, *Empire and Revolution: The Americans in Mexico since the Civil
War*; Stephen R. Niblo, *The Impact of War: Mexico and World War II*, y *War, Diplomacy, and Development: The United States and Mexico, 1938-1954*; Dirk W. Raat, *Mexico
and the United States: Ambivalent Vistas*.

caracteriza por "la cooperación y el acuerdo".[14] Conforme a las nuevas condiciones de imperialismo estadunidense en México, el control migratorio constituía un ámbito de cooperación y acuerdo transfronterizos. Entender la actividad de la Patrulla Fronteriza de Estados Unidos como un espacio de negociación y cooperación (aunque todavía ensombrecido por una relación desequilibrada entre los dos países) permite explorar el papel decisivo que México desempeñó para profundizar el interés de la patrulla en la frontera sur y en la vigilancia de la inmigración mexicana indocumentada, sobre todo durante la segunda Guerra Mundial.

Si bien desentierra estas influencias comunitarias y transfronterizas, este libro extiende el ámbito de la Patrulla Fronteriza estadunidense desde su entorno familiar en la historia de la inmigración en Estados Unidos hasta inscribir el control migratorio en la historia del crimen y el castigo en ese país. La historia de la Patrulla Fronteriza es mucho más que un capítulo en la historia de la inmigración de los trabajadores mexicanos hacia Estados Unidos. Al respecto, esta obra examina las relaciones entre la inmigración de mano de obra mexicana y la actividad de la patrulla, pero aborda la historia desde la perspectiva de una fuerza policiaca que alcanza la madurez en los Estados Unidos del siglo xx. Este libro recoge principalmente la historia de la Patrulla Fronteriza en el contexto de la expansión de la observancia de la ley federal estadunidense en el siglo xx.

Cuando el Congreso creó la Patrulla Fronteriza, ésta entró a formar parte de un conjunto pequeño y relativamente débil de entidades federales encargadas de hacer cumplir la ley.[15] No es

[14] John Hart, *Empire and Revolution*, pp. 403-431.

[15] Todavía falta escribir una historia integral de las instituciones dedicadas a hacer cumplir la legislación federal. Entre las obras dedicadas a aspectos de la historia de la aplicación de leyes federales se cuentan Larry Ball, *The United States Marshals of New Mexico and Arizona Territories, 1846-1912*; Frederick S. Calhoun, *The Lawmen: United States Marshals and Their Deputies, 1789-1989*; Stephen Cresswell, *Mormons and Cowboys, Moonshiners and Klansmen*; Lawrence M. Friedman, *Crime and Punishment in American History*; Marie Gottschalk, *The Prison and the Gallows: The Politics of Mass Incarceration in America*, pp. 41-76; David K. Johnson, *The Lavender Scare: The Cold War Persecution of Gays and Lesbians in the Federal Government*; David R. Johnson, *Illegal Tender: Counterfeiting and the Secret Service in Nineteenth-Century America*, y

sino hasta la época del Nuevo Trato cuando el Congreso y las autoridades del ejecutivo empezaron a abandonar la tradición estadunidense de aplicación de la ley en los ámbitos locales fortaleciendo burocracias federales de control de delitos y ampliando las facultades nacionales de lucha contra la delincuencia. En sus primeras décadas, la Patrulla Fronteriza, al igual que sus equivalentes federales, era un pequeño grupo de agentes dedicados de manera secundaria al cumplimiento de la ley y el control de la delincuencia en Estados Unidos. Quizás en aquel entonces, la orden del control migratorio provino de Washington, D. C., pero las prácticas y las prioridades de la patrulla fueron sobre todo ideas locales.

Durante la segunda Guerra Mundial y las décadas posteriores, las iniciativas, los recursos y, a veces, las directrices federales cambiaron de manera drástica el equilibrio de la observancia de la ley y la justicia penal en Estados Unidos. Las policías municipales siguieron ocupándose principalmente del patrullaje; sin embargo, la reclusión durante la segunda Guerra Mundial y las labores de seguridad fronteriza, el temor a los actos de sabotaje durante la Guerra Fría, las demandas que los activistas de los derechos civiles hacían para obtener protección federal contra la violencia política local en el sur de Estados Unidos y, sobre todo, el hecho de que el control antidroga se convirtió en un programa nacional, impulsaron un brusco viraje hacia la nacionalización de los sistemas, discursos y proyectos de control del crimen en la segunda mitad del siglo xx. La Patrulla Fronteriza estadunidense se benefició enormemente de las nuevas preocupaciones y las consiguientes inversiones para hacer cumplir las leyes federales. Aumentó el financiamiento general, creció la nómina, mejoraron las tecnologías y, lo más importante, se vinculó más estrechamente el control de la inmigración con objetivos federa-

American Law Enforcement: A History; John C. McWilliams, The Protectors: Harry J. Anslinger and the Federal Bureau of Narcotics, 1930-1962; Wilbur R. Miller, Revenuers and Moonshiners: Enforcing Federal Liquor Law in the Mountain South, 1865-1900; Nadelmann, Cops across Borders, pp. 46-55; Carl E. Prince y Mollie Keller, The U.S. Customs Service: A Bicentennial History, pp. 200-216; Mary M. Stolberg, "Policing the Twilight Zone: Federalizing Crime Fighting during the New Deal"; Samuel Walker, Popular Justice: A History of American Criminal Justice.

les que iban desde la seguridad nacional hasta la prohibición de
las drogas, a saber, los relacionados con la frontera méxico-estadunidense. Durante toda la segunda mitad del siglo XX, el presupuesto de la Patrulla Fronteriza aumentó o disminuyó, pero la
institución ya nunca volvió a sus orígenes como un grupo des-
centralizado de hombres de las localidades fronterizas que hacían cumplir la ley federal. En muchos aspectos, el ascenso de la
patrulla en la región de la frontera con México es una historia
sobre la expansión y la consolidación de la capacidad de observancia de la ley federal en el siglo XX.

Al detallar las múltiples dimensiones del viraje de la patrulla
hacia la vigilancia de la inmigración mexicana no permitida,
este libro revela cómo las prácticas de la corporación llegaron a
convertirse en un ámbito muy específico de desigualdad racial.
El control de la inmigración, como sostienen Linda Bosniak,
Kevin Johnson y otros juristas, no es sólo cuestión de impedir o
permitir la entrada de inmigrantes. El régimen migratorio estadunidense funciona más bien como un sistema formal de injus-
ticia dentro de Estados Unidos porque, independientemente de
la cuestión elemental de otorgar el derecho al voto, ciertos beneficios de la seguridad social se distribuyen según la condición
del inmigrante, y a los extranjeros que no cumplen esos requisitos se les niegan categóricamente garantías individuales como la
que impide ser detenido por tiempo indefinido. En otras palabras, el régimen estadunidense de inmigración funciona como
un importante sistema que administra, determina y participa en
la distribución desigual de derechos, garantías y beneficios entre
ciudadanos e inmigrantes y entre los grupos de diversa condición migratoria en Estados Unidos.[16]

Para los inmigrantes no autorizados, los grados formales de
desigualdad inherentes al régimen de inmigración estadunidense se complican por el temor a la deportación, que los lleva a

___

[16] Linda Bosniak, *The Citizen and the Alien: Dilemmas of Contemporary Member-
ship*; Kevin R. Johnson, "The End of 'Civil Rights' as We Know It? Immigration and
the New Civil Rights Law"; Mae Ngai, *Impossible Subjects*; Peter, H. Schuck, *Citizens, Strangers and In-Betweens*; Michael Walzer, *Spheres of Justice: A Defense of Pluralism and
Equality*.

evitar ser localizados y buscar refugio en zonas de marginación social, política y económica. Susan Bibler Coutin llama a estas zonas "espacios de inexistencia" que funcionan como "lugares de sometimiento y represión" porque en ellos "se limitan los derechos y los servicios y se borra la condición de la persona", tanto formal como informalmente.[17] De manera parecida, Mae Ngai se refiere a los inmigrantes ilegales como a "una casta situada inequívocamente fuera de los límites de la membresía formal y la legitimidad social".[18] Se entienda como manifestación de inexistencia o de casta, la implacable marginación de la condición, tanto formal como informal, de ilegal convierte a personas culpables de haber inmigrado de manera ilegal en personas que viven en la condición de ser ilegales.[19]

Sin embargo, ser ilegal es sumamente abstracto en la vida diaria. No sólo hay incontables maneras de volverse ilegal —ingresar sin autorización, quedarse más tiempo del que permite la visa o violar las condiciones de la residencia legal—, sino que, como explica Coutin, "los indocumentados consiguen empleo, alquilan departamentos, compran propiedades, asisten a la escuela, se casan, tienen hijos, se afilian a iglesias, fundan organizaciones y hacen amistades… Gran parte del tiempo no se distinguen de quienes los rodean".[20] A falta de indicadores precisos de la condición de ilegalidad, es difícil identificar a los inmigrantes que no están autorizados. Sin embargo, los agentes de la Patrulla Fronteriza estadunidense, encargados de localizar, detener, interrogar y arrestar a quienes violan las restricciones migratorias de Estados Unidos, se pasan las horas de trabajo añadiendo integrantes a la abstracta casta política de la ilegalidad.

[17] Susan Bibler Coutin, *Legalizing Moves: Salvadoran Immigrants' Struggle for U.S. Residency*, p. 28.
[18] Mae Ngai, *Impossible Subjects*, p. 2.
[19] Bibler Coutin, *Legalizing Moves*; Linda Bosniak, *The Citizen and the Alien*, pp. 37-76; Kevin R. Johnson, *The "Huddled Masses" Myth: Immigration and Civil Rights*; Daniel Kanstroom, *Deportation Nation: Outsiders in American History*, pp. 15-20; Gerald L. Neuman, *Strangers to the Constitution: Immigrants, Borders, and Fundamental Law*; Michael Walzer, *Spheres of Justice*, pp. 52-63; T. Alexander Aleinikoff, *Semblances of Sovereignty*, pp. 151-181.
[20] Susan Bibler Coutin, *Legalizing Moves*, p. 40.

Por tanto, los agentes personifican este lugar de privación de derechos políticos, desigualdad económica y sospecha social dentro de Estados Unidos. El interés de la patrulla en vigilar la inmigración mexicana no autorizada asignó la desigualdad, la privación de derechos, la sospecha y la violencia de ser ilegal a las personas de origen mexicano.[21] Dicho de otro modo, como han observado Jorge Lerma y muchos académicos y activistas, el ascenso de la Patrulla Fronteriza estadunidense en la frontera méxico-estadunidense mexicanizó el conjunto de relaciones sociales inherente y legalmente desiguales surgidas de la división entre legales e ilegales.[22]

Se reconoce ampliamente que el control migratorio estadunidense es un ámbito de desigualdad racial, pero la historia social que este libro cuenta sobre las actividades de la Patrulla Fronteriza permite identificar con mayor precisión los objetivos de la aplicación de la ley de inmigración y, al mismo tiempo, comprender mejor cómo evolucionó el control migratorio en las zonas fronterizas a partir de la historia racial de Estados Unidos. La correspondencia, los archivos de quejas y los objetos culturales relacionados con la Patrulla Fronteriza —caricaturas, textos humorísticos, autobiografías y demás— revelan que los agentes hacían distinciones tácitas por razón de sexo, clase y color de piel. Como le gustaba decir en broma a un agente, el objetivo principal de la Patrulla Fronteriza era "un hombre mexicano de entre 1.65 y 1.85 metros de altura, pelo y ojos castaño oscuro, tez morena, huaraches… etc."[23] En la década de 1940, los agentes de la Patrulla Fronteriza ampliaron el perfil de sexo del inmigrante indocumentado e incluyeron mujeres y familias, pero se

---

[21] Si se busca un texto general sobre las prácticas policiales y la hipótesis del encasillamiento, véase Eric H. Monkkonen, *Police in Urban America*, p. 22.

[22] Nicholas de Genova, "The Legal Production of Mexican/Migrant 'Illegality'", y *Working the Boundaries: Race, Space, and "Illegality" in Mexican Chicago*; Kevin R. Johnson, "The Case against Race Profiling in Immigration Enforcement"; Erika Lee, *At America's Gates: Chinese Immigration During the Exclusion Era, 1882-1943*; Mae Ngai, *Impossible Subjects*, p. 7; George Sánchez, *Becoming Mexican American*, p. 59, y "Face the Nation: Race, Immigration, and the Rise of Nativism in Late Twentieth-Century America; Alexandra M. Stern, "Nationalism on the Line".

[23] Bill Jordan, *Tales of the Rio Grande*, p. 24.

mantuvieron firmes en centrar la atención en la clase, el color de piel y la nacionalidad. Identificar los matices con que la patrulla hacía cumplir selectivamente las restricciones migratorias estadunidenses resalta dimensiones de sexo, clase y color de piel que se volvían invisibles cuando los agentes se referían a sus objetivos simplemente como "mexicanos". La clase y el color de piel son sin duda categorías sociales poco confiables, pero el interés de este estudio en los criterios poco articulados de las acciones de la Patrulla Fronteriza revela confluencias decisivas de clase y color de piel que determinaron el modo en que la corporación vigilaba a los mexicanos. Para reproducir la especificidad de clase influida por el color de piel de estas actividades, empleo el término *Mexican Brown* ("moreno mexicano") como herramienta conceptual y retórica porque, sin importar la condición migratoria o la nacionalidad, eran los morenos mexicanos y no los mexicanos en abstracto quienes caían dentro de la esfera de sospecha de la Patrulla Fronteriza.

Además, los matices de la vigilancia de mexicanos salían a relucir en la conversación con preguntas, discursos y estructuras destinados a reafirmar las distinciones entre blancos y negros en la vida estadunidense del siglo xx. Desde la época de las leyes de segregación racial hasta la ampliación del sistema penitenciario, la vigilancia que la patrulla ejercía sobre los mexicanos siempre utilizaba diversos grados de lógica, respaldo y legitimidad de la estratificación racial que se basaba en el tono de piel. En otras palabras, no hay "más criterio que blancos y negros" en la historia del control migratorio estadunidense, y son justamente las dimensiones de las razas blanca y negra en la vigilancia de inmigrantes mexicanos ilegales lo que explica cómo la aplicación de la ley de inmigración estadunidense evolucionó como una historia racial en Estados Unidos. Así pues, este libro recoge cómo la división entre blancos y negros determinó que la Patrulla Fronteriza mexicanizara la división entre legales e ilegales.[24]

[24] Arnoldo de León, *They Called Them Greasers: Anglo Attitudes toward Mexicans in Texas, 1821-1900*; Neil Foley, *The White Scourge: Mexicans, Blacks, and Poor Whites in Texas Cotton Culture*, "Becoming Hispanic: Mexican Americans and the Faustian Pact with Whiteness", y "Partly Colored or Other White: Mexican Americans and Their Pro-

Por último, la discriminación racial implícita en la división entre legales e ilegales por parte de la patrulla también evolucionó hasta dar lugar a esfuerzos binacionales de control migratorio a través de la frontera con México. La participación de funcionarios mexicanos en el ascenso de la Patrulla Fronteriza estadunidense en la frontera común revela la dinámica binacional de vigilar a los mexicanos en Estados Unidos. Esta historia se opone a la tendencia a interpretar los efectos trasnacionales e internacionales sobre las relaciones raciales en Estados Unidos, en particular después de la segunda Guerra Mundial, como un giro hacia una reforma progresista y una política de liberación.[25] En consecuencia, el presente libro ofrece un ejemplo de cómo asuntos e intereses que van más allá de las fronteras estadunidenses contribuyeron a endurecer, y no a desmantelar, las desigualdades sociales y políticas racialmente discriminatorias en Estados Unidos tras la segunda Guerra Mundial.[26]

Llegada la época de Jorge Lerma y su canción *Superman es ilegal*, una canción sobre la raza, la ilegalidad y la desigualdad en Estados Unidos, el viraje de la Patrulla Fronteriza hacia la vigilancia de la inmigración mexicana no autorizada en la frontera

---

blem with the Color Line"; Thomas A. Guglielmo, "Fighting for Caucasian Rights: Mexicans, Mexican-Americans, and the Transnational Fight for Civil Rights in World War II Texas"; Martha Menchaca, "Chicano Indianism: A Historical Account of Racial Repression in the United States", y *Recovering History, Constructing Race: The Indian, Black, and White Roots of Mexican Americans*; David Montejano, *Anglos and Mexicans*, pp. 181-182. Si se buscan obras más generales sobre la importancia de la tez blanca en la incorporación de los inmigrantes a los sistemas sociales estadunidenses, véanse James Barrett y David Roediger, "Inbetween Peoples: Race, Nationality, and the New Immigrant Working Class"; Matthew Frye Jacobson, *Whiteness of a Different Color: European Immigrants and the Alchemy of Race*; David Roediger, *The Wages of Whiteness: Race and the Making of the American Working Class*, y *Working toward Whiteness: How America's Immigrants Became White: The Strange Journey from Ellis Island to the Suburbs*.
[25] Thomas Borstelmann, *The Cold War and the Color Line: American Race Relations in the Global Arena*; Mary Dudziak, *Cold War Civil Rights: Race and the Image of American Democracy*; Penny Von Eschen, *Race against Empire: Black Americans and Anticolonialism, 1937-1957*, y *Race and Empire During the Cold War*.
[26] Al hacerlo, este libro contribuye al movimiento de relatar y examinar la historia de Estados Unidos fuera de sus fronteras territoriales. Véanse Thomas Bender (ed.), *Rethinking American History in a Global Age*; Samuel Truett y Elliott Young, *Continental Crossroads: Remapping U.S.-Mexico Borderlands History*, y "Rethinking History and the Nation-State: Mexico and the United States as a Case Study".

con México ya era total. Las consecuencias de la manera desigual en que la Patrulla Fronteriza aplicaba las restricciones migratorias estadunidenses fueron considerables, pero las razones que la motivaron parecían simples e inalterables: los mexicanos cruzaban la frontera sin permiso y, a manera de respuesta, la patrulla se dedicaba a vigilar la inmigración mexicana no autorizada en la frontera con México. Sin embargo, a fin de cuentas, la constitución de la patrulla en la frontera con México dependía de mucho más que del cruce no permitido de ciudadanos mexicanos. Desde los intereses y las preocupaciones personales de los agentes hasta las exigencias propias de patrullar la ruta de inmigración internacional de mano de obra, la vigilancia que la patrulla ejercía sobre los inmigrantes mexicanos a menudo tenía que ver menos con los hombres, las mujeres y los niños que cruzaban la frontera y más con las comunidades en las que se insertaban, los países entre los que cruzaban y los hombres con los que se enfrentaban en el camino.[27] Desde la ciudad de México hasta Washington, D. C., y las ciudades hermanas de Brownsville, Texas, y Reynosa, Tamaulipas, la Patrulla Fronteriza de Estados Unidos ideó prácticas para hacer cumplir la ley de inmigración estadunidense en las difíciles confluencias de la vida comunitaria, los intereses regionales, la política nacional y las relaciones internacionales en la frontera común. Y desde la ampliación de las facultades policiacas federales en el siglo xx hasta los cambios de la división entre blancos y negros en el Estados Unidos moderno, el firme ascenso de la Patrulla Fronteriza es una historia que se desarrolló en interrelación con mucho más que las leyes para cuyo cumplimiento se fundó. En consecuencia, tras un examen minucioso de los polvorientos y dispersos archivos de la patrulla, este libro ofrece lo que Antonio Gramsci llamó un "inventario" de los múltiples "indicios"; es decir, un catálogo y un análisis de las muchas historias que determinaron la constitución y el sentido de la Patrulla Fronteriza de Estados Unidos en la frontera méxico-estadunidense.[28]

[27] Barbara J. Fields, "Ideology and Race in American History"; Michael Omi y Howard Winant, *Racial Formation in the United States: From the 1960s to the 1990s*.
[28] Antonio Gramsci, *Selections from Prison Notebooks*, p. 324.

Esta obra está organizada en tres partes cronológicas. Cada parte representa una de las tres generaciones de los primeros 50 años de actividad de la Patrulla Fronteriza de Estados Unidos, entre 1924 y 1974. La primera parte trata de la etapa local y regional de operaciones de la corporación desde su establecimiento, el 28 de mayo de 1924, hasta la entrada de Estados Unidos en la segunda Guerra Mundial, en 1941. El capítulo I expone las bases para entender el trabajo de la Patrulla Fronteriza en ese lapso, describiendo el encargo, los integrantes y la burocracia de la institución durante las décadas de 1920 y 1930. El capítulo II cuenta la historia de la zona fronteriza más extensa, la del estado de Texas, donde una concentración de hombres de localidades del estado, contratados como agentes de la Patrulla Fronteriza, dirigió la aplicación de la ley de inmigración estadunidense. Allí la observancia de las restricciones de inmigración estadunidenses por parte de la patrulla tenía una íntima relación con el ámbito social del que provenían los agentes al incorporarse al servicio público. El capítulo III se centra en la formulación de las prácticas y prioridades de la patrulla en la zona fronteriza de California y el oeste de Arizona, donde los agentes solían ser forasteros que trataban de racionalizar las múltiples posibilidades de aplicación de la ley de inmigración federal. Allí la cambiante economía de la mano de obra mexicana migrante y las limitaciones fiscales de vigilar a los inmigrantes europeos y asiáticos desvió la atención de la patrulla hacia la vigilancia de la inmigración mexicana. En conjunto, los tres primeros capítulos sostienen que, si bien la restricción de la inmigración era un fenómeno nacional, la actividad de la Patrulla Fronteriza en las décadas de 1920 y 1930 fue un proyecto profundamente social, definido por interpretaciones muy regionalizadas de las posibilidades y limitaciones de la aplicación de la ley nacional de inmigración. El capítulo IV se dirige al sur de la frontera para explorar cómo la consolidación en 1924 del control migratorio estadunidense suscitó esfuerzos en México para que los ciudadanos de este país no cometieran el delito de entrar ilegalmente a Estados Unidos.

La segunda parte comienza con la nacionalización de la patrulla Fronteriza de Estados Unidos durante la segunda Guerra

Mundial; continúa con un examen de cómo repercutieron los sistemas transfronterizos de administración de la inmigración de trabajadores mexicanos en la actividad de la patrulla, y termina con un análisis de la oposición de las empresas agroindustriales del sur de Texas a levantar los límites locales del personal, las prácticas y las prioridades de la patrulla durante la década de 1940. Los capítulos v y vi abordan el establecimiento del Programa Bracero que, al ser un plan transfronterizo para gestionar la migración laboral entre Estados Unidos y México, transformó el control migratorio a lo largo de la frontera común: administrar bilateralmente la importación de trabajadores mexicanos legales a Estados Unidos planteó nuevas posibilidades y exigencias a la gestión bilateral que consistía en deportar del país a los trabajadores mexicanos ilegales. El capítulo vii examina cómo el control migratorio bilateral alteró las relaciones de la Patrulla Fronteriza con viejos amigos y vecinos, a saber, empresarios agrícolas del sur de Texas acostumbrados a que agentes conocidos de la patrulla hicieran cumplir la ley federal según las costumbres y los intereses locales. En conjunto, los capítulos v, vi y vii muestran cómo el drástico y controvertido levantamiento de límites locales a las operaciones de la Patrulla Fronteriza en realidad intensificó el interés de los agentes en la vigilancia de la inmigración mexicana ilegal.

A principios de la década de 1950 la Patrulla Fronteriza de Estados Unidos estaba sumida en una crisis. Los agricultores del sur de Texas se habían rebelado, y el constante aumento en las estadísticas de detenciones de la patrulla indicaba que la institución había perdido el control a todo lo largo de la frontera con México. La tercera parte comienza examinando cómo la patrulla salió airosa de las crisis de aprobación y control en la frontera y termina con un análisis de su actuación en los tranquilos años que siguieron. En particular, el capítulo viii demuestra que, si bien los agentes de la patrulla declararon que un despliegue de fuerza sin precedente durante el verano de 1954 había puesto fin a las crisis de aprobación y control en la frontera con México, lo cierto es que fue un acuerdo con los agricultores y el abandono del control migratorio agresivo los que terminaron con lo que se dio en llamar el "decenio del mojado", de 1944 a 1954. El capítulo IX ofrece un examen de la drástica reelaboración del control migratorio estadunidense tras los triunfos de 1954. En particular, ciertos cambios sutiles de retórica, propaganda y estrategia de la patrulla a lo largo de la frontera con México reorientaron su misión del control de la migración no autorizada de mano de obra a la prevención de delitos transfronterizos como la prostitución y el narcotráfico. En esos años, la vigilancia de la migración no permitida de trabajadores pobres nacidos en México coincidió cada vez más con el control del tráfico transfronterizo de mariguana y narcóticos, como la heroína producida en México, también llamada *Mexican Brown* o morena mexicana. Así pues, empleo el término *Mexican Brown* no sólo como herramienta conceptual y retórica que reproduce los matices de clase y color de la gente a la que vigilaban los agentes de la patrulla, sino como signo convencional del enredo entre el control migratorio, el control de los delitos y la observancia de las leyes sobre drogas durante las décadas de 1960 y 1970, y en los años posteriores.

El libro concluye con el comienzo de las conflictivas décadas de finales del siglo XX, cuando la gestión de los problemas de raza, crimen y migración por parte de la patrulla se volvió casi imposible de desenredar. Esos años estuvieron marcados por una escalada constante de aplicación de la ley en la frontera y una drástica intensificación de las redadas en las comunidades mexicanas fronterizas. En canciones y en litigios, Jorge Lerma y un creciente número de activistas chicanos y defensores de los derechos de los inmigrantes protestaron contra las repercusiones de las prácticas de la patrulla sobre los mexicanos que cruzaban la frontera hacia Estados Unidos y sobre los que vivían en el norte de México. Mientras Superman volaba impunemente, se quejó Lerma, los mexicanos tenían que llevar un documento de identidad y, si eran ilegales, tenían que ser detenidos o deportados. Lerma identificó a "don Racismo" como la raíz de los prejuicios y la discrecionalidad de la patrulla Fronteriza. Si bien la división entre legales e ilegales funcionaba como segregación racial a través de la aplicación desigual de las restricciones mi-

gratorias por parte de la patrulla, la racialización y regionalización de la observancia de la ley de inmigración era mucho más
complicada de lo que Lerma imaginaba, y reducir las prácticas
de la patrulla al racismo angloamericano enmascara la extraña
pero poderosa red de vínculos entre hombres, intereses, decisiones y oportunidades que, pese a un mundo de otras posibilidades, en última instancia hizo que la patrulla se dedicara al proyecto de vigilar a los mexicanos en la zona fronteriza común.
Con el paso del tiempo, agricultores, miembros influyentes de la
clase media mexicano-estadunidense, funcionarios estadunidenses y mexicanos, e incluso los propios inmigrantes mexicanos indocumentados participaron en la regionalización y racialización del control migratorio dentro de Estados Unidos. Su
participación, desigual y a menudo contradictoria, dio impulso
al ascenso de la patrulla en la frontera con México, y al mismo
tiempo llenó de matices el problema racial surgido de su vigilancia discrecional de la división entre legales e ilegales.

Primera parte
Formación

*Agentes de la Patrulla Fronteriza estadunidense cerca de la frontera
de California con México, 1926. Cortesía de la Colección Security Pacific,
Biblioteca Pública de Los Ángeles.*

Las amplias facultades policiales de la Patrulla Fronteriza de Estados Unidos fueron establecidas en mayo de 1924 y residían en su encargo de proteger el interés nacional haciendo cumplir las leyes federales de inmigración. Sin embargo, durante las décadas de 1920 y 1930, la mala coordinación nacional en efecto regionalizó la observancia de la ley migratoria estadunidense. La primera parte de este libro examina la complejidad del viraje de la Patrulla Fronteriza de Estados Unidos hacia la vigilancia de la inmigración mexicana no autorizada en la frontera común. En la región fronteriza más extensa, la de Texas, delimitada por los dos distritos de la patrulla que tenían sede en ese estado, con jurisdicción desde el golfo de México hasta el sureste de Arizona, los primeros agentes eran jóvenes de la región que habían crecido en la zona fronteriza antes de incorporarse a la institución. Estos hombres permitieron que su trabajo como funcionarios encargados de hacer cumplir las leyes federales se realizara en estrecha relación con el mundo social de la frontera. Rápidamente concentraron la violencia propia de hacer cumplir la ley de inmigración estadunidense en la vigilancia de los mexicanos pobres y, por lo mismo, discriminaron la casta de los ilegales que vivían en la extensa región fronteriza de Texas. En la zona fronteriza de California y el oeste de Arizona, el giro de la patrulla hacia la vigilancia de la inmigración mexicana ilegal estuvo acompañado por un lento apartamiento del control de la inmigración europea y asiática no autorizada, en la medida que vigilar a los mexicanos se volvió una estrategia eficaz y rentable para hacer cumplir la ley de inmigración federal. Por último, la primera parte también narra una historia que los agentes de la Patrulla Fronteriza de las décadas de 1920 y 1930 nunca habrían concebido como parte de la suya propia. En esa época, entre los funcionarios de migración estadunidenses y mexicanos que trabajaban a lo largo de la frontera común había más conflicto que cooperación. En consecuencia, los agentes de la Patrulla Fronteriza estadunidense activos durante las décadas de 1920 y 1930 no habrían reconocido que las políticas y prácticas de control de la emigración al sur de la frontera tuvieran relevancia alguna en la historia de la Patrulla Fronteriza de Estados Unidos. Esos agentes no tenían idea de los enormes cambios que la segunda Guerra Mundial supondría para la Patrulla Fronteriza y para las prácticas de control migratorio en la frontera. A partir de 1942, los agentes estadunidenses y mexicanos colaboraban con frecuencia para evitar el cruce no autorizado de ciudadanos mexicanos y para coordinar campañas de deportación masiva no sólo al exterior de Estados Unidos, sino hasta el más profundo interior de México. En consecuencia, el capítulo IV expone las bases de la colaboración méxico-estadunidense durante la década de 1940 examinando las políticas y las prácticas del control emigratorio en México durante las décadas de 1920 y 1930.

I. Los primeros años

Contratado en El Paso, Texas, en septiembre de 1924, Emmanuel Avant Wright, apodado "Dogie", fue uno de los primeros agentes de la Patrulla Fronteriza de Estados Unidos. Nació y creció en la frontera de Texas con México, y tenía raíces profundas en la región, donde trabajó durante 27 años como miembro de la patrulla. Los bisabuelos de Dogie, Elizabeth y John Jackson Tumlinson, participaron en la expedición que en 1822 encabezó Stephen Austin a la entonces provincia mexicana de Coahuila y Tejas (Texas).[1] Los bisabuelos de Dogie se contaban entre los colonos angloamericanos originales, comúnmente llamados "los Viejos Trescientos", de la expedición de Austin a Texas. Si bien muchos expedicionarios eran esclavistas sureños que esperaban reconstruir en Texas sus prósperas plantaciones, los Tumlinson eran tan sólo unos modestos agricultores: cuando llegaron a Texas, sus posesiones consistían en algo de ganado vacuno, cerdos, caballos e implementos agrícolas.[2] Los conflictos comenzaron poco después de que los Tumlinson se establecieron en un distrito situado junto al río Colorado. El gobierno mexicano había ofrecido a los colonos el distrito de Colorado, pero la región era reclamada por comanches, apaches y las tribus tónkawa y karánkawa, que dominaban la región junto con un heterogéneo

[1] Dorothy Burns Peterson, *Daughters of the Republic of Texas: Patriot Ancestor Album.*
[2] Lista de colonos estadounidenses en el Distrito de Colorado, colonia de Austin, 4 de marzo de 1823, compilada por John Tumlinson, Robert Kuykendall, Nicholas Clopper y Moses Morrison, *Manuscripts, Documents and Letters of Early Texans.*

grupo de contrabandistas y pioneros. A varios meses de la llegada de los colonos, desaparecieron tres hombres que custodiaban
un cargamento de provisiones de la colonia. Esto asustó a los
colonos, que para defenderse mejor formaron un gobierno y eli-
gieron a John Jackson Tumlinson como alcalde.[3] John Jackson
aún no asumía el cargo cuando otros dos colonos fueron halla-
dos muertos. Para salvaguardar a los colonizadores y sus intereses en la región, John Jackson propuso crear una patrulla móvil
permanente. Poco tiempo después fue asesinado por un grupo
de indígenas de las etnias karánkawa y huaco, pero la patrulla
móvil que había fundado sobrevivió y luego se convirtió en los
rangers de Texas, una especie de guardia forestal de Texas.

Los *rangers* dieron forma y protección a las colonias angloamericanas de Texas.[4] Combatían a los grupos indígenas para
asegurarse el dominio de la región, perseguían a los esclavos fugitivos que buscaban la libertad adentrándose en México y ajus-
taban cuentas con quienquiera que desafiase el proyecto angloamericano en Texas. Los *rangers* fueron especialmente útiles
para que los terratenientes angloamericanos obtuvieran resoluciones favorables en las disputas agrarias y laborales con los
mexicanos de Texas. No obstante, fuera cual fuese la misión, la
principal estrategia de los *rangers* era la violencia física sin con-
templaciones. Con el paso del tiempo, los relatos sobre la familia
Tumlinson, la colonización angloamericana de Texas y los *rangers* se entrelazaron inextricablemente: al menos 16 descendien-
tes de John Jackson protegieron los intereses de los angloamericanos en Texas prestando servicio en los *rangers*.[5] Entre ellos se
cuentan Dogie Wright y su padre, el capitán William L. Wright,
ambos integrantes de la agrupación en el sur de Texas.

La colonización angloamericana avanzó despacio en el sur
de Texas. A mediados del siglo XIX, unos cuantos rancheros se
habían abierto paso hacia el sur, pero la mayoría de los agricul-

[3] Bill Stein, "Consider the Lily: The Ungilded History of Colorado County, Texas".
[4] David Montejano, *Anglos and Mexicans...*, pp. 125-127; Américo Paredes, *"With His Pistol in His Hand": A Border Ballad and Its Hero*; Utley, *Lone Star Justice*, y *Lone Star Lawmen*; Walter Prescott Webb, *The Texas Rangers: A Century of Frontier Defense*.
[5] Dorothy Burns Peterson, *Daughters of the Republic of Texas*, p. 277.

tores angloamericanos veían poco valor en las áridas y remotas tierras próximas a la frontera méxico-estadunidense. No fue sino hasta fines del siglo XIX, época en que las nuevas técnicas de riego y los vagones refrigerados de ferrocarril prometieron transformar la árida región fronteriza en una zona agrícola rentable, cuando los agricultores angloamericanos concibieron y ejecutaron la idea de probar fortuna en el sur de Texas. A su llegada se enfrentaron con una bien establecida población de rancheros mexicanos que no accedieron fácilmente a los cambios que los angloamericanos imaginaban. La violencia de los *rangers* desempeñó un papel central en transformar el sur de Texas en una región dominada por los agricultores angloamericanos.

Dogie Wright nació en los albores de la penetración angloamericana en el sur de Texas, y creció en una de las épocas de mayor brutalidad en la historia de los *rangers*. Walter Prescott Webb, un cronista simpatizante de la agrupación, apunta que esos años se caracterizaron por la "venganza contra terceros", estrategia de los *rangers* que consistía en matar mexicanos indiscriminadamente para vengar las transgresiones de otros.[6] Uno de los episodios más vergonzosos de derramamiento de sangre por parte de los *rangers* ocurrió apenas dos meses después del nacimiento de Dogie.

El 12 de junio de 1901, el ranchero mexicano Gregorio Cortez se encontraba en la puerta de su casa en el condado de Karnes, en Texas. Allí se resistió a ser arrestado por un delito que no había cometido. El *sheriff* insistió en detenerlo, desenfundó la pistola y le disparó en la boca al hermano de Gregorio, cuando trataba de protegerlo. Gregorio contestó el disparo y mató al *sheriff*, acto que sin duda iba a acarrearle una visita de los *rangers* de Texas. Cuando llegaron, Gregorio y su familia (incluido su hermano herido) se habían ido: sólo encontraron el cuerpo sin vida del *sheriff*. La noticia de la mortal resistencia de Grego-

[6] Walter P. Webb, *Texas Rangers*, p. 87. Véanse también Benjamin Heber Johnson, *Rebellion in Texas: How a Forgotten Rebellion and Its Bloody Suppression Turned Mexicans into Americans*; Américo Paredes, *"With His Pistol in His Hand": A Border Ballad and Its Hero*, pp. 26-59, y James A. Sandos, *Rebellion in the Borderlands: Anarchism and the Plan of San Diego, 1904-1923*, pp. 89-94.

rio no tardó en propagarse por el sur de Texas, y el capitán de los *rangers* William Wright, padre de Dogie, participó en la búsqueda del fugitivo, en la que intervinieron los *rangers* y una partida de 300 civiles durante 10 días. Cuando no pudieron encontrarlo, buscaron vengarse de terceros: arrestaron, torturaron y asesinaron a un número desconocido de mexicanos.

Por entonces, Dogie Wright llevaba poco de haber visto la luz en la región fronteriza entre México y Estados Unidos. De niño ayudó a su padre y a los *rangers* a cuidar de sus caballos; de joven se incorporó a la agrupación y, a los 23 años, a la Patrulla Fronteriza de Estados Unidos. Descendiente de los Viejos Trescientos, inserto en la historia de los *rangers* de Texas y nacido a la sombra de uno de los más brutales enfrentamientos entre angloamericanos y mexicanos, Dogie arrastraba una larga y complicada historia cuando asumió su cargo de agente de la Patrulla Fronteriza. Durante las décadas de 1920 y 1930 se unieron a la corporación otros centenares de habitantes de la zona fronteriza que, como Dogie, habían crecido y vivido en ella. No provenían de la oligarquía terrateniente, sino de la clase trabajadora angloamericana, que a menudo utilizaba la observancia de la ley como estrategia de subsistencia y movilidad social en las sociedades agrícolas de la frontera. Además, se habían criado en el ambiente de violencia de los blancos contra los mexicanos. La orden general de control migratorio que había emitido el Congreso representaba el contorno exterior de su trabajo, pero la estructura descentralizada de la Patrulla Fronteriza primitiva confería a Dogie y los demás agentes considerables facultades para formular las acciones de cumplimiento de la ley de inmigración. Lejos del Congreso, los primeros agentes de la Patrulla Fronteriza hacían cumplir las restricciones migratorias federales conforme a las costumbres, los intereses y las historias de las comunidades fronterizas donde vivían y trabajaban. En consecuencia, la historia de los primeros años de la patrulla se desarrolla en los territorios de la frontera con México.

LA REGIÓN FRONTERIZA MÉXICO-ESTADUNIDENSE

La primera vez que los Viejos Trescientos llegaron a Texas, en 1822, el territorio que después sería el suroeste de Estados Unidos aún era parte del norte de México. Muchos angloamericanos codiciaban las fértiles tierras del noroeste de México, desde la costa del Pacífico de la Alta California hasta las planicies de Texas. Los más codiciosos sostenían que era el deber y el "destino manifiesto" de los angloamericanos gobernar América del Norte de costa a costa.[7] Dio alas a estas fantasías la victoria en Texas de los colonos angloamericanos que, en 1836, se enzarzaron con éxito en una guerra de independencia contra México. Nueve años después Estados Unidos se anexó la República de Texas, pero el presidente James Polk (1845-1849) no quedó conforme. Inspirado en la doctrina del Destino Manifiesto, en enero de 1846 Polk envió tropas a un territorio en disputa al sur del recién adquirido estado de Texas. El ejército mexicano entabló combate con el estadunidense, pero la batalla pronto se convirtió en una guerra que el endeudado gobierno mexicano no podía costear. En 1848, el ejército estadunidense ocupó la ciudad de México y proclamó la victoria en la guerra méxico-estadunidense de 1846-1848.

El conflicto bélico entre México y Estados Unidos fue una guerra de conquista que obligó a México a ceder casi la mitad de su territorio a Estados Unidos. La nueva frontera común se trazó siguiendo el curso del río Bravo entre el golfo de México y El Paso, Texas, y de allí hacia el oeste a través del desierto y la sierra hasta el Pacífico. Se calcula que al norte de esta línea, en el recién declarado territorio estadunidense, vivían 150 000 mexicanos y 180 000 indígenas pertenecientes a tribus libres. Transferir la propiedad de la tierra de sus manos a las de los angloamericanos sería el último acto de conquista en el nuevo oeste de Estados Unidos.

Los colonos angloamericanos usaron diversos medios para adquirir los derechos de las tierras de los propietarios mexica-

[7] Reginald Horsman, *Race and Manifest Destiny: The Origins of American Racial Anglo-Saxonism*, pp. 79-186, 208-248.

nos e indígenas. Los métodos más usados para despojar a las poblaciones indígenas eran la violencia, el sistema de reservas y el genocidio, aunque para obtener los títulos de propiedades mexicanas los angloamericanos casi siempre recurrían al matrimonio, la liquidación de deudas, el fraude o la compra. A finales del siglo xix, las propiedades de indígenas y mexicanos habían pasado casi por completo a manos angloamericanas.[8]

Los nuevos propietarios solían tener grandes extensiones de tierra. La pequeña granja familiar nunca se arraigó en el oeste estadunidense.[9] Los magnates agrícolas de la región poseían latifundios que medían en promedio decenas de miles de hectáreas, y su proyecto para la agricultura se centraba en la construcción de inmensas empresas agroindustriales que Carey McWilliams llamó "fábricas en el campo".[10] El suelo de aquellas fábricas era una tierra fecundada por procesos geológicos de eras de duración. Por ejemplo, millones de años antes de que la guerra entre México y Estados Unidos abriera las puertas de California a los agricultores angloamericanos, el océano Pacífico y sus múltiples tributarios bañaban las llanuras aluviales del valle de San Joaquín, en el centro de California, y depositaron en ellas un fértil limo rico en minerales y materia orgánica. Se considera que gran parte del Valle Imperial, varios cientos de kilómetros al sur, es uno de los desiertos más calientes y áridos de América del Norte, pero la dilatada historia natural de la región enterró bajo el polvo un enorme potencial. El golfo de California alguna vez se extendió hacia el norte y cubrió buena parte del desierto de Colorado. Con el tiempo, el golfo retrocedió, pero el río Colorado anegó la

[8] Patricia Nelson Limerick, *The Legacy of Conquest: The Unbroken Past of the American West*, pp. 55-62; Douglas Monroy, *Thrown among Strangers: The Making of Mexican Culture in Frontier California*, pp. 183-232; George H. Phillips, *The Enduring Struggle: Indians in California History*, pp. 42-52, 57-61; Leonard Pitt, *The Decline of the Californias: A Social History of the Spanish-Speaking Californians, 1846-1890*, pp. 83-103; Montejano, *Anglos and Mexicans…*, pp. 50-74, y James J. Rawls, *Indians of California: The Changing Image*, pp. 137-201.

[9] Cletus Daniel, *Bitter Harvest: A History of California Farm Workers, 1870-1941*, pp. 15-39; Carey McWilliams, *Factories in the Field: The Story of Migratory Farm Labor in California*; Donald J. Pisani, *From the Family Farm to Agribusiness: The Irrigation Crusade in California and the West, 1850-1931*.

[10] Carey McWilliams, *Factories in the Field*.

región y formó el lago Cahuilla, de 160 kilómetros de longitud, 56 kilómetros de anchura y 90 metros de profundidad. Se calcula que el lago existió varios miles de años y luego se secó, dejando en su lecho un suelo árido pero fértil. De manera parecida, los desplazamientos naturales del río Bravo, sus afluentes y el golfo de México dejaron fértiles depósitos de limo en la región por donde pasaría la frontera entre México y Estados Unidos.[11]

Así pues, una historia geológica de millones de años había fecundado las tierras de los magnates y fomentó sus sueños de emporios agrícolas en el oeste estadunidense, pero el agua estaba fuera de control en la región. Las inciertas variaciones meteorológicas, que incluyen desde inundaciones hasta sequías, creaban condiciones imprevisibles y por lo mismo insostenibles para el desarrollo de la producción agrícola capitalista. Los sueños de agricultura industrial que tenían los magnates dependían de que se controlara el paso del agua por la región.

El Congreso aprobó la Ley de Recuperación de Tierras de 1902 para financiar grandes proyectos de irrigación en el oeste.[12] Una vez que se controlaron las aguas con diques, canales y embalses, los grandes propietarios no tardaron en transformar las áridas pero fértiles tierras en campos de cereales, frutas, verduras y algodón. En 1920 el suroeste estadunidense servía de huerta y jardín de invierno a todo el mundo. Con cerca de 12 500 000 hectáreas de plantaciones valuadas en más de $1 700 millones sólo en California y Texas, el suroeste era la región agrícola más productiva y rentable del país.[13] Durante la década de 1920, las fortunas amasadas en el suroeste alcanzaron cifras sin precedente al aumentar la superficie cultivada de Texas, Nuevo México, Arizona y California a un total aproximado de 16 millones de hectáreas.[14]

[11] William O. Hendricks, "Developing San Diego's Desert Empire"; Paul Horganm, *Great River: The Rio Grande in North American History*, pp. 3-6.

[12] Sobre la irrigación en el oeste estadunidense, véanse Norris Hundley hijo, *The Great Thirst: Californians and Water*; Donald Pisani, *Family Farm to Agribusiness*; Donald Worster, *Rivers of Empire: Water, Aridity, and the Growth of the American West*.

[13] *Fourteenth Census of the United States (1920)*, Washington, D. C., imprenta del gobierno (en adelante GPO, por sus siglas en inglés), 1922, pp. 699, 710-711.

[14] *Fifteenth Census of the United States (1930)*, Washington, D. C., GPO, 1931, pp. 32, 58, 412, 604.

La acelerada expansión de las fábricas en los campos dependía de emplear un número cada vez mayor de trabajadores migrantes para la siembra y la cosecha estacionales.[15] En otro tiempo, la agroindustria de California tuvo acceso a varias fuentes de mano de obra. A finales del siglo xix, los terratenientes habían contratado indígenas de California e inmigrantes chinos para todas las cosechas, desde el trigo hasta el betabel.[16] Sin embargo, una campaña genocida contra los indígenas de California había reducido su población total a menos de 19 000 individuos al comenzar el siglo xx, y una violenta ola de políticas contra los chinos logró que en 1882 se aprobara la Ley de Exclusión de los Chinos, que impuso severas restricciones a la disponibilidad de trabajadores chinos. Algunos de ellos se refugiaron en México, donde se emplearon en plantaciones de dueños estadunidenses o mexicanos en el valle de Mexicali, contiguo a la frontera con California, pero la presencia china en la agricultura de este estado declinó mucho en los años que siguieron.[17]

Algunos hacendados trataron de sustituir a los inmigrantes chinos y los trabajadores indígenas con negros migrantes de los estados del sur, pero había una considerable oposición popular a la colonización negra en California, y los empresarios agrícolas del estado buscaron el suministro de mano de obra en otra parte.[18] Decidieron entonces experimentar con trabajadores japoneses, y entre 1891 y 1900 promovieron la entrada en el país de poco más de 27 000 ciudadanos de ese país.[19] Los inmigrantes japoneses frustraron las expectativas de los empresarios porque de inmediato se organizaron en las plantaciones para exigir mayores salarios e incursionaron en el negocio de la agricultura como pequeños

[15] Cletus Daniel, *Bitter Harvest*, pp. 40-70; Lawrence J. Jelineck, *Harvest Empire: A History of California Agriculture*.

[16] Sucheng Chan, *This Bittersweet Soil: The Chinese in California Agriculture, 1860-1910*.

[17] Evelyn Hu-DeHart, "Immigrants to a Developing Society: The Chinese in Northern Mexico, 1875-1932"; María Elena Ota Mishima (ed.), *Destino México: Un estudio de las migraciones asiáticas a México, siglos xix y xx*.

[18] Benny Joseph Andres hijo, *Power and Control in Imperial Valley, California: Nature, Agribusiness, Labor, and Race Relations, 1900-1940*, pp. 95-98.

[19] Roger Daniels, *Coming to America: A History of Immigration and Ethnicity in American Life*, pp. 250-258.

propietarios o arrendatarios. Mientras los empresarios negociaban en las plantaciones, las comunidades angloamericanas, sobre todo en San Francisco, protestaban enérgicamente contra la llegada de inmigrantes japoneses y provocaron un incidente diplomático entre los gobiernos estadunidense y japonés al prohibir que los niños japoneses asistieran a escuelas para blancos.[20] En 1907, ambos gobiernos zanjaron las crecientes tensiones que había en San Francisco entre angloamericanos e inmigrantes japoneses suscribiendo el Acuerdo de Caballeros de 1907, un tratado internacional por el que el gobierno japonés accedía a restringir en gran medida la emigración japonesa a Estados Unidos.[21] Las restricciones a la inmigración japonesa pusieron fin al experimento con trabajadores agrícolas de ese país, mientras que la promulgación en California de las Leyes Agrarias para Extranjeros de 1913 y 1920 casi acabó con lo que quedaba de presencia japonesa en la agricultura del estado al prohibir a los "extranjeros que no reúnen los requisitos de ciudadanía" —es decir, los asiáticos— poseer o arrendar tierras agrícolas.[22] Al verse expulsados de la agricultura en California, algunos japoneses siguieron a los chinos a México y se volvieron agricultores arrendatarios en plantaciones de propietarios estadunidenses en el valle de Mexicali. Pero al norte de la frontera el descontento de los trabajadores, las restricciones a la inmigración, los tratados internacionales, los prejuicios locales y las leyes estatales pusieron término al breve experimento con trabajadores agrícolas japoneses.

El fin de la guerra hispano-estadunidense de 1898 inauguró una era colonial que estableció nuevas rutas migratorias entre Filipinas y California. Mientras que en 1900 vivían en el estado sólo cinco filipinos, se calcula que en 1930 la cifra ya era de 30 000.[23] En su mayoría eran trabajadores temporales varones. Se empleaban como jornaleros agrícolas y sirvientes domésticos,

[20] Roger Daniels, *The Politics of Prejudice: The Anti-Japanese Movement in California and the Struggle for Japanese Exclusion.*

[21] Roger Daniels, *Guarding the Golden Door*, pp. 40-45.

[22] Benny J. Andres, *Power and Control in Imperial Valley*, p. 118. Véanse también Daniels, *Politics of Prejudice*, p. 129; Karen Leonard, "Punjabi Farmers and California's Alien Land Law".

[23] Roger Daniels, *Coming to America*, pp. 356-360.

pero resultaron muy hábiles para organizarse y constantemente contrariaban a los agroindustriales californianos que deseaban una mano de obra sumisa.[24] Los empresarios apenas dijeron una palabra cuando el Congreso puso fin a la inmigración filipina con la aprobación de la Ley Tydings-McDuffie de 1934.

En suma, mientras la agroindustria crecía en California, la población indígena del estado cayó a su punto más bajo; se prohibió la entrada en el país de trabajadores chinos, japoneses y filipinos, y los colonos negros no eran bienvenidos. Se habían emprendido algunos experimentos con cooperativas agrícolas blancas por todo el estado, pero, en general, los empresarios buscaban trabajadores temporales, baratos y marginados que vinieran y se fueran con las cosechas. En este contexto, los agroindustriales californianos llegaron a depender de los trabajadores migrantes mexicanos que cruzaban la frontera. A mediados de la década de 1920, los mexicanos constituían la inmensa mayoría de los trabajadores agrícolas del estado. De los cerca de 80 000 trabajadores que por entonces se movilizaban en California recogiendo alfalfa, sandías y algodón en el Valle Imperial, chícharos, algodón y espárragos en el valle de San Joaquín, y cítricos en el condado de Los Ángeles y el Inland Empire (área metropolitana de Riverside, San Bernardino y Ontario), de 80 a 95% eran mexicanos.[25]

Algunos empresarios agrícolas atribuían su preferencia por los trabajadores migrantes mexicanos al carácter "dócil" de éstos. Afirmaban que eran tranquilos, diligentes, sumisos y, por ende, ideales para el trabajo agrícola. Esta descripción hacía caso omiso de la intensa actividad de organización de los trabajadores mexicanos en Estados Unidos —la huelga de 1903 en Oxnard, California; la huelga ferrocarrilera de 1904 en el valle

[24] Ernesto Galarza, *Merchants of Labor: The Mexican Bracero Story, An Account of the Managed Migration of Mexican Farm Workers in California, 1942-1960*, pp. 34-35; Dawn Bohulano Mabalon, *Life in Little Manila: Filipinas/os in Stockton*.
[25] Comisión del Senado de Estados Unidos sobre Inmigración, *Restriction of Western Hemisphere Immigration Hearings before the Committee on Immigration*, United States Senate, declaración de C. B. Moore, 70 Congreso, 1a. sesión, 1928, p. 64; véanse también Daniel, *Bitter Harvest*, p. 67; Paul Schuster Taylor, *Mexican Labor in the United States: Imperial Valley*, pp. 33-40.

del río Bravo de Texas, y la huelga de 1922 en el Valle Imperial de California, por ejemplo— y tampoco tenía en cuenta el papel que habían desempeñado los trabajadores mexicanos en la gestación de la Revolución mexicana en 1910, pero era un consuelo para los agroindustriales, quienes se daban cuenta de que las restricciones federales a la inmigración les habían dejado pocas opciones en la década de 1920.[26] Como admitió uno de los muchos cabilderos del sector agroindustrial californiano: "Hemos mirado al norte, al sur, al este y al oeste, y es el único trabajador del que podemos echar mano".[27]

En el sur de Texas, el asunto de la mano de obra, la migración y la agroindustria era distinto. Con una historia de esclavitud de negros, los texanos tenían menos dudas en cuanto a fomentar la colonización de los negros. Sin embargo, si bien el cultivo del algodón y la producción de fruta se expandieron en las décadas de 1910 y 1920, la primera Guerra Mundial había hecho que los sureños negros se fueran al norte, desde donde los texanos no pudieron atraer a suficientes trabajadores agrícolas negros. Los texanos, sobre todo los que vivían cerca de la frontera con México, no tardaron en recurrir a los trabajadores mexicanos y en depender de ellos.[28] En la década de 1920 los agricultores locales calculaban que los trabajadores mexicanos constituían casi 98% de la mano de obra agrícola en el sur de Texas y 80% del "ejército" de trabajadores migrantes que cada año llegaban al estado.[29] Veinticinco mil jornaleros empezaban

[26] Gilbert G. González, *Mexican Consuls and Labor Organizing: Imperial Politics in the American Southwest*; Zaragosa Vargas, *Labor Rights Are Civil Rights: Mexican American Workers in Twentieth-Century America*; Emilio Zamora, *The World of the Mexican Workers in Texas*.

[27] Comisión de la Cámara de Representantes sobre Inmigración, *Hearing before the Committee on Immigration and Naturalization on H.R. 6741, H.R. 7559, H.R. 9036*, testimonio de S. Parker Frisselle, 69 Congreso, 1a. sesión, 28 y 29 de enero, y 2, 9, 11 y 23 de febrero de 1926, p. 7.

[28] Douglas E. Foley, Clarice Mota, Donald E. Post e Ignacio Lozano, *From Peones to Politicos: Class and Ethnicity in a South Texas Town, 1900-1987*, pp. 4-6; Mario T. García, *Desert Immigrants: The Mexicans of El Paso, 1880-1920*, pp. 43-60; Paul Schuster Taylor, *An American-Mexican Frontier, Nueces County*, pp. 100-105.

[29] Comisión del Senado sobre Inmigración, *Restriction of Western Hemisphere Immigration*. Paul Schuster Taylor sostuvo que los agricultores estadounidenses entregaron cálculos inexactos de la mano de obra que empleaban: la "composición racial de los

el trabajo de cosechar frutas, verduras, caña de azúcar y algodón en el valle bajo del río Bravo, y sus filas se fueron engrosando hasta formar una legión de 300 000 trabajadores que recorrían todo el estado en plena temporada de recolección del algodón.

Para alentar a los mexicanos a cruzar la frontera hacia Estados Unidos, los empresarios agrícolas enviaban contratistas de mano de obra a México.[30] Los trastornos en el campo mexicano les hacían el trabajo relativamente fácil. Hasta finales del siglo XIX la mayoría de los trabajadores mexicanos vivieron atrapados en el sistema como peones que pagaban sus deudas y aislados en zonas rurales carentes de ferrocarril u otros sistemas de transporte que facilitaran las migraciones masivas. Sin embargo, la presidencia de Porfirio Díaz (1876-1911), época popularmente llamada el porfiriato, cambió la historia de inmovilidad mexicana. Díaz puso en marcha un programa de modernización que seguía el ejemplo de países como Argentina y Estados Unidos. Amplió de forma espectacular la red ferroviaria de México (con importantes inversiones de financieros estadunidenses e ingleses), fomentó la formación de vastos latifundios (adquiridos en su mayoría por inversionistas extranjeros) y promovió el cambio hacia el trabajo asalariado. Su campaña de "orden y progreso" liberó a unos cinco millones de campesinos mexicanos del peonaje por deudas y tendió decenas de miles de kilómetros de vías férreas mientras la economía registraba una tasa de crecimiento anual relativamente fuerte de 2.7% y las exportaciones en general crecían a un ritmo de 6.1% al año. En particular, las exportaciones agrícolas aumentaron 200% entre 1876 y 1910. A estas señales de modernidad siguió un brusco aumento demográfico: de nueve millones de habitantes en 1876 a más de 15 millones en 1910. El índice de alfabetismo también iba en aumento. Con todo, el mundo de "orden y progreso" de

---

trabajadores algodoneros en 1929 [era] como sigue: mano de obra local: mexicanos, 97%; negros, 3%, y prácticamente ningún blanco; mano de obra estacional de fuera: mexicanos, 65%; negros, 20%, blancos, 15%", *American-Mexican Frontier*, p. 103.

[30] Devra Weber, *Dark Sweat, White Gold: California Farm Workers, Cotton, and the New Deal*, pp. 37-42.

Díaz se forjó a costa del despojo y la pobreza de la población mayoritariamente rural de México.[31]

La consecuencia del programa de Díaz fue la pobreza persistente. Había más mexicanos dedicados al trabajo asalariado libre, pero también había más mexicanos en pobreza extrema. Por lo tanto, la nueva mano de obra móvil emigró en busca de trabajo y mayores salarios.[32] En 1884, la conclusión del ferrocarril en El Paso, Texas, inauguró un enlace directo entre los trabajadores de las populosas regiones centrales de México y los empleos al norte de la frontera con Estados Unidos.[33] A principios del siglo XX, la creciente inversión de capital estadunidense en México creó rutas migratorias que llevaron trabajadores mexicanos al norte al iniciarse el auge de las empresas agrícolas del suroeste estadunidense.

Lawrence Cardoso calcula que entre 1900 y 1910 hubo al menos 500 000 cruces fronterizos de mexicanos hacia Estados Unidos.[34] La migración continuó en la década de 1910, cuando la violencia de la Revolución mexicana, aunada a las enfermedades y la insistencia de los contratistas estadunidenses, promovió la llegada de trabajadores migrantes mexicanos a Estados Unidos. Sin embargo, no fue sino hasta la década de 1920 cuando la emigración laboral mexicana se disparó debido a la vasta expansión de las empresas agrícolas del suroeste estadunidense. Cardoso calcula que el número total de cruces fronterizos de ciudadanos mexicanos en la década de 1920 superó el millón.[35] En medio de la convergencia de los auges de la agroindustria y de la migración laboral mexicana en el suroeste, el Congreso estadunidense inició una nueva era de trabajo, mano de obra y migración en la

---

[31] Francisco E. Balderrama y Raymond Rodríguez, *Decade of Betrayal: Mexican Repatriation in the 1930s*, pp. 5-26. Véanse también Lawrence Cardoso, *Mexican Emigration...*, pp. 1-38; Douglas Monroy, *Rebirth: Mexican Los Angeles from the Great Migration to the Great Depression*, pp. 75-83.

[32] John Mason Hart, *Revolutionary Mexico: The Coming and Process of the Mexican Revolution*; Alan Knight, *The Mexican Revolution*, vol. 1, *Porfirians, Liberals, and Peasants*, y vol. 2, *Counter-Revolution and Reconstruction*; Moisés González Navarro, *Sociedad y cultura en el porfiriato*.

[33] Mario T. García, *Desert Immigrants*, pp. 1-64.

[34] Lawrence Cardoso, *Mexican Emigration...*, p. 34.

[35] *Ibid.*, pp. 94-95.

frontera méxico-estadunidense endureciendo las leyes federales de inmigración y estableciendo la Patrulla Fronteriza de Estados Unidos. Los trabajadores migrantes mexicanos, aunque no eran los objetivos primordiales de las restricciones de inmigración estadunidenses, con el tiempo y debido a un choque de dinámicas, se convertirían en los principales blancos de la observancia de la ley de inmigración estadunidense.

LEY DE INMIGRACIÓN DE ESTADOS UNIDOS: GENEALOGÍA DE UN MANDATO

El Congreso de Estados Unidos estableció la Patrulla Fronteriza el 28 de mayo de 1924 al reservar la discreta suma de un millón de dólares para "patrullaje adicional de fronteras terrestres" en la Ley de Asignaciones Presupuestales del Departamento del Trabajo de ese año, pero los trabajos por el control migratorio en el Congreso empezaron muchos años antes e implicaron múltiples proyectos ambiciosos. Con la aprobación en 1862 de la Ley para Prohibir el Tráfico de Culis, el Congreso daba comienzo a una era de leyes migratorias cada vez más estrictas, que culminó con la aprobación de la Ley de Orígenes Nacionales de 1924. Según el historiador Moon-Ho Jung, la ley de 1862, aprobada durante la Guerra de Secesión e impulsada por la idea de que los inmigrantes chinos no eran trabajadores libres, es decir "culis", cumplió el papel tanto de "última ley sobre el tráfico de esclavos" como de "primera ley de inmigración".[36] En la era de la emancipación negra, explica Jung, la conflictiva y polémica confluencia de raza, trabajo y libertad enmarcó los orígenes del control migratorio en Estados Unidos.

Después de aprobar la ley de 1862, el Congreso pasó varias décadas modificando profundamente el rumbo de la historia estadunidense al imponer una serie de límites a la inmigración.[37]

[36] Moon-Ho Jung, *Coolies and Cane: Race, Labor, and Sugar in the Age of Emancipation*, p. 38.
[37] Roger Daniels, *Guarding the Golden Door*; John Higham, *Strangers in the Land: Patterns of American Nativism, 1860-1925*; Desmond King, *Making Americans: Immi-*

En 1875, prohibió la entrada de delincuentes y prostitutas, y amplió el veto a los trabajadores chinos contratados.[38] En 1882, el Congreso aprobó una Ley de Inmigración general que prohibía la entrada a todos los "locos, idiotas, convictos, personas que tienden a volverse cargas públicas y quienes padecen enfermedades contagiosas", y extendió las prohibiciones de 1862 y 1875 sobre el tráfico de culis negando la entrada al país a todos los peones chinos.[39] Para financiar la creciente burocracia del control migratorio, la ley de 1882 también imponía un gravamen de 50 centavos de dólar a cada persona que ingresara a Estados Unidos. En 1885, amplió la prohibición de los jornaleros chinos declarando ilegal la importación al país de todo peón a jornal.[40] En 1891, agregó a los polígamos a la lista de personas vetadas y autorizó la deportación de toda persona que entrara ilegalmente a Estados Unidos.[41] En 1903, los epilépticos, anarquistas y mendigos se unieron al creciente grupo de personas excluidas, y el Congreso transfirió la Oficina de Inmigración al recién creado Departamento de Comercio y Trabajo.[42] La Ley de Inmigración de 1903 también dispuso la deportación de inmigrantes que se convirtieran en cargas públicas en los dos años siguientes a su llegada, y extendió a tres años el plazo durante el cual se podía deportar a un inmigrante si se descubría que en el momento de su llegada no había cumplido los requisitos. La Ley de Inmigración de 1907 aumentó el impuesto de entrada a cuatro dólares por persona y añadió las siguientes a la lista de personas exclui-

gration, Race, and the Origins of the Diverse Democracy; Hiroshi Motomura, Americans in Waiting: The Lost Story of Immigration and Citizenship in the United States.

[38] Page Act of 1875, 43 Congreso, 2a. sesión (18 Ley 477), 3 de marzo de 1875.

[39] Immigration Act of 1882, 47 Congreso, 1a. sesión (22 Ley 214), 3 de agosto de 1882. Véanse también Lee, At America's Gates; Lucy E. Salyer, Laws Harsh as Tigers: Chinese Immigrants and the Shaping of Modern Immigration Law; y Alexander Saxton, The Indispensable Enemy: Labor and the Anti-Chinese Movement in California.

[40] Contract Labor Law of 1885, 48 Congreso, 2a. sesión (23 Ley 332, 26 de febrero de 1885.

[41] Immigration Act of 1891, 51 Congreso, 2a. sesión (26 Ley 1084), 3 de marzo de 1891.

[42] Immigration Act of 1903, Public Law 57-162, 57 Congreso, 2a. sesión (32 Ley 1213), 3 de marzo de 1903; An Act: To Establish the Department of Commerce and Labor, Public Law 57-87, 57 Congreso, 2a. sesión (32 Ley 825), 14 de febrero de 1903.

das: "imbéciles, débiles mentales, personas con defectos físicos o mentales que puedan afectar su capacidad para mantenerse, personas aquejadas de tuberculosis, niños no acompañados por sus padres, personas que han confesado la comisión de un delito que supone depravación moral, y mujeres que vienen a Estados Unidos con fines inmorales".[43] La Ley de Inmigración de 1907 también prolongó el plazo durante el cual se podía deportar a los inmigrantes si se volvían cargas públicas por causas preexistentes a su llegada, y definió la entrada a Estados Unidos sin inspección oficial como una violación de las restricciones inmigratorias estadunidenses. En 1913, la Oficina de Inmigración se transfirió al recién independizado Departamento del Trabajo.[44] La Ley de Inmigración de 1917 creó la Zona de Exclusión de Asiáticos, que prohibía la entrada a todo inmigrante de ascendencia asiática, al tiempo que aumentaba el impuesto de entrada a ocho dólares, imponía un derecho de visa adicional de 10 dólares, exigía a todo candidato a inmigrante aprobar un examen de alfabetismo, extendía el plazo de deportación a cinco años y prohibía la entrada a Estados Unidos en cualquier punto que no fuera un puerto de entrada oficial.[45]

En 1917, la lista de personas que tenían prohibida la entrada a Estados Unidos ya incluía a todos los asiáticos, analfabetos, prostitutas, delincuentes, jornaleros, niños solos, idiotas, epilépticos, enfermos mentales, indigentes, enfermos y defectuosos, alcohólicos, mendigos, polígamos, anarquistas y demás. Las penas por infringir las leyes de inmigración estadunidenses variaban. Por ejemplo, importar un inmigrante "con el fin de prostituirlo o con cualquier otro fin inmoral" era un delito grave que merecía una pena de hasta 10 años de cárcel y una multa máxima de 5 000 dólares. Tanto la entrada no autorizada como el contrabando de inmigrantes estaban tipificados como delitos menores con penas de hasta cinco años de cárcel y una multa de 2 000 dólares. Un

[43] *Immigration Act of 1907*, Public Law 59-96, 59 Congreso, 2a. sesión (34 Ley 898), 20 de febrero de 1907.
[44] *An Act: To Create a Department of Labor*, Public Law 62-426, 62 Congreso, 3a. sesión (37 Ley 737), 4 de marzo de 1913.
[45] *Immigration Act of February 5, 1917*.

conjunto de nativistas angloamericanos, sindicatos, progresistas y otros habían promovido todas estas exclusiones y penas de la ley de inmigración estadunidense. Sin embargo, los nativistas angloamericanos más radicales no estaban conformes, y su influencia colectiva en la sociedad, la política y la cultura estadunidenses fue aumentando durante la década de 1920.

LA CRUZADA DE LOS NATIVISTAS

El movimiento nativista, compuesto por partidarios de la eugenesia, xenófobos, académicos, miembros del Ku Klux Klan, sindicalistas y otros, se unió contra lo que consideraba la creciente amenaza de la inmigración del este y el sur de Europa.[46] Desde principios del siglo xx, italianos, polacos, eslovacos y gente de otras nacionalidades acudieron en gran número a centros industriales estadunidenses como Nueva York y Chicago. Su llegada impulsó el auge de las manufacturas estadunidenses, pero los nativistas consideraban a estos grupos "inmigrantes indeseables" que eran socialmente inferiores, culturalmente extraños y políticamente sospechosos. Temiendo que estos inmigrantes de "nueva ascendencia" "contaminaran" la sociedad y la cultura angloamericanas, los nativistas exigieron que se acabara con la inmigración procedente de todo lugar que no fuera el noroeste de Europa.[47]

En 1924, los nativistas angloamericanos desempeñaron un papel decisivo en la elaboración y aprobación de la Ley de Orígenes Nacionales del mismo año. Esta ley era un código denso que exponía en detalle las limitaciones impuestas a la inmigración legal. Pero lo más importante es que ratificaba todas las restricciones anteriores y establecía un sistema de cuotas basado en la nacionalidad, que limitaba de manera estricta el número de inmigrantes a los que se permitía entrar a Estados Unidos cada año. Según el complicado sistema de cuotas, a Alemania, Gran Bretaña e Irlanda del Norte se otorgaba 60% de los espacios

---

[46] John Higham, *Strangers in the Land*, pp. 264-330.
[47] *Ibid.*, y Roger Daniels, *Guarding the Golden Door*, pp. 27-58.

puestos a disposición del total de inmigrantes sujetos al régimen de orígenes nacionales. Los europeos de ascendencia indistinta obtenían 96% del total de espacios disponibles. Además del sistema de cuotas, la Ley de Orígenes Nacionales volvió a confirmar la exclusión total de los asiáticos de Estados Unidos. El historiador John Higham llamó a esta ley "la victoria nórdica", el triunfo del estrecho nacionalismo racial de los nativistas angloamericanos en una década que él define como "la tribal década de 1920".[48] Por irónico que parezca, como bien ha señalado Mae Ngai, el efecto de ese triunfo a la larga fue la reconstitución de una "raza estadunidense blanca, en la cual las personas de ascendencia europea compartían una etnicidad blanca distinta de la de aquellos a quienes no se consideraba blancos. En la construcción de la etnicidad blanca, los límites legales entre los blancos y los no blancos se diferenciaron de manera más marcada".[49] Dicho de otro modo, la Ley de Orígenes Nacionales redefinió y amplió la categoría de los blancos de tal modo que en ella se empezó a incluir a europeos antes "mestizos", mientras que se excluía por completo a los considerados no blancos, es decir, los asiáticos.

El poderoso grupo de presión de los empresarios agrícolas del suroeste atenuó la búsqueda nativista de una política de inmigración "restringida a los blancos" al promover una exención al sistema nacional de cuotas para todos los inmigrantes de países del hemisferio occidental como Canadá, Cuba y México. Por tanto, se siguió permitiendo la entrada al país de trabajadores inmigrantes de México sin un límite preestablecido. Al aceptar la exención del hemisferio occidental, los nativistas capitularon ante el grupo de presión de los productores agrícolas en 1924, pero tras la aprobación de la Ley de Orígenes Nacionales, un núcleo de nativistas convencidos se siguió oponiendo a la inmigración mexicana a Estados Unidos. Como se quejó un representante durante las audiencias de 1924: "¿De qué sirve cerrar la puerta delantera para impedir la entrada a los indeseables de Europa cuando se deja entrar a los mexicanos de a miles y miles

[48] John Higham, *Strangers in the Land*, pp. 316-323.
[49] Mae Ngai, *Impossible Subjects*, p. 25.

por la puerta trasera?"[50] Luego de la aprobación en 1924 de la Ley de Orígenes Nacionales, los nativistas emprendieron una campaña para agregar a los trabajadores migrantes mexicanos al sistema de cuotas. México era un país de mestizos, alegaban. Como tales, los mexicanos eran seres racialmente inferiores e inasimilables, y la inmigración mexicana ilimitada ponía en peligro el objetivo central de la Ley de Orígenes Nacionales. "El propósito fundamental de nuestras leyes de inmigración es la continuación del carácter deseable de ciudadanía. Supeditados a él están el de evitar problemas sociales y raciales, mantener los estándares de salarios y de vida estadunidenses, y conservar el orden. Todos estos propósitos se violarán al aumentar la población mexicana del país", explicó el representante John. C. Box (Texas), uno de los promotores, en 1926, de una iniciativa para restringir la inmigración mexicana a Estados Unidos.[51] Los productores vencieron la iniciativa de Box, pero los nativistas hicieron otro intento en 1928, alegando que era preciso terminar con la exención de los trabajadores mexicanos porque, como advirtieron de manera ominosa: "Nuestro gran suroeste se está creando rápidamente un nuevo problema racial, como hizo nuestro antiguo sur cuando importó mano de obra esclava de África".[52]

En sus debates con los nativistas, los productores del suroeste coincidían plenamente en la idea de que los trabajadores inmigrantes mexicanos presentaban un "problema racial", por lo que admitían el argumento de los nativistas de que la inmigración mexicana suponía una amenaza para la sociedad estadunidense. Como explicó S. Parker Frisselle, de la Federación del Buró de Agricultores de California, durante las audiencias de 1926: "Con los mexicanos llega un problema social [...] Es un

---

[50] Citado en David Gutiérrez, *Walls and Mirrors: Mexican Americans, Mexican Immigrants, and the Politics of Ethnicity*, pp. 53-54.

[51] Comisión de la Cámara de Representantes sobre Inmigración y Naturalización, *Seasonal Agricultural Laborers from Mexico: Hearings before the Committee on Immigration and Naturalization*, declaración de John C. Box, 69 Congreso, 1a. sesión, 1926, p. 324.

[52] Comisión del Senado sobre Inmigración, *Restriction of Western Hemisphere Immigration*, declaración sobre la inmigración mexicana presentada por la Liga de Restricción a la Inmigración, p. 188.

problema serio. Llega a nuestras escuelas, a nuestras ciudades y a toda nuestra civilización en California".[53] Sin embargo, luego de tranquilizar a los nativistas diciendo: "A nosotros, caballeros, nos preocupa tanto como a ustedes que la civilización de California y los demás distritos del oeste no se construya sobre bases mexicanas", los productores rebatieron su llamado a imponer un límite numérico a la inmigración mexicana a Estados Unidos alegando que no dar acceso irrestricto a los trabajadores mexicanos supondría la ruina del creciente emporio agroindustrial del suroeste estadunidense.[54] En vez de terminar con la inmigración mexicana, hicieron una promesa a los nativistas: "En California", afirmó Frisselle, "nos consideramos capaces de manejar ese problema social".[55] Pues, al decir de otro empresario agrícola, de Texas: "Si no pudiéramos controlar a los mexicanos y ellos tomaran este país, sería mejor no abrirles la puerta, pero podemos controlarlos y de hecho los controlamos".[56]

La afirmación de que se podía controlar y de hecho se controlaba a los mexicanos se refería al mundo social de la empresa agrícola en la frontera méxico-estadunidense. Los empresarios y las exigencias de sus negocios dominaban la vida política, social y cultural de las comunidades fronterizas, ya que la organización racialmente discriminatoria del trabajo permeaba la vida comunitaria. Los blancos tenían tierras o manejaban trabajadores, mientras que los mexicanos araban los campos, cuidaban las plantaciones, cosechaban y migraban. Como han precisado Devra Weber, Paul Schuster Taylor y otros, en California había una división racial tan evidente que "los propietarios y los altos directivos eran blancos; los capataces, contratistas y trabajadores eran mexicanos".[57] Así explicó un joven agricultor blanco de Texas por qué los terratenientes y arrendatarios blancos llevaban una vida de ocio: "Aquí tenemos a los mexicanos y no trabajamos".[58] La je-

[53] Comisión de la Cámara de Representantes sobre Inmigración y Naturalización, *Seasonal Agricultural Laborers from Mexico*, testimonio de S. Parker Frisselle, pp. 6-7.
[54] *Ibid.*, p. 7.
[55] *Ibid.*, p. 6.
[56] Paul Schuster Taylor, *An American-Mexican Frontier...*, p. 286.
[57] Devra Weber, *Dark Sweat, White Gold*, p. 45.
[58] Paul Schuster Taylor, *An American-Mexican Frontier...*, p. 89.

rarquía entre propietarios angloamericanos, gerentes blancos y trabajadores mexicanos se reflejaba en toda la región, donde las pautas de explotación económica que mantenían a la enorme población mexicana de la región aprisionada en el trabajo mal pagado se acompañaban de prácticas racialmente muy discriminatorias de segregación social, represión política y violencia comunitaria. De Texas a California, jóvenes blancos y mexicanos egresaban de escuelas distintas y desiguales. Los impuestos a cuyo pago se condicionaba el sufragio y los líderes políticos privaban a los electores mexicanos del derecho al voto. Los mexicanos tenían pocas opciones de empleo fuera de la agricultura. La violencia policiaca contra ellos era común. La creación de organizaciones obreras mexicanas suscitaba reacciones inmediatas y violentas de toda la comunidad, y donde los prejuicios estaban más extendidos, se ponían en la entrada de los restaurantes letreros que decían: "Se prohíbe la entrada a negros, mexicanos y perros".[59]

Los empresarios agrícolas de la zona fronteriza ejercían presión en el Congreso a favor de su industria y esgrimían el mundo social que habían construido como prueba de que la inmigración mexicana sin restricciones beneficiaría a la empresa de Estados Unidos sin infiltrarse en la sociedad, la cultura ni la política de este país. Aseguraban que la jerarquía racial en la frontera con México ofrecía una barrera contra la incorporación de los mexicanos. Sin embargo, en un país tan versado en la división entre blancos y negros como unidad básica del control racial y la desigualdad social, había observadores preocupados por el lugar que ocupaban los inmigrantes mexicanos —ni blancos ni negros— en la sociedad. Como explicó el profesor William Leonard, los mexicanos "no son negros […] tampoco se les acepta como hombres

[59] Robert Alvarez hijo, "The Lemon Grove Incident: The Nation's First Successful Desegregation Court Case"; Benny J. Andres, *Power and Control in Imperial Valley*, pp. 187-204, 248-277; Foley, *From Peones to Politicos...*, pp. 65-66, 82-83; Matt García, *A World of Its Own: Race, Labor, and Citrus in the Making of Greater Los Angeles, 1900-1970*, pp. 47-78; García, *Desert Immigrants*, pp. 85-126; David Montejano, *Anglos and Mexicans...*, pp. 157-256; Paul Schuster Taylor, *Mexican Labor: Imperial Valley*, pp. 48, 55-61, 75-76, 83-94; *Mexican Labor in the United States: Dimmit County, Winter Garden District, South Texas*, pp. 373-432; y *American-Mexican Frontier*, pp. 215-240.

blancos, y entre unos y otros, los blancos y los negros, parece que no existe ninguna posición intermedia".[60]

La flexibilidad basada en la clase social del sistema fronterizo de organización social racialmente discriminatoria no disipó las preocupaciones de los nativistas. Por ejemplo, el supervisor adjunto de escuelas de San Diego definió a los mexicano-estadunidenses de clase media como "españoles", y sobre los niños de este nivel social dijo: "son iguales a nuestros niños blancos".[61] Según el académico mexicano Manuel Gamio, los propietarios privados concedían a los mexicanos una flexibilidad parecida, basada en la clase social y el color de piel. Gamio observó que, aunque a algunos mexicanos se les negaba el acceso a ciertos establecimientos, a los inmigrantes mexicanos que eran "blancos e incluso tenían ojos azules" se los consideraba estadunidenses y se les daba "el primer lugar en todo".[62]

Los nativistas acosaron a los habitantes de la zona fronteriza para que respondieran claramente dónde encajaban los mexicanos dentro de las rígidas clases raciales de la eugenesia, los orígenes nacionales y la "regla de una gota de sangre" de la división entre blancos y negros. Los texanos solían referirse a la lógica de las jerarquías raciales de blancos y negros para explicar el lugar que habían asignado a los inmigrantes mexicanos. Por ejemplo, cuando a fines de la década de 1920 el economista Paul Schuster Taylor conversó con algunos texanos sobre las relaciones anglomexicanas, uno declaró que los mexicanos eran "no tan malos como los negros", mientras que otro explicó: "Los mexicanos comen en los restaurantes y en las mesas de las farmacias, pero los negros no", porque ni siquiera "un negro con dinero podría relacionarse con personas blancas".[63]

---

[60] William Leonard, citado en Montejano, *Anglos and Mexicans…*, p. 82.

[61] Declaración de Edward B. Tilton, supervisor adjunto de escuelas, San Diego, California, 15 de febrero de 1929, cartón 10, carpeta 5, Trabajadores mexicanos en Estados Unidos, serie de notas de campo B, grupo 1, Colección de Paul Schuster Taylor.

[62] Manuel Gamio, *The Life Story of the Mexican Immigrant: Autobiographical Documents*, pp. 175-176.

[63] Declaración del señor Henry Allsmeyer, agente agrícola, condado de Cameron, San Benito, Texas, cartón 10, carpeta 4, notas inéditas, Colección de Paul Schuster Taylor. Véase también Paul Schuster Taylor, *American-Mexican Frontier,* p. 172.

Los californianos a menudo adoptaban un punto de vista multirrelacional que distinguía a los mexicanos de chinos, japoneses, hindúes, filipinos y otras etnias que trabajaban en las plantaciones antes de que, en la década de 1920, los inmigrantes mexicanos se volvieran mayoría en la mano de obra agrícola. En defensa de la inmigración mexicana, Fred Bixby, de Long Beach, California, explicó durante las audiencias de 1928 para restringir la inmigración mexicana: "No tenemos chinos; no tenemos japoneses. El hindú no vale nada; el filipino no es nada, y el hombre blanco no quiere hacer el trabajo";[64] pero Bixby y los californianos, enfrascados en un debate con gente de fuera —es decir, cuando se oponían a los nativistas, que advertían sobre la amenaza social de la inmigración mexicana invocando constantemente "el problema de los negros"—, fueron capaces de definir a los mexicanos en el contexto de la división prevalente entre blancos y negros. "Les quiero decir que ustedes no conocen en absoluto a los mexicanos. Son leales", dijo Bixby en tono de reproche. "Yo tengo familia: tres hijas", explicó. "Desde que estaban así", señaló la estatura con el dedo, "las dejaba salir al campo a cabalgar con mexicanos [...] ¿Se imaginan si las dejáramos salir con negros? En la vida se nos ocurriría semejante cosa".[65] En estos discursos muy estratégicos que zanjaban las diferencias entre las peculiaridades regionales y las tendencias nacionales, los californianos se valían de la división entre negros y blancos para explicar la posición social de los mexicanos al norte de la frontera. Sostenían que los afroestadunidenses representaban la base absoluta de la jerarquía racial, e insinuaban que los trabajadores migrantes de México ofrecían una alternativa superior de inferiores raciales para el trabajo en los campos del suroeste de Estados Unidos.

En su lucha por insertar a los mexicanos en el discurso prevalente de diferencia racial, desigualdad y control, los habitantes de la zona fronteriza los concebían como más o menos negros o más

---

[64] Comisión del Senado sobre Inmigración, *Restriction of Western Hemisphere Immigration*, declaración de Fred Bixby, p. 26. Véase también en este documento la declaración de Ralph H. Taylor, pp. 72-74.

[65] Comisión del Senado sobre Inmigración, *Restriction of Western Hemisphere Immigration*, declaración de Fred Bixby, p. 30.

o menos blancos: eran gente intermedia sin un lugar claro en cierta clase racial fundada en la división entre blancos y negros.[66] La situación terriblemente marginada pero en general indeterminada de los mexicanos en la dividida y desigual región fronteriza contrastaba marcadamente con Estados Unidos que los nativistas intentaban forjar mediante las restricciones federales a la inmigración. En metáforas, comparaciones y prácticas sociales cotidianas, la población fronteriza había creado un lugar desigual pero ambiguo para los mexicanos que vivían al norte de la frontera.

Para tranquilizar a los nativistas fervientes, los cuales no creían que los agricultores del suroeste pudieran controlar las incursiones de los inmigrantes mexicanos en la vida social y cultural estadunidense, los agricultores hicieron una última promesa. "El mexicano es hogareño. Como las palomas mensajeras, vuelve a casa a pasar la noche", explicó Frisselle.[67] En otras palabras, aunque la inmigración mexicana no se tenía a raya, por lo menos era temporal, y su presencia transitoria en los campos del suroeste beneficiaría a las empresas agrícolas sin tener ninguna repercusión importante ni duradera en la sociedad estadunidense. Desde el punto de vista de principios del siglo XXI, la promesa de Frisselle parece tonta. En la década de 1920 cientos de miles de inmigrantes mexicanos entraron a Estados Unidos. La idea de que no repercutirían en la vida estadunidense fue un rotundo error de cálculo arraigado en la filosofía esencialmente equivocada de que los mexicanos eran no sólo temporales, sino marginados natos. Según Frisselle, los mexicanos no eran más que una fuente de mano de obra barata y desechable cuya influencia en Estados Unidos se mediría tan sólo en dólares y sudor. "Es un hombre que no viene a este país por otra cosa que nuestros dólares y nuestro trabajo", testificó Frisselle, quien prometió que los mexicanos siempre volverían a su país y no dejarían atrás sino utilidades.[68] Ante tales promesas de control, con-

[66] Barrett y Roediger, "Inbetween Peoples". Véase también Paul Schuster Taylor, *Mexican Labor: Imperial Valley*, pp. 86-94, y *Mexican Labor: Dimmit County*, pp. 420-423.
[67] Comisión de la Cámara de Representantes sobre Inmigración y Naturalización, *Seasonal Agricultural Laborers from Mexico*, testimonio de S. Parker Frisselle, p. 6.
[68] *Idem.*

tención o, como mínimo, colonización mexicana no permanente en Estados Unidos, los empresarios agrícolas triunfaron en su choque con los nativistas, y los límites numéricos de la era de las cuotas nunca se impusieron a la inmigración mexicana a Estados Unidos.[69]

Con la exención prevista para los inmigrantes del hemisferio occidental, la Ley de Orígenes Nacionales de 1924 remató la lucha de 62 años del Congreso por crear una legislación inmigratoria restrictiva. Sin embargo, los legisladores comprendían que la aprobación de la Ley de Orígenes Nacionales no se traducía de manera autómatica en una nueva realidad social. Muchos años de experiencia les habían enseñado que sin una aplicación agresiva de la ley de inmigración federal, las personas excluidas de la entrada legal no harían más que ignorar y violar la ley introduciéndose en Estados Unidos sin autorización. "Como la frontera no está debidamente protegida", explicó F. W. Berkshire, inspector supervisor del Distrito de la Frontera méxico-estadunidense del Servicio de Inmigración, "las medidas restrictivas que se toman en los puertos de entrada no hacen otra cosa que desviar el tráfico ilegal a los puntos donde falta vigilancia".[70] Por ejemplo, a partir de la aprobación de la Ley de Exclusión de los Chinos de 1882 había prosperado una empresa de tráfico ilegal de inmigrantes chinos hacia Estados Unidos en las fronteras con México y Canadá, y entre Florida y Cuba.[71] Además de los trabajadores chinos, categóricamente excluidos, otras clases de inmigrantes —personas infectadas de enfermedades contagiosas, analfabetos y quienes no podían pagar los impuestos de entrada y los derechos de visa— preferían los parajes fronterizos mal vigilados como "puerta trasera" de entrada a Estados Unidos.[72] El mundo vibrante de la inmigración ilegal en la frontera méxico-

[69] Paul Schuster Taylor, *American-Mexican Frontier*, pp. 278-292.

[70] "A Plan to Establish a Border Patrol", Citizen and Immigration Services, Historical Reference Library, Washington, D. C. (en adelante cis/hrl, por sus siglas en inglés).

[71] Robert Chao Romero, "Transnational Chinese Immigrant Smuggling to the United States via Mexico and Cuba, 1882-1916"; Lawrence Douglas Taylor, "El contrabando de chinos a lo largo de la frontera entre México y Estados Unidos, 1882-1931".

[72] Theresa Alfaro-Velkamp, *So Far from Allah, So Close to Mexico: Middle Eastern Immigrants in Modern Mexico*.

estadunidense se revelaba en los tribunales federales de distrito que resolvían causas de inmigración. Por ejemplo, entre abril de 1908 y la primavera de 1924, más de un tercio de las personas procesadas por infracciones de inmigración en la división de Laredo del Tribunal de Distrito de Estados Unidos tenían apellidos no hispanos.[73] Por otra parte, entre julio de 1907 y septiembre de 1917, solamente 15% de las personas juzgadas por violaciones de inmigración en la división del sur de California del Tribunal de Distrito de Estados Unidos tenían apellidos hispanos, y a la mayoría de ellas se las había enjuiciado por tráfico de inmigrantes.[74] Casi todos los procesados en tribunales de distrito estadunidenses eran inmigrantes procedentes de China, Japón, el este de Europa y las Indias Orientales, que habían evadido las restricciones de inmigración de Estados Unidos entrando en el país sin autorización. En consecuencia, para evitar la inmigración ilegal, a los tres días de haber aprobado la Ley de Orígenes Nacionales de 1924, el Congreso reservó un millón de dólares para el establecimiento de una "patrulla para las fronteras terrestres" en la Oficina de Inmigración del Departamento del Trabajo de Estados Unidos.[75]

EL ESTABLECIMIENTO DE LA PATRULLA FRONTERIZA DE ESTADOS UNIDOS

Los comienzos de la Patrulla Fronteriza fueron desfavorables. La asignación inicial de un millón de dólares representaba menos de 25% del presupuesto total de 4 084 865 dólares de la Ofi-

[73] Documentos del Tribunal de Distrito de Estados Unidos, Distrito Sur de Texas, División de Laredo, actas penales, National Archives and Records Administration (Archivos Nacionales y Administración de Documentos), Fort Worth, Texas, Record Group (conjunto documental) 21 (en adelante NARA Fort Worth; Record Group se abrevia RG).

[74] Documentos de tribunales de distrito de Estados Unidos, Tribunal del Distrito Central, división sur, listas de causas penales de Los Ángeles, NARA Laguna Niguel, RG 21, estante A 3744.

[75] Department of Labor Appropriation Act of May 28, 1924, Ley Pública 68-153, 68 Congreso, 1a. sesión (43 Ley 205).

cina de Inmigración para ese año. Financiada como una pequeña dependencia de la Oficina de Inmigración, por un tiempo la
jerarquía de la patrulla en el aparato general de control migratorio estadunidense no mejoró gran cosa. Tras aumentar a sólo
1 150 000 dólares en 1926, el presupuesto de la patrulla alcanzó
el máximo de 2 198 000 dólares en 1932, para volver a caer a
1 735 000 dólares en 1939, y durante todo el tiempo fue cada vez
menor la parte de la corporación en el presupuesto total de la
Oficina de Inmigración, que rondó los 10 millones de dólares
durante toda la década de 1930. Los limitados fondos de la patrulla se usaban para costos operativos y de equipo básicos, como
edificios, caballos, autos, armas de fuego y uniformes, pero, sobre todo, los salarios de los agentes, pues los efectivos autorizados aumentaron de 472 en 1925 a 916 en 1939.[76]

Sin embargo, la mejor manera de entender los modestos inicios de la Patrulla Fronteriza es examinarla en el contexto de la
observancia de las leyes federales durante la década de 1920, en
concreto en el ámbito de la ley seca y el control de drogas. A
principios del siglo xx, sureños que se oponían a la intervención
federal en las relaciones raciales de su región obstaculizaron la
mayoría de los esfuerzos para aumentar la aplicación de las leyes
federales. En particular, el poderoso bloque sureño se resistió a
la respuesta del gobierno federal a los activistas afroestadunidenses que exigían que se pusiera fin al creciente número de linchamientos en el sur. En consecuencia, los esfuerzos por proteger la supremacía blanca en los estados del sur atenuaron la
aplicación de la ley federal de inmigración en las fronteras del
país. En cambio, los esfuerzos federales de control de drogas y
bebidas alcohólicas crecieron durante esos años.[77] En 1914, el
Congreso había aprobado la Ley Harrison, que exigía a todas las
personas que participaban en la fabricación, distribución y venta de narcóticos (morfina, cocaína, opio y heroína) registrarse y

---

[76] Richard Tait Jarnagin, *The Effect of Increased Illegal Mexican Migration upon the
Organization and Operations of the United States Immigration Border Patrol, Southwest
Region*, p. 90; *Principal Activities Reports, Fiscal Years 1925-1940*, CIS/HRL, y NARA
55853/300B; hay una copia en CIS/HRL.

[77] David F. Musto, *The American Disease: Origins of Narcotics Control*.

pagar un impuesto sobre la venta de esas sustancias. La aplicación de la Ley Harrison se encomendó a la Oficina de Rentas Públicas del Departamento del Tesoro. Tanto la aprobación de la Decimoctava Enmienda a la Constitución de Estados Unidos (1919-1933) como la Ley Volstead de 1919 prohibieron la fabricación, venta, transporte, importación y exportación de bebidas embriagantes. Se estableció la Unidad de Prohibición en la Dirección de Hacienda para hacer cumplir la ley seca federal, y la aplicación de la Ley Harrison se transfirió a la División de Observancia de Leyes sobre Narcóticos de la Unidad de Prohibición. En comparación con la asignación original a la Patrulla Fronteriza que consistía en un millón de dólares en el año fiscal de 1925, la asignación de ese mismo año para la División de Narcóticos de la Unidad de Prohibición ascendió a 11 341 770 dólares, cifra más de 10 veces superior al presupuesto anual de la patrulla, pero calculada en sólo 10% del total de fondos destinados a la aplicación del control federal de bebidas alcohólicas y narcóticos.[78] De manera similar, un mes antes de que el Congreso estableciera la Patrulla Fronteriza, había asignado a la Guardia Costera un aumento de 12 millones de dólares para promover la intercepción del tráfico ilegal en las costas del país.[79] En el mundo de la aplicación de las leyes federales, la Patrulla Fronteriza y el control migratorio tenían muy escasa prioridad, y era improbable un crecimiento importante en tanto no se atacara la división entre blancos y negros en el sur.

El Congreso secundó su mísero financiamiento al cumplimiento de la ley de inmigración estadunidense al no definir con claridad las instrucciones ni las facultades de la nueva "patrulla para las fronteras terrestres". Según la ley que la fundó, la Patrulla Fronteriza tenía la orden de hacer cumplir las disposiciones de la Ley de Inmigración de 1917 y las leyes subsiguientes y, de

[78] Comisión Nacional de Observancia y Cumplimiento de la Ley, *Wickersham Commission Report on the Enforcement of the Prohibition Laws of the United States*, 71 Congreso, 3a. sesión, Washington, D. C., GPO, 1931.

[79] *Act of April 2, 1924*, 68 Congreso, 1a. sesión (43 Ley L. 50). Véase también Laurence F. Schmeckemier, *The Bureau of Prohibition: Its History, Activities, and Organization*, p. 14.

manera más específica, evitar la entrada ilegal de extranjeros a Estados Unidos. Sin embargo, para 1924 había tantos métodos de introducción ilegal (cruces no autorizados de la frontera, documentos falsos, violación de las condiciones de residencia legal) y tantas clases de personas que tenían expresamente prohibida la entrada legal al país, que las restricciones migratorias ofrecían un campo extenso de posibles sujetos a quienes imponer la observancia de la ley federal de inmigración. Puesto que las prostitutas y los anarquistas estaban categóricamente excluidos de Estados Unidos, los agentes de la patrulla habrían podido dedicar su tiempo a registrar prostíbulos e investigar a los inmigrantes radicales, sobre todo los organizadores sindicales. También podrían haber hecho redadas en hospitales y clínicas en busca de inmigrantes que hubieran entrado al país ilegalmente con una enfermedad transmisible. O bien, la patrulla habría podido revisar los casos de documentos falsos o, como hacía suponer su nombre oficial de "patrulla para las fronteras terrestres", patrullar la frontera para impedir todo cruce no autorizado. El encargo original era tan general que quedaba totalmente confuso lo que la nueva "patrulla para las fronteras terrestres" debía hacer. Por otra parte, el Congreso no otorgaba a la patrulla ninguna autoridad como institución encargada de hacer cumplir la ley. En consecuencia, la Ley de Asignaciones Presupuestales del Departamento del Trabajo del 28 de mayo de 1924 estableció de manera oficial la Patrulla Fronteriza de Estados Unidos, pero le asignó pocos recursos y un mandato vago, sin ninguna facultad para actuar. Aun así, la Oficina de Inmigración, al recibir dinero y un encargo extenso, organizó de inmediato la Patrulla Fronteriza de Estados Unidos. El 1° de julio de 1924 ya había agentes en servicio en las fronteras con Canadá y con México.

Los primeros meses se caracterizaron por la desorganización y una falta de claridad general. En Spokane, Washington, el director del distrito regional reconoció que:

El desconocimiento de las disposiciones de la Ley del Congreso por medio de la cual se establece la Patrulla Fronteriza y la carencia de información precisa de la Oficina [de Inmigración], provoca gran duda e incertidumbre en cuanto a las atribuciones conferidas a los agentes de la patrulla y el alcance de sus funciones.[80]

A esta declaración seguía una solicitud a la Oficina de Inmigración para que orientara acerca de lo que se suponía que debían hacer los distritos que contarían con esta nueva fuerza policial. "Parece entonces que, si la Oficina emitiera algunas instrucciones específicas, el trabajo se facilitaría mucho y se adecuaría a la ley en los distintos distritos", escribió.[81] El comisionado general de la Oficina de Inmigración respondió con poca orientación importante cuando, en agosto de 1924, explicó que él no estaba seguro de cuáles eran las facultades y funciones de la nueva patrulla. Escribió:

> Si la oficina entiende correctamente el asunto, hoy por hoy las patrullas fronterizas carecen de toda autoridad para detener un vehículo que cruza la frontera, sea para registrarlo o con otro fin, y tampoco pueden impedir legalmente la entrada de un extranjero que esté violando la ley. Es decir, no tienen más poderes que el ciudadano común y corriente, el cual puede asumir funciones policiales sólo a petición de un agente de la ley debidamente constituido, o para impedir la comisión de un delito grave.[82]

Sin una facultad clara para hacer cumplir las restricciones de inmigración estadunidenses, el comisionado general de Inmigración advirtió al director de distrito de Spokane que los agentes de la patrulla "serían culpables de agresión" si se valían de la más mínima fuerza física al tratar de "impedir una violación de las leyes de inmigración".[83] Carentes de atribuciones para actuar en el cumplimiento de las restricciones migratorias federales, los nuevos agentes de la patrulla eran poco más que ciuda-

---

[80] Carta del 19 de agosto de 1924 de Alfred Hampton, director del distrito núm. 26, al comisionado general de Inmigración, NARA, 53108/22, caja 157, inscripción 9, p. 1.

[81] *Idem*.

[82] Memorando del 30 de agosto de 1924, "Memorandum for the Second Assistant Secretary", del comisionado general de la Oficina de Inmigración, NARA 53108/22, caja 157, inscripción 9, p. 2.

[83] *Idem*.

danos comunes. La confusión que había entre los altos gerentes en cuanto a qué hacer con los nuevos ciudadanos comunes inscritos en la nómina de la Oficina de Inmigración naturalmente se propagó a los nuevos reclutas en el verano de 1924. Por ejemplo, Wesley Stiles se incorporó al servicio como agente de la patrulla el 28 de julio de 1924 en Del Río, Texas. "Nadie sabía lo que debíamos hacer ni cómo hacerlo [...] Así que no hacíamos más que pasearnos por ahí y fingir que sabíamos", recordó Stiles de sus primeros días de patrullaje en la frontera con México.[84]

Sin orientación ni autoridad, los agentes de la patrulla anduvieron a ciegas durante el verano y el otoño de 1924. En diciembre de 1924, la Oficina de Inmigración dio el primer paso para distinguir a los agentes del "ciudadano común" al dotarlos de uniformes.[85] Los uniformes señalaron por fin a la patrulla como una fuerza policial emergente, pero pasaron otros dos meses antes de que se confirieran a los agentes atribuciones policiales para hacer cumplir las leyes de inmigración estadunidenses. El Congreso estableció la autoridad de la patrulla para la observancia de las leyes federales con la aprobación de la ley del 27 de febrero de 1925 (43 Stat. 1049-1050; 8 U. S. C. 110). De acuerdo con esta ley, los agentes de la Patrulla Fronteriza estaban facultados para:

> aprehender a todo extranjero que a la vista del agente entre o intente entrar a Estados Unidos contraviniendo la ley o los reglamentos que rigen la admisión de extranjeros, y presentar a dicho extranjero sin tardanza ante un inspector de inmigración u otro funcionario facultado para interrogar extranjeros acerca de sus derechos de admisión a Estados Unidos.

En el litigio de *Lew Moy vs. Estados Unidos* (1916), la Corte Suprema de Estados Unidos había dictaminado que "un extranjero está realizando el acto de entrar a Estados Unidos hasta que

---

[84] Wesley Stiles, entrevistado por Wesley Shaw, enero de 1986, entrevista núm. 756, Instituto de Historia Oral, Universidad de Texas en El Paso, p. 2.

[85] Eric Monkkonen, *Police in Urban America*, pp. 49-64.

llega a su destino en el interior".[86] La ley de 1925 y la decisión del juicio de *Lew Moy* confirieron a los agentes de la Patrulla Fronteriza amplias facultades para interrogar, detener y apresar a toda persona que a su juicio estuviera realizando el acto de entrada ilegal, violación de la ley federal de inmigración que duraba desde el momento en que los inmigrantes ilegales cruzaban la frontera hasta que llegaban a su destino en el país. La ley de 1925 también facultaba a los agentes de la patrulla para:

> abordar y registrar en busca de extranjeros toda embarcación situada en aguas territoriales de Estados Unidos, así como todo vagón de tren, medio de transporte o vehículo en el que crea que se están introduciendo extranjeros a Estados Unidos, y dicho empleado tendrá atribuciones para ejecutar cualquier orden judicial u otro procedimiento emitido por cualquier funcionario conforme a cualquier ley que rija la admisión, exclusión o expulsión de extranjeros.[87]

En este sentido, la ley de 1925 confirió a los agentes de la Patrulla Fronteriza facultades amplias para aprehender sin orden judicial con la finalidad de hacer cumplir la ley de inmigración estadunidense, y definió una inmensa esfera de actividad para la patrulla.

Con los años, vendrían muchos cambios en las políticas que guiaban la interpretación de la jurisdicción y las facultades de la Patrulla Fronteriza, pero la ley de 1925 definió la esencia y los límites de las atribuciones de observancia de la ley de la institución hasta 1946. Según la ley de 1925, los agentes de la Patrulla Fronteriza podían perseguir a los inmigrantes no autorizados y registrar embarcaciones en las zonas fronterizas y aguas jurisdiccionales, y, sin orden judicial, aprehender a los sospechosos de estar realizando el acto de entrada ilegal. Los agentes de la

---

[86] *Lew Moy et al. v. United States*, 237 Fed. 50, 1916.

[87] *Act of February 27, 1925*, Ley Pública 68-502, 68 Congreso, 2a. sesión (43 Ley 1049-1050). Véase también *Annual Report of the Commissioner General of Immigration, Fiscal Year ended June 30, 1930*, p. 35; *Annual Report of the Immigration and Naturalization Service, Fiscal Year ended June 30, 1941*, pp. 18-22.

patrulla también tenían facultades para ejecutar órdenes judiciales en el cumplimiento de todas las leyes de inmigración federales. Estas atribuciones definieron a la Patrulla Fronteriza como el órgano uniformado y de observancia de la ley del Servicio de Inmigración de Estados Unidos. Aun así, el trabajo de la patrulla seguía envuelto en dudas y complicaciones.

Ante las diversas clases de exclusión, los numerosos métodos de entrada ilegal y los prolongados periodos en que los inmigrantes quedaban sujetos a deportación, la Patrulla Fronteriza se enfrentaba con la tarea de elaborar un programa manejable para hacer cumplir la ley de inmigración estadunidense. En particular, de la larga lista de restricciones de inmigración, los agentes de la patrulla tenían que priorizar las muy diversas posibilidades de control migratorio y formular prácticas cotidianas de observancia de la ley federal de inmigración. La rápida localización de personal y supervisión de la Patrulla Fronteriza permitió a sus agentes llevar a cabo este proyecto.

LOS HOMBRES DE LA PATRULLA FRONTERIZA DE ESTADOS UNIDOS

Clifford Alan Perkins llegó a El Paso, Texas, en 1908. Necesitaba trabajo, pero —según recordó— "parecía que a nadie le interesaba contratar a un muchacho medio inválido de 19 años".[88] La sospecha de padecer tuberculosis había obligado a Perkins a dejar a su familia en Wisconsin e ir a Texas en busca de unos parientes. El clima seco de El Paso mejoró su salud, pero no era fácil encontrar trabajo en esa población fronteriza. Por suerte, la escasa paga y el mal horario hicieron que la oficina de correos tuviera "dificultad para llenar una vacante en la división de correo certificado".[89] A los pocos días de solicitar el puesto, Perkins se encontraba ante el escritorio de la oficina de correos de El Paso.

---

[88] Clifford Alan Perkins, *Border Patrol: With the U.S. Immigration Service on the Mexican Boundary, 1910-1954*, pp. 2-3.

[89] *Ibid.*, p. 3.

La monotonía del trabajo no tardó en decepcionarlo, y "un buen día [se quejó] de estar harto con May Brick, una mujer soltera de mediana edad que [lo] relevaba en la ventanilla del correo certificado".[90] Ella le aconsejó que pidiera empleo en el Servicio de Inmigración. Él no sabía qué era aquello, pero cuando su compañera de trabajo le explicó que los agentes del servicio se ocupaban de la "inmigración, exclusión, deportación y expulsión de extranjeros" y que el salario inicial era el doble de lo que ganaba en correos, recuerda Perkins, "me pareció suficiente".[91] Se inscribió en el siguiente examen para aspirantes a funcionarios del Servicio de Inmigración y lo aprobó. El día 4 de enero de 1911, el servicio lo nombró inspector en la División de Chinos de la Guardia Montada.

En 1904, el Servicio de Inmigración había establecido una pequeña fuerza de agentes encargados de hacer cumplir las leyes de exclusión de los chinos en las fronteras del país. La Guardia Montada nunca llegó a tener más de 75 agentes para las fronteras con México y con Canadá, pero patrullaba las poblaciones fronterizas y sus alrededores para aprehender inmigrantes indocumentados originarios de China. Como inspector a caballo de la división, Clifford Perkins trabajaba desde Nogales, Arizona, hasta Brownsville, Texas, buscando, interrogando y deportando inmigrantes chinos indocumentados. No tardó en ascender en el Servicio de Inmigración y en 1920 lo nombraron inspector encargado de la División de Chinos. Cuando en mayo de 1924 el Congreso destinó fondos a una patrulla para las fronteras terrestres, el Servicio de Inmigración utilizó sus recursos de la Guardia Montada y ascendió al jefe de la División de Chinos, Clifford Perkins, para que formara la pequeña fuerza policial que tendría el cometido general de hacer cumplir las restricciones federales de inmigración en la inmensa frontera méxico-estadunidense.

La frontera entre México y Estados Unidos tiene casi 3 200 kilómetros de longitud, atraviesa cinco zonas ecológicas, cuatro estados y 28 condados, y comunica dos naciones. Como fronte-

[90] *Idem.*
[91] *Idem.*

ra política, es un espacio físico que serpentea por el río Bravo y por arenas pasando por puntos específicos de latitud y longitud. Es la línea que el Congreso de Estados Unidos decidió que era ilegal cruzar sin autorización. Sin embargo, la jurisdicción de la Patrulla Fronteriza también incluía una gran distancia hacia el norte de la frontera méxico-estadunidense, y el trabajo de Perkins suponía preparar una fuerza policial capaz no solamente de hacer respetar una línea en la arena, sino de patrullar un inmenso territorio compuesto de múltiples localidades pequeñas. La ruta que él siguió de hecho dio carácter regional y local a la observancia de las restricciones de inmigración estadunidenses.

La primera acción de Perkins consistió en dividir la jurisdicción de la patrulla en la frontera méxico-estadunidense en tres distritos.[92] El distrito de Los Ángeles iba desde el océano Pacífico hasta unos 80 kilómetros al este de Yuma, Arizona, y por el norte se adentraba en California hasta San Luis Obispo. El distrito de El Paso empezaba en el límite con el de Los Ángeles y se extendía hasta el río Devils, en Texas. El distrito de San Antonio iba del río Devils al golfo de México en Brownsville, Texas. Cada distrito se dividió a su vez en subdistritos,[93] y cada uno de éstos, en varias estaciones provistas de un agente jefe y varios agentes superiores y subalternos.[94]

Perkins previó que los directores de distrito del Departamento de Inmigración administraran de cerca la Patrulla Fronteriza; sin embargo, sus múltiples obligaciones y el aislamiento de las estaciones de la patrulla les impedían ejercer una vigilancia estrecha de la nueva corporación. La falta de capacitación formal y de directrices claras era indicio de la diferencia entre

[92] La Patrulla Fronteriza comenzó en la frontera méxico-estadunidense, y en el lapso de tres años se amplió a la costa de Florida y la frontera con Canadá. En enero de 1932, se establecieron distritos para la patrulla en las fronteras con México y con Canadá. Este plan se canceló el 1° de junio de 1933 y la patrulla volvió a sus tres distritos originales de la frontera con México, hasta que en 1955 se adoptó el concepto regional.

[93] En 1934, las oficinas centrales del distrito de San Antonio se trasladaron a Galveston, pero en 1938 regresaron a San Antonio.

[94] Perkins, *Border Patrol*, p. 16. Véase también Jarnagin, "Effect of Increased Illegal Mexican Migration", pp. 23-26.

los supervisores del Servicio de Inmigración y los agentes de la Patrulla Fronteriza. Por ejemplo, cuando Edwin Reeves se incorporó a la Patrulla Fronteriza se rio del adiestramiento básico. Lo único que recibió fue "un revólver no automático calibre .45 con un cinturón militar... y eso fue todo".[95] Por tanto, aparte del lineamiento general dado por el Congreso, la nueva patrulla carecía básicamente de dirección. Ante las lagunas de mando, las distancias entre las estaciones y las oficinas centrales, y la ausencia de coordinación regional, los agentes ejercían un control considerable sobre las estrategias locales de la patrulla.

Los primeros hombres contratados como agentes fueron transferidos de la Guardia Montada de Inspectores de Chinos. De los primeros 104 agentes de la patrulla contratados hasta el 1° de julio de 1924, 24% procedían de la Guardia Montada.[96] Estos agentes aportaron sus respectivas experiencias de hacer cumplir las leyes de exclusión de los chinos a la formación de la patrulla. Entre ellos se encontraba Jefferson Davis Milton, un legendario agente al que se sigue recordando como padre de la Patrulla Fronteriza de Estados Unidos.

Nacido en los albores de la Guerra de Secesión en una numerosa familia dueña de esclavos, Jefferson Davis Milton creció en el Sur, la parte vencida en la guerra. Su padre murió poco después de que él naciera, pero había sido gobernador de Florida y le puso al niño el nombre de su amigo íntimo y presidente de los Estados Confederados, Jefferson Davis. Después de la guerra, la familia Milton luchó para mantener el nivel de vida que había gozado siempre; el fin de la esclavitud había destruido los cimientos de su mundo. Hasta entonces habían vivido una vida de ocio y abundancia, pero después de la guerra, muchos de los esclavos negros que trabajaban en sus campos huyeron, lo que obligó a la familia a labrar la tierra. A los 16 años de edad, Jeff decidió buscar más aventuras que las que la vida en

[95] Edwin Reeves, entrevistado por Robert H. Novak, 25 de junio de 1974, entrevista núm. 135, Instituto de Historia Oral, Universidad de Texas en El Paso.
[96] Lista original de integrantes de la patrulla, Museo Nacional de la Patrulla Fronteriza (en adelante NBPM).

las plantaciones podía proporcionarle, y se dirigió al oeste, a Texas.[97]

Allí, Jeff inició una vida dedicada al cumplimiento de la ley, que duró más de 50 años, pasó por cuatro estados, abarcó dos países y lo convirtió en leyenda entre los agentes de la Patrulla Fronteriza de Estados Unidos. En 1879, cuando tenía 18 años, entró a formar parte de los *rangers* de Texas. Tres años después, se trasladó al territorio de Nuevo México, donde fungió como ayudante de *sheriff* y policía. Mientras en torno suyo los indígenas hacían la guerra a los angloamericanos, Jeff se unió a la "persecución de Victorio y Gerónimo".[98] Después de ayudar a colonizar las naciones nómadas de lo que empezaba a ser el oeste estadunidense, deambuló por la región. Fue jefe de policía en El Paso, Texas; bombero en el Ferrocarril Southern Pacific; *marshal* de Estados Unidos en Texas, Arizona y México; buscador de oro en California, y ayudante del *sheriff* del condado de Santa Cruz en Arizona. Como *ranger* de Texas, combatiente de los indígenas o jefe de policía, Jeff cobró fama de ser un funcionario intrépido que se aventuraba solo en las tierras desiertas y agente de la ley en la periferia de la sociedad. Persiguió atracadores de bancos y ladrones de ganado, bandoleros e indígenas. Tras incontables batallas en despoblado, Jeff siempre volvía con vida, a diferencia de muchos de sus adversarios.[99]

Durante su trabajo en la frontera con México ganó muchos admiradores, pero hizo pocos amigos. Era un nómada que cambiaba de residencia a menudo, pasaba largas temporadas trabajando solo en lugares apartados y hablaba poco cuando volvía a la población de que se tratara. Aun así, su nombre era "ilustre, y sus hazañas, legendarias".[100] El recuerdo favorito de Jeff era una ocasión en que desapareció después de perseguir a tres bandoleros. Confiados en sus habilidades como agente de la ley, mas

[97] Haley, obituario de Jeff Milton, archivo biográfico de Jeff Milton, Center for American History, Universidad de Texas en Austin (en adelante CAH); H. J. Evetts Haley, *Jeff Milton: A Good Man with a Gun*, y "First Border Patrolman, Jeff Milton, Dies".

[98] Expediente de personal de Jeff Milton, NBPM.

[99] Archivo biográfico de Jeff Milton (CAH); expediente de personal de Jeff Milton, NBPM; Haley, *Jeff Milton*.

[100] Expediente personal de Jeff Milton, NBPM.

preocupados por el hombre que había decidido enfrentarse solo
con tres salteadores de trenes, los habitantes de la región empezaron a preguntarse si no habría sido su última aventura. Sus
temores se desvanecieron cuando Jeff les envió un telegrama tí-
picamente parco: "Manden dos ataúdes y un médico. Jeff".[101]

En 1904, Jeff se incorporó al Servicio de Inmigración del Departamento del Trabajo como inspector en la División de Chinos
de la Guardia Montada. Cuando el Congreso estableció la Patrulla Fronteriza en 1924, Jeff tenía 63 años y ya llevaba 20 años haciendo cumplir las restricciones de inmigración. Sin embargo, no
era rico y se incorporó a la nueva institución por amor al cumplimiento de la ley y, más probablemente, porque necesitaba trabajar. Hasta el día de hoy, a Jefferson Davis Milton —un hombre
nacido a la sombra de la esclavitud, endurecido por las guerras
de colonización del oeste estadunidense y precursor de la aplicación de las leyes de exclusión de los chinos— se le recuerda como
el padre de la Patrulla Fronteriza de Estados Unidos. A menudo
lo llaman "la Patrulla Fronteriza de un solo hombre", y las generaciones de agentes de la corporación que le siguieron le restan
importancia a la larga carrera de Jeff y prefieren recordarlo como
el proverbial solitario y nómada social que representa los orígenes de la institución como una "partida de recios agentes encargados de hacer cumplir la ley en la frontera".[102] Sin embargo, representar a Jeff como un hombre sin profundas implicaciones
históricas es muy probablemente tanto un mito como una interpretación engañosa de los hombres que sirvieron como agentes
de la Patrulla Fronteriza en las décadas de 1920 y 1930. Los agentes que trabajaban a lo largo de la frontera méxico-estadunidense
no eran leyendas, nómadas ni solitarios. No se empeñaban agresivamente en hacer cumplir la ley y en defender la frontera sin
concesiones. Como Jeff, la mayoría de los primeros agentes se
incorporaron a la Patrulla Fronteriza porque necesitaban un empleo, y la nueva institución ofrecía trabajo estable.

[101] *Idem*. Véase también Mary Kidder Rak, *The Border Patrol*, pp. 6-7.
[102] Clement David Hellyer, *The U.S. Border Patrol*, p. 22; Rak, Border Patrol, pp. 5-7;
John Myers Myers, *The Border Wardens*; Peter Odens, *The Desert Trackers: Men of the
Border Patrol*.

El puesto de agente de la Patrulla Fronteriza de Estados Unidos estaba sujeto a las disposiciones del servicio público, pero la rápida organización de la patrulla entre el 28 de mayo y el primero de julio de 1924 no dejó tiempo para que la corporación redactara y aplicara un examen a los aspirantes. En consecuencia, Perkins empezó a contratar hombres que habían aprobado el examen para empleados del correo ferroviario. Quienes cumplían ese requisito ocuparon la mayoría de los cargos de la patrulla en 1924, pero no se quedaron mucho tiempo en la institución. La rotación de agentes en los tres primeros meses rondó 25% y no cedió sino hasta 1927. "Las renuncias se producían con tal rapidez que la lista no tardó en agotarse", recordó el comisionado de Inmigración, quien reconoció que muy pronto la patrulla se vio obligada a contratar agentes "sin respetar las disposiciones del servicio público".[103] Los principales benefactores de la urgente necesidad que tenía la Patrulla Fronteriza por ocupar los puestos cuanto antes fueron hombres que ya buscaban empleo en la zona fronteriza, hombres como Dogie Wright.[104]

Pese a la historia de la acaudalada familia de Dogie en la región fronteriza de Texas, en septiembre de 1924 él estaba desempleado y deambulaba por El Paso, Texas. Allí se encontró con Grover Webb, un viejo amigo de la familia con el que había servido en los *rangers* de Texas y que entonces era jefe de la Patrulla Montada de Aduanas de Estados Unidos en El Paso. Webb le sugirió a Dogie que fuera a ver al nuevo jefe de la Patrulla Fronteriza, Clifford Perkins, y añadió: "Dile que te mando yo".[105] Dos meses después de que la Patrulla Fronteriza empezó a vigilar la frontera, Perkins seguía batallando para contratar agentes que tuvieran experiencia militar o en el cumplimiento de la ley. Dogie se presentó en la oficina de la patrulla y, con la recomendación de Webb y otro amigo, Jeff Vaughn, *sheriff* de Marfa, Texas, Perkins lo contrató en seguida.

[103] *Annual Report of the Commissioner General of Immigration to the Secretary of Labor, Fiscal Year ended June 30, 1925*, p. 15

[104] "A Plan to Establish a Border Patrol", CIS/HRL.

[105] Notas de un relato oral de E. A. Wright, entrevistado por Esther Terrie Cornell, 17 de noviembre de 1985, Instituto de Historia Oral, Universidad de Texas en El Paso, p. 11.

FORMACIÓN

La influencia en la Patrulla Fronteriza de hombres de la región como Dogie Wright importaba más que su número porque los primeros encomios y ascensos fueron de agentes con "un conocimiento general de la gente y las costumbres de las cercanías de su localidad", que conocían "a todo el mundo en esa parte del país" o a quienes se había "contratado prácticamente toda su vida para el trabajo agrícola en las cercanías de su localidad".[106] Por ejemplo, en 1929, de los hombres que ocupaban los cargos directivos de agente superior o agente jefe, por lo menos 87.5% eran oriundos de la región fronteriza en el momento de incorporarse a la patrulla.[107] Se concentraban más en la frontera de Texas con México, donde 90% de los agentes jefes provenían de la región fronteriza, en comparación con 42.9% en los subdistritos de California. En los subdistritos de Texas, 84.6% de los agentes superiores eran nativos de la zona fronteriza, en comparación con 50% en los de California.

E. A. "Dogie" Wright fue uno de los benefactores de la prisa de Perkins por contratar agentes para la patrulla en la década de 1920. Su presencia en El Paso, Texas, y su condición de desempleado lo ponían a la inmediata disposición de Perkins. La experiencia de Dogie como agente de la ley era un beneficio adicional, dado que Perkins prefería contratar hombres que habían servido como tales o en la milicia. Sin embargo, estas preferencias no siempre se reflejaban en la realidad. Una amplia investi-

[106] 5 de octubre de 1925, informe del subdistrito de Del Río, NARA, 55396/22A, 340, inscripción 9; 30 de octubre de 1925, informe de inspección del subdistrito de Del Río, NARA, 55396/22, 340, inscripción 9; 20 de abril de 1925, informe de inspección del subdistrito de Del Río, NARA, 55396/22A, inscripción 9; 28 y 29 de septiembre de 1925, informes de inspección del subdistrito de Brownsville, NARA 553966/22A, 340, inscripción 9; 24 de abril de 1925, informe de inspección del subdistrito de Laredo, NARA, 55396/22A, 340, inscripción 9.

[107] El texto que sigue sobre los primeros agentes de la Patrulla Fronteriza de Estados Unidos se basa en una investigación que realicé de la lista de empleados que tenía la patrulla en 1929; es la única lista completa que queda de la década de 1920. Investigué la extracción social de cada uno de los 290 agentes que figuran en la lista. Algunas de las fuentes que utilicé para construir el retrato social de la patrulla que aparece a continuación fueron los archivos del censo de Estados Unidos de 1900, 1910, 1920 y 1930, guías telefónicas de ciudades, relatos orales, memorias, el índice de seguridad social, obituarios, actas de defunción, álbumes de recortes de agentes, que obran en el Museo Nacional de la Patrulla Fronteriza, y páginas web personales y familiares.

gación de una lista del personal de la patrulla en 1929 muestra que sólo 28.6% de los primeros agentes habían prestado servicio como agentes civiles de la ley o como militares antes de incorporarse a la patrulla. Los agentes de la Patrulla Fronteriza y sus primeros cronistas forjaron relatos en los que se les presenta como pioneros, militares y agentes profesionales, pero la investigación histórica indica que muchos de los primeros agentes ingresaron a la corporación con currículos de la clase obrera. Lo más importante es que pocos tenían tierras en la región fronteriza, donde predominaban las actividades agrícolas.

Sólo 24% de los agentes que trabajaban en la frontera con México en 1929 se habían dedicado a la agricultura antes de ingresar a la patrulla, y sólo 10% tenían o administraban ranchos propios.[108] En general, la mayoría de los primeros agentes, 47.4% en total, se dedicaban a actividades no agrícolas antes de ingresar. Por ejemplo, Horace B. Carter era un agente superior en Laredo, Texas, en 1929, pero había sido conductor de tranvías en el condado de Hood, Texas, en 1920.[109] Don G. Gilliland era inspector en San Antonio en 1929, pero había sido dependiente de una tienda de comestibles en Floresville, Texas, en 1920.[110] Orville H. Knight era inspector en Chula Vista, California, en 1929, pero chofer en Illinois en 1920.[111] Incluso el famoso Dogie Wright, que era alto inspector en El Paso, Texas, en 1929, había sido taquillero del cine de Marfa, Texas, en 1920.[112] Aunque varias veces Dogie había formado parte de los *rangers* de Texas du-

[108] La mitad de estos agentes tenían granjas o ranchos propios; la otra mitad eran arrendatarios y trabajadores agrícolas. En este 24% se incluyen hombres que habían trabajado para rancheros y agricultores de la zona fronteriza.

[109] Véase la información sobre Horace B. Carter, *Fourteenth Census of the United States: 1920—Population*, condado de Hood, Texas, distrito de supervisor 12, distrito de enumeración 23, hoja 8A.

[110] Véase la información sobre Don Gilliland, *Fourteenth Census of the United States: 1920—Population*, Floresville, Wilson, Texas, lista T625_1859, p. 9B, distrito de enumeración 195, imagen 614.

[111] Véase la información sobre Orville Knight, *Fourteenth Census of the United States: 1920—Population*, Lyman, Ford, Texas, lista T625_368, p. 14A, distrito de enumeración 7, imagen 172.

[112] Véase la información sobre Emmanuel Avant Wright, *Fourteenth Census of the United States: 1920—Population*, Presidio, Texas, distrito de supervisor 16, distrito de enumeración 163, núm. de hoja ilegible.

rante breves lapsos, también había sido oficinista, chofer, albañil y dependiente de un café.[113] Y, aunque el comisionado del Servicio de Inmigración a menudo daba a entender que la Patrulla Fronteriza era una corporación de jóvenes independientes, más de 40% de los agentes identificados por todas las fuentes en la lista de 1929 estaban casados, y casi la mitad tenían entre 30 y 40 años de edad. Por tanto, aunque en la patrulla había algunos jóvenes solteros con experiencia en cargos públicos relacionados con el cumplimiento de la ley o en el trabajo militar, en general los primeros agentes no eran una "partida de recios agentes encargados de hacer cumplir la ley en la frontera"; más bien eran hombres comunes y corrientes de clase trabajadora, concretamente hombres blancos que utilizaban el encargo de hacer cumplir la ley como medio de subsistencia en una región eminentemente agrícola como era la frontera con México.[114]

En una región donde el poder estaba arraigado en la propiedad de la tierra, los primeros agentes de la Patrulla Fronteriza no eran ni miembros de las élites de las comunidades fronterizas ni tenían una participación activa en sus economías clave. Eran precisamente los hombres blancos de clase obrera de la zona de la frontera de Texas con México a quienes Paul Schuster Taylor identificó como férreos opositores de la inmigración mexicana ilimitada a Estados Unidos cuando realizó entrevistas en la región en la década de 1920. En contraste con los agricultores fronterizos cuya sonora y convincente protesta detuvo los esfuerzos del Congreso para restringir la inmigración mexicana —"sin los mexicanos estaríamos acabados", temían los poderosos empresarios agrícolas—, los trabajadores blancos comunes de la región a menudo interpretaban la inmigración mexicana como fuente de competencia en el mercado laboral. "Espero que nunca dejen entrar a otro mexicano en Estados Unidos", dijo un dirigente sindical del sur de Texas.[115] "El país estaría en mucho mejores condi-

[113] Emmanuel Avant "Dogie" Wright, relato oral grabado el 14 de junio de 1983 por Jim Cullen, Archivos del Big Bend en la Universidad Estatal Sul Ross, sin transcribir.

[114] Clement D. Hellyer, *U.S. Border Patrol*, p. 22. Véase una descripción parecida de la primitiva Patrulla Fronteriza en Myers, *Border Wardens*.

[115] Paul Schuster Taylor, *American-Mexican Frontier*, p. 289.

LOS PRIMEROS AÑOS

ciones para el jornalero blanco si no hubiera tantos negros y mexicanos", explicó otro.[116] Reclutados de las filas de la clase obrera blanca de la región fronteriza, los agentes de la Patrulla Fronteriza operaban en una economía que privilegiaba los intereses de los grandes terratenientes, aunque ellos no necesariamente los compartían ni se esforzaban por defenderlos del todo. Los empresarios agrícolas eran poderosos, pero había entre los blancos divisiones de clase en torno al asunto de la inmigración mexicana a Estados Unidos. Los trabajadores blancos habían perdido la batalla de la ley federal de inmigración en el Congreso, pero cuando se les contrató como agentes para hacerla cumplir, adquirieron una gran influencia en el manejo cotidiano de la mano de obra mexicana que entraba a Estados Unidos. En la región fronteriza, ésta era una nueva fuente de poder, y los agentes de clase obrera de la Patrulla Fronteriza aprovecharon al máximo su autoridad federal para vigilar la migración no autorizada de una manera complicada y a menudo contradictoria que era congruente sólo en su intención de aprovechar la oportunidad para obtener un poco de dignidad, respeto, categoría social y poder a la clase dominante de la región mediante el control de su mano de obra. En otras palabras, el viraje de la Patrulla Fronteriza hacia la vigilancia de los mexicanos fue mucho más que una simple cuestión de estar al servicio de los intereses de la empresa agrícola en el desarrollo económico capitalista. Fue una cuestión de comunidad, hombría, etnicidad blanca, autoridad, clase, respeto, pertenencia, fraternidad y violencia en la inmensa región de la frontera de Texas con México.

En los caminos y poblaciones rurales donde tuvo lugar la aplicación de la ley federal de inmigración en las décadas de 1920 y 1930, los hombres que se volvieron agentes de la Patrulla Fronteriza perseguían algo más difícil de alcanzar que los singulares intereses de la élite regional. Desde mucho tiempo atrás, su

[116] *Idem;* véase también pp. 138-139; Comisión del Senado sobre Inmigración, *Restriction of Western Hemisphere Immigration*, declaración de Edward H. Dowell, vicepresidente de la Federación Estatal del Trabajo de California, pp. 6-16. Sobre la tensión entre empresarios agrícolas y agentes de la Patrulla Fronteriza, véase Paul Schuster Taylor, *Mexican Labor: Dimmit County*, pp. 325-330.

origen en la clase obrera y desposeída había situado su trabajo en los márgenes de las sociedades fronterizas, donde las utilidades de la agricultura del suroeste se distribuían de manera desigual de acuerdo con una jerarquía racial de la mano de obra productiva. Los primeros agentes podrían haber vivido en vecindarios blancos, asistir a templos blancos y enviar a sus hijos a escuelas blancas, pero en su calidad de dependientes, choferes, operarios y vaqueros, trabajaban en la periferia de la sociedad blanca de la región fronteriza. La paga constante y la autoridad social cotidiana del trabajo de hacer cumplir la ley federal de inmigración les ofrecía la posibilidad de ascender de una existencia marginada a la condición que el estudioso Neil Foley nombra el "azote blanco" de las comunidades fronterizas.[117] Es decir, vigilar a los mexicanos les daba la posibilidad de integrarse a la economía primaria de la región y, así, apuntalar sus reivindicaciones de pertenecer a la etnia blanca, ya que el control de la inmigración empezaba a convertirse en un ámbito decisivo donde, por una parte, se ampliaban los límites de la etnia blanca y, por la otra, se endurecían las distinciones entre blancos y no blancos. Por tanto, el proyecto de hacer cumplir las restricciones de inmigración colocaba a los agentes de la Patrulla Fronteriza en lo que el estudioso de la policía David Bayley llama "el filo del cuchillo del Estado" por su poder para imponer nuevos límites entre blancos y no blancos.[118]

El proyecto de vigilar las fronteras entre blancos y no blancos también era importante para el pequeño número de mexicano-estadunidenses que ingresaron a la Patrulla Fronteriza de Estados Unidos en las décadas de 1920 y 1930. Según la nómina de la patrulla en 1929, seis agentes tenían apellidos hispanos. Entre ellos se contaba Manuel Saldaña, nacido en Texas hijo de inmigrantes mexicanos.[119] Su padre había sido corredor de bolsa en Brownsville, Texas, pero cuando Manuel se enroló en el Ejér-

---

[117] Foley, *White Scourge*, pp. 5-8.

[118] David Bayley, *Patterns of Policing: A Comparative International Analysis*, p 189.

[119] Véase la información sobre Manuel Albert Saldaña, *Fourteenth Census of the United States: 1920—Population*, Texas, condado de Cameron, vol. 15, enumeración 23, hoja 3A, línea 8. Véase también John R. Peavey, *Echoes from the Rio Grande*, p. 194.

cito de Estados Unidos en 1917, había asumido el cuidado de su madre y de un hijo adoptivo.[120] En 1920, figuró en el censo de Estados Unidos como vigilante del puente del Servicio de Inmigración en Brownsville. Manuel Uribe era otro de los seis agentes mexicano-estadunidenses que aparecen en la lista de 1929. Nació y creció en Zapata, Texas, y lo elogiaban por "conocer prácticamente a todo el mundo desde Laredo hasta Roma [Texas]".[121] Llegó a conocer a tanta gente porque se había criado trabajando en el rancho de su padre en la región.[122] En 1920, su padre les había dado permiso a Manuel y a su hermano, Enrique, de administrar sus respectivas partes del rancho familiar. Manuel se dedicó a ello para mantener a su esposa y sus cuatro hijos pequeños.[123] Sin embargo, en 1923 ya trabajaba para el Servicio de Inmigración de Estados Unidos, y en 1924 se convirtió en agente de la Patrulla Fronteriza. Jesse Perez, una leyenda en la institución, era hijo de un miembro de los *rangers* de Texas y había emparentado con una de las familias fundadoras de Rio Grande City, donde su suegro era miembro de los *rangers* de Texas, *sheriff* y *marshal* de Estados Unidos. Jesse estuvo apostado en Rio Grande City durante todo su servicio en la patrulla, y durante varios años trabajó al lado de su padre, que también era agente de la institución.[124] Pete Torres era miembro de una fami-

---

[120] Véase la información sobre Manuel Albert Saldaña, localidad de registro: condado de Cameron, Texas, lista 1952400; junta de reclutamiento: o. Véanse también las tarjetas de registro de reclutamiento de la primera Guerra Mundial, 1917-1918 (accesibles en línea a través de Generations Network, Provo, Utah, en www.ancestry.com). Información original: Estados Unidos, Sistema de Servicio Selectivo. Tarjetas de registro de reclutamiento del Sistema de Servicio Selectivo para la Primera Guerra Mundial, 1917-1918, Washington, D. C., Administración Nacional de Archivos y Registros (NARA), M1509, 4 582 listas.

[121] 5 de octubre de 1925, investigación del subdistrito de Laredo, NARA 55396/22A, 340, inscripción 9.

[122] Véase la información sobre Manuel Uribe, *Thirteenth Census of the United States: 1910—Population*, distrito judicial 2, Zapata, Texas, lista T624_1596, p. 10A, distrito de enumeración 170, imagen 466.

[123] Véase la información sobre Manuel Uribe, *Fourteenth Census of the United States: 1920—Population*, Texas, condado de Zapata, vol. 176, enumeración 196, hoja 5, línea 42.

[124] Jeffrey Kirk Cleveland, *Fight Like a Devil: Images of the Texas Rangers and the Strange Career of Jesse Perez*, 1992.

lia "hispano-americana" arraigada e influyente en Nuevo México.[125] En la lista de 1929 figura otro agente identificado en la correspondencia de la patrulla como "de raza española en parte". Antes de ingresar a la patrulla, había servido en los *rangers* de Texas para la poderosa familia King, dueña de un emporio agroindustrial en el sur de Texas, y emparentó con ella varios años después de su ingreso a la patrulla.[126] No se trata de una lista exhaustiva de los agentes mexicano-estadunidenses de la Patrulla Fronteriza en las décadas de 1920 y 1930. En la correspondencia de la patrulla se habla de otros agentes de origen mexicano que entraban y salían de la corporación, y aunque no es posible identificar a todos los agentes de origen mexicano buscando personas de apellido hispano, estas pocas biografías hacen pensar que si bien los agentes angloamericanos de la institución tendían a ser de la clase obrera, los mexicano-estadunidenses provenían de las capas media y alta de las comunidades méxico-estadunidenses de la región fronteriza.

Como indica la Liga de Ciudadanos Latinoamericanos Unidos (LULAC, por sus siglas en inglés), una importante institución política y cultural méxico-estadunidense de la época, los agentes mexicano-estadunidenses de clase media aportaron un conjunto inigualable de inversiones sociales al desarrollo del control de la inmigración en Estados Unidos. La clase media méxico-estadunidense de la región fronteriza gozaba de un acceso incierto a la etnicidad blanca. Si bien muchos de sus miembros pudieron participar a menudo en centros de poder social, cultural, político y económico, la flexibilidad de clase en la aplicación de la segregación racial era imprevisible. Organizaciones como la LULAC, fundada en Texas en 1929, surgieron para promover la integración de los mexicano-estadunidenses a la sociedad estadunidense convencional. Los miembros de la LULAC tenían en gran estima las instituciones, la filosofía política y el capitalismo estadunidenses, pero denunciaban la discriminación que impedía su participación plena. Lejos de cuestionar las jerarquías raciales

---

[125] Perkins, *Border Patrol*, p. 96.

[126] 28 de septiembre de 1925, informe de inspección del subdistrito de Brownsville (NARA 55396/22A, 340, inscripción 9).

que organizaban la sociedad estadunidense, es decir, la división entre blancos y negros que funcionaba como fundamento de la desigualdad racial, los líderes políticos mexicano-estadunidenses trabajaban para transformarse en blancos.[127] Así, a pesar de que muchas personas de origen mexicano de clase media auspiciaban festivales y otras actividades para infundir de orgullo su herencia mexicana, al mismo tiempo exigían que se les reconocieran sus orígenes europeos autodenominándose "hispanoamericanos". En consecuencia, mientras el control inmigratorio estadunidense redefinía las fronteras de la etnia blanca, los hispano-americanos de ascendencia mexicana luchaban para ser incluidos en ella. Según muchos dirigentes de la LULAC, su relación con las "razas de color" les impidió la inclusión plena en la sociedad estadunidense blanca. Por lo mismo, guardaron distancia entre los mexicano-estadunidenses y las razas de color, sobre todo los afroestadunidenses. Sin embargo, las condiciones particulares de la región de la frontera con México también obligaron a los líderes políticos mexicano-estadunidenses a construir su identidad étnica blanca en contraste con los inmigrantes mexicanos. Los jornaleros migrantes mexicanos eran pobres, tenían la tez oscura y no hablaban inglés.[128] Muchos pensaban que esos recién llegados eran un obstáculo para los mexicano-estadunidenses aculturados que buscaban sus derechos civiles mediante la política racialmente muy discriminatoria de ciudadanía y etnicidad blanca en la región de la frontera con México. En otras palabras, conforme las personas de origen mexicano de clase media ascendían los peldaños de la división entre blancos y negros, muchos temían que la incesante llegada de jornaleros mexicanos los arrastrara a la condición de no blancos de acuerdo con las distinciones cada vez más tajantes del naciente régimen de control inmigratorio. En consecuencia, la pequeña clase media méxico-estadunidense representada por la LULAC solía preferir que se limitara la inmigración mexicana y defendía una

---

[127] Neil Foley, "Becoming Hispanic", pp. 53-70; Gutiérrez, *Walls and Mirrors*, p. 5; Benjamín Márquez, LULAC: *The Evolution of a Mexican American Political Organization*.

[128] Paul Schuster Taylor, *American-Mexican Frontier*, pp. 290-291.

mayor aplicación de la ley en la frontera.[129] Los indicios que quedan del trabajo de los primeros agentes de origen mexicano de la Patrulla Fronteriza ponen firmemente de relieve sus bases en la política racialmente discriminatoria de la etnicidad blanca y la ciudadanía en la región de la frontera méxico-estadunidense. Nadie lo dejó más claro que el agente Pete Torres el día en que un conocido empezó a molestarlo llamándolo mexicano. Como respuesta, Torres "desenfundó el revólver y le disparó a los pies. 'No soy mexicano —dijo—. Soy hispano-americano'", recordó un espectador.[130] En la Patrulla Fronteriza y mediante la exclusión de los mexicanos, él y los demás se abrieron camino a la etnicidad blanca literalmente a tiros.

A hombres como Pete Torres, Dogie Wright y muchos otros como ellos se confió, en los primeros años de la Patrulla Fronteriza, la misión de formular la aplicación de la ley de inmigración de Estados Unidos. La institución fue establecida para funcionar como una policía nacional dedicada a hacer cumplir integralmente las restricciones federales de inmigración, pero la desorganización en la supervisión y coordinación de la corporación de hecho cedió el control de este cumplimiento a los propios agentes. La intensa localización del control inmigratorio dio a hombres de las comunidades fronterizas la autoridad para decidir la orientación de la aplicación de la ley federal de inmigración. Dicha ley constituía el marco básico para el trabajo de estos hijos de la frontera, pero los intereses y costumbres locales definidos por el mundo social de la empresa agrícola representaban el medio inmediato para interpretar las prioridades de la observancia de la ley. Como se explica en el capítulo II, la instauración de la Patrulla Fronteriza en la frontera de Texas con México no sólo permitió a sus agentes ascender de las filas de la clase obrera —a menudo de empleos como jornaleros no calificados a cargos de considerable autoridad—, sino que, una vez dentro de la corporación, estos obreros desposeídos hallaban un

[129] David Gutiérrez, *Walls and Mirrors*, p. 5; Paul Schuster Taylor, *American-Mexican Frontier*, pp. 290-291.
[130] B. J. Parker (seudónimo), entrevistado por Terrie Cornell, 16 de octubre de 1985 (NBPM), p. 3.

modo singular de participar en la economía agrícola: ejercían funciones policiacas sobre la principal mano de obra de la región. Al mismo tiempo, crearon un nuevo eje de división racial en las comunidades fronterizas vinculando a los inmigrantes mexicanos con los delitos, las condiciones y las consecuencias de ser ilegal en Estados Unidos.

II. Refugio de violencia

Cuando Jean Pyeatt y Fred D'Alibini eran niños, "recogían piedras y las amontonaban en el patio de la escuela para pelearse con los mexicanos en el recreo".[1] Eran hijos de la región contigua a la frontera con México, que defendían la desigualdad entre los blancos y las personas de origen mexicano cuando el sistema de discriminación racial de la frontera, ambivalente a veces, no marcaba la diferencia con suficiente claridad. Años después, como agentes de la Patrulla Fronteriza de Estados Unidos, cambiaron las piedras por escopetas y convirtieron su juego infantil en una práctica policiaca. Como agentes de la Patrulla Fronteriza, su violencia adoptó una nueva manera de subrayar el significado de la raza en la frontera méxico-estadunidense. En particular, al reemplazar el patrullaje de la frontera con la vigilancia policiaca de las personas de origen mexicano, los agentes de la patrulla asociaron el ser mexicano en la frontera méxico-estadunidense con ser ilegal en Estados Unidos.

Este capítulo cuenta cómo, por qué y con qué consecuencias los agentes de la Patrulla Fronteriza convirtieron la vigilancia de la población de origen mexicano en sustituto de la vigilancia de la inmigración en los distritos de Texas del Servicio de Inmigración estadunidense. Es la historia de hombres comunes y corrientes —ni poderosos ni desposeídos de sus comunidades— que pasaron de ser niños en la región fronteriza a ser funcionarios

---

[1] Ralph Williams (seudónimo), relato oral sin transcribir, NBPM.

del Estado. No eran muchos —varios cientos, a lo sumo—, y poca gente fuera de la zona fronteriza prestaba atención a su manera de realizar su trabajo. Pero fueron estos hombres y la confluencia de su vida con su trabajo lo que definió los años en que tomó forma la aplicación de la ley de inmigración de Estados Unidos en el sector más extenso de la frontera con México: el de Texas.

LA VIGILANCIA DE LOS MEXICANOS

Con poca supervisión y sin capacitación formal, los agentes de la Patrulla Fronteriza de Estados Unidos probaron diversas técnicas para hacer cumplir las leyes federales de inmigración. El método más sencillo eran las "guardias de la línea", cuya tarea consistía en patrullar la frontera con México entre las estaciones oficiales del Servicio de Inmigración para aprehender a los inmigrantes no autorizados en sus cruces furtivos de la frontera en dirección a Estados Unidos. En el informe de su primer año de servicio, los agentes de las estaciones de la patrulla en Texas consignaron que habían hecho regresar a un total de 3 578 inmigrantes que intentaron cruzar la frontera.[2] Sin embargo, frente a tantos kilómetros de territorio desolado que patrullar entre los puertos de entrada oficiales, y con menos de 200 efectivos dispersos en los distintos turnos, los agentes de la corporación no podían realizar guardias eficaces contra la inmigración ilegal. En diciembre de 1926, Chester C. Courtney, inspector en jefe de la oficina del subdistrito de la patrulla en Marfa, Texas, realizó un estudio de la eficiencia del patrullaje de la frontera. Oriundo de Arkansas, Courtney había trabajado en su estado natal como dependiente de farmacia y luego, entre 1912 y 1915, había servido en el Ejército de Estados Unidos.[3] En 1920, se había estableci-

---

[2] *Principal activities of the U.S. Border Patrol Officers, Fiscal Year 1925*, CIS/HRL.

[3] Chester C. Courtney, *U.S. Army, Register of Enlistments, 1798-1914*, accesible en línea por The Generations Network, Inc., 2007, Provo, Utah, en www.ancestrylibrary. com. Información original: Lista de enrolamientos en el Ejército de Estados Unidos, 1718-1914, publicación microfilmada de los Archivos Nacionales, M233, 81 listas; re-

do en el condado de Dimmit, en Texas, donde administraba su propia granja para sostener a su esposa y a un hijo pequeño.[4] En 1926, había dejado la agricultura y era agente jefe de la Patrulla Fronteriza de Estados Unidos en Marfa, varios kilómetros aguas arriba junto al río Bravo. Mientras ocupaba este cargo, calculó que 40% de quienes cruzaban la frontera sin autorización evadían la vigilancia de la Patrulla Fronteriza en el subdistrito de su jurisdicción.[5] Llegó a la proporción de aprehensiones no realizadas comparando el número de personas aprehendidas desde 1924 con el aumento de la población de origen mexicano en la región. Dio por sentado que todo crecimiento de la comunidad de ascendencia mexicana debía atribuirse a la migración no autorizada, y que ningún grupo aparte de los ciudadanos mexicanos incurría en cruces no autorizados de la frontera en la región. Sus cálculos reflejan que desde el principio la patrulla tuvo el afán de vigilar a la población de origen mexicano en la frontera de Texas con México. Los agentes suponían que sólo los mexicanos cruzaban la frontera ilegalmente y que toda la población de origen mexicano, mayoritaria en la región, era sospechosa de haber entrado de manera ilegal a Estados Unidos.

Para capturar esa población flotante de México que cruzaba la frontera sin autorización, los agentes de la Patrulla Fronteriza se valían de sus amplias facultades para aprehender inmigrantes indocumentados mientras estaban de tránsito hacia su destino final. A partir de 1927, la mayor parte de la actividad en los distritos texanos de la patrulla tenía lugar en la región fronteriza en general y no en la frontera propiamente dicha. Ese año, agentes

---

gistros de la Jefatura de Personal del Ejército, década de los 1780 a 1917, grupo de registros 94; Archivos Nacionales, Washington, D. C. Véase también la información sobre Chester C. Courtney, *Thirteenth Census of the United States: 1910—Population*, Conway Ward 1, Faulkner, Arkansas; lista T624_49, p. 28B, distrito de enumeración 24, imagen 1040.

[4] Información sobre Chester C. Courtney, *Fourteenth Census of the United States: 1920—Population*, distritos judiciales 1 y 2, Dimmit, Texas, lista T625_1796, p. 12B, distrito de enumeración 42, imagen 550.

[5] Carta del 6 de diciembre de 1926 del agente jefe de la Patrulla Fronteriza Chester C. Courtney al director del distrito de El Paso, Texas, del Servicio de Inmigración de Estados Unidos (en adelante USIS, por sus siglas en inglés), NARA 55609/550, 408, inscripción 9.

de la Patrulla Fronteriza de los distritos de El Paso y San Antonio informaron que habían hecho regresar a sólo nueve inmigrantes.[6] En lugar de hacer aplicar la ley en la frontera entre Estados Unidos y México, los agentes patrullaban los caminos de zonas rurales poco pobladas e instalaban allí puestos de inspección para capturar inmigrantes mexicanos no autorizados que iban de la frontera a su destino definitivo.[7] Los agentes declararon haber interrogado a cientos de miles de personas en rutas de transporte principales y secundarias. En consecuencia, los agentes de la frontera de Texas con México vigilaban la movilidad de las personas de origen mexicano en lugar de hacer respetar la frontera entre Estados Unidos y México.

Como los agentes se habían replegado de la frontera, no podían presenciar violaciones de la ley de inmigración estadunidense; en cambio, utilizaban la "apariencia mexicana", que la Corte Suprema de Estados Unidos definiría después, como criterio para identificar a quienes habían cruzado la frontera sin permiso. Por ejemplo, el 23 de marzo de 1927, los agentes de la Patrulla Fronteriza Pete A. Torres, perteneciente a la clase media hispano-estadunidense de Nuevo México, y George W. Parker hijo, nacido en una familia de rancheros de Arizona, conducían "despacio por la carretera El Paso-Las Cruces cuando un auto Ford con dos mexicanos los rebasó en dirección al norte".[8] Torres se volvió hacia Parker y le dijo: "Creo que los dos que van en ese coche son mexicanos; veamos si son mojados".[9] En un claro ejemplo de que vigilaban a los mexicanos en vez de vigilar a todos los que cruzaban la frontera sin autorización, se valieron de la "apariencia mexicana" como señal de que ambos hombres, Mariano Martínez y Jesús Jaso, habían violado las restricciones de inmigración de Estados Unidos. Los agentes ordenaron a Martínez y a Jaso "detenerse junto al camino, o algo por el estilo,

[6] *Principal Activities of the U.S. Border Patrol, Fiscal Year 1927*, CIS/HRL.
[7] Paul Schuster Taylor, *American-Mexican Frontier*, pp. 102-103.
[8] Memorando del 28 de marzo de 1929 del agente jefe interino de la Patrulla Fronteriza Chester C. Courtney al director del distrito de El Paso, Texas, del USIS, NARA 55606/670, 4, 58A734, p. 1.
[9] *Idem.*

y ellos obedecieron".[10] Torres se acercó al vehículo para "investigar si eran extranjeros". Al acercarse, "vio en el coche algo que parecían costales, con huellas de contener botes" y, lejos de indagar la condición migratoria de los hombres, preguntó: "¿Qué llevan ahí?"[11] Martínez confesó que llevaban licor, y de inmediato los agentes de la Patrulla Fronteriza los detuvieron por violar las leyes federales de prohibición de bebidas alcohólicas.

Martínez y Jaso se quejaron del arresto y dieron así inicio a una extraña investigación sobre la lógica racial de las prácticas de la Patrulla Fronteriza en la frontera de Texas con México. Fundamentaron su queja en que los agentes de la patrulla no tenían ni la autoridad ni pruebas razonables para investigarlos por violar las leyes de prohibición de bebidas alcohólicas. A partir de febrero de 1925, los agentes de la patrulla tenían la facultad de hacer cumplir las restricciones de inmigración de Estados Unidos, pero la constante confluencia de inmigración indocumentada y contrabando de alcohol planteó muchas dudas sobre los límites de la autoridad de la Patrulla Fronteriza para hacer cumplir las leyes federales. Como explicó un cronista de la patrulla: "Los contrabandistas profesionales entran de paso porque contrabandean. Otros contrabandean de paso porque entran", pero la patrulla sólo estaba facultada expresamente para salvaguardar las leyes de inmigración de Estados Unidos.[12]

La Oficina de Inmigración se negó a abordar las complejas confluencias entre las leyes de prohibición y de aduanas, y el control de la inmigración en las fronteras del país respondiendo con indiferencia a las peticiones de aclaración de los directores de distrito y agentes de la Patrulla Fronteriza. "¿En qué situación se encuentra un agente de la Patrulla de Inmigración en relación con la observancia de la prohibición de alcohol y narcóticos...? Nunca he recibido una respuesta satisfactoria de parte de una autoridad", escribió el agente de la patrulla William A. Blundell el 3 de febrero de 1926. "No estoy seguro del terreno que piso y no sé hasta dónde puedo llegar [...] varias veces [me he] metido

[10] *Idem.*
[11] *Idem.*
[12] Mary K. Rak, *Border Patrol*, p. 18.

en dificultades por no saber exactamente cuál es la política del Servicio de Inmigración al respecto."[13] El director del distrito de Blundell pidió una aclaración a la central de la Oficina de Inmigración en Washington, D. C., pero lo único que le respondieron fue que no había una política uniforme en cuanto a la participación de los agentes de la Patrulla Fronteriza en la observancia de las leyes de prohibición. "Es un asunto que la oficina ha dejado al criterio de los jefes de distrito", explicó un memorando de la Oficina de Inmigración.[14]

Consciente de la falta de claridad de la jurisdicción de la Patrulla Fronteriza para aplicar las leyes federales de prohibición, el abogado de Martínez y Jaso alegó que las pruebas contra sus defendidos debían descartarse "en virtud de la ilegalidad del arresto; los agentes no tenían motivos para suponer que el auto contenía bebidas alcohólicas".[15] El comisionado federal que revisó la causa coincidió con la postura de los acusados de que la autoridad de la Patrulla Fronteriza se limitaba a la aplicación de la ley de inmigración, pero confirmó el arresto de Martínez y Jaso porque "si los agentes de la Patrulla de Inmigración detuvieron a estos mexicanos para averiguar si eran o no extranjeros... y... mientras el agente lo hacía, vio costales en el auto y preguntó '¿Qué hay ahí?', y uno de los acusados respondió 'Llevamos licor', entonces era obligación del agente conforme a la sección 26 de la Ley Nacional de Prohibición arrestar a las personas y confiscar el vehículo y las bebidas alcohólicas".[16] El comisionado confirmó las acciones de los agentes Torres y Parker, incluido el uso de la raza como indicador de entrada ilegal, y turnó la causa al Gran Jurado Federal.

[13] Carta del 3 de febrero de 1926 del agente de la patrulla William A. Blundell, Whitefish, Montana, a Alfred Hampton, director del distrito de Spokane, Washington, del Servicio de Inmigración, NARA 58A108/22, inscripción 9, p. 1.
[14] 9 de febrero de 1926, del director del distrito de Spokane, Washington, a Robe Carl White, secretario adjunto del Departamento del Trabajo de Estados Unidos, NARA 53108/22, caja 157, inscripción 9, p. 1.
[15] Memorando del 28 de marzo de 1929 del agente jefe interino de la patrulla Chester C. Courtney al director del distrito de El Paso, Texas, del USIS, NARA 55606/670, 4, 58A734, p. 1.
[16] *Ibid.*, p. 2.

Al revisar la decisión a favor de la Patrulla Fronteriza de Estados Unidos en El Paso, Texas, Chester C. Courtney, entonces agente jefe interino de la estación de la patrulla en El Paso, interpretó las implicaciones del litigio en cuanto al uso de la raza como indicio de la condición migratoria. Courtney anunció a sus agentes: "Si los agentes de la patrulla usan la cabeza al detener a mexicanos para averiguar si son extranjeros, y luego encuentran bebidas alcohólicas, entonces se confirmará la validez del arresto".[17] Pero advirtió: "Si las dos personas hubieran sido estadunidenses blancos, la causa se habría desechado por lo indebido del proceso, pues habría sido absurdo decir que pensaron que los estadunidenses eran extranjeros".[18] En este análisis explícito de la lógica de la aplicación de la ley de inmigración de Estados Unidos, el agente jefe de la patrulla Chester C. Courtney revela que la práctica de la Patrulla Fronteriza giraba en torno a conceptos racializados de ciudadanía y pertenencia social en la zona de la frontera con México. En particular, al describir a los acusados como "mexicanos" sin tener en cuenta el estatus formal de su ciudadanía y al usar indistintamente los términos "blanco" y "estadunidense", Courtney dejaba entrever que la táctica de la Patrulla Fronteriza estaba muy influida por las historias y los sistemas sociales más generales, que señalaban a las personas de origen mexicano como forasteros marginados y temporales en los sistemas social, cultural, político y económico dominantes de la región. Por tanto, la ley de inmigración constituía el marco básico de las operaciones de la Patrulla Fronteriza, pero las historias de conquista y desplazamiento y el surgimiento de las leyes de Jim Crow en la era de la agroindustria permearon la forma en que la Patrulla Fronteriza traducía de manera cotidiana la ley de inmigración en prácticas de observancia de la misma ley. Aunque Torres y Parker no habían visto a Martínez y a Jaso cruzar la frontera ilegalmente, las pruebas de su infracción estaban claramente inscritas en el mundo social de la región fronteriza.

[17] Memorando del 28 de marzo de 1929 de Chester C. Courtney al director de distrito del USIS, p. 2.
[18] *Idem.*

Los conceptos racializados de ciudadanía y pertenencia social permearon la formulación de la seudociencia del rastreo por parte de la Patrulla Fronteriza. El rastreo es el método mediante el cual los agentes de la patrulla interpretan las señales dejadas por las personas que cruzan la región. Ramitas rotas, basura y huellas son indicios del paso de seres humanos, que los agentes de la patrulla usaban para localizar a quienes habían cruzado la frontera sin autorización. Los agentes registraban la huella de un pie en la frontera y luego rastreaban el movimiento de la persona al interior del país. El rastreo es un conjunto de técnicas sencillas y básicas, pero hacen falta capacitación y experiencia para aprender a seguir un rastro humano a lo largo de kilómetros de matorrales densos, terreno montañoso y extensos desiertos.

En la región de la frontera de Texas con México, algunos hombres que ingresaron a la Patrulla Fronteriza de Estados Unidos tenían mucha experiencia en rastreo, sobre todo los que se habían dedicado a labores del campo. Entre los expertos se contaba Fred "Yaqui" D'Alibini, quien enseñó las técnicas de rastreo a muchos de los reclutas que pasaron por su estación. El agente retirado Bill Jordan recordó que a D'Alibini le gustaba bromear e impresionaba a los reclutas con sus habilidades de rastreo. "Se sentaba en cuclillas junto a una huella clara —de hombre o de caballo—, la estudiaba un poco y, como hablando para sus adentros, decía: 'Mmmm. Hombre, mexicano; de 1.65 a 1.73 metros de estatura; cabello castaño oscuro; ojos castaños; tez oscura; calza huaraches... etc.'"[19] Como explicó D'Alibini al escritor Peter Odens a principios de la década de 1970, las huellas humanas revelan características raciales: "El mexicano camina siempre apoyando más el lado externo de los pies. Al dar un paso descansa primero el talón y luego la punta. Los indígenas también caminan así. Los blancos y los negros por lo regular apoyan todo el pie al mismo tiempo".[20] Así, después de leer en una huella el sexo, el color de la piel y la nacionalidad de su autor, D'Alibini las seguía y, "cuando sobre las últimas huellas nos encontrába-

---

[19] Jordan, *Tales of the Rio Grande*, p. 24.
[20] Peter Odens, *The Desert Trackers: Men of the Border Patrol*, cap. 3.

mos parado a su autor, ¡no había duda!", exclamó Jordan: "¡Era tal como él lo había descrito!"[21] En consecuencia, según la tradición de rastreo de la Patrulla Fronteriza, los inmigrantes indocumentados encajaban en un perfil específico que se podía rastrear hacia el norte a partir de la frontera siguiendo las huellas peculiares que los mexicanos hacían en la tierra. Los ilegales eran mexicanos —pobres, campesinos, morenos y varones—, y las pruebas de esta ecuación estaban impresas en el paisaje por la singular manera de andar de los trabajadores mexicanos en su marcha hacia el norte desde México. En una región de rutas entrecruzadas de trabajadores mexicanos, los agentes de la Patrulla Fronteriza solían encontrar lo que buscaban al seguir rastros que iban al norte desde México.

El 28 de junio de 1936, dos agentes de la Patrulla Fronteriza siguieron por su rastro a José Hernández, de 19 años, hasta una tienda en Esperanza, Texas (en las afueras de Fort Hancock). Esa mañana, Hernández salió de su casa, una casucha cerca de la frontera con México, y se dirigió al norte hacia la tienda.[22] Cuando iba más o menos a la mitad del camino, un hombre que trabajaba en la tienda pasó en coche junto a él y se detuvo para llevarlo. Ya en la tienda, Hernández se quedó afuera un rato conversando con otros dos hombres. Fue entonces cuando los dos agentes estacionaron su patrulla en el camino de acceso a la tienda. Uno de ellos pasó junto a Hernández y entró en la tienda. Hernández lo siguió para comprar un refresco. No pasó nada entre Hernández y los agentes hasta que éstos se disponían a marcharse. Antes de salir del local, uno de ellos decidió que debía preguntarle a Hernández sobre su estatus. Este agente ordenó a uno de los hombres que estaban afuera, un "estadunidense" según el testimonio de los agentes, que entrara y le dijera a Hernández que saliera.[23] "Si quieren hablar conmigo, pueden entrar a la tienda", respondió Hernández. Los agentes entraron, agarraron a Hernández del brazo, lo subieron por la fuerza a la patrulla y se alejaron.

[21] Bill Jordan, *Tales of the Rio Grande*, p. 24.
[22] Memorando del 10 de julio de 1936 de G. C. Wilmorth, director del distrito de El Paso, NARA 55854/100A, 455, 58A734. El nombre de José Hernández es un seudónimo.
[23] *Ibid.*, p. 2.

Aprehendido, detenido y acusado de entrada ilegal, Hernández estaba obligado a demostrar su inocencia. Los agentes lo llevaron a su casa, donde él les mostró su fe de bautismo como prueba de ciudadanía. "¡Cállate, desgraciado!", le gritó uno de los agentes, quien creía que el documento no era válido, y empujó a Hernández en la patrulla. Esta vez lo llevaron al río, donde estaban las huellas recientes que venían siguiendo cuando llegaron a la tienda. Los agentes lo obligaron a "imprimir una huella frente a las huellas que había en el río" y luego afirmaron: "Son idénticas... sí, anoche cruzaste, desgraciado".[24]

El caso de Hernández ilustra la importancia del mundo social de desigualdad e inequidad raciales de la región fronteriza en la manera en que la patrulla hacía cumplir las leyes de inmigración de Estados Unidos. Los agentes iban siguiendo las pistas de alguien que había cruzado la frontera sin autorización cuando llegaron a la tienda. Al final de estas pistas, había tres hombres: dos eran "estadunidenses" al decir de los agentes, y el tercero, explicaron, era Hernández, "el mexicano que estaba afuera de la tienda".[25] La decisión de los agentes de interrogar a Hernández no tenía nada que ver con las huellas; antes bien, se basaba en una concepción racializada de ser parte de la región fronteriza, concepción que los agentes de la Patrulla Fronteriza introdujeron en sus técnicas de rastreo. El incidente de Hernández demuestra, pues, que el mundo social de la región fronteriza determinó la manera en que la Patrulla Fronteriza circunscribió su mandato de control migratorio a un proyecto de vigilancia de la población de origen mexicano.

Lo ocurrido con Hernández también demuestra que el trabajo de la Patrulla Fronteriza introdujo una nueva zona de violencia y marginación en la región. A pesar de su desorganización y la falta de fondos, la llegada de la patrulla a la frontera de Texas con México introdujo la división entre legales e ilegales en los sistemas de desigualdad que ya estaban establecidos en la región, al tiempo que creó un nuevo aparato de violencia y control social. La restringida aplicación de las leyes de inmigración es-

[24] *Idem.*
[25] *Idem.*

FORMACIÓN

tadunidenses por parte de la patrulla era un proceso intrínsecamente violento, sancionado por el Estado, que asoció a los mexicanos con la ilegalidad y la ilegalidad con los mexicanos. Por
tanto, la esfera de violencia y formación social discriminatoria
de la patrulla reinventó y reinvirtió lo que había obtenido en la
zona fronteriza creando un mecanismo y una lógica nuevos
para marginar a la población de origen mexicano en la región.

En cuanto proceso fundamentalmente social, la vigilancia
de las personas de origen mexicano por parte de la patrulla
Fronteriza era un proyecto controvertido. Por ejemplo, el incidente de Hernández se registró e investigó porque el dueño de la
tienda, el señor G. E. Spinnler, alegó que los agentes de la patrulla habían violado sus derechos de propietario al entrar a su
tienda para hacer cumplir las restricciones de inmigración estadunidenses en contra de un "jornalero mexicano".[26] Dieciocho
meses después, la queja de Spinnler se incluyó en una protesta
más amplia de los miembros del Distrito de Conservación y Recuperación número 1 del condado de Hudspeth, en la que se
presentó el incidente de Hernández como prueba de comporta-
miento "arbitrario" por parte de agentes de la Patrulla Fronteriza,
cuyas acciones habían producido "escasez de jornaleros agrícolas en el condado de Hudspeth".[27] Estas preocupaciones eran in-
fundadas porque el efecto de la Patrulla Fronteriza sobre el flujo
de trabajadores mexicanos en la región de la frontera de Texas
con México era mínimo. En 1926, los 175 agentes de la patrulla
en los dos distritos de Texas registraron haber aprehendido a
1 550 personas por violaciones de inmigración. El año siguiente,
detuvieron a un total de 10 875 personas por la misma razón.[28]
En 1928, aprehendieron a 16 661 personas,[29] y tras alcanzar un
máximo de 25 164 arrestos en 1929, el número de personas detenidas cayó a sólo 14 115 en 1930 y siguió disminuyendo en la

[26] Carta del 5 de noviembre de 1937 del comisionado de Inmigración James
Houghteling al representante del Congreso R. H. Thomason, El Paso, Texas, NARA
55854/100A, 455, 58A734, p. 2.
[27] *Ibid.*, p. 1.
[28] *Principal Activities of the U. S. Border Patrol Fiscal Year 1927*, CIS/HRL.
[29] *Principal Activities of the U. S. Border Patrol Fiscal Year 1928*, CIS/HRL.

década de 1930.[30] Por tanto, aunque se calcula que el "ejército" de trabajadores migrantes en Texas alcanzaba los 300 000 en plena temporada a fines de la década de 1920, según los informes de los agentes de la Patrulla Fronteriza, se arrestaba sólo a una pequeña fracción del número de trabajadores necesarios para las cosechas estacionales de la región. Aun así, la persistencia de la queja de Spinnler indica que la vigilancia de los inmigrantes mexicanos por parte de la patrulla había creado una institución poderosa y polémica al introducir un nuevo régimen de autoridad sobre la oferta de mano de obra de la región.

Las personas de origen mexicano también impugnaban la autoridad y las prerrogativas de los agentes de la Patrulla Fronteriza. Aunque los integrantes de la patrulla gozaban de enorme autoridad en cuanto policías armados encargados de hacer cumplir la ley de inmigración, las personas de origen mexicano no siempre obedecían sin chistar a lo que ellos les mandaban. El agente de la patrulla retirado E. J. Stovall recordó una ocasión en que tuvo que evaluar rápidamente los límites de su autoridad según el contexto inmediato de su trabajo. Relató que un día de 1928 en que estaba patrullando solo cerca de San Elizario, Texas, decidió atravesar el poblado. "San Elizario era un pueblecito mexicano junto al río Bravo", dijo, y recordó que al llegar vio a un hombre de origen mexicano "salir de detrás del terraplén de la zanja de desagüe y luego volver a esconderse".[31] Stovall admitió que conocía al hombre, pero detuvo el coche y le preguntó: "¿Qué lleva en el pecho?"[32] El hombre se llevó la mano al bolsillo de la camisa, "sacó dos botellas de cerveza, las puso en el puente y las rompió para que no tuviéramos ninguna prueba".[33] Al reflexionar sobre lo ocurrido, Stovall dijo: "No sé por qué no desenfundé la pistola y le disparé al mexicano. No lo sé".[34] En lugar de tomar la pistola y disparar, Stovall huyó. "Subí al coche y me

[30] *Principal Activities of the U. S. Border Patrol Fiscal Year 1929-1930*, CIS/HRL.
[31] Entrevista con Chester C. Courtney, Earl Fallis y E. J. Stovall, por Will R. McLe-Roy, 22 de agosto de 1968, Oral History Collection, Southwest Collection, Universidad Texas Tech, Lubbock, Texas).
[32] *Idem.*
[33] *Idem.*
[34] *Idem.*

fui de allí", recordó, porque "era pleno día, como la una de la tarde. Si hubiera sacado la pistola y disparado, en seguida me habrían rodeado 50 mexicanos".[35] Según Stovall, Dios le salvó la vida "ocupándose" de sus manos e impidiendo que disparara. Quizás intuyó que su único supervisor inmediato era "ese pueblecito mexicano", cuyos habitantes con toda probabilidad habrían desafiado sus acciones al instante. Completamente solo en San Elizario, Stovall huyó antes que enzarzarse en una batalla que no podía ganar. Por su parte, el habitante de la zona fronteriza Julio Santos Coy recordó cierta ocasión en que unos agentes de la Patrulla Fronteriza "le [gritaron] a una persona como en esas películas en que el sargento les grita a los reclutas a tres milímetros de la cara".[36] Santos Coy cuestionó a los agentes y ellos le advirtieron: "Cállese si no quiere acabar en el lugar de él", pero su oposición a la agresión de los agentes es prueba de la resistencia de la población de origen mexicano al trabajo de la Patrulla Fronteriza.[37] La resistencia en el momento de los interrogatorios era decisiva porque las investigaciones, los controles y los enfrentamientos en la calle formaban parte central del trabajo de la patrulla.

Con mucha frecuencia, la eficiencia de la Patrulla Fronteriza se mide por el número de personas aprehendidas o deportadas cada año. Aunque se trata de un indicador crítico de la actividad de la patrulla, las estadísticas de arrestos no ofrecen más que una instantánea parcial de lo que ocurría en el proceso de hacer cumplir la ley de inmigración de Estados Unidos. Cada año los agentes de la patrulla detenían a menos de 3% del total de personas que figuraban en sus informes como interrogadas, sometidas a control o investigadas durante el año. En consecuencia, la actividad de la patrulla construyó una extensa red de vigilancia que excedía con mucho el producto de su trabajo policial según lo reflejaban las estadísticas de aprehensiones hechas al año.

[35] *Idem.*
[36] Julio Santos Coy, relato oral, entrevistado por Oscar J. Martínez, 7 de noviembre de 1977, entrevista núm. 699, Instituto de Historia Oral, Universidad de Texas en El Paso, p. 20.
[37] *Idem.*

En 1925, los ocho agentes que trabajaban en la estación de Del Río, Texas, remitieron a 102 personas a un inspector de Inmigración de Estados Unidos como sospechosas de haber violado las leyes de inmigración. Para remitir a esas 102 personas, los agentes de Del Río interrogaron o investigaron a 32 516. En realidad, los agentes no efectuaron 32 516 interrogatorios exhaustivos; más bien, en la cuenta de interrogatorios entraban otras cosas. Por ejemplo, si los agentes subían a un tren y recorrían los compartimientos, anotaban el total de ocupantes del tren como si fuera el número de personas interrogadas. En 1925, esta cifra ascendió en Del Río a 12 109 personas, que viajaban en 2 092 trenes. De manera similar, consideraban a todos los ocupantes de los automóviles que detenían para interrogar a alguno. En Del Río en 1925, la cifra totalizó 20 055 personas que iban en 5 599 autos. Las estadísticas del total de personas interrogadas o investigadas por la Patrulla Fronteriza reflejan que existía una amplia red de vigilancia y no un número determinado de interrogatorios. En los condados fronterizos escasamente poblados que pertenecían al territorio de la estación de Del Río, la elaboración de perfiles delictivos en función de la raza concentraba la amplia red de vigilancia de los agentes en los trabajadores de origen mexicano de la región.[38]

El territorio de la estación de Del Río abarcaba 220 kilómetros junto a la frontera con México por los condados de Kinney, Val Verde y Brewster en su parte sur. En 1930, la población total de los tres condados era de 25 528 habitantes, de los cuales 14 559 (57%) eran de origen mexicano.[39] Además de la población de residentes, se registraba la llegada y partida estacionales de trabajadores migrantes, cuyo número dependía principalmente de la cantidad de algodón que se debía cosechar.

En la década de 1920, los agricultores de Kinney, Val Verde y el sur de Brewster apenas empezaban a cultivar algodón. Aunque no hay estadísticas de la cantidad de la fibra textil que se cosechó en los tres condados en 1925, se sabe que en el año de

---

[38] *Principal Activities Report, 1925.*

[39] *Fifteenth Census of the United States: 1930—Population,* vol. 3, parte 2, Texas, Washington, D. C., GPO, 1932, pp. 975-990.

CUADRO II.1. *Principales actividades y logros de la Patrulla Fronteriza de Estados Unidos, 1925-1934*

	1925	1926	1927	1928
Número total de personas aprehendidas	n.d.	35 274	19 382	25 534
Número de personas aprehendidas por violación de las leyes de inmigración	14 078	33 159	17 225	23 896
Número de personas aprehendidas, región de la frontera con México	n.d.	n.d.	13 759	19 850
Número de personas aprehendidas por violación de las leyes de inmigración, región de la frontera con México	n.d.	22 326	12 232	18 686
Número de personas interrogadas, región de la frontera con México	n.d.	1 580 754	723 123	844 706
Número total de personas interrogadas	1 252 379	2 220 952	1 265 690	1 385 103
Valor de todos los bienes confiscados (en dólares)	$475 663	$461 000	$809 938	$773 864

FUENTE: Datos recopilados de las principales actividades y logros de la Patrulla Fronteriza de Estados Unidos, *Annual Reports of the Immigration and Naturalization Service, Fiscal Years Ending June 30, 1925-1934*, Washington, D. C., GPO.

1929	1930	1931	1932	1933	1934
34 591	22 448	23 593	23 750	21 809	11 016
33 002	21 149	22 504	22 884	21 066	10 459
28 805	17 027	18 072	18 648	16 950	7 637
27 731	16 261	17 522	18 222	16 462	7 265
785 420	614 991	594 066	511 968	457 497	345 530
1 356 543	1 100 152	989 005	906 721	877 278	722 120
$695 778	$766 042	$342 591	$304 955	$283 744	$123 187

1924 se plantaron en los tres sólo 11 320 hectáreas.[40] Si es acerta-
do el cálculo de Paul Taylor de que una buena cosecha rinde
190 kg/ha, y de que un buen recolector cosecha 90 kg de algodón al día, bastarían 792 jornaleros para recoger el algodón de
los tres condados en el lapso de cinco semanas. En los tres condados ya residían 2 166 trabajadores agrícolas que habrían cose-
chado gran parte del algodón, dejando poco trabajo para los jornaleros migrantes.[41] En comparación con la rápida expansión
del algodón en zonas como el valle bajo del río Bravo, en Texas,
o el Valle Imperial, en California, los tres condados del territorio
de la estación de Del Río necesitaban poca mano de obra, y la
región de Del Río no era importante en la ruta de los trabajadores migrantes hacia el norte. Por tanto, el número de personas
de origen mexicano presentes en el territorio y designadas para
interrogatorio fluctuaba durante el año, pero rondaba las 15 000.
Sin embargo, cotejar los 32 516 interrogatorios con el cálculo de
15 000 sujetos posibles del trabajo de los agentes revela mínima-
mente las repercusiones de las prácticas policiales de la Patrulla
Fronteriza sobre las comunidades de origen mexicano en las inmediaciones de la frontera.

La elaboración de perfiles delictivos con base en raza y sexo
reduciría el número de mexicanos "sospechosos" en la zona de
Del Río a 7 500 si aproximadamente la mitad de la población
mexicana residente era masculina; y si suponemos que sólo la
mitad de la población mexicana era mayor de 15 años de edad,
el número de mexicanos sospechosos se reduciría aún más, a
3 750. El hecho de que los agentes de Del Río informaran que
habían interrogado e investigado a 32 516 personas en una región que albergaba aproximadamente a 3 750 adultos de la raza
y el sexo susceptibles del trabajo de la Patrulla Fronteriza revela
que dicho trabajo en realidad era hostigamiento policiaco hacia
los jornaleros varones de origen mexicano en la zona de la frontera de Texas con México. Pese a las ocasionales quejas de oli-

[40] *Fifteenth Census of the United States: 1930—Agriculture*, Texas, Washington, D. C.,
GPO, 1932, pp. 1469, 1479, 1486.

[41] *Fifteenth Census of the United States: 1930—Population*, vol. 3, parte 2, Texas,
pp. 1025-1058.

garcas regionales, como el comerciante E. G. Spinnler y los miembros del Distrito de Conservación y Recuperación número 1 del condado de Hudspeth, los empresarios agrícolas normalmente apreciaban la vigilancia de los trabajadores de origen mexicano por parte de la Patrulla Fronteriza como una nueva herramienta de control de la mano de obra en la región.

OBSERVANCIA DE LA LEY MIGRATORIA COMO CONTROL DE LOS TRABAJADORES

Los propietarios de empresas agropecuarias querían que los trabajadores migrantes llegaran y se fueran con las temporadas, pero no querían que se valieran de su movilidad como estrategia para mejorar sus condiciones de trabajo y sus salarios buscando empleo en otra parte a media cosecha. En respuesta a las preocupaciones de los agroindustriales sobre la movilidad de los migrantes, los municipios impusieron restricciones a quienes contrataran mano de obra de otro estado y aprobaron leyes contra la vagancia que amenazaban a los trabajadores migrantes con ser aprehendidos mientras se dirigían a nuevos empleos. El poder conferido a la Patrulla Fronteriza de Estados Unidos no era otra cosa que un arma más en el arsenal de los empresarios agrícolas, quienes comprendían las ventajas que ofrecía la actividad de la patrulla. Como reconoció un empresario: "Los mexicanos tienen miedo de irse a otra parte; tienen miedo de lo que les puedan hacer y no conocen la ley. Ahora tienen miedo de venir a la ciudad por culpa de los agentes de Inmigración".[42] Algunos miembros de la clase dominante de la región protestaron contra las intrusiones de la Patrulla Fronteriza en sus propiedades, y en ciertos casos se opusieron a la vigilancia de los jornaleros mexicanos. Por ejemplo, en 1929, un residente del condado de Cameron, en Texas, dijo: "Nuestros funcionarios de inmigración parecen perreros por

---

[42] "Mexican Labor in US", notas de campo, caja 10, carpeta 7; serie D, conjunto 1, p. 133, Colección de Paul Schuster Taylor.

su modo de perseguir a los mexicanos".[43] Un agricultor de Carrizo Springs se quejó de que los agentes de la Patrulla Fronteriza "creen que su trabajo es llevar pistola y dispararle a un hombre aunque vaya corriendo".[44] Sin embargo, otros reconocían que si la Patrulla Fronteriza no vigilara los caminos del país e incluso sus propios campos, los trabajadores migrantes "se irían a donde les pagaran salarios más altos".[45] Como explicó el dueño de una granja: "Les avisamos a los agentes de Inmigración si nuestros mexicanos tratan de escapar al interior del país, y los detienen y los mandan de regreso a México. Así, al cabo de pocos días están de vuelta aquí y tenemos buenos trabajadores para un año más".[46]

Las contribuciones de la Patrulla Fronteriza a los intereses de los empresarios agrícolas al limitar y regular la movilidad de la principal mano de obra de la industria no puede explicarse simplemente definiendo a los agentes de la patrulla como lacayos de los empresarios o instrumentos del Estado capitalista. Los agroindustriales a menudo estaban en posibilidad de influir directamente en la formulación de las prácticas de la Patrulla Fronteriza, pero los agentes eran hombres de la región, miembros de la comunidad y trabajadores que maximizaron y manipularon el proyecto de vigilar a los trabajadores mexicanos. Por ejemplo, Dogie Wright entendía los intereses de los empresarios

[43] Entrevista con S. Maston Nixon, C. C., 19 de agosto de 1929, en "Mexican Labor in US", notas de campo, caja 10, carpeta 7; serie D, conjunto 1, Colección de Paul Schuster Taylor.

[44] Entrevista con John Asker, Carrizo Springs, agosto de 1929, en "Mexican Labor in US", notas de campo, caja 10, carpeta 7; serie D, conjunto 1, Colección de Paul Schuster Taylor.

[45] Entrevista con G. C. Wilmoth, director de distrito del USIS, 29 de abril de 1929, en "Mexican Labor in US", notas de campo, caja 10, carpeta 5; serie B, conjunto 1, Colección de Paul Schuster Taylor. Véase también memorando del 2 de febrero de 1938 de Walter S. Hunicutt a Herbert C. Horsley, "Edwin Kelly and AH Kelly", NARA 55854/100A, 455, 58A734); Comisión del Senado sobre Inmigración, *Restriction of Western Hemisphere Immigration: Hearings before the Committee on Immigration, United States Senate*, testimonio de R. H. Smith en representación de la Cámara de Comercio del Sur de Texas, Corpus Christi, Texas, 70 Congreso, 1a. sesión, 1928, p. 116.

[46] Entrevista con el señor Ryan, algodonero del rancho W. T. Young, Acala, Texas, El Paso Valley, 15 de noviembre de 1928, en notas sin publicar, caja 10, carpeta 4, Colección de Paul Schuster Taylor.

agrícolas locales y se valió de su cargo de agente de la Patrulla Fronteriza para exigir respeto a las clases dominantes de la región. Sobre su autoridad para vigilar a los trabajadores mexicanos, explicó: "El trabajo de un agente está en que tiene que hacer cumplir la ley".[47] El precio de la aplicación flexible de la ley contra los mexicanos que cruzaban la frontera sin autorización era el respeto a su autoridad. "Con tal de que los rancheros me trataran bien, y siempre lo hacían", explicó Dogie, él estaba dispuesto a ser flexible en el cumplimiento de las restricciones federales de inmigración contra los trabajadores mexicanos.[48] "Usábamos la cabeza. No éramos extremistas", recordó. Y luego añadió: "Eso importa mucho aquí en la frontera, porque no podemos cumplir demasiado [...] aquí en la frontera necesitan trabajadores".[49] Estructurado por la economía de la migración de trabajadores mexicanos a la frontera de Texas con México, el enfoque estratégico de Dogie hacia la observancia de la ley de inmigración estadunidense revela la dinámica más matizada que estaba en juego cuando los agentes de la patrulla —antes conductores de tranvías, mecánicos de autos, vendedores— exigían dignidad, respeto y autoridad a la élite social, política y económica local vigilando selectivamente a la mal pagada mano de obra principal de la región.

Las contribuciones que la Patrulla Fronteriza hizo a los intereses de los empresarios agrícolas y ganaderos también eran un asunto de defensa propia, pues perturbar las relaciones con los poderosos del campo habría enemistado a los agentes con una fuente de ayuda decisiva en las poco pobladas regiones rurales donde trabajaban solos, en parejas o, a lo sumo, en grupos de tres. En particular, los agentes dependían del apoyo de los empresarios agrícolas y rancheros de la localidad sobre todo cuando vigilaban la peligrosa asociación de migración no autorizada y contrabando de bebidas alcohólicas porque, a diferencia de los

<hr>

[47] E. A. Wright, relato oral, entrevistado por Jim Cullen, 14 de junio de 1983, entrevista núm. 86, sin transcribir, Archivos del Big Bend, Biblioteca Bryan Wildenthal, Universidad Estatal Sul Ross, Alpine, Texas.

[48] *Idem.*

[49] *Idem.*

trabajadores migrantes, los contrabandistas solían estar armados y dispuestos a pelear con los agentes para defender y transportar sus cargamentos. Así, la prohibición creó un entorno en el que proteger los intereses de rancheros y empresarios agrícolas proveía a la pequeña y dispersa fuerza de los agentes de la patrulla de una red de apoyo decisiva.

El agente de la patrulla Frank Edgell entendía la importancia de mantener estrechas relaciones con rancheros y empresarios agrícolas locales. Oriundo de Texas, Edgell era agricultor en el condado de Pima, Arizona, antes de ingresar a la Patrulla Fronteriza en 1924. Lo asignaron a diversas estaciones en Arizona y conocía a muchos de los agricultores locales debido a su historia personal en la región. Entre sus conocidos estaban Mary Kidder Rak y su esposo, quienes tenían un rancho ganadero en el sureste de Arizona. Rak rompía el tedio de la vida en el rancho escribiendo sobre su vida y sus experiencias. En 1938, publicó *Border Patrol*. Aunque se suele citar este libro como una crónica de la historia de la Patrulla Fronteriza de Estados Unidos, esta obra se entiende mejor como producto de las estrechas relaciones entre los rancheros y empresarios agrícolas de la frontera y los agentes de la Patrulla Fronteriza en el distrito del área metropolitana de El Paso en la década de 1930.

Edgell le habló a Mary Kidder Rak de los peligros del trabajo de la patrulla y celebró el decisivo apoyo brindado por rancheros locales como ella y su esposo. Por ejemplo, recordó que en diciembre de 1924 descubrió unas huellas de caballo en un paraje desolado cerca de Sasabe, Arizona. Sospechando por lo abrupto y apartado del sitio que se trataba de una ruta de cruces ilegales de la frontera, condujo hasta el rancho vecino de Palo Alto y pidió prestado un caballo.[50] Siguió las huellas y encontró bebidas alcohólicas ocultas en un matorral. Cruzando la delgada línea entre hacer cumplir las restricciones de inmigración y perseguir contrabandistas de alcohol, siguió rastreando las huellas y no tardó en encontrarse con seis hombres armados. En lugar de enfrentarlos, optó por crear una distracción. "'Soy un agente

---

[50] Mary K. Rak, *Border Patrol*, p. 23.

federal', dijo con franqueza mientras se sacaba del bolsillo de la camisa una bolsa de tabaco y se hacía un cigarrillo cómodamente montado en su caballo", escribió Mary Kidder Rak, quien admiraba la valentía y el ingenio de su amigo. "Tengo informes de que dos chinos cruzaron la frontera desde México y se dirigen a Tucson a pie. ¿Alguno de ustedes ha visto sus huellas por aquí?" Los contrabandistas respondieron que no habían visto pasar a ningún chino, de modo que la feliz artimaña de Edgell le ahorró un conflicto y le permitió seguir adelante sin contratiempos. Dio un rodeo y se apostó cerca de las bebidas alcohólicas ocultas en el matorral. Los contrabandistas sin duda volverían por la mercancía. Al poco rato, dos de ellos lo hicieron. Edgell los sorprendió y arrestó, pero él estaba solo y los dos contrabandistas contaban con cuatro amigos en la zona. Uno de estos amigos se acercó desde una cumbre lejana y tranquilamente se preparó para dispararle a Edgell. Por suerte, cuenta Rak, el caballo prestado de Edgell le advirtió la presencia del hombre a lo lejos. Edgell se guareció, disparó primero y derribó al cómplice. Con todo, quedaban otros tres contrabandistas deambulando por ahí, y no fue sino la fortuita llegada de "un vaquero mexicano leal" lo que le permitió escapar.

Juntas, las reflexiones de Dogie Wright y la anécdota de Frank Edgell dan una explicación a fondo de por qué los agentes de la Patrulla Fronteriza de Estados Unidos vigilaban tan activamente a los mexicanos, mientras que sólo hacían tímidos esfuerzos para contener la afluencia de trabajadores mexicanos a la región más extensa de la frontera con México, la del estado de Texas. Las rutas migratorias entre México y el suroeste de Estados Unidos eran sin duda demasiado extensas y estaban demasiado arraigadas para que unos cuantos centenares de agentes en estaciones dispersas las patrullaran con eficacia, pero, además de que empresarios agrícolas y rancheros habían cabildeado para proteger los sistemas de migraciones masivas de trabajadores, los agentes de la Patrulla Fronteriza acrecentaban su autoridad exigiendo respeto a cambio de aplicar de manera selectiva la ley de inmigración, y se protegían en la era de la prohibición de alcohol fomentando relaciones de colaboración que les permitían acudir a empresarios agrícolas y rancheros en busca de ayuda en caso de necesidad. La vigilancia a la vez flexible y concentrada que la Patrulla Fronteriza ejercía sobre los trabajadores mexicanos era, pues, un asunto complicado, una táctica de observancia de la ley profundamente social y política que se gestó en el contexto sociohistórico muy específico de raza, trabajo, poder y control policial en la extensa frontera de Texas con México.

La violencia surgida de la aplicación parcial de las restricciones de inmigración de Estados Unidos también evolucionó en el denso mundo social del control policiaco de los mexicanos en la frontera de Texas con México. Desde febrero de 1925, las prácticas de la Patrulla Fronteriza estuvieron arraigadas en la autoridad de cada agente para hacer uso de la fuerza. Cuando los esfuerzos de la patrulla para hacer cumplir la ley de inmigración federal coincidían con la prohibición de bebidas alcohólicas, su poder de coacción desencadenaba espectaculares tiroteos que llegaron a ser la columna vertebral de la sabiduría popular de la frontera, que pintaba a los hombres de la patrulla como "una partida de policías endurecidos".[51] Aunque estas leyendas de violencia de la Patrulla Fronteriza representan adecuadamente las posibilidades extremas del trabajo de la corporación, pasan por alto las manifestaciones más cotidianas de su autoridad, como la red de vigilancia, y omiten los frecuentes casos en que la violencia de la institución estaba fundada en la vida comunitaria e integrada al tejido de las relaciones familiares.

LA VENGANZA DE JACK: EL MUNDO SOCIAL DE VIOLENCIA DE LA PATRULLA FRONTERIZA

John H. (Jack) y James P. (Jim) Cottingham eran hermanos. Jack nació en El Paso, Texas, en enero de 1881, y Jim en Brownsville, Texas, en marzo de 1886. Aunque Jack era cinco años mayor, nació con discapacidad mental, y su hermano menor veló por él en su paso de la infancia a la edad adulta en la región fronteriza

---

[51] Charles Askins, *Unrepentant Sinner: The Autobiography of Colonel Charles Askins*, p. 49.

de Texas con México.[52] En 1900, su padre se dedicaba a la agricultura en el condado de Cameron, Texas; su madre era ama de casa, y Jack, Jim y sus hermanas, Susie y Mary, asistían a la escuela.[53] En 1910, su padre había dejado la agricultura para volverse corredor de bienes raíces en Uvalde, Texas, adonde Jack y Jim se habían mudado con su familia y se dedicaban al comercio.[54] En 1920, la familia había vuelto al condado de Cameron. Jack y Jim tenían más de treinta años y trabajaban como agentes de policía, y su padre había vuelto a la agricultura. Con la familia vivía el nuevo esposo de su hermana Susie, John Peavey, un militar que había nacido en Misuri, pero que había llegado al valle bajo del río Bravo de niño con su familia. Entre 1920 y 1924, Peavey y los hermanos Cottingham ingresaron a la Guardia Montada de Aduanas de Estados Unidos y después se cambiaron a la Guardia Montada del Servicio de Inmigración de Estados Unidos.[55] En julio de 1924, los transfirieron a la recién creada Patrulla Fronteriza de Estados Unidos. En ella, los tres trabajaban en estrecha colaboración, pero Jack y Jim eran compañeros inseparables, pues Jim se pasaba el día haciendo cumplir las restricciones federales de inmigración y cuidando de su hermano.[56]

Las historias de Jack y Jim hablan de dos hermanos dedicados el uno al otro. Trabajaron y vivieron juntos casi toda su vida. Jack, el mayor y más lento, nunca se casó, pero hay rumores de que cuando Jim contrajo matrimonio, Jack los acompañó a él y a su esposa a la luna de miel. Cuando estaban de servicio, compartían la responsabilidad de conducir la patrulla. Dondequiera que estuvieran, cada 100 millas se turnaban al volante. A veces,

[52] 28 de septiembre de 1925, Informe de inspección del subdistrito de Brownsville, Texas, NARA 55396/22A, 340, inscripción 9.

[53] Información sobre John Cottingham y James Cottingham, *Twelfth Census of the United States*, Cameron, Texas, lista T623_1617, p. 26B, distrito de enumeración 15.

[54] Información sobre John Cottingham y James Cottingham, *Thirteenth Census of the United States, 1910—Population*, Uvalde, Texas, lista T 624_1593, p. 3A, distrito de enumeración 132, imagen 817.

[55] John R. Peavey, *Echoes from the Rio Grande*, pp. 185-320.

[56] Memorando del 22 de enero de 1939 de G. J. McBee al director del distrito de El Paso, Texas, NARA, 55606/391F, 6, 58A734. Véase también el expediente de personal de Cottingham, NBPM.

recordó un agente, "el momento de cambiar de conductor se presentaba en pleno centro de Mission o McAllen, o en cualquier parte […] entonces detenían el auto, bajaban, cambiaban de lado y reanudaban la marcha".[57]

Una tarde que se encontraban de servicio, su asociación estuvo a punto de acabarse cuando un contrabandista mexicano de bebidas alcohólicas le disparó a Jim. Éste devolvió el disparo y mató al traficante, pero quedó muy malherido. La bala le había atravesado el brazo, penetrado en el tórax y perforado un pulmón. Jack levantó a su hermano y lo llevó al hospital. Las heridas de Jim eran graves, y se quedó "algún tiempo en el hospital en situación crítica".[58] Se recuperó, pero el día que hirieron a Jim y que parecía que Jack se iba a quedar solo, éste se dirigió a la frontera para vengar a su hermano herido. Mientras Jim yacía en el hospital, "alguien vino al puente desde el otro lado del río a quejarse de que había un sujeto tiroteando a diestra y siniestra. Cuando fueron a investigar, se encontraron con Jack. Estaba junto al río, donde Jim había sufrido el disparo, y había matado a todo al que vio aparecer del lado mexicano en ese lapso".[59]

La historia de los agentes Jack y Jim Cottingham ilustra las implicaciones sociales de la violencia de la Patrulla Fronteriza. En la aplicación de la ley federal de inmigración, a menudo se pasaba de la investigación a la agresión y de ésta a la violencia mortal, arraigadas en un mundo de relaciones familiares entre los agentes oriundos de la región de la frontera de Texas con México. Lo que había comenzado como una cuestión de cumplimiento de la ley de inmigración terminó como un asunto de hermandad. La violencia de la Patrulla Fronteriza trascendía y avanzaba a través de una red socialmente integrada de agentes que buscaban venganza contra quienes habían dañado a los suyos. El agente jefe de la patrulla Herbert C. Horsley lo reconoció cuando escribió a los padres del agente Benjamin T. Hill. Éste se había incorporado a la patrulla el 14 de mayo de 1929, y 16 días

---

[57] David Burnett (seudónimo), relato personal, presentado el 16 de mayo de 1987, NBPM, p. 46.
[58] *Idem.*
[59] *Idem.*

después murió en un tiroteo con traficantes de bebidas alcohólicas. Como Horsley les decía en la carta a los padres de Hill: "No hemos dejado piedra por mover en nuestra búsqueda del asesino que causó la muerte de su hijo, nuestro querido compañero".[60] Agregando el nombre de Hill al Cuadro de Honor (la lista de agentes muertos en el cumplimiento del deber), Horsley prometió: "su hijo pasará a la historia de la Patrulla Fronteriza como un mártir de la causa de la justicia y ejemplo de valentía en la observancia de las Leyes de Nuestro País".[61]

Hill era el duodécimo agente de la Patrulla Fronteriza que moría en el cumplimiento del deber. En 1933, habían muerto otros nueve agentes.[62] Cada muerte y herida acarreaba la búsqueda de venganza. Por ejemplo, el 20 de enero de 1939, el *sheriff* del condado de Presidio, Texas, Joe Bunton, entregó el cuerpo sin vida de Gregorio Alanis a su familia, que vivía en las afueras de la localidad de Presidio. La entrega ponía fin a una batalla iniciada ocho años antes entre Alanis, un mexicano-estadunidense, y agentes de la Patrulla Fronteriza de Estados Unidos. Durante una redada al amanecer en la plantación de su padre, Gregorio mató al agente de la patrulla James McCraw de un tiro debajo de la clavícula izquierda y luego huyó a México. Inmediatamente después del tiroteo, el agente superior Earl Fallis obtuvo del *sheriff* del condado una orden de captura contra Alanis "en caso de que fuera necesario disparar contra Gregorio Alanis, pues lo más probable es que se resista al arresto".[63] El tiempo no distrajo a los agentes de la patrulla, y la noche del 20 de enero de 1939, el agente Dorn envió a todos sus hombres a un remoto sendero de las afueras de Presidio. A las 9:30 de la noche, en una casa abandonada junto al sendero, Dorn mató de un tiro a Gregorio Alanis.

[60] Carta del 3 de junio de 1929 del agente jefe de la patrulla Herbert C. Horsley al señor y la señora Hill, NARA 55601/670, 4, 58A734.

[61] *Idem.*

[62] "Memorandum in re Officers of the Immigration and Naturalization Service Killed in the Line of Duty. Record Probably Complete as to Those Killed Prior to July 1, 1924", NARA 55879/710, 715, 58A734.

[63] Memorando del 12 de noviembre de 1931 de N. D. Collear, jefe adjunto de la Patrulla Fronteriza, al director del distrito de El Paso, sobre el asesinato por disparo del agente McCraw, NARA 55606/391B, 6, 58A734, p. 3.

En la indagatoria, el juez de paz del condado de Presidio, W. G. Young, determinó: "Gregorio Alanis murió a manos del agente de la patrulla Edwin Dorn, quien, en cumplimiento de su deber, ordenó a Gregorio Alanis detenerse y levantar las manos, pero como éste opuso resistencia con una navaja de afeitar, el mencionado Edwin Dorn le disparó con una escopeta en legítima defensa".[64] El otro hombre que había cruzado con Alanis esa noche y que había presenciado el disparo "no opuso resistencia, pero mientras los agentes Dorn y Temple lo llevaban a la patrulla, que estaba a cierta distancia del lugar de los hechos, logró escapárseles".[65] Ocho años después de la muerte del agente Mc-Craw, Gregorio Alanis había muerto, el testigo había desaparecido y una hermandad de guardianes de la ley absolvió a Dorn sin ninguna investigación adicional.

La composición de la Patrulla Fronteriza (un conjunto de hombres blancos, entre ellos los hispano-estadunidenses o mexicano-estadunidenses que luchaban por adquirir la etnicidad blanca haciendo cumplir las leyes de inmigración de Estados Unidos en contra de los *Mexican Browns*) y la composición de la población sujeta a su acción (mexicanos pobres, varones, de piel morena) estructuraba las campañas de venganza como conflictos entre hombres blancos y hombres morenos de la región fronteriza. En el caso de Jack Cottingham, el agente se dirigió a la frontera a vengar el disparo contra su hermano. Como el pistolero ya había muerto, la venganza de Jack siguió la tradición de "venganza contra terceros" de los *rangers* de Texas. Jack disparó contra mexicanos, sin importar quiénes eran, por la ofensa de uno, y su arrebato era implícitamente sexista porque sometió a los mexicanos a una forma de violencia muy masculina y pública: disparos de pistola. En el caso de Gregorio Alanis, los agentes de la patrulla usaron un método más lento, paciente y frío: esperaron ocho años para vengar la muerte del agente James McCraw y

---

[64] Carta del 22 de enero de 1939 de G. J. McBee, agente jefe de la patrulla en Alpine, Texas, al director del distrito de El Paso, Texas, del Servicio de Inmigración y Naturalización de Estados Unidos (en adelante USINS), NARA 55606/391f/ 6, 58A734, p. 2.

[65] *Ibid.*, p. 1.

tomaron venganza en la confluencia a menudo violenta entre el control migratorio y la prohibición de bebidas alcohólicas.

En el caso de Lon Parker, el asesinato de un compañero desencadenó años de violencia cuando hombres que eran tanto familiares como colegas de Parker buscaron vengar su pérdida. Lon Parker nació en Arizona en 1892 y creció en el sur del estado. En 1924, tanto él como su hermano, George W. Parker hijo, ingresaron a la Patrulla Fronteriza de Estados Unidos. Lon era popular en todos sentidos, y encarnaba a los primeros agentes de la patrulla: hombres que conocían las costumbres locales y estaban muy integrados a las comunidades de la región. "Se decía que si uno se topaba con un desconocido en cualquier punto dentro de un extenso radio de las Huachucas, podía decirle 'Buenos días, señor Parker' y acertar cuatro de cada cinco veces", cuenta Mary Kidder Rak.[66]

Una tarde de domingo en el verano de 1926, Lon dejó un día de campo familiar para seguir las huellas de dos contrabandistas que se adentraban en la montaña. Sin embargo, los contrabandistas lo avistaron antes y le dispararon cuando estuvo a su alcance. Gravemente herido, según le contaron a Mary Kidder Rak, Lon sacó la pistola y mató a un traficante y a su caballo. El otro contrabandista huyó, y Lon cabalgó despacio hasta el rancho más cercano para pedir ayuda. A duras penas llegó, cayó del caballo y perdió el sentido en una valla; pero no había nadie para socorrerlo, y en cuestión de horas murió.[67]

A los pocos días, cuando el agente Alvin Edward Moore, transferido de Washington, D. C., se presentó a trabajar en Patagonia, Arizona, le entregaron la placa del recién fallecido Lon Parker y le contaron la historia del traficante que huyó. Cuando encontraron el cuerpo de Lon, sus compañeros de la Patrulla Fronteriza siguieron su rastro hasta la montaña y encontraron al contrabandista muerto. Era Narciso Ochoa, conocido contrabandista de bebidas alcohólicas de la región. Los agentes supusieron que las huellas dejadas por el otro traficante al huir eran

[66] Mary K. Rak, *Border Patrol*, p. 234.
[67] *Idem.*

de su hermano Domitilo.[68] Poco después de que Moore llegó a Arizona, el agente superior de la patrulla Albert Gatlin recibió un informe de que Ochoa intentaría volver a México esa noche. Gatlin pidió a Moore que buscara al agente Lawrence Sipe (cuñado de Gatlin), a Jim Kane (ayudante del *sheriff* que había crecido con Lon en el mismo rancho y "comía del mismo plato") y a "cualquier otro que pudiera" y que se reunieran en Campaña Pass, junto a la frontera. Cuando Moore, Sipe y Kane llegaron, Gatlin estaba acompañado de una "partida de agentes del condado de Douglas". Según Moore, algunos rancheros iban a "pasar la noche en vela patrullando la frontera […] acechando a la luz de la luna, con los rifles cargados, listos para intercambiar disparos".[69] En campañas de venganza como aquélla, se borraba la división entre agentes y miembros de la comunidad. Esa noche todos salieron juntos a vengar la muerte de Lon Parker.

El compañero de Lon en la patrulla, Albert Gatlin, dirigía la partida. "Lon y Gatlin eran tan unidos como hermanos, y su muerte había convertido a Gatlin de un agente imparcial en un vengador feroz", comentó Moore.[70] Antes de apostar a la partida de agentes, rancheros y agricultores a lo largo de la frontera, Gatlin les dio un consejo: "Sólo les digo que si ven venir a alguien hacia la frontera, le griten en inglés, y si no les contesta en inglés, ¡disparen!"[71] Entonces los hombres ocuparon sus puestos.

Varias horas después, Moore vio que una figura se movía en la oscuridad. Cuando una bala destrozó un cristal de su automóvil, él apuntó y devolvió el disparo. La figura cayó al suelo y Moore se acercó corriendo. Era Ochoa, y estaba herido en el pecho, pero vivo. Al despuntar el día, Moore se lo mostró orgulloso a Gatlin, quien lamentó: "Es una lástima que no mataras al desgraciado", pero "te has ganado el derecho a estar en la Patrulla Fronteriza".[72] Moore no era de la región, pero con la sangre de Domitilo Ochoa

[68] Narciso y Domitilo Ochoa son seudónimos que Mary Kidder Rak emplea al relatar el incidente. Moore llama a los traficantes "el Mexicano", "el hombre" y "Sánchez".
[69] Alvin Edward Moore, *The Border Patrol*, p. 13.
[70] *Ibid.*, p. 14.
[71] *Ibid.*, p. 13.
[72] *Ibid.*, p. 18.

quedó bautizado como agente de la patrulla. Ochoa sobrevivió al disparo, pero al poco tiempo lo condenaron a la horca… O ésta era, al menos, la versión de Moore sobre la historia de Lon Parker.

Ralph Williams se incorporó a la Patrulla Fronteriza mucho después de que Lon había muerto, pero estaba emparentado con él y había oído las leyendas que de él contaban familiares y compañeros de la corporación. Williams sabía que Lon era tío de Jim Hathaway, *sheriff* del condado de Cochise. Jim se había criado con los agentes Jean Pyeatt y Fred D'Alibini, y junto con ellos había peleado contra los mexicanos en el recreo. Cuando Lon perdió la última batalla en aquel sendero de montaña, Jim prometió: "Ese contrabandista no morirá de muerte natural".[73] Dos años después, Jim encontró al hombre que según él era el asesino de Lon, y "a media noche con ese muchacho, lo eliminó. A él y al tipo que llevaba a su lado para protegerlo".[74] Conforme al relato de Williams, dos hombres habían muerto por el asesinato de Lon Parker, cuando se acusaba sólo a uno de haber huido del lugar del crimen; pero de acuerdo con la leyenda de Lon Parker, la búsqueda de justicia de los agentes en nombre de su compañero no cesó.

El agente de la patrulla Robert Moss contaba su propia versión de la historia. Según él, tres hombres estaban implicados en la muerte de Lon Parker. A dos de ellos los encontraron después "ahorcados en un árbol, en el mismo lugar donde lo habían matado. No sé cómo volvieron ahí, pero los hallaron muertos colgando de un árbol".[75] Moss creía haber capturado luego al tercer cómplice en el centro de El Paso. Cuando el hombre vio venir a Moss y a su compañero, echó a correr y "se puso a gritar en inglés: 'No los dejen que me maten'". Debe de haber sabido que ese idioma era la clave establecida hacía mucho por el agente Gatlin para no recibir un tiro de la Patrulla Fronteriza por la muerte de Lon Parker. A él también lo encarcelaron.

Las leyendas de Lon Parker hablan en total de siete hombres muertos y uno en prisión tras una tarde de domingo en 1926.

[73] Ralph Williams (seudónimo), relato oral, sin transcribir, NBPM.
[74] *Idem.*
[75] Robert Moss (seudónimo), entrevistado por Terrie Cornell el 27 de febrero de 1989, NBPM, p. 7.

Lon y Narciso fueron los primeros en morir. Luego, cuando un hombre escapó de la escena del crimen, siguieron el disparo de una partida de captura, una ejecución en la horca, una doble eliminación nocturna, dos linchamientos en la montaña y, al final, una aprehensión en El Paso. La leyenda habla de una violencia dispersa, mas no fortuita. Patrulleros que eran funcionarios del Estado, compañeros del fallecido y hombres de la comunidad vengaron en varones de origen mexicano la muerte de Lon Parker. Las leyendas hacen pensar que de muchas formas y durante muchas noches la violencia de la Patrulla Fronteriza fue utilizada para cobrar venganzas personales y defender intereses comunitarios. En las batallas que siguieron entre agentes de la Patrulla Fronteriza y hombres de origen mexicano, hombres adultos reprodujeron los enfrentamientos del patio de recreo, sólo que los niños blancos convertidos en agentes de la Patrulla Fronteriza habían adquirido la autoridad del Estado. Como funcionarios encargados de hacer cumplir la ley de inmigración, su violencia entrañaba un nuevo significado porque se ejercía en un ámbito donde empezaba a definirse la ilegalidad. Cuando los agentes de la Patrulla Fronteriza disparaban, mataban, detenían, ahorcaban, eliminaban o infligían otros tratos brutales a las personas de origen mexicano, la violencia que desde hacía tanto había definido las diferencias entre blancos y mexicanos en la región fronteriza —diferencias de conquista, propiedad de la tierra, empleo y demás— se inscribió en la violencia que marcaba las diferencias entre ser legal y ser ilegal.

Sin embargo, la leyenda de Lon Parker debe interpretarse como cuestión lo mismo de realidad que de ficción. Como la historiadora Alexandra Minna Stern ha señalado, los agentes de la Patrulla Fronteriza de las décadas de 1920 y 1930 profesaban, entre otras, una "masculinidad primitiva" por medio de la cual forjaron su identidad institucional a imitación de los vaqueros de frontera y otros pioneros de la conquista del oeste estadunidense, concretamente los *rangers* de Texas.[76] Estos conceptos condensaban las complejas historias personales y profesionales

[76] Stern, "Nationalism on the Line", pp. 311-314.

de los primeros agentes —incluidos los conductores de tranvías, los mecánicos y los *rangers* de Texas—, pero constituían una narración impactante que los agentes proyectaban con cuidado unos hacia otros y hacia el mundo exterior. Fuera cierto o no que sus antecesores participaron en las hazañas que constituían las leyendas de Lon Parker, pasaron años intercambiando relatos de cómo una noche tal o cual agente había impuesto una forma de justicia más primitiva y masculina a cierto contrabandista. Las leyendas de Lon Parker eran una especie de producto cultural en el que los agentes de la patrulla Fronteriza se definían a sí mismos como herederos de una tradición de violencia propia de renegados, masculina y muy discriminatoria racialmente en la región fronteriza méxico-estadunidense.

La vida, trayectoria y conocida mortalidad del agente Charles Askins hijo era otra fuente de bravuconería para los primeros miembros de la patrulla. Se aclama a Askins como uno de los más grandes tiradores del siglo XX. En el momento de su muerte, en 1999, un obituario vacilante pero lleno de admiración de la revista promotora de armas de fuego *American Handgunner* lo llamó "un asesino totalmente frío. Quienes lo conocimos no tenemos una manera más suave de decirlo".[77] El propio Askins afirmaba que su cuenta oficial de bajas ascendía a "27, sin contar [negros] ni mexicanos".[78]

Askins no era oriundo de la región fronteriza. Nació en Nebraska, creció en Oklahoma y luego se trasladó a Montana, donde consiguió empleo temporal combatiendo incendios forestales en la reserva Flathead Forest.[79] Después, se mudó a Nuevo México, donde volvió a trabajar de bombero, esta vez en la reserva indígena de Jicarilla. Cuando terminó la temporada de incendios, se empleó en aserraderos. En 1929, trabajaba de tiempo

---

[77] Massad Ayoob, "The Gunfights of Col. Charles Askins", *American Handgunner*, noviembre-diciembre de 1999, pp. 60-65.

[78] *Idem*.

[79] Información sobre Charles Askins, *Thirteenth Census of the United States: 1910—Population*, Cimarron, Major, Oklahoma, lista T624_1262, p. 13B, distrito de enumeración 169, imagen 69. Véase también Skeeter Skelton, "The Legend of Charley Askins", *Shooting Times Magazine*, mayo de 1972; accesible en línea en www.darkcanyon.net/The_Legend_Of_Charley_Askins.htm.

completo como guardabosques en el Bosque Nacional Kit Carson. En 1930, su amigo George W. Parker hijo lo reclutó para la Patrulla Fronteriza de Estados Unidos. Parker se había jactado de participar en "un tiroteo a la semana y a veces dos".[80] Askins, siempre buscando pelea, cuenta: "Sucumbí a los relatos entusiastas de mi amigo Parker, que se divertía de lo lindo en la Patrulla Fronteriza".[81] Estacionado en El Paso, Texas, Askins tenía muchas oportunidades de entablar combate con contrabandistas que intentaban introducir bebidas alcohólicas a Estados Unidos. Él no estaba de acuerdo con la prohibición —a la que se refería como "un intento, condenado al fracaso, de obligar al sediento público estadunidense a dejar la cerveza y el whisky"—, pero el control de las bebidas alcohólicas le ofrecía la oportunidad de practicar el "deporte" de la cacería humana.[82]

Askins narró su historia de armas de fuego, violencia y aplicación de la ley de inmigración en su autobiografía, *Unrepentant Sinner*. Sobre su primer día en el cargo de agente de la Patrulla Fronteriza, refiere que no había "ninguna escuela para adiestrar a los reclutas […] me entregaron una placa y, como yo tenía mi propia pistola, no tomé la vieja Colt .45 modelo 1917 ni uno de los poco menos que inservibles fusiles Enfield".[83] Con su propia arma y una placa de la Patrulla Fronteriza emitida por el gobierno federal, Askins acudió a su primer "recorrido de servicio". Esa noche, hacia las 9:30, los agentes Jack Thomas y Tom Isbell "se toparon con una emboscada y mataron a un contrabandista". Askins no estuvo en el tiroteo, pero llegó poco después y ayudó a recoger el cuerpo del traficante muerto. "¡Estaba fascinado!", exclama Askins. "No había hecho ningún disparo, pero sentí de cerca el olor de la pólvora y pensé '¡Vaya, esto es para mí!'"[84]

Askins buscaba ansiosamente combates a tiros con los contrabandistas y se deleitaba cuando la Patrulla Fronteriza los vencía. Calculaba que los agentes de la corporación habían matado

[80] Charles Askins, *Unrepentant Sinner*, p. 53.
[81] *Ibid.*, p. 47.
[82] *Idem.*
[83] *Ibid.*, p. 49.
[84] *Ibid.*, p. 50.

a 500 traficantes entre 1924 y 1934, pero que en el Cuadro de Honor de la patrulla figuraban sólo 23 agentes muertos en el cumplimiento del deber en ese periodo.[85] Askins disfrutaba tanto el deporte de combatir a los traficantes de bebidas alcohólicas que parecía olvidarse de la principal función y facultad de la Patrulla Fronteriza de Estados Unidos. "En realidad el alcohol no era para nada el asunto más importante de la Patrulla Fronteriza, sino los extranjeros ilegales", explica.[86] "La PF era parte del Servicio de Inmigración y también, aunque ustedes no lo crean, parte del Departamento del Trabajo."[87]

Cuando Askins sí se dedicaba a hacer cumplir la ley de inmigración, sus métodos eran brutales. "Yo estaba definitivamente a favor de pegarle al sospechoso un revólver a la sien y entonces preguntarle cuándo había cruzado de México", explica. "Me di cuenta de que esto reducía la charla inútil a unas cuantas sílabas y producía rápidamente una confesión."[88] Aunque lo transfirieron de la estación de El Paso después que el director del distrito leyó demasiados informes de tiroteos en los que figuraba su nombre, Askins creía que su superior había castigado sus excesos y agresividad porque "sólo los hombres que no se habían criado en la frontera estaban inconformes con el sistema".[89]

A la vuelta de los años, Askins fue ascendido por su entusiasmo, pericia y conocimiento de las armas de fuego. Primero lo utilizaron para organizar una brigada de agentes armados con pistola. Bajo su guía, la Brigada de Pistolas de la Patrulla Fronteriza ganó muchos concursos de tiro regionales y nacionales. Aunque Askins se quejaba de manera rutinaria de que el patrullero promedio no tenía experiencia en el manejo de armas de fuego, el éxito de la brigada contribuyó a la fama de buena puntería de la corporación. En 1937, Askins fue nombrado instructor de manejo de armas de fuego en la Escuela de Adiestramiento de la Patrulla Fronteriza en El Paso, Texas, y él se jactaba de

[85] *Ibid.*, p. 53.
[86] *Ibid.*, p. 51.
[87] *Idem.*
[88] *Idem.*
[89] *Idem.*

que ese cargo lo había convertido en el funcionario mejor pagado de la patrulla. El hecho no sólo de que sobreviviera, sino de que prosperara en la institución en la década de 1930, es especialmente significativo porque se trataba de una era de reforma en la aplicación de las leyes federales.

En 1929, una preocupación generalizada por la delincuencia y su control, centrada en asuntos derivados de la prohibición, motivó al presidente Herbert Hoover a crear la Comisión Nacional para el Cumplimento y la Aplicación de la Ley, popularmente llamada Comisión Wickersham, que evaluó las causas de la delincuencia, en particular el aumento del crimen organizado y los esfuerzos para detener el consumo y el tráfico de bebidas alcohólicas, y examinó los múltiples problemas de hacer cumplir la prohibición. Al hacerlo, la comisión descubrió prácticas de corrupción y brutalidad policiaca que obligó a revisar con más detalle a todos los órganos de aplicación de las leyes federales.

En 1930, el Departamento del Trabajo empezó a investigar la corrupción y el exceso de violencia dentro de la Patrulla Fronteriza elaborando una lista de todas las denuncias penales presentadas contra agentes de la institución desde el 1° de julio de 1924.[90] Los agentes de la patrulla habían sido declarados culpables de toda clase de delitos e infracciones, desde homicidio hasta conducir con exceso de velocidad. Entonces, en 1933, el Departamento del Trabajo reorganizó el Servicio de Inmigración y el Servicio de Naturalización creando un órgano conjunto, el Servicio de Inmigración y Naturalización (INS, por sus siglas en inglés), e intentó limpiar a fondo la Patrulla Fronteriza despidiendo a todos los agentes y recontratándolos de manera temporal. Para ganarse un empleo permanente en la corporación, los agentes tenían que comparecer ante una comisión de funcionarios del Departamento del Trabajo y del Servicio de Inmigración, popularmente recordada como la Comisión del Benceno. Dogie Wright explicó que la función de esta comisión era "eliminar a los hombres que tiroteaban mucho, que eran demasiado

---

[90] "Border Patrol: Criminal Charges Against Members—Disposition as of 1930", NARA 55688/876A, 449, inscripción 9.

propensos a usar sus armas".[91] A algunos agentes los destituyeron, pero muchos, entre ellos Charles Askins, se quedaron.

Como hace pensar el hecho de que Askins se quedara, los efectos de la Comisión del Benceno fueron limitados. El país estaba en el fondo de la Gran Depresión y no era fácil conseguir empleo. La comisión examinó con rapidez al personal de la Patrulla Fronteriza, pero incluso alguien tan impenitente como Charles Askins debió de haber hablado juiciosamente ante la Comisión del Benceno. Por otra parte, la comisión dependía de las fuerzas del orden locales para sacar a la luz y documentar los casos de corrupción y brutalidad. Sin embargo, como ocurrió con Gregorio Alanis, las fuerzas del orden locales solían encubrir los incidentes de violencia de la Patrulla Fronteriza.

Pocos meses antes de crearse la Comisión del Benceno, la muerte de Miguel Navarro ilustró cómo las policías locales encubrían la violencia de la Patrulla Fronteriza. El 18 de agosto de 1932, dos agentes de la patrulla y un guardabosques estatal especial se enteraron de que esa noche unos contrabandistas de bebidas alcohólicas intentarían cruzar la frontera ilegalmente en el cruce de Las Flores, próximo a La Feria, Texas. Hacia las 9 de la noche se escondieron detrás de un árbol y esperaron a que los traficantes cruzaran. Llevarían unos 45 minutos esperando cuando "vieron acercarse desde el río a tres hombres con bultos en la espalda".[92] Cuando los traficantes estaban a 15 metros de distancia de los policías emboscados, el agente John V. Saul salió de detrás del árbol y les dijo que se detuvieran. Dos de los hombres —el estadunidense Anselmo Torres y el mexicano José Sandoval— se detuvieron y levantaron las manos. El tercero, Miguel Navarro, un estadunidense que vivía en Mercedes, Texas, "giró un poco, se llevó la mano derecha al torso y la metió bajo una bolsa que traía colgando del hombro izquierdo", según Saul, quien estaba "seguro de que [Navarro] iba a sacar un arma, y disparó".[93] Herido en la pierna, Navarro cayó al sue-

[91] Burnett, relato personal, p. 19, NBPM.
[92] 22 de agosto de 1932, "Statement made by Senior Patrol Inspector John V. Saul at Brownsville, Texas", NARA 55601/670A, 4, 58A734, p. 2.
[93] *Idem.*

lo. Con la ayuda de los "otros dos mexicanos", los agentes subieron a Navarro al asiento trasero del auto y lo trasladaron al hospital más cercano, en la localidad de Mercedes, y luego llevaron
a los otros dos a la cárcel de Weslaco, Texas. Los agentes volvieron después al lugar del disparo con su jefe de la patrulla, un
agente de Aduanas, al menos dos ayudantes del *sheriff* del condado de Hidalgo y el supervisor adjunto de la Patrulla Fronteriza de Aduanas.[94]

Al amanecer, los agentes empezaron "a buscar la pistola que
suponíamos allí porque estábamos seguros de que el mexicano
herido había tratado de sacarla".[95] Saul dependía de que sus compañeros agentes encontraran la pistola de Navarro para quedar
absuelto del cargo de uso excesivo de la fuerza. Al cabo de una
breve búsqueda cerca del "charco de sangre que había en el camino donde había caído el mexicano", uno de los ayudantes del
sheriff gritó: "Aquí está", y "recogió un revólver calibre .32 de acción doble [...] a una distancia de entre 1.50 y 1.80 metros de
donde había caído el mexicano".[96] Los agentes se pasaron el arma
para inspeccionarla y coincidieron en que era la que llevaba Navarro. Sin mayor investigación, el hallazgo del arma por parte
del ayudante del *sheriff* permitió a la Patrulla Fronteriza considerar justificado el disparo de Saul contra Navarro y dar por terminado el asunto.

Al cabo de unos días, Navarro murió de la herida de bala.
Durante la investigación externa realizada por autoridades policiacas locales, el *sheriff* aseguró a la Patrulla Fronteriza que estaba "totalmente convencido de que se trataba de un homicidio
justificado y que no [veían] razón alguna [...] para seguir investigando ni tomar más medidas".[97] El juez de paz local siguió su
ejemplo y declaró: "El difunto murió de la hemorragia y el choque hipovolémico producidos por una herida de bala que sufrió

[94] *Idem.*
[95] *Idem.*
[96] *Ibid.*, p. 3.
[97] Carta del 23 de agosto de 1932 de Edmund H. Levy, agente jefe interino de la patrulla, Brownsville, Texas, al director de la Patrulla Fronteriza, El Paso, Texas, NARA
55606/391C, 6, 58A734, p. 3.

al resistirse con un arma mortal a un arresto legítimo".[98] Al final, Miguel Navarro —el "mexicano" nacido en Mercedes, Texas— murió, y el agente de la patrulla Saul fue absuelto sin mayores averiguaciones.

Las absoluciones rápidas por parte de una fraternidad de agentes estatales y locales protegía a los hombres de la Patrulla Fronteriza del escrutinio acaso menos favorable de un gran jurado federal o incluso de la Comisión del Benceno. Esta impunidad fortalecía la estructura localizada de las operaciones de la Patrulla Fronteriza. Sin embargo, el esfuerzo más general de la década de 1930 para profesionalizar la práctica policiaca federal hizo que en 1937 se creara la Escuela de Capacitación de la Patrulla Fronteriza (BPTS, por sus siglas en inglés), lo que dio al proyecto de la patrulla un nuevo nivel de adiestramiento uniforme.

LA ESCUELA DE CAPACITACIÓN
DE LA PATRULLA FRONTERIZA

La BPTS era en realidad la expansión de un programa de capacitación ideado en 1935 por el agente jefe de la patrulla del distrito de El Paso, Herbert C. Horsley, y su supervisor, el director del distrito del Servicio de Inmigración en El Paso, Grover C. Wilmoth. Éste llevaba años batallando con un grupo de agentes indisciplinados en su distrito. En repetidas ocasiones había emitido circulares exigiendo a los agentes que usaran el uniforme y dejaran de beber, chismorrear y dormirse en el trabajo, que dejaran de divertirse causando desórdenes en poblaciones fronterizas mexicanas y de abusar de su autoridad realizando controles de tráfico al azar; pero parecía que nadie le hacía caso. La cultura de la aplicación de la ley de inmigración en las remotas oficinas se resistía a sus llamadas de atención con memorandos. Por ejemplo, en febrero de 1928, Wilmoth se vio en la necesidad de volver a hacer circular un memorando fechado el 2 de septiembre de 1924 en el que advertía: "Los empleados no deben

---

[98] *Idem.*

FORMACIÓN

permitirse, mientras están de servicio, el consumo de bebidas embriagantes en Nogales, Sonora, México, ni en ninguna otra parte".[99] En octubre de 1929, los casos de agentes "que aceptaban regalos de poco valor" obligó a Wilmoth a explicarles que era "impropio en todo agente o empleado del Servicio de Inmigración aceptar gratificaciones de la clase que sea por parte de un extranjero o de cualquier otra persona interesada de un modo u otro en la condición migratoria de un extranjero".[100] El mes siguiente Wilmoth escribió: "A pesar de las frecuentes advertencias [...] algunos agentes y empleados han seguido sosteniendo conversaciones inútiles y dañinas con personas ajenas a la institución [...] sobre asuntos oficiales", y advirtió al personal: "una vez acusado el recibo de una copia de esta advertencia formal, no habrá indulgencia para quien infrinja esta instrucción".[101]

En 1930, Wilmoth intentó lograr cierto grado de uniformidad y una cultura de profesionalismo en su distrito dando una detallada carta de bienvenida a todos los reclutas. "Felicidades por haber sido seleccionado como miembro de la Patrulla Fronteriza del Servicio de Inmigración de Estados Unidos, a la cual [...] consideramos la mejor dependencia de cumplimiento de la ley del Gobierno Federal", comenzaba la carta.[102] Después de enumerar una serie de cosas que "no se debían hacer" —no dejar de decir la verdad, no beber, no apostar, no refunfuñar, etc.—, la carta explicaba el proceso de capacitación de campo de la patrulla y exhortaba a los reclutas a someterse a la autoridad de los agentes más experimentados. "Durante los próximos meses debe usted adoptar la actitud de un estudiante", aconsejaba la carta.[103] "Debe mostrar el deseo y la disposición para aprender este ofi-

[99] Memorando del 16 de febrero de 1928, titulado "TO ALL IMMIGRATION OFFICERS AND EMPLOYEES", de George J. Harris, director del distrito de El Paso, Texas, del USIS, NARA 55494/25, 3, 58A734.
[100] Memorando del 1° de octubre de 1929 del director de distrito G. C. Wilmoth al USIS, NARA 55494/25, 3, 58A734.
[101] 19 de noviembre de 1929, "TO ALL IMMIGRATION OFFICERS AND EMPLOYEES", de G. C. Wilmoth, director del distrito de El Paso, Texas, NARA 55494/25, 3, 58A734.
[102] Carta de bienvenida firmada por Nick D. Collaer, director adjunto, Patrulla Fronteriza, NARA 55494/25, 3, 58A734.
[103] Idem.

cio de agentes que han prestado un servicio perseverante y leal, y que LO CONOCEN. Quizás usted tenga una capacitación excelente en otros campos del trabajo policial, pero no olvide que se espera que aprenda a hacer las cosas a la manera de la Patrulla Fronteriza".[104] Aunque Wilmoth hablaba de una "manera de la Patrulla Fronteriza", como él bien sabía en el distrito de El Paso reinaba el desorden. Desde su oficina en El Paso, Wilmoth tenía poco control directo de los agentes de la patrulla que trabajaban en estaciones dispersas desde Nogales, Arizona, a través de Nuevo México, hasta el extremo oeste del valle bajo del río Bravo, en Texas. No había congruencia ni uniformidad que equivalieran a una "manera de la Patrulla Fronteriza"; antes bien, había una diversidad de localidades que recibían y capacitaban reclutas, cada una a su manera. Si Wilmoth olvidaba el desorden de su distrito, lo recordó en marzo de 1931 cuando recorrió varias estaciones en la frontera y vio que los agentes no usaban sistemáticamente el uniforme.

Quien esto escribe lamenta que vuelva a ser necesario llamar formalmente la atención, por este medio, hacia la extendida costumbre de ignorar el reglamento de uso del uniforme. Hace poco notó que algunos agentes en servicio no lo llevaban puesto; que algunos uniformes estaban francamente andrajosos, y que algunos agentes, lo mismo estando de servicio que de descanso, infringían las instrucciones al llevar sólo parte del uniforme.[105]

A una década de haberse establecido la Patrulla Fronteriza de Estados Unidos, G. C. Wilmoth trató de imponer el orden y la uniformidad en su región creando la Escuela de Capacitación del Distrito de El Paso.[106] La primera sesión del curso de adiestramiento, que duraba tres meses, se realizó en el cuartel general de El Paso el 3 de diciembre de 1934. Por la mañana, los reclutas recibían capacitación sobre español, la ley de inmigración, conduc-

---

[104] *Idem.*
[105] Memorando del 24 de marzo de 1931 de G. C. Wilmoth, director del distrito de El Paso, Texas, NARA 55494/25, 3, 58A734.
[106] Harlon B. Carter, "The Border Patrol Training Schools", CIS/HRL.

ta, el derecho a registrar, incautación, pruebas y procedimientos judiciales, armas de fuego, dactiloscopía e identificación, patrullaje de la frontera y equitación. Luego de asistir a las clases de instructores como Charles Askins, quien enseñaba manejo de armas de fuego, los reclutas pasaban la tarde trabajando a lado de patrulleros experimentados para adquirir conocimientos básicos y prácticos sobre la aplicación de la ley de inmigración estadunidense. En la patrulla y en el aula, los veteranos enseñaban a los reclutas cómo se interpretaba a diario en la frontera la ley de inmigración de Estados Unidos. Así, los esfuerzos de Wilmoth por imponer uniformidad y disciplina no hacían sino formalizar el modo particular de hacer cumplir la ley de inmigración en el distrito de El Paso. Al no mejorar los medios de supervisión y capacitación continuos, Wilmoth permitió a los veteranos seguir ejerciendo mucho control en la formulación de las prácticas de la patrulla.

En 1937, el Servicio de Inmigración le cambió el nombre a la Escuela de Capacitación del Distrito de El Paso por el de Escuela de Capacitación de la Patrulla Fronteriza (BPTS) y empezó a exigir que todos los reclutas del país asistieran. La creación de la BPTS en El Paso, Texas, representa un momento importante en la historia de la Patrulla Fronteriza de Estados Unidos. Desde luego, la informalidad, el desorden y el regionalismo que caracterizaron los 10 primeros años de la patrulla disminuyeron con la adopción de un programa de capacitación nacional; pero lo más notable de la BPTS fue el papel central que dio a la zona de la frontera de Texas con México en la formulación de la aplicación de la ley de inmigración estadunidense.

El año en que se inauguró la BPTS, la frontera méxico-estadunidense no era el epicentro de la actividad de la Patrulla Fronteriza. Ese año, trabajaron 325 agentes en la frontera con Canadá, mientras que en la frontera con México trabajaron 234; otros 34 prestaban servicio en Jacksonville, Florida, y había un agente en Nueva Orleans, Luisiana.[107] Sin embargo, exigir a todos los agentes que asistieran a la BPTS y empezaran a ejercer su cargo

[107] *Principal Activities of the U. S. Border Patrol, Fiscal Year 1927.*

en el distrito de El Paso creó uniformidad y comunidad en torno a las peculiaridades de la zona de la frontera de Texas con México. Además, el establecimiento de la BPTS en El Paso, Texas, aumentó en gran medida la autoridad de los agentes del turbulento distrito de El Paso para definir la "manera de la Patrulla Fronteriza".[108] Por tanto, la creación de la BPTS influyó mucho en el interés de la Patrulla Fronteriza por la frontera méxico-estadunidense, con una zona de mayor concentración en la región fronteriza de Texas.

Harlon B. Carter se contaba entre los primeros agentes que se capacitaron en la BPTS. Harlon se crió en Laredo, Texas, donde en otro tiempo la estructura desarticulada de la aplicación de la ley de inmigración estadunidense había permitido que la población mayoritaria y la clase dominante de origen mexicano de la ciudad controlaran las operaciones locales de la Patrulla Fronteriza. Sin embargo, en 1927 Clifford Perkins hizo un viaje de inspección a la zona y se alarmó ante el estado del control inmigratorio en la ciudad. "Laredo era, en rigor, una ciudad mexicana […] quizá 95% de la población provenía de México o era de ascendencia mexicana", escribió Perkins, que desconfiaba de la capacidad del sector de Laredo para hacer cumplir las restricciones de inmigración estadunidenses con independencia. "El único angloamericano de la policía era el jefe mismo", lo que preocupó a Perkins. Durante su investigación, que duró dos semanas, hizo una "purga a fondo de las fuerzas del orden locales". Acusó de tráfico de inmigrantes a funcionarios locales, así como al agente jefe y a otros agentes de la estación de Laredo de la Patrulla Fronteriza, y puso a poco menos de la mitad de los 28 agentes y al agente jefe en la disyuntiva de renunciar o ser despedidos. Luego transfirió al sector de Laredo a un grupo selecto de patrulleros que habían pertenecido a los *rangers* de Texas porque "todos eran combatientes experimentados y disciplinados que conocían bien el campo".[109]

Destinar antiguos *rangers* de Texas a Laredo fue una estrategia concebida para divorciar la estación de la Patrulla Fronteriza

---

[108] *Idem.*
[109] Clifford A. Perkins, *Border Patrol*, p. 113.

de la clase política méxico-estadunidense que dominaba la ciudad. No tardó en aumentar la tensión entre los antiguos *rangers* y la comunidad de Laredo, en particular el Departamento de Policía. Mientras que en la mayoría de las localidades de la frontera la Patrulla Fronteriza mantenía estrechas relaciones con la policía local, en 1927 varios agentes de la patrulla de Laredo "subieron a sus autos modelo T y pasaron media hora dando vueltas por la estación de policía y tiroteándola".[110] La purga de la estación de Laredo en 1927 reflejó los límites de la desorganización de la Patrulla Fronteriza, que permitía la gestión local de la aplicación de la ley de inmigración. Aunque la mayoría de las estaciones locales formulaban sus propias estrategias, políticas y procedimientos, la estación de Laredo estuvo exenta de ello hasta que los *rangers* de Texas y su tristemente célebre violencia racial cercenaron los lazos entre la Patrulla Fronteriza de Laredo y los dirigentes mexicano-estadunidenses locales. La depuración transformó la Patrulla Fronteriza de Laredo en un refugio para la violencia blanca dentro de una comunidad de mayoría mexicana. Uno de los hombres que hallaron refugio en la Patrulla Fronteriza de Estados Unidos fue Harlon B. Carter.

Harlon tenía una historia de violencia antes de incorporarse a la Patrulla Fronteriza. Cuando era un adolescente en Laredo, al volver a casa el 3 de marzo de 1931, su madre le dijo que estaba disgustada porque varios muchachos mexicano-estadunidenses habían estado holgazaneando enfrente de la casa. El padre de Harlon, Horace B. Carter, no estaba. Era agente de la Patrulla Fronteriza y seguramente se encontraba de servicio y no volvería pronto; así que Harlon tomó la escopeta de Horace y salió a buscar a los chicos que habían hecho enojar a su madre.[111]

Los encontró cerca. Ramón Casiano, de 15 años, Salvador Peña, de 12, y otros dos muchachos se alejaban de una charca

---

[110] Archie Quin (seudónimo), apéndice al relato oral referido el 25 de noviembre de 1990, NBPM, p. 1.

[111] Bruce Lambert, "Harlon B. Carter, Longtime Head of Rifle Association, Dead at 78", *New York Times*, 22 de noviembre de 1991. Véase también John L. Crewdson, "Hard-Line Opponent of Gun Laws Wins New Term at Helm of Rifle Association", *New York Times*, 4 de mayo de 1981.

donde la gente nadaba cuando Harlon los abordó. Sosteniendo la escopeta, les exigió a los cuatro que lo acompañaran a su casa. Ramón, el mayor de todos, habló en nombre del grupo. "No iremos a tu casa y no puedes obligarnos", dijo. La negativa motivó que se hicieran de palabras, hasta que Harlon apuntó al pecho de Ramón y disparó, matándolo al instante. Un policía de Laredo arrestó a Harlon, y un jurado de la misma ciudad lo declaró culpable de asesinato. Luego de pasar dos años en la cárcel —y afiliarse a la Asociación Nacional del Rifle—, Harlon fue liberado tras una apelación en la que el tribunal superior alegó que "las instrucciones del juez de primera instancia al jurado habían sido incompletas".[112] Después de deambular un tiempo, Harlon siguió los pasos de su padre y entró a formar parte de la Patrulla Fronteriza.

Harlon era uno de los muchos hombres de la región fronteriza que se volvieron agentes encargados de hacer cumplir la ley de inmigración en la frontera más grande, la del estado de Texas. Entre ellos estaban también los hermanos Cottingham, del sur de Texas, Fred D'Alibini, del sur de Arizona, y Pete Torres, del sur de Nuevo México. Ellos también habían crecido en esa región, obtenida por conquista y dominada por la empresa agroindustrial. Ya adultos, asumieron el mandato del control de la inmigración. Ocupando más de 87.5% de los cargos de supervisión en las estaciones de la frontera de Texas con México, estos hombres dejaron una honda huella en la aplicación de la ley de inmigración estadunidense. Lo más importante es que, pese a ser fuerzas federales que hacían cumplir leyes nacionales en una frontera internacional, los agentes de la Patrulla Fronteriza de las décadas de 1920 y 1930 estaban insertos en las realidades locales de raza, trabajo, migración, masculinidad y violencia que daban estructura a su vida como hombres de la clase trabajadora en la frontera de Texas con México. Usaron el monopolio de violencia que se les otorgó en su calidad de guardianes de la ley de inmigración tanto para perpetuar como para manipular el mundo en que vivían vigilando mexicanos en vez de vigilar in-

---

[112] Lambert, "Harlon B. Carter".

migrantes ilegales. Al hacerlo, llenaron de *Mexican Browns* la casta de la ilegalidad e introdujeron un ámbito singular de discriminación racial en la región de la frontera méxico-estadunidense.

Éstos fueron los años formativos de la Patrulla Fronteriza de Estados Unidos en la región de la frontera de Texas con México, pero el giro de la patrulla hacia la vigilancia de inmigrantes mexicanos y su ascenso en la zona fronteriza entre Estados Unidos y México estuvo lejos de ser un proceso indiferenciado. En la frontera de California y el oeste de Arizona, de cuya vigilancia se ocupaba el distrito de Los Ángeles del Servicio de Inmigración de Estados Unidos, las prácticas de la Patrulla Fronteriza se desarrollaron conforme a una dinámica muy distinta. El capítulo III, con base en los archivos de las actividades de la Patrulla Fronteriza en la región más occidental del Servicio de Inmigración, examina las condiciones singulares que conformaron la aplicación de las limitaciones de inmigración estadunidenses en esa región.

III. La zona fronteriza
de California y Arizona

Cuando en 1957 la Patrulla Fronteriza de Estados Unidos envió sus expedientes de correspondencia descontinuados a los Archivos Nacionales, fueron muy pocos los documentos que llegaron del distrito de Los Ángeles, que se extendía desde el océano Pacífico hasta el este de Yuma, Arizona, y en California, por el norte, hasta San Luis Obispo. El grueso de la documentación se refería a la actividad de la patrulla en los distritos con sede en Texas y en la frontera con Canadá. Sin embargo, en documentos que van desde relatos orales y notas de prensa hasta transcripciones de procedimientos de tribunales de distrito de Estados Unidos e informes estadísticos anuales de actividades de la patrulla, surge una historia de la institución en el oeste de la región fronteriza méxico-estadunidense que revela que se trataba de una zona diferente en cuanto a la aplicación de la ley de inmigración estadunidense. Allí, los agentes de la Patrulla Fronteriza iniciaron su labor vigilando una extensa gama de personas que cruzaban la frontera sin autorización. Los esfuerzos de control migratorio se aplicaban por igual a asiáticos, europeos y mexicanos; pero las cambiantes limitaciones políticas y fiscales de la aplicación integral de la ley de inmigración no tardaron en restringir el proyecto de la patrulla en la región, y allí el giro hacia la vigilancia de los mexicanos estuvo acompañado del abandono de la vigilancia de asiáticos y europeos.

VIGILANCIA DE LAS RUTAS MIGRATORIAS DEL PACÍFICO

La inmigración asiática legal en la región oeste de la frontera méxico-estadunidense disminuyó cuando la Ley de Exclusión de los Chinos de 1882 prohibió a los trabajadores de esa nacionalidad la entrada a Estados Unidos, y cesó casi por completo una vez que la "zona de exclusión asiática" de la Ley de Inmigración de 1917 le negó la entrada legal a toda la población de Asia. Cuando se estableció la Patrulla Fronteriza de Estados Unidos, la inmigración ilegal era el único recurso para la mayoría de asiáticos que buscaban establecerse en Estados Unidos. Muchos trataban de entrar con documentos falsos por puertos de entrada estadunidenses, mientras que otros probaban suerte haciendo cruces fronterizos ilegales desde México y Canadá.[1] Otros más evitaban las restricciones migratorias estadunidenses dirigiéndose a destinos que no limitaban la inmigración asiática, como México.

Cuando Estados Unidos endureció las restricciones migratorias contra los asiáticos, el presidente mexicano Porfirio Díaz fomentó su inmigración firmando el Tratado de Amistad, Comercio y Navegación con Japón en 1888 y el Tratado de Amistad y Comercio con China en 1893. Díaz esperaba que los trabajadores inmigrantes asiáticos impulsaran los proyectos de industrialización de la agricultura mexicana.[2] Se calcula que entre 1900 y 1920 llegaron a México 10 000 inmigrantes japoneses, y que en 1930 vivían en el país 15 960 chinos. Tanto chinos como japoneses solían establecerse en el noroeste de México, principalmente en Baja California.[3]

Además de la inmigración de China y Japón, y de un pequeño número de provenientes de Corea y la India, la población

[1] Erika Lee, "Enforcing the Borders: Chinese Exclusion along the U.S. Borders with Canada and Mexico, 1882-1924"; Emily Ryo, "Through the Back Door: Applying Theories of Legal Compliance to Illegal Immigration during the Chinese Exclusion Era".

[2] Kennett Cott, "Mexican Diplomacy and the Chinese Issue, 1876-1910"; Sergio Camposortega Cruz, "Análisis demográfico de las corrientes migratorias a México desde finales del siglo xix".

[3] María Elena Ota Mishima, *Siete migraciones japonesas en México, 1890-1978*.

asiática del norte de México también creció cuando trabajadores chinos y agricultores japoneses cruzaron la frontera desde Estados Unidos huyendo del odio hacia los asiáticos en California. Se dirigieron al sur, alentados por las empresas agroindustriales estadunidenses que operaban en el valle de Mexicali y que estaban construyendo enormes complejos algodoneros con trabajadores asiáticos. La más importante era la Colorado River Land Company (CRLC), que contrató activamente jornaleros chinos para que plantaran y recogieran algodón en sus tierras en el valle de Mexicali, que era continuación al otro lado de la frontera del Valle Imperial del sur de California. La CRLC prefería emplear trabajadores inmigrantes chinos en el valle de Mexicali para no interrumpir el flujo de migrantes mexicanos a Estados Unidos. En 1919, la CRLC había contratado de 7 000 a 8 000 peones chinos en el valle de Mexicali. También unos 500 japoneses y 200 inmigrantes del sureste de Asia trabajaban en la CRLC, pero se calcula que los chinos cultivaban 80% de los algodonales de la empresa.[4] En 1920, el cónsul de Estados Unidos en Mexicali escribió que la llegada de trabajadores chinos a Baja California y la partida de trabajadores mexicanos rumbo a la Alta California estaba "creando en la frontera entre California y Baja California una comunidad más claramente china que mexicana".[5] En 1930, otros 3 571 chinos se habían radicado en el estado mexicano de Sonora, al este del valle de Mexicali.[6]

Los inmigrantes asiáticos en la zona fronteriza del norte de México avivaron la preocupación, al norte de la frontera, de que este país sirviera de punto de partida para la entrada no autorizada de orientales a Estados Unidos. Cuando en la primavera de 1924 el Congreso estadunidense debatía la Ley de Orígenes Nacionales, los periódicos del sur de California anunciaban que los inmigrantes japoneses planeaban "una invasión" de California.[7]

[4] Rosario Cardiel Marín, "La migración china en el norte de Baja California", p. 226.
[5] Citado en John Martínez, *Mexican Emigration...*, p. 36.
[6] Kif Augustine-Adams, "Making Mexico: Legal Nationality, Chinese Race, and the 1930 Population Census".
[7] "Wholesale Jap Invasion from Hawaii Checked under New Law", *Calexico Chronicle*, 16 de julio de 1924.

Las advertencias sobre la inminente invasión japonesa se acompañaban de frecuentes informes sobre el tráfico de inmigrantes del sureste asiático a través de la frontera méxico-estadunidense y, peor aún, sobre la amenazadora presencia de una comunidad chino-mexicana en la región de Mexicali, Baja California.[8] Así, para mucha gente el establecimiento de la Patrulla Fronteriza de Estados Unidos prometía levantar una barricada entre Estados Unidos y la población asiática de la zona fronteriza del norte de México.[9] Sin embargo, para los empresarios agrícolas que estaban al norte de la frontera, el establecimiento de la Patrulla Fronteriza también amenazaba su acceso ilimitado a los trabajadores mexicanos que iban y venían por la región fronteriza durante el auge agrícola de California de la década de 1920. No obstante, cuando la Ley de Orígenes Nacionales de 1924 fue aprobada por el Congreso y entró en vigor, los agricultores del Valle Imperial no parecían tener motivos para temer que las restricciones de inmigración limitaran gravemente su suministro de mano de obra. Los informes periodísticos locales sobre las actividades de aplicación de la ley de inmigración estadunidense daban cuenta de aprehensiones de europeos, y no de mexicanos, por entrar sin autorización a Estados Unidos. Por ejemplo, en abril y mayo de 1924, el *Calexico Chronicle* siguió la historia de Conrad Meiers, un ranchero suizo hallado culpable de haber introducido a tres trabajadores connacionales suyos a través de la frontera méxico-estadunidense.[10] El 8 de mayo de 1924, el mismo diario refirió el caso de Hans Martens, un inmigrante alemán que había cruzado ilegalmente la frontera desde México con la ayuda de Martens Kraeger. Hans fue arrestado y deportado, y Kraeger juzgado por tráfico de inmigrantes.[11] El 2 de junio

---

[8] "Aliens in Mexicali Seek Entrance to U.S.", *Calexico Chronicle*, 10 de julio de 1924. Véanse también "1,052 Orientals Enter Mexico This Port", *Calexico Chronicle*, 19 de julio de 1924; "Expect Japs to Enter Secretly", *Calexico Chronicle*, 19 de julio de 1924; "Many Aliens in Mexicali Are Expected to Be Turned Away", *Calexico Chronicle*, 3 de julio de 1924.

[9] "The Wall against Japan", *Calexico Chronicle*, 11 de junio de 1924.

[10] "Meiers Contesting Smuggling Charge", *Calexico Chronicle*, 1° de mayo de 1924; "Meiers Guilty, Is Fined $300", *Calexico Chronicle*, 10 de mayo de 1924.

[11] "German without Passport Held", *Calexico Chronicle*, 8 de mayo de 1924.

de 1924, el *Calexico Chronicle* publicó una nota sobre la captura por parte de agentes de Inmigración de Estados Unidos de cinco inmigrantes italianos y del traficante que los había introducido.[12] Nada se escribía en la prensa sobre los trabajadores mexicanos que cada día se encontraban con más restricciones de inmigración. Más aún, los funcionarios locales prometían que las nuevas reformas a la ley de inmigración estadunidense repercutirían poco en los trabajadores mexicanos. Por ejemplo, el 13 de junio de 1924, un artículo del *Calexico Chronicle* explicó:

> Es posible que la nueva ley de inmigración, que entra en vigor el primero de julio, produzca alguna confusión en la frontera durante dos o tres días […] durante los cuales se exigirá a los mexicanos que cruzan hacia Estados Unidos sin llevar un pasaporte debidamente visado, que presenten un comprobante de nacimiento.[13]

Sin embargo, el artículo afirmaba después: "Aunque esto no significa que se vaya a impedir a los mexicanos cruzar la frontera con la misma libertad que antes, los requisitos que entrarán en vigor necesitan cierto tiempo para completarse".[14] Pocos días después, el agente responsable de la estación local del Servicio de Inmigración de Estados Unidos prometió: "No se molestará a los mexicanos salvo en casos extremos y conforme a las disposiciones que se han venido aplicando en los últimos años, [porque] las reglas rígidas hoy vigentes [se aplican] principalmente a los inmigrantes europeos".[15] El 3 de julio de 1924, el nuevo sistema inmigratorio parecía afectar sólo a individuos procedentes del sur de Europa, de quienes se decía que estaban "reunidos en Mexicali y deseosos de entrar a Estados Unidos, [pero] afrontan enormes dificultades".[16]

[12] "Italian Aliens and Smuggler Captured", *Calexico Chronicle*, 2 de junio de 1924.

[13] "New Immigration Law May Cause Confusion July 1", *Calexico Chronicle*, 13 de junio de 1924.

[14] *Idem.*

[15] "Aliens without Passports Are Turned Back: Stricter Enforcement at Line Ordered to Prevent Illegal Crossings", *Calexico Chronicle*, 28 de junio de 1924.

[16] "Many Aliens in Mexicali Are Expected to Be Turned Away", *Calexico Chronicle*, 3 de julio de 1924.

Sin embargo, seis días después, el Servicio de Inmigración de Estados Unidos aclaró su postura hacia los trabajadores mexicanos. El conjunto de entre 400 y 600 "mexicanos que suelen cruzar la frontera a diario para trabajar en los campos de lechuga, melón y algodón u otros cultivos de este lado de la frontera" estarían exentos del pago del impuesto de ocho dólares y los derechos de visa de 10 dólares, explicó el agente jefe Nielsen del Servicio de Inmigración, pero a los demás mexicanos que cruzaran la frontera se les exigiría acatar todas las restricciones y hacer el pago de derechos de inmigración a Estados Unidos. A los millares de trabajadores mexicanos que se empleaban temporalmente en la parte norte del valle se les exigiría pagar 18 dólares cada vez que cruzaran la frontera en dirección a Estados Unidos. Los empleadores temían que el costo de la inmigración legal disuadiría a los mexicanos de buscar trabajo al norte de la frontera, y evadir los requisitos de inmigración de Estados Unidos sería más difícil tras la inminente llegada de "20 agentes adicionales" (es decir, agentes de la Patrulla Fronteriza de Estados Unidos), quienes estarían, según Nielsen, "situados a lo largo de la frontera para impedir los cruces ilegales en puntos distintos del puerto".[17] Pese a todo el cabildeo para que no se incluyera a los inmigrantes mexicanos en el sistema de cuotas, la aplicación de los requisitos administrativos para la entrada legal, y el establecimiento de una fuerza policiaca para impedir los cruces fronterizos no autorizados amenazaban con detener la migración de trabajadores mexicanos a California. "Si la nueva ley de inmigración se aplica rígidamente en lo tocante a los mexicanos", explicaba el *Calexico Chronicle*, "es probable que traiga dificultades económicas considerables a este valle". Pronunciándose en contra de los obstáculos que se ponían a los trabajadores migrantes mexicanos, el periódico anunció:

Tanto habitantes de la localidad como empleadores de la parte norte del valle se disponen a intentar que se modifique la ley, o que

[17] "New Alien Law Handicap to Ranchers: Head Tax and Visa Fee Required of Mexicans Moving to United States—Shoppers Not Affected—Local Immigration Office Decides on Lenient Interpretation of Act", *Calexico Chronicle*, 9 de julio de 1924.

152

al menos se modifique su aplicación para que no produzca penurias, y con este fin se hará un esfuerzo organizado en el transcurso de los próximos días, con la probabilidad de que se nombren comités de organizaciones civiles para luchar enérgicamente por que su aplicación no sea tan dañina para los intereses del valle.[18]

Antes de que la Patrulla Fronteriza de Estados Unidos empezara a trabajar en el Valle Imperial, la prensa local ya alentaba a grandes agricultores y miembros de la comunidad a oponerse a toda interrupción de la migración de trabajadores mexicanos.

El 2 de agosto de 1924, mientras los empresarios agrícolas del valle reunían fuerzas, los agentes recién contratados de la Patrulla Fronteriza en El Centro, California, iniciaron labores en una oficina improvisada en la cárcel del condado.[19] Eran un grupo heterogéneo. Alfred E. Thur era un inmigrante alemán de 54 años que había incursionado en la cría de aves de corral en el norte de California antes de incorporarse al Servicio de Inmigración de Estados Unidos en Los Ángeles.[20] Ralph V. Armstrong, nacido en Dakota del Norte, se había mudado con su familia a San Diego, California, donde su padre era inspector de ferrocarriles.[21] Ralph vivía con él, consiguió empleo de bombero en San Diego y cuatro años después, en el verano de 1921, ingresó a la Patrulla Fronteriza.[22]

Frank P. McCaslin, originario de Pensilvania, de 32 años, había sido empleado de oficina en una fábrica de maquinaria

---

[18] *Idem.*

[19] "New Immigration Men Start Duties", *Calexico Chronicle*, 2 de agosto de 1924.

[20] Información sobre Alfred E. H. Their [Thur], *Fourtheenth Census of the United States: 1920—Population*, Castro Valley, Alameda, California, lista T625_91, p. 8B, distrito de enumeración 147, y *Fifteenth Census of the United States 1930—Population*, Los Ángeles, Los Ángeles, California, lista 156, p. 5A, distrito de enumeración 598.

[21] Información sobre Ralph Armstrong, *Eleventh Census of the United States: 1900—Population*, Jamestown, Stutsman, Dakota del Norte, lista T623 1232, p. 4A, distrito de enumeración 178, y *Twelfth Census of the United States: 1910—Population*, San Diego, sección 7, San Diego, California, lista T624_95, p. 8B, distrito de enumeración 158.

[22] Información sobre Ralph V. Armstrong, *Thirteenth Census of the United States: 1920—Population*, San Diego, San Diego, California, lista T625_132, p. 5A, distrito de enumeración 327.

antes de establecerse con su joven familia en el sur de California a principios de la década de 1920.[23] El jefe de la estación de El Centro era Frank G. Ellis, californiano de 44 años. A su madre un funcionario del censo de 1910 la registró como "mexicana/ española", y su padre era un inmigrante noruego que administraba una granja propia en el condado de San Diego. El hermano mayor de Frank trabajaba en la granja familiar, pero Frank prefirió estudiar al menos hasta la edad de 19 años y trabajaba en una lechería antes de que lo reclutara en la Guardia Montada de Estados Unidos Harry Weddle, un amigo de la familia que era el agente encargado de la oficina del Servicio de Inmigración de Estados Unidos en San Diego, California.[24]

El primer periodo de Ellis en la Guardia Montada fue en 1909. Patrullaba la frontera de California con México buscando inmigrantes asiáticos que intentaran cruzar ilícitamente hacia Estados Unidos, pero al cabo de tres meses dejó la Guardia Montada para emplearse como agrimensor en una empresa topográfica local. En 1913, regresó al Servicio de Inmigración de Estados Unidos, donde prestó servicio durante 35 años. En los días y meses que culminaron con la formación de la Patrulla Fronteriza, Ellis se apuntó la captura de muchos inmigrantes europeos no autorizados en el Valle Imperial.[25] Sin embargo, gozando de una autoridad mucho más amplia de la que tenía como guardia montado, Ellis emprendió una campaña decidida de la Patrulla Fronteriza de El Centro: prometió que sus agentes deportarían de inmediato a todos los inmigrantes ilegales de su jurisdicción, incluidos los trabajadores mexicanos que no tuvieran autorización.[26]

A sólo 11 días del inicio de operaciones de la patrulla en El Centro, California, el *Calexico Chronicle* dio cuenta de la prime-

[23] Información sobre Frank P. McCaslin, *Fourteenth United States Census: 1920— Population*, Cleveland, distrito 24, Cuyahoga, Ohio, lista T625_1371, p. 1A, distrito de enumeración 633, imagen 60.
[24] Entrevista con Frank Garfield Ellis realizada por Edgar F. Hastings el 28 de marzo de 1961, Sociedad Histórica de San Diego, p. 14.
[25] "Italian Aliens and Smuggler Captured", *Calexico Chronicle*, 2 de junio de 1924.
[26] "Aliens without Passports to Be Sent Back Home", *Calexico Chronicle*, 1° de agosto de 1924.

ra captura importante lograda por los agentes al mando de Ellis: cuatro hindúes y seis mexicanos.[27]

Al término del primer año fiscal de la Patrulla Fronteriza, el 30 de junio de 1925, Ellis y los agentes de la estación de El Centro habían sobresalido como los más agresivos de la nueva fuerza policiaca. La estación de El Centro informó que había interrogado a 535252 personas, que representaban 42.7% del total de individuos interrogados por la Patrulla Fronteriza en los límites tanto con México como con Canadá. Los agentes también hicieron comparecer a 934 personas en audiencias administrativas ante inspectores de Inmigración para determinar su situación migratoria. Informaron asimismo que habían impedido directamente a 985 personas cruzar la frontera hacia Estados Unidos.[28] Además, los agentes de la oficina de El Centro, California, arrestaron a siete traficantes de inmigrantes chinos, más que cualquier otra estación salvo la de Montreal, que logró el mismo número de aprehensiones de contrabandistas de inmigrantes chinos.[29] La prensa local aclamó a la nueva patrulla por sus esfuerzos y elogió en particular a los agentes por alejar la amenaza de la inmigración asiática no autorizada en la frontera de California con México. No obstante, Ellis y los demás agentes de la zona fronteriza de California también vigilaban los cruces no permitidos de mexicanos, lo que de inmediato suscitó enérgicas protestas de los empresarios agrícolas locales.

La tensión entre los agentes de la recién creada Patrulla Fronteriza y los agricultores del Valle Imperial estalló a principios de 1926. Como se quejó C. B. Moore, de la Cámara de Comercio del Valle Imperial:

Teníamos muchas dificultades con el Departamento de Inmigración —era un dolor de cabeza para nosotros—, quizá porque el agente encargado de nuestro distrito quería acreditarse logrando muchas deportaciones, y pusieron en marcha la Patrulla Fronteri-

[27] "Smuggled Hindus and Smugglers to Be Prosecuted", *Calexico Chronicle*, 13 de agosto de 1924.
[28] *Principal Activities of the U.S. Border Patrol, Fiscal Year 1925*, CIS/HRL.
[29] *Idem*.

za que trabajaba por todo el valle deportando mexicanos que habían entrado ilegalmente al país. En consecuencia, los mexicanos parecían un montón de liebres a las que estuvieran cazando.[30]

El limitado personal de la Patrulla Fronteriza no podía amenazar seriamente el suministro de trabajadores mexicanos en la región del valle. En 1926, el Valle Imperial dependía del trabajo de entre 3 000 y 7 000 trabajadores mexicanos, mientras que todo el distrito de Los Ángeles de la patrulla empleaba sólo a 63 agentes. Ese mismo año, los agentes consignaron en su informe que habían interrogado a 1 034 212 personas, pero interrumpieron directamente apenas 806 cruces fronterizos ilegales y aprehendieron tan sólo a 375 personas por infracciones de inmigración. Por otra parte, como reconoció C. B. Moore, la Patrulla Fronteriza no logró cerrar la frontera con eficacia porque una vez que los agentes detenían a los mexicanos y los "ponían al otro lado de la frontera, ese mismo día y al día siguiente ya estaban de vuelta tras haber cruzado en algún otro sitio".[31] Sea como fuere, los agricultores del Valle Imperial temían que la llegada de la Patrulla Fronteriza les negara el acceso libre e ilimitado a los trabajadores mexicanos.

Los agricultores del Valle Imperial pidieron ayuda a autoridades superiores del Departamento del Trabajo de Estados Unidos. Hacía mucho que estos agricultores dependían del gobierno federal para fomentar la producción agrícola en su árida región. Habían acudido a él cuando una desviación mal hecha del río Colorado inundó la región en 1904 y 1907. Y en 1909, el Departamento de Agricultura de Estados Unidos había promovido el inicio de la industria algodonera de la zona probando las variedades más rentables y productivas de la planta en el Valle Imperial. Por eso cuando los agentes de la nueva Patrulla Fronteriza empezaron a arrestar a los trabajadores y a interrumpir el

---

[30] Comisión del Senado sobre Inmigración, *Restriction of Western Hemisphere Immigration: Hearings before the Committee on Immigration, United States Senate*, declaración de C. B. Moore, 70 Congreso, 1a. sesión, 1928, pp. 61-62. Véase también Mark Reisler, *By the Sweat of Their Brow*, pp. 61-66.

[31] *Idem.*

flujo migratorio de la mano de obra, los agricultores no tardaron en "recurrir al Departamento del Trabajo para que viniera en nuestra ayuda".[32] El Departamento del Trabajo no pudo ofrecerles una exención colectiva del nuevo régimen de cumplimiento de la ley de inmigración estadunidense, aunque sí se llegó a un acuerdo por el que "la gente del valle, por propia iniciativa, se inscribía en un sistema de registro de los mexicanos que trabajaban allí", explicó Moore.[33] Así, el Departamento del Trabajo intervino en favor de los agricultores creando un sistema de registro de inmigrantes que protegía a los trabajadores mexicanos contra la Patrulla Fronteriza de Estados Unidos. Sin embargo, dificultades fiscales y la Gran Depresión pronto cambiaron la economía política de la vigilancia a mexicanos. A fines de la década de 1930, los agentes de la Patrulla Fronteriza de la región de California y Arizona se dedicaban casi exclusivamente a la vigilancia de inmigrantes mexicanos sin permiso.

LA RESTRICCIÓN FISCAL

El Servicio de Inmigración de Estados Unidos nunca recibió un financiamiento generoso, y cuando el Congreso aprobó la Ley de Orígenes Nacionales de 1924, la institución se vio en dificultades para dar abasto a las crecientes exigencias del control inmigratorio. En 1927, los gastos de la dependencia en audiencias de inmigración, detenciones y deportaciones superaron con mucho sus asignaciones presupuestales. Los funcionarios buscaron la manera de recortar los gastos. Los archivos de la oficina de la Patrulla Fronteriza en El Paso, Texas, muestran las dificultades financieras de la institución. Grover C. Wilmoth, director del distrito de El Paso, explicó en marzo de 1927 que las limitaciones fiscales hacían necesario que todos los agentes de la Patrulla Fronteriza ejercieran el cumplimiento de la ley de inmigración con prudencia y espíritu de ahorro.

[32] *Idem.*
[33] *Idem.*

Conviene inculcar en todos los interesados que el Servicio de Inmigración, y no menos este distrito, afronta una verdadera emergencia en cuestión de finanzas, y se desea y espera que todos y cada uno de los agentes y empleados cooperen hasta el límite para hacer los ahorros necesarios.[34]

Wilmoth añadía:

El manejo actual de los inmigrantes europeos [y chinos] consumirá con creces el presupuesto disponible para mantenimiento, incluida una importante suma que se tomó de lo asignado a la Patrulla Fronteriza. Para el manejo de los demás extranjeros a los que quizá se aprehenda este año fiscal, habrá que hacer aún más mella en el presupuesto de la Patrulla Fronteriza y así obtener fondos para pagar gastos de mantenimiento y detención, lo que dejará a la patrulla prácticamente a pie.[35]

A causa de las dificultades financieras del Servicio de Inmigración, concluía la carta, "hay que administrar nuestros recursos con prudencia, y el dinero reunido con los sacrificios que deben hacerse no se gastará sin buenas razones".[36]

El Servicio de Inmigración reunió los recursos para las costosas deportaciones a Asia y Europa racionalizando el procedimiento de regreso voluntario de los inmigrantes no autorizados de Canadá y México. Mediante del regreso voluntario, los inmigrantes no autorizados podían evitarse una audiencia de deportación oficial y, en su lugar, volver por propia voluntad a su país natal. En 1927, el Servicio de Inmigración de Estados Unidos empezó a ofrecer el regreso voluntario a los mexicanos para ahorrar tiempo y dinero al reducir el número de audiencias de deportación. Los inmigrantes mexicanos solían aceptar el ofre-

[34] Carta del 16 de marzo de 1927 al Servicio de Inmigración de Estados Unidos de G. C. Wilmoth, director del distrito de El Paso, Texas, NARA, 55494/25, 3, 58A734. Sobre esfuerzos anteriores para ahorrar deportaciones a China, véase Torrie Hester, *Deportation: Origins of a National and International Power*, pp. 77-91.

[35] *Idem.*

[36] *Idem.*

cimiento porque el trámite de regreso voluntario les permitía salir de Estados Unidos sin exponerse a ser detenidos o a crear un historial de deportación que les impediría entrar legalmente al país más adelante. Sin embargo, en marzo de 1927, el Servicio de Inmigración cambió el procedimiento de manera que ampliaba decisivamente las atribuciones de la Patrulla Fronteriza. Según las instrucciones de Wilmoth, "no se debe gastar suma alguna en la alimentación ni en la detención de ningún inmigrante mexicano, canadiense, ni marinero sano de la nacionalidad que sea, si se puede evitarlo". El funcionario explicó que si bien los agentes de la Patrulla Fronteriza antes llevaban a los inmigrantes mexicanos y canadienses a la oficina más cercana del Servicio de Inmigración para que se tramitara su deportación o regreso voluntario, la crisis financiera de 1927 hizo que el servicio autorizara a los agentes para emitir sus propias órdenes de regreso voluntario.[37] Así, la restricción fiscal impuesta en 1927 al Servicio de Inmigración y la Patrulla Fronteriza motivó un cambio drástico de facultades y funciones de la patrulla al permitir que los agentes expulsaran a los mexicanos de manera expedita, barata e independiente, sin una audiencia administrativa. La situación desesperada del cumplimiento de la ley de inmigración estadunidense desalentó la vigilancia institucional de los inmigrantes asiáticos, mientras que la racionalización de los procedimientos de regreso voluntario para los mexicanos economizó en la vigilancia de la inmigración mexicana no autorizada.

La endémica falta de recursos de la Patrulla Fronteriza se sumó a la enorme influencia de los empresarios agrícolas y a la política antiasiática y produjo un conflicto peculiar para la aplicación de la ley de inmigración en la frontera de California con México. Los mexicanos eran los inmigrantes que se podían vigilar de manera más económica, pero la estructura del poder local se oponía enérgicamente a los esfuerzos de la Patrulla Fronteriza para regular la migración de trabajadores mexicanos. El clima político respaldaba y elogiaba los esfuerzos de la Patrulla Fronteriza para deportar a los inmigrantes asiáticos y europeos

---

[37] Carta del 16 de marzo de 1927 al Servicio de Inmigración de G. C. Wilmoth.

indocumentados, pero salía caro hacer cumplir vigorosamente las restricciones contra ellos. Las estructuras de poder locales y las penurias fiscales volvieron anémica a la Patrulla en las regiones fronterizas de California y Arizona. En 1928, los 59 agentes del distrito de Los Ángeles de la Patrulla Fronteriza aprehendieron sólo a 2025 personas por violaciones de inmigración, en comparación con las 7102 detenidas por los 82 agentes del distrito de El Paso, Texas, y las 9559 arrestadas por los 84 agentes del distrito de San Antonio, Texas.[38] En 1929, los 65 agentes del distrito de Los Ángeles consignaron la aprehensión de 2567 personas por infracciones de inmigración, a diferencia de las 9980 detenidas por los 87 agentes del distrito de El Paso y las 15184 que los 85 agentes del distrito de San Antonio arrestaron.[39]

UN AUMENTO COSTOSO

Fue en 1932 cuando un aumento de la inmigración china procedente de México provocó un frenesí de actividad de la Patrulla Fronteriza en el oeste de la frontera méxico-estadunidense. El aumento era consecuencia de una campaña de persecución de los chinos en la frontera norte de México, que llevaba muchos años gestándose y que los empujó por millares a Estados Unidos. Además del mestizaje (la teoría de nacionalismo racial prevalente en el México de la posguerra), que consideraba a los asiáticos una etnia extranjera en el país, los trabajadores mexicanos se quejaban de que los inmigrantes chinos deprimían los salarios y les quitaban los empleos. Por ejemplo, en 1924, el gobernador de Baja California atendió una protesta contra los chinos financiando la deportación del estado de 50 personas de esa nacionalidad, y el dirigente sindical mexicano Manuel Talavera propugnó que se deportara de México a todos los trabajadores asiáticos.[40] El inicio de la Gran Depresión intensificó la campaña persecutoria de los chinos en Baja California y acarreó la crea-

[38] *Principal Activities of the U.S. Border Patrol, Fiscal Year 1928*, CIS/HRL.
[39] *Principal Activities of the U.S. Border Patrol, Fiscal Year 1929*, CIS/HRL.
[40] Cardiel Marín, "La inmigración china...", p. 232.

ción de un barrio para restringir y controlar las actividades de esta población.[41] Con todo, la persecución más extrema de los chinos en México se registró en el estado de Sonora.

La presencia china en Sonora era escasa y dispersa, pero en 1916 se habían formado en el estado 16 comités anti-chinos, y al menos un periódico estaba dedicado a la campaña de expulsión.[42] Los comités concebían a los inmigrantes chinos como una amenaza racial que minaba los esfuerzos por hacer de México una moderna nación de mestizos regida según el lema "Por la patria y por la raza". Muchos sonorenses acosaban a los inmigrantes chinos porque creían que les quitaban los empleos, hacían bajar los salarios y se vendían a los empresarios, con lo cual, alegaban, cometían el pecado aún más grave de obligar a los ciudadanos mexicanos a emigrar a Estados Unidos. En 1919, el gobernador de Sonora, Adolfo de la Huerta (presidente de México en 1920), promulgó una ley del trabajo que exigía a todas las empresas de propiedad extranjera dar un mínimo de 80% de los empleos a ciudadanos mexicanos (estaba dirigida a los empresarios chinos). La Gran Depresión hizo aún más tirantes las relaciones entre mexicanos y chinos en Sonora y fue el contexto de una agresiva campaña para purgar el estado de sus residentes chinos.

La purga comenzó en 1930 y escaló en 1932, y supuso la expulsión de miles de chinos a Estados Unidos. Por ejemplo, el 1° de agosto de 1932, el presidente municipal de Esperanza, Sonora, conminó a los inmigrantes chinos a hacer las maletas y marcharse en el lapso de cuatro días. Podían irse pronto y de manera voluntaria o hacer caso omiso del bando y ser deportados sin sus pertenencias cuando el 5 de agosto venciera el plazo.[43] El inmigrante chino de 55 años Yee Chu Chim desoyó la advertencia. Refirió que, a pesar de llevar 20 años viviendo en Guaymas, Sonora, poco después de publicado el bando, "cuatro policías armados con pistolas se presentaron donde vivía y me dijeron que tenía que irme de México".[44] Los agentes lo llevaron a la estación

[41] *Idem.*
[42] Philip A. Dennis, "The Anti-Chinese Campaigns in Sonora, Mexico".
[43] Declaración de Tan Luk, NARA 55771/718B, inscripción 9.
[44] Declaración de Yee Chu Chim, NARA 55771/718B, inscripción 9.

de trenes y lo dejaron bajo la custodia del inspector, quien "me dijo que me bajara del tren" al llegar a Nogales, Arizona.[45] "Allí me quedé solo, sin dinero ni nada que comer", relató Chim.[46] En esas condiciones, siguió las órdenes que le habían dado al expulsarlo de Guaymas y, pese a las leyes estadunidenses de exclusión de los chinos, cruzó la frontera y se internó en Estados Unidos. A otros, en cambio, los llevaron personalmente a la frontera y los obligaron a cruzar.

La noche del 15 de marzo de 1932, en Nogales, Sonora, un auto con equipaje en los parachoques se dirigió al oeste bordeando la frontera. Los faros iluminaban a tres hombres chinos que iban adelante. El conductor dio media vuelta obligando a los hombres a hacer lo mismo, apagó los faros y avanzó 180 metros en la dirección contraria con los orientales por delante. Entonces se detuvo, bajó del auto, llevó a los hombres hasta un agujero parchado en la alambrada fronteriza y, levantando el parche con el pie, hizo que los chinos pasaran a gatas por el agujero. Ivan Williams, de la Patrulla Fronteriza de Estados Unidos, "salió de improviso de detrás de unos arbustos e hizo volver a los chinos a empellones por el agujero".[47] El conductor —un policía mexicano— protestó, pero Williams, agente superior de la patrulla, siguió impidiéndole que deportara a los tres chinos a Estados Unidos. En ese momento 14 chinos más "salieron de la oscuridad" y fueron obligados a alejarse de la frontera junto a los otros tres.[48]

Más tarde esa misma noche, Williams aprehendió a tres de los chinos a los que no había dejado entrar. En la misma zona, el agente Albert Gatlin vio a alguien obligar a cuatro chinos a cruzar la frontera, pero "estaba demasiado lejos para impedírselo".[49] A las 4 de la madrugada, los agentes Corley y Nichols impidieron la entrada a siete chinos que intentaban cruzar, y a las 8 de la

[45] *Idem.*
[46] *Idem.*
[47] Carta del 16 de marzo de 1932 del agente superior Ivan Williams al agente jefe de la Patrulla Fronteriza de Estados Unidos en Tucson, Arizona, NARA 55771/718A, 484, inscripción 9, p. 1.
[48] *Idem.*
[49] *Ibid.*, p. 2.

mañana los agentes Sevy y Todd aprehendieron a 10 chinos a los que se había obligado a cruzar la frontera a sólo 3 kilómetros al oeste de Nogales. A fuerza de persistencia, el policía mexicano logró expulsar en el transcurso de la madrugada a todos los chinos que tenía bajo su custodia.

Como el movimiento contra los chinos era más intenso en Sonora, y como este estado estaba comunicado con Estados Unidos por ferrocarril a través de Nogales, la mayoría de las deportaciones ilegales de chinos desde México tuvieron lugar en las cercanías de Nogales. Sea como fuere, hubo policías mexicanos que obligaron a inmigrantes chinos a cruzar hacia Estados Unidos a todo lo largo de la frontera. Por ejemplo, según informes de agentes de la Patrulla Fronteriza, el 14 de marzo de 1932, en Naco, Arizona, un policía mexicano hizo varios disparos "para ahuyentar a los chinos al otro lado de la frontera o impedirles que volvieran una vez que estaban en Estados Unidos".[50] Y en abril del mismo año, la fiscalía del distrito de Los Ángeles presentó el siguiente informe: "GRAN AFLUENCIA DE CHINOS QUE CRUZAN LA FRONTERA DESDE MÉXICO [...] HUBO 47 CASOS EL VIERNES PASADO EN SAN DIEGO Y [...] DESDE ENTONCES SE HA CAPTURADO A OTROS 116 CHINOS CERCA DE LA FRONTERA [...] LAS AUTORIDADES MEXICANAS COLABORAN PARA QUE ESTOS EXTRANJEROS CRUCEN LA FRONTERA" (mayúsculas en el original).[51]

Expulsados de México y no deseados en Estados Unidos, los inmigrantes chinos del norte de México sufrieron una deportación de México a Estados Unidos y otra de allí a China. En entrevistas con funcionarios de Inmigración de Estados Unidos, los chinos deportados de México declararon que los habían obligado a salir de sus casas en lugares como Navojoa, Esperanza, Guaymas y Cajeme, Sonora. Con sólo algunas de sus pertenencias, en ciertos casos nada más que un envoltorio de ropa a la espalda y el dinero que llevaban en el bolsillo, los inmigrantes eran detenidos por policías mexicanos y obligados a subir en

---

[50] Carta del 14 de marzo de 1932 de Egbert Crossett, agente superior de la patrulla en Naco, Arizona, al agente jefe en Tucson, Arizona, NARA 55771/718A, inscripción 9.

[51] Memorando del 22 de abril de 1932 del fiscal de distrito adjunto Nugent Dodds al secretario del Trabajo, NARA 55771/718A, 484, inscripción A.

trenes destinados a la frontera. Una vez allí, otros policías volvían a detenerlos y los expulsaban a través de los agujeros de la alambrada fronteriza. Cuando los agentes de la Patrulla Fronteriza de Estados Unidos los obligaban a regresar a México, los cuerpos de los chinos se volvían objetos de una batalla entre agentes estadunidenses y mexicanos para controlar la migración a través de una frontera común.

Los dos países compartían una política y un sentimiento popular contrarios a la inmigración china.[52] Entre 1930 y 1933, la xenofobia y el racismo comunes desencadenaron un enfrentamiento a lo largo de la frontera. Ninguno de los dos países quería a los chinos. México trató de resolver el problema deportándolos a Estados Unidos, pero allí la Ley de Exclusión de los Chinos prohibía la entrada a la mayoría de las personas de esa nacionalidad. Los cálculos del número de inmigrantes chinos expulsados al norte de la frontera méxico-estadunidense son de miles.[53] Sólo una pequeña parte de los deportados fueron aprehendidos por las autoridades estadunidenses, pero en 468 de las causas vistas por el Tribunal de Distrito de Estados Unidos en el Sur de California entre el 4 de enero de 1932 y el 31 de diciembre de 1933 (53.2% del total) tomaron parte personas de nombre chino.[54]

A pesar de todo, las limitaciones fiscales dificultaron y determinaron en buena medida los esfuerzos de la Patrulla Fronteriza por controlar la inmigración china no autorizada. Para financiar el brusco aumento de las deportaciones a China, el Servicio de Inmigración de Estados Unidos exigió a sus empleados tomar un permiso de 30 días sin goce de sueldo en el año fiscal de 1932. "Como las asignaciones federales no alcanzaban para pagar los viajes de los empleados a casa, los sueldos se re-

[52] Sobre el movimiento contra los chinos en México, véase Grace Delgado, *In the Age of Exclusion: Race, Religion, and Chinese Identity in the Making of the Arizona-Sonora Borderlands, 1863-1943*; Evelyn Hu-DeHart, *The Chinese Experience in Arizona and Northern Mexico*, y Mishima, *Destino México*. Sobre el movimiento contra los chinos en Estados Unidos, véase Alexander Saxton, *Indispensable Enemy*.

[53] Rak, *Border Patrol*, p. 124.

[54] Documentos de tribunales de distrito de Estados Unidos, división del sur de California, vols. 4-7, listas de causas penales de la 1994h a la 3317, NARA Laguna Niguel, RG 21.

cortaron a razón de dos días y medio al mes durante un año", explicó Gary Charles, encargado de la nómina de la Patrulla Fronteriza entre 1929 y 1935.[55] Hasta el cierre del año fiscal de 1933, el presupuesto del Servicio de Inmigración seguía sobrecargado, y G. C. Wilmoth volvió a hacer un llamado a "hacer todos los ahorros posibles durante lo que queda de este año fiscal y todo el que viene. Se deben considerar con cuidado todos los gastos previstos, y antes de contraer una obligación debe quedar claro que es necesario". La crisis, explicó, continuaría el año siguiente, y para no dejar duda sobre la manera en que la dependencia economizaría en la aplicación de la ley de inmigración, dio a los agentes esta instrucción:

> *A partir de este momento* debe haber un recorte considerable en alimentación, nuestro gasto más importante. Esto se logrará haciendo extensivo el privilegio del regreso voluntario a un mayor número de inmigrantes mexicanos y dejando en libertad en más casos a los que han sido objeto de arresto formal. En general, a los inmigrantes mexicanos aprehendidos mientras cruzan ilegalmente la frontera internacional o después, de viaje, se les otorgará el privilegio del regreso voluntario a menos que se les vaya a instruir proceso penal [cursivas en el original].[56]

Una vez más, los ahorros en la deportación de ciudadanos mexicanos financiaban la costosa repatriación de inmigrantes chinos. Sin embargo, en esta ocasión el financiamiento de las deportaciones a China afectaba directamente la vida y el bolsillo de todos los empleados del Servicio de Inmigración de Estados Unidos, y reducir el número de deportados chinos se volvió cuestión de interés fiscal institucional y personal, mientras que ofrecer el regreso voluntario a los mexicanos parecía ser la opción más razonable y económica en la aplicación de la ley de inmigración.

[55] Gary Charles (seudónimo), notas de una conversación con Gary Charles, 24 de abril de 1990, NBPM, p. 1. Véase también Rak, *Border Patrol*, p. 140.

[56] Carta del 7 de junio de 1933 al Servicio de Inmigración de Estados Unidos, de G. C. Wilmoth, director del distrito de El Paso, Texas, NARA 55494/25A, 3, 58A734, p. 1.

LA ECONOMÍA POLÍTICA DE VIGILAR
LA INMIGRACIÓN MEXICANA

Las presiones fiscales sobre el cumplimiento integral de la ley de inmigración se produjeron al lado de cambios drásticos en la economía política de vigilar a los mexicanos. Sobre todo, mientras que antes los empresarios agrícolas exigían la migración ilimitada de los mexicanos, la Gran Depresión creó un excedente de mano de obra interna y dio lugar a un aumento de la actividad contra la inmigración, que abrió nuevas posibilidades para el trabajo de la Patrulla Fronteriza en la región de California y Arizona. El derrumbe de la economía mundial en 1929 generó nuevas corrientes de trabajadores desplazados —se calcula que 350 000 personas inmigraron a California en la década de 1930—, mientras que los empresarios agrícolas se beneficiaron de los incentivos del gobierno federal para reducir la superficie de tierras productivas conforme a las disposiciones de la Ley de Ajuste Agrícola de 1933. La Gran Depresión redujo, pues, el grado en que los empresarios agrícolas de California dependían del flujo de trabajadores mexicanos a través de la frontera con México, mientras que la falta de trabajo al norte de la frontera desalentó el desplazamiento al norte de los trabajadores mexicanos. Por otra parte, durante los primeros años de la Gran Depresión los mexicanos y mexicano-estadunidenses de todo Estados Unidos fueron víctimas de quienes buscaban soluciones rápidas y locales a la crisis económica. "Deporten a los mexicanos" se convirtió en el grito de batalla de quienes intentaban crear empleos y hacer exiguos ahorros en los servicios públicos. Gobiernos y fundaciones benéficas locales, cuyo mayor poder se concentraba en California, pero se extendía hasta Illinois y partes de Texas, subvencionaban pasajes de tren para obligar a los mexicanos a volver a México con sus hijos nacidos en Estados Unidos.[57]

[57] Francisco E. Balderrama y Raymond Rodríguez, *Decade of Betrayal*; Camille Guerin-Gonzales, *Mexican Workers and American Dreams: Immigration, Repatriation, and California Farm Labor, 1900-1939*; Abraham Hoffman, *Unwanted Mexican Americans in the Great Depression: Repatriation Pressures, 1929-1939*; Reynolds Mackay, "The Federal Deportation Campaign in Texas: Mexican Deportation from the Lower Rio

Los esfuerzos para expulsar de Estados Unidos a la población de origen mexicano coincidieron con iniciativas del gobierno de México para coordinar la repatriación de sus connacionales y sus hijos. Se esperaba que los repatriados llegaran a México con grandes reservas de capital social y financiero para invertirlo en el desarrollo del país. Se calcula que 1 600 000 mexicanos y mexicano-estadunidenses cruzaron la frontera hacia el sur entre 1929 y 1939. Irónicamente, justo cuando el número de mexicanos que salían de Estados Unidos era mayor que el de los que entraban, la Patrulla Fronteriza de la región de California y Arizona empezó a centrar la atención en la vigilancia de los mexicanos. En otras palabras, la patrulla de la zona de la frontera de California con México dirigió sus acciones contra los mexicanos durante una reducción tanto de la migración como del control migratorio, por lo que, si bien el total de personas expulsadas de Estados Unidos (deportadas, obligadas a marcharse o que optaron por el regreso voluntario) cayó de 29 861 en 1931 a 17 792 en 1939, la proporción de ciudadanos mexicanos aprehendidos y expulsados del país con respecto al total de personas expulsadas aumentó de 28.2% en 1931 a 52.7% en 1939. Por tanto, al final de la Gran Depresión los agentes de la Patrulla Fronteriza en la frontera méxico-estadunidense habían adoptado una interpretación marcadamente restringida de la aplicación de la ley de inmigración estadunidense al centrar su atención, recursos y autoridad en la vigilancia de la inmigración mexicana no autorizada.

Para los trabajadores mexicanos emigrantes, el establecimiento de la Patrulla Fronteriza puso fin a la era de migración de mano de obra informal a Estados Unidos. Como con tanta elocuencia dijo George Sánchez, la consolidación en 1924 del control inmigratorio estadunidense transformó la frontera méxico-estadunidense, en otro tiempo "fluida", en una "línea de demarcación rígida [que] dejaba claro que cruzar esa barrera en el desierto era un hecho trascendental, una ruptura con el

---

Grande Valley during the Great Depression". Véase también el relato de George Sánchez de la redada del Servicio de Inmigración en La Placita, en *Becoming Mexican American*, p. 214.

pasado".[58] Ante el nuevo régimen de control inmigratorio estadunidense, un régimen cada vez más dedicado a la vigilancia de
los mexicanos, los trabajadores migrantes mexicanos tenían que
tomar decisiones distintas cuando llegaban al límite norte de
México: podían someterse a inspección y hacer frente a cuotas
incosteables, exámenes humillantes y la posibilidad de ser excluidos, o probar fortuna cruzando la frontera ilegalmente y eludir con cautela a la Patrulla Fronteriza. Muchos probaban fortuna y entraban furtivamente a Estados Unidos. Al hacerlo, no
sólo atravesaban una frontera cada vez más vigilada, sino que
entraban a Estados Unidos como inmigrantes ilegales señalados
y perseguidos por los agentes de la Patrulla Fronteriza. Las nuevas condiciones de su vida de fugitivos al norte de la frontera
alteraron radicalmente el significado de la emigración de trabajadores mexicanos a Estados Unidos. El capítulo IV explora
cómo los cambios sufridos en 1924 por el control inmigratorio
estadunidense redefinieron el significado de la emigración laboral
mexicana y, por lo mismo, alentaron a las autoridades mexicanas
a impedir que sus connacionales infringieran las restricciones de
inmigración estadunidenses ampliando al sur de la frontera el
proyecto de vigilar la migración mexicana no autorizada.

[58] George Sánchez, *Becoming Mexican American*, p. 61.

IV. Trabajadores migrantes de México, inmigrantes ilegales de Estados Unidos

En 1910, una insurrección generalizada puso fin al régimen de 35 años de Porfirio Díaz como presidente de México. Campesinos, exiliados, anarquistas e inconformes de la clase media se rebelaron contra los despojos de tierras, la acumulación de capital y la centralización política arraigados en la concepción de "orden y progreso" del dictador, cuyo derrocamiento siguió al poco tiempo: llevó apenas algunos meses exiliarlo. En cambio, la lucha armada duró siete años, mientras las diversas facciones y caudillos de la revolución se disputaban el poder. En 1917, la conflagración por fin cesó, y la promesa de un nuevo día despuntó en el horizonte de una sociedad cansada de una guerra civil que había durado casi una década. En esos años, los nuevos dirigentes del México revolucionario se levantaron sobre los escombros del porfiriato y emprendieron la tarea de reconstruir la nación.[1]

Mientras los funcionarios mexicanos trabajaban por la reconstrucción del país —de su economía y su sociedad—, los cruces fronterizos de ciudadanos mexicanos hacia Estados Unidos alcanzaron la cifra sin precedente de un millón en el transcurso de la década de 1920. El éxodo de trabajadores mexicanos a Estados Unidos preocupaba a muchos nacionalistas, quienes

[1] Alan Knight, *The Mexican Revolution*, vol. 1, *Porfirians, Liberals, and Peasants*, y vol. 2, *Counter-Revolution and Reconstruction*; Ramón Ruiz, *The Great Rebellion: Mexico, 1905-1924*; John Tutino, *From Insurrection to Revolution in Mexico: Social Bases of Agrarian Violence, 1750-1940*.

se preguntaban cómo se iba a desarrollar social y económicamente el México revolucionario si la emigración sangraba al país de sus ciudadanos y obreros.[2] Así expresó su frustración un funcionario: "Si yo pudiera, construiría una muralla china a todo lo largo de la frontera norte para mantener a nuestros obreros en el país".[3] El pueblo mexicano también se oponía con vehemencia a la emigración de trabajadores hacia Estados Unidos. Sostenía que los obreros migrantes traicionaban a la patria al dedicar sus fuerzas a la expansión de la riqueza estadunidense y no a la construcción del México revolucionario.

A pesar de estas preocupaciones, las autoridades mexicanas no podían ni querían detener el éxodo obrero a través de la frontera. La Constitución mexicana de 1917 (en su artículo 123, fracción XXVI) pedía a los connacionales que buscaban empleo en el exterior que contaran antes con un contrato de trabajo firmado por las autoridades municipales y el consulado del país donde querían trabajar.[4] El contrato tenía que ofrecer un salario mínimo, una jornada máxima y atención médica, y el patrón debía sufragar el costo de la repatriación del trabajador. Sin embargo, la Constitución también protegía el derecho de los mexicanos a entrar y salir libremente del territorio nacional, y por esta misma razón las autoridades mexicanas se negaban a impedir que los connacionales cruzaran la frontera, sin importar cuáles fueran los requisitos administrativos para emigrar legalmente. Quizá más importante aún, la clase política dominante del México posrevolucionario estaba reacia a interferir en la decisión de las familias pobres que enviaban a sus miembros más fuertes a trabajar al norte. La Revolución mexicana se había construido sobre promesas de igualdad económica y justicia so-

[2] Jaime Aguila, *Protecting "México de Afuera"*; Lawrence Cardoso, *Mexican Emigration...*, pp. 96-118; Gustavo Durón González, *Problemas migratorios de México*; Alfonso Fábila, *El problema de la emigración de obreros y campesinos mexicanos*; David Fitzgerald, *A Nation of Emigrants: How Mexico Manages Its Migration*; John R. Martínez, *Mexican Emigration...*; Moisés González Navarro, *Los extranjeros en México*, vol. 3, p. 202.

[3] Citado en John R. Martínez, *Mexican Emigration...*, p. 76. Véase también David Fitzgerald, *Nation of Emigrants*.

[4] Fernando Saúl Alanís Enciso, "La Constitución de 1917 y la emigración de trabajadores mexicanos a Estados Unidos".

cial, pero en el México posrevolucionario una pobreza implacable seguía definiendo la vida cotidiana del obrero promedio. En vista de las marcadas diferencias entre la retórica de la revolución y las realidades de la vida, la clase política dominante previó que permitir a los trabajadores emigrar y enviar dinero al país reduciría la amenaza de rebelión en el campo. Dicho de otro modo, el éxodo obrero a Estados Unidos aumentaba la estabilidad política en México. En consecuencia, pese a una cultura popular que tachaba a los emigrantes de traidores a la patria, había una suma de consideraciones constitucionales y económicas que impedían a las autoridades mexicanas tomar medidas para detener a los connacionales que cruzaban la frontera con Estados Unidos.

Sin embargo, en pleno auge de la emigración mexicana de la década de 1920, el Congreso de Estados Unidos aprobó la Ley de Orígenes Nacionales de 1924 y, tres años después, estableció la Patrulla Fronteriza. Las innovaciones de 1924 del control inmigratorio estadunidense alteraron drásticamente la dinámica de la migración de trabajadores mexicanos a Estados Unidos. Lo más importante, los cambios de 1924 endurecieron la frontera méxico-estadunidense contra los cruces informales y transformaron a los trabajadores emigrantes de México en los inmigrantes ilegales de Estados Unidos. Las profundas repercusiones sociales del nuevo régimen estadunidense de control de la inmigración obligaron a las autoridades mexicanas a reconsiderar cómo hacer frente a los cruces fronterizos hacia Estados Unidos.

Este capítulo cuenta la historia poco conocida de cómo el endurecimiento del control inmigratorio estadunidense obligó a las autoridades mexicanas a repensar su manera de atender el problema de la emigración de obreros mexicanos a Estados Unidos. Con base en documentos del Archivo Histórico del Instituto Nacional de Migración (AHINM), el capítulo muestra que las autoridades mexicanas trataron de impedir que sus connacionales infringieran las leyes de inmigración de Estados Unidos en los años posteriores a 1924, cuando se consolidó el control inmigratorio estadunidense. Aunque los esfuerzos de control emigratorio de México eran débiles y esporádicos, y estaban mal financiados, polvorientos archivos gubernamentales recuperados en un almacén casi olvidado de la ciudad de México hablan de agentes de policía mexicanos que vigilaban la frontera norte del país, impedían cruces fronterizos no autorizados y arrestaban a quienes traficaban con trabajadores migrantes. Los documentos, que describen las crecientes preocupaciones en torno al problema de la inmigración ilegal a Estados Unidos, así como instantáneas textuales de migrantes mexicanos que eludían a las autoridades mexicanas desde mucho antes de alcanzar la frontera méxico-estadunidense, ponen en duda la extendida idea de que los esfuerzos para controlar la migración mexicana en la frontera común eran del todo unilaterales.[5] Las autoridades mexicanas respondieron a la consolidación del control inmigratorio estadunidense vigilando la emigración mexicana a Estados Unidos. Aunque la frontera méxico-estadunidense siguió siendo la barrera más difícil de cruzar para los migrantes no autorizados, el aumento del control emigratorio mexicano produjo un incremento gradual del control migratorio en la región fronteriza de ambos países y no un despliegue súbito en la frontera propiamente dicha.

El aumento gradual del control migratorio es una historia que no encaja cómodamente en ningún lado de la frontera. El control emigratorio mexicano se desarrolló en México y evolucionó conforme a los intereses nacionales de evitar los muchos costos asociados con la inmigración mexicana no autorizada a Estados Unidos. Sin embargo, cabe señalar que los agentes del Departamento de Migración de México trataron de impedir que los mexicanos infringieran las leyes de inmigración estadunidenses y actuaron siempre bajo presión de las autoridades estadunidenses para reducir el número de cruces fronterizos no autorizados de sus connacionales. La observancia mexicana de las restricciones inmigratorias estadunidenses pone de manifiesto que el control mexicano de la emigración no surgió como un régimen de control migratorio propio y discreto, sino que fue producto de las repercusiones sociales generales y sobre los cru-

---

[5] Véase, por ejemplo, Jorge Durand, "Migration Policy and the Asymmetry of Power: The Mexican Case, 1900-2000", p. 224.

ces fronterizos traídas por los cambios de la ley de inmigración estadunidense y su observancia.

LA POLÍTICA Y LAS PROMESAS
DE EMIGRACIÓN DE MANO DE OBRA MEXICANA

La política de migración y desarrollo nacional conformó el aumento del control emigratorio en el México posrevolucionario. Las autoridades mexicanas emprendieron ambiciosos proyectos de reconstrucción nacional que intentaron tocar, si no transformar, todos los aspectos de lo que muchas élites políticas consideraban la vida de infelicidad y la cultura atrasada de los campesinos mexicanos. De acuerdo con Alan Knight, en la gobernanza del México posrevolucionario predominaban las "ideas que subrayaban la necesidad de desarrollar la sociedad y la economía mexicanas, sobre todo disciplinando, educando y moralizando a las degeneradas masas mexicanas".[6] Todas las áreas, desde la reforma agraria hasta las relaciones obrero-patronales, las expresiones artísticas y la teoría pedagógica eran "ejercicio[s] [explícitos] de construcción del Estado e ingeniería social", explica Knight.[7] La emigración de mano de obra mexicana no escapó de los proyectos de ingeniería social del Estado de la Revolución en el México posrevolucionario.[8]

La obra del antropólogo Manuel Gamio expresa claramente cómo esperaban las autoridades mexicanas aprovechar la emigración masiva de mano de obra para la reconstrucción y recreación de México. Durante las décadas de 1920 y 1930, Gamio

[6] Alan Knight, "Popular Culture and the Revolutionary State in Mexico, 1910-1940", p. 396. Véanse también Marjorie Becker, *Setting the Virgin on Fire: Lázaro Cárdenas and the Redemption of the Mexican Revolution*; Alan Knight, *The Mexican Revolution*, vol. 2; Mary Kay Vaughan y Stephen E. Lewis (eds.), *The Eagle and the Virgin: National and Cultural Revolution in Mexico, 1920-1940*.

[7] Alan Knight, "Popular Culture and the Revolutionary State...", p. 395.

[8] Durón González, *Problemas migratorios de México*; Manuel Gamio, *Mexican Immigration to the United States: A Study of Human Migration and Adjustment*; Moisés González Navarro, *Los extranjeros en México...*, y *La colonización en México, 1877-1910*, pp. 193-332; Andrés Molina Enríquez, *Los grandes problemas nacionales*; Enrique Santibáñez, *Ensayo acerca de la inmigración mexicana en Estados Unidos*.

fue el más destacado estudioso de la emigración mexicana a Estados Unidos. Influyó formal e informalmente en la política mexicana de migración al producir investigaciones que definían las posturas adoptadas por los funcionarios mexicanos, y recomendó los proyectos de repatriación financiados por el Estado de la década de 1930.[9]

Gamio identificó tres beneficios críticos que México y los mexicanos obtenían de la emigración masiva de mano de obra a Estados Unidos. En primer lugar, afirmó, la realidad económica del México posrevolucionario era que las familias mexicanas padecían exiguos salarios y desempleo. En una obra decisiva publicada en 1927, *Mexican Immigration to the United States: A Study of Human Migration and Adjustment*, Gamio calculó que mientras que la familia mexicana promedio necesitaba un ingreso mensual de 123.74 dólares para vivir por encima de la línea de "miseria", el jefe de familia promedio ganaba apenas 17.67 dólares al mes.[10] A sabiendas de las atroces diferencias entre lo que se ganaba y lo que se necesitaba para vivir decorosamente en México, los contratistas estadunidenses de mano de obra reclutaban astutamente trabajadores mexicanos con promesas de un salario promedio mensual de 105 dólares.[11] Aunque la emigración masiva de mano de obra hería las susceptibilidades de muchos nacionalistas en el México posrevolucionario, Gamio invitaba a sus lectores a ver el éxodo como "un fenómeno fundamentalmente económico".[12] Para muchos campesinos mexicanos, explicó, el cálculo social de la emigración era simple: podían consagrar el corazón a México, pero su subsistencia elemental dependía de que cruzaran la frontera para trabajar en Estados Unidos. Gamio insistió en que el beneficio de la migración para las familias mexicanas estaba patente en los cinco mi-

---

[9] Devra Weber, "Introducción", en Devra Weber, Roberto Melville y Juan Vicente Palerm (comps.), *El inmigrante mexicano: La historia de su vida, entrevistas completas, 1926-1927: Manuel Gamio*, pp. 33-34; véase también Arthur Schmidt, "Mexicans, Migrants and Indigenous Peoples: The Work of Manuel Gamio in the United States, 1925-1927", p. 170.

[10] Manuel Gamio, *Mexican Immigration...*, pp. 35-40.

[11] *Idem*.

[12] *Ibid.*, p. 30.

llones de dólares en remesas que los migrantes enviaron cada año a México en la década de 1920.[13] Quizás hubiera muchos asuntos en torno a la fuga de trabajadores y ciudadanos de México en una era de reconstrucción nacional, pero la migración de mano de obra era el único medio de sustento de muchas familias mexicanas, un recurso de subsistencia.

La economía de la migración, reforzada por la dignidad nacional, llevó a funcionarios mexicanos a oponerse a los esfuerzos que en 1924, 1926 y 1928 hicieron los nativistas angloamericanos con el fin de limitar el número de inmigrantes mexicanos admitidos legalmente en Estados Unidos cada año. Por ejemplo, en respuesta al proyecto de ley Harris de 1928, el embajador de México en Estados Unidos, Manuel Téllez, declaró: "El gobierno mexicano no puede cruzarse de brazos ante este hecho", y solicitó que los titulares de las principales secretarías del gobierno federal estudiaran las posibles repercusiones de tal propuesta de legislación migratoria.[14] En nombre de la Secretaría de Gobernación e influenciado por la obra de Manuel Gamio, el director de la Oficina de Estadística, Andrés Landa y Piña, afirmó que todo límite impuesto a la inmigración legal mexicana "intensificaría" el problema del desempleo en México al dejar a los trabajadores atrapados en el país en un momento en que "ni los gobiernos locales ni el federal están en posibilidad de transformar la economía en las regiones afectadas, de manera que dieran a los trabajadores emigrantes las oportunidades de trabajo que se perderían si el país vecino (Estados Unidos) les cerrara las puertas".[15] Por otra parte,

---

[13] *Idem.*

[14] "Del subsecretario de Relaciones Exteriores al oficial mayor de Gobernación", nota 991 del 17 de julio de 1928, Archivo Histórico de la Secretaría de Relaciones Exteriores (en adelante AHSRE), ciudad de México, México, 21-26-50, ff. 32-33. Véase también "[De la Secretaría de Relaciones Exteriores] a las secretarías de Gobernación, Agricultura e Industria, Comercio y Trabajo, 14 de septiembre de 1927, AHSRE 21-26-50, carpeta 1; "Estudio sobre las preguntas hechas por el señor Burton Froom, de la Escuela Superior de South Pasadena de California, Estados Unidos, por José Inés Pérez, inspector de segunda del Departamento de Migración", 2 de agosto de 1928, Archivo Histórico del Instituto Nacional de Migración (en adelante AHINM), ciudad de México, 4-350-383.

[15] "Estudio sobre las preguntas hechas por el señor Burton Froom", AHINM, 4-350-383, p. 3.

agregó Landa y Piña, una reducción de la emigración mexicana a Estados Unidos significaría la ruina de los ferrocarriles nacionales. Así como las familias mexicanas dependían de las remesas de dinero que los trabajadores les enviaban cada año, los ferrocarriles necesitaban los pasajes que pagaban los emigrantes que iban y venían de la frontera. Por tanto, la emigración mexicana era decisiva tanto para las familias como para las industrias; sin ella se deterioraría el incierto control que los gobiernos revolucionarios ejercían sobre el orden social y el desarrollo económico. "Es indispensable que los obreros y campesinos de México puedan continuar con sus actividades en Estados Unidos", concluía Landa.[16] Los titulares de las secretarías de Gobernación, Agricultura e Industria, y Comercio y Trabajo coincidieron con Landa y Piña.

Además de reconocer los beneficios económicos de la emigración, Gamio alentó a las autoridades mexicanas a ver la salida de trabajadores mexicanos como una estrategia política. El descontento entre los desposeídos, explicó, era "una de las principales causas, y quizá la más importante, de las revoluciones que han agitado a México desde hace más de un siglo".[17] Dijo que el éxodo anual de mexicanos funcionaba como una "válvula de escape" decisiva que evitaba posibles rebeliones evacuando el campo de "cientos de miles de hombres que no tenían tierras propias y cuyos exiguos salarios no les alcanzaban para vivir".[18] Al vincular la emigración masiva de mano de obra con el mantenimiento de la estabilidad política en México, Gamio invirtió la idea de la emigración como pérdida de ciudadanos y obreros para transformarla en mecanismo de estabilidad política.

Gamio presentó la rebelión cristera ocurrida entre 1926 y 1929 como prueba del valor político de la emigración masiva.[19] La Iglesia católica era una institución central en México desde la conquista española. El laicismo de la Revolución mexicana debilitó la influencia de la Iglesia en la sociedad. En lugar de aceptar

---

[16] *Idem.*

[17] Manuel Gamio, *Mexican Immigration...*, p. 47.

[18] *Idem.*

[19] Casey Walsh, "Eugenic Acculturation: Manuel Gamio, Migration Studies, and the Anthropology of Development in Mexico, 1910-1940".

la disminución de la Iglesia, sacerdotes y fieles se rebelaron. En 1926, su desacuerdo político desencadenó un conflicto armado con el ejército mexicano. Durante tres años, las huestes de Dios y las del gobierno se enfrentaron en el campo de México. La mayoría de las batallas tuvieron lugar en los estados de Guanajuato, Michoacán, Jalisco y Zacatecas, y Gamio consideraba que cada uno de ellos tenían importancia capital en cuanto al envío de trabajadores migrantes a Estados Unidos. La emigración, sostenía Gamio, mitigó el derramamiento de sangre y aumentó la eficacia del Estado en el conflicto al sacar de las zonas de batalla a los campesinos desplazados cuyo subempleo representaba una constante amenaza política en una región ya desestabilizada por un conflicto religioso. Por tanto, aunque en el México revolucionario era común tildar a los emigrantes de traidores, Gamio citó el estallido de la rebelión cristera como prueba irrefutable de que la emigración masiva en realidad había satisfecho las necesidades políticas básicas del Estado mexicano en su constante lucha por afirmar, consolidar y legitimar su autoridad en las regiones en disputa.[20]

Por último, además del pragmatismo económico y los beneficios políticos de la emigración ilimitada de mano de obra, Manuel Gamio alentó a los políticos mexicanos a aprovechar la emigración a Estados Unidos como técnica de desarrollo social y cultural en la recreación de la sociedad mexicana. Gamio sostenía que los emigrantes salían de México como campesinos provincianos y atrasados, y en Estados Unidos recibían "inyecciones de cultura moderna".[21] Trabajar en las agroindustrias del suroeste estadunidense, absorber la sensibilidad cultural angloamericana y adquirir bienes materiales modernos, explicó, constituía un programa intensivo de transformación social que permeaba el alma, el hogar, las aspiraciones, los hábitos de trabajo y la sensibilidad de los pobres y atrasados obreros migrantes de México. La emigración masiva era, pues, un mecanismo

---

[20] Manuel Gamio, *Mexican Immigration...*, pp. 159-169. Véase también David Fitzgerald, "State and Emigration: A Century of Emigration Policy in Mexico", pp. 7-9.

[21] Manuel Gamio, *Mexican Immigration...*, p. 64. Véase también Gamio, *Forjando patria*.

de modernización del país al brindar a los campesinos la oportunidad de transformarse en ciudadanos mexicanos modernos. Como lo expresó Gamio, siempre que los emigrantes volvieran al país con todos sus bienes y recursos, Estados Unidos habría servido como una "incubadora maravillosa" para modernizar a los mexicanos.[22]

Para demostrar los grandes beneficios culturales de la emigración masiva de mano de obra a Estados Unidos, Gamio evaluó las pertenencias de los emigrantes que volvían a México. De ellos, 38% traían consigo bañeras; 21.82%, fonógrafos; casi 78%, utensilios de cocina metálicos; 82.88%, camas, y casi todos, sillas y múltiples baúles y envoltorios de ropa. "Considerando la condición por lo común miserable de la gran mayoría de los migrantes", Gamio señaló que los bienes con que regresaban a su país simbolizaban un enriquecimiento no sólo material, sino cultural.[23] Por otra parte, más de un tercio de los migrantes que volvían lo hacían en automóvil, lo que según Gamio modernizaría indirectamente el campo mexicano "estimulando a los dueños a construir caminos".[24] Los migrantes que regresaban a México al final de cada temporada llevaban consigo salarios, capital cultural y bienes materiales que podían impulsar una revolución microeconómica en el campo mexicano y servir para proyectos de modernización social y cultural en México.[25]

Había, pues, muchas razones para que las autoridades mexicanas se negaran a interrumpir el flujo de trabajadores mexicanos a través de la frontera con Estados Unidos. Sin embargo, la intensificación del control inmigratorio estadunidense transformó el sentido de la emigración obrera mexicana al dividirla en dos partes: una legal y la otra ilegal. El aumento de la inmigración ilegal minó la esperanza, prevalente entre la élite política

[22] Gamio, citado en Lawrence Cardoso, *Mexican Emigration...*, p. 93.
[23] Manuel Gamio, *Mexican Immigration*, p. 67.
[24] *Ibid.*, p. 69.
[25] Casey Walsh, "Eugenic Acculturation...", p. 132. Véanse también Devra Weber, "Introducción", pp. 33-34; Arthur Schmidt, "Mexicans, Migrants and Indigenous Peoples...", p. 170.

mexicana, de que la emigración masiva de mano de obra a Estados Unidos funcionara en México como un motor de estabilidad política, ascenso social y progreso económico. Lo más importante, la deportación de los migrantes que cruzaban la frontera sin autorización, transformó el desafío de maximizar los beneficios posibles de la emigración en el de afrontar los problemas de la deportación. El endurecimiento de la frontera méxico-estadunidense y el aumento de la inmigración ilegal obligaron a las autoridades mexicanas a reexaminar su manera de gestionar la emigración a Estados Unidos.

LOS PROBLEMAS DE LA INMIGRACIÓN ILEGAL

Desde el principio de la emigración masiva de mano de obra de México a Estados Unidos, muchos de los inmigrantes mexicanos cruzaban la frontera común de manera informal. Cuando se reforzaron las restricciones de inmigración contra otros grupos, los trabajadores mexicanos siguieron cruzando la frontera informalmente, con poca interferencia por parte de las autoridades estadunidenses. Incluso el Servicio de Inmigración de Estados Unidos rehusó, hasta 1908, registrar por sistema el número de ciudadanos mexicanos que entraban al país.

La regulación de la migración de mano de obra mexicana empezó a cambiar con la aprobación de la Ley de Inmigración de 1917, que exigía a todo aspirante a inmigrar someterse a una inspección oficial previa a su entrada, pagar 18 dólares por concepto de impuesto y derechos de visa, y aprobar un examen de alfabetismo y de salud antes de entrar legalmente a Estados Unidos. Los trabajadores migrantes de México a menudo no reunían los nuevos requisitos. Se les concedió un indulto sobre las restricciones de 1917 al estallar la primera Guerra Mundial porque muchos industriales y empresarios agrícolas de Estados Unidos se quejaron de que la nueva ley de inmigración les limitaría el acceso a los obreros migrantes mexicanos. Durante la guerra, el Servicio de Inmigración de Estados Unidos eximió a los inmigrantes mexicanos del pago de derechos y de la aprobación del examen de alfabetismo.[26] El Servicio de Inmigración canceló esta exención en 1921. Al encontrarse con nuevos derechos y exámenes en los puertos de entrada estadunidenses, decenas de miles de obreros mexicanos entraron a Estados Unidos cruzando la frontera por otros puntos y evadiendo la inspección. Al hacerlo perpetuaban una tradición, lo mismo entre mexicanos que entre estadunidenses, de cruzar la frontera donde y cuando quisieran, sólo que también infringían las restricciones de inmigración estadunidenses. Por tanto, después de 1921, muchos mexicanos cruzaron la frontera hacia Estados Unidos como inmigrantes no autorizados. Tres años más tarde el Congreso estadunidense estableció la Patrulla Fronteriza para impedir por la fuerza la migración no autorizada.

El número total de ciudadanos mexicanos aprehendidos en la década de 1920 por infringir las leyes de inmigración de Estados Unidos fue en realidad muy pequeño. El Servicio de Inmigración estadunidense tiene constancia de haber hecho volver a México sólo a 25 570 ciudadanos de este país entre 1925 y 1929. Ésta es una pequeña fracción del número de mexicanos que en esos años cruzaron la frontera común de manera ilícita porque, aunque no podemos cuantificar con precisión el número de obreros provenientes de México que entraron sin permiso en la década de 1920, los cálculos hacen pensar que buena parte del millón de cruces fronterizos de la década infringieron las restricciones de inmigración estadunidenses. Tras un examen de las discrepancias entre los registros de migración mexicanos del número de connacionales que salieron del país, y las estadísticas de inmigración estadunidenses que registraron el número de mexicanos que entraron a Estados Unidos, Manuel Gamio calculó que entre 1920 y 1925 un total de 228 449 mexicanos cruzaron la frontera hacia Estados Unidos sin registrarse ante funcionarios de este país.[27] Según el cálculo de Gamio, casi 50% del total de cruces fronterizos de mexicanos entre 1920 y 1925 infringieron la ley de inmigración estadunidense. De manera similar, la información del censo de Estados Unidos indica que

[26] Fernando Saúl Alanís Enciso, *El primer programa bracero y el gobierno de México.*
[27] Manuel Gamio, *Mexican Immigration*, pp. 9-12.

más de 500 000 mexicanos entraron a Estados Unidos sin pasar por un puerto de entrada oficial entre 1920 y 1930.[28] Los distintos métodos usados para medir la migración no autorizada a Estados Unidos indican que una gran parte de la migración mexicana de mano de obra en esa década no fue autorizada.

Para los funcionarios mexicanos, la transformación del flujo migratorio masivo de trabajadores en inmigración ilegal masiva convirtió los beneficios del éxodo obrero en los problemas de la inmigración ilegal. Por encima de todo, al cruzar la frontera sin autorización oficial, los inmigrantes mexicanos entraban a Estados Unidos no como trabajadores beneficiarios de un conjunto de garantías exigibles, sino como fugitivos, objeto de atención y persecución por parte de la Patrulla Fronteriza estadunidense. Si los arrestaban, corrían el riesgo de ser deportados sin bienes ni recursos y de perder lo que habían invertido en el viaje al norte. Por ejemplo, como consta en informes presentados por agentes del Departamento de Migración mexicano, las autoridades de Inmigración de Estados Unidos "están deportando gente desde ese país, y los deportados llegan en condiciones de salud y materiales desastrosas".[29] Los trabajadores migrantes mexicanos declaraban que, cuando los llevaban directamente a la frontera para su regreso voluntario, tenían que dejar atrás los bienes básicos que llevaban consigo desde México y los que habían comprado mientras se encontraban en Estados Unidos.[30] "Un gran número de deportados", informó el inspector del Departamento de Migración mexicano José Bravo Betancourt, "son personas de recursos", pero los funcionarios estadunidenses no les daban "tiempo para comunicarse con su familia [o] recoger sus cosas y su

[28] Aunque según la información del censo de Estados Unidos más de 500 000 mexicanos entraron ilegalmente al país entre 1920 y 1930, el comisionado general de Inmigración de Estados Unidos registró la aprehensión de sólo 289 000 inmigrantes indocumentados en ese periodo. Véase Departamento del Trabajo de Estados Unidos, *Annual Report of the Secretary of Labor, Fiscal Year 1935*, p. 35.

[29] "Informe dirigido a la Secretaría de Gobernación de la visita practicada a la Oficina de Nuevo Laredo, Tamaulipas", visitador de Migración Fernando Félix, 12 de mayo de 1926, AHINM, 4-161-12.

[30] "Visita a la Delegación de Migración en Matamoros", José Bravo Betancourt, inspector de Migración, 16 de octubre de 1930, AHINM 4-161-144.

dinero".[31] Animales, ropa, muebles y hasta automóviles, todo se decomisaba a los trabajadores migrantes de México cuando se los obligaba a salir de Estados Unidos. En vez de regresar a México con bienes y salarios que proveyeran a la manutención de su familia e impulsaran el proyecto de modernización de México, los deportados, explicó Bravo Betancourt, volvían al país "sin recursos ni para comer".[32] Así, las esperanzas de los trabajadores mexicanos que emigraban a Estados Unidos se desvanecían cuando regresaban deportados a México.

Los funcionarios del Departamento de Migración de México que trabajaban en la frontera norte son de los primeros que comprendieron cómo el control inmigratorio estadunidense estaba reescribiendo, en esencia, el sentido de la emigración mexicana de mano de obra a Estados Unidos. Cabildeando para que se redoblaran los esfuerzos de control de la emigración, arguyeron que lo que en otro tiempo era un sistema de migración de trabajadores a Estados Unidos se había convertido en una red de delincuencia que abarcaba la frontera méxico-estadunidense.

Con desgarradoras narraciones de cruces fronterizos no permitidos, las autoridades de migración mexicanas reunieron una serie de relatos de advertencia que dramatizaban cómo la consolidación del control inmigratorio estadunidense afectaba las vidas de los trabajadores migrantes de México. Advertían que el problema de la migración ilegal a Estados Unidos comenzaba al sur de la frontera, donde los migrantes contrataban los servicios de "coyotes", es decir, contrabandistas de personas que los guiaban en su entrada ilegal. En apasionados y dramáticos memorandos, los funcionarios de migración mexicanos describían coyotes que acechaban en las estaciones de ferrocarril y atraían a sus "víctimas" ofreciéndoles un precio reducido por introducirlos a Estados Unidos.[33] Para cumplir con las restricciones administrativas impuestas para salir de México, los migran-

[31] *Idem.*
[32] *Idem.*
[33] "Paso del norte, qué cerca te vas quedando: Circular número 16 de la Secretaría de Gobernación girada por el Departamento de Migración, 11 de abril de 1924", *Relaciones*, vol. 21, núm. 83, 2000, p. 145.

tes tenían que tramitar un pasaporte mexicano, que facilitaba tanto su entrada a Estados Unidos como su regreso a México. Costaba 18 dólares más cubrir los derechos de visa y el impuesto necesario para entrar legalmente a Estados Unidos. La inmigración legal era costosa, explicaban los coyotes, que "los agarraban [a los migrantes] en la calle y les aconsejaban que no sacaran su pasaporte".[34] A cambio, los coyotes prometían ayudarlos a salir furtivamente de México y entrar de igual modo a Estados Unidos por el precio insignificante de dos o tres dólares.[35]

A los migrantes, la posibilidad de ingresar a Estados Unidos por una mínima fracción del costo de entrada legal debe de haberles resultado atractiva. El pasaje de tren del centro de México a la frontera norte costaba entre 40 y 50 dólares, en promedio, en la década de 1920.[36] En el camino, los migrantes compraban comida y, si había que esperar en la frontera antes de cruzar, tenían que conseguir hospedaje.[37] Sin importar cómo cruzaran la frontera, si encontraban trabajo en Estados Unidos por medio de un contratista, tenían que pagarle un porcentaje de su salario. Una vez empleados, tenían que comprar comida, pagar alojamiento y quizás alquilarle enseres de trabajo, como costales de algodón, a su patrón. En consecuencia, la migración al norte era una inversión grande que los campesinos costeaban sacando ahorros de sus ingresos, de por sí muy gravados, vendiendo propiedades o contrayendo deudas. Si lograban entrar y salir de Estados Unidos sin sacrificar recursos en el pago de los derechos del pasaporte mexicano y los 18 dólares de la entrada legal, podrían volver a su país con esa suma adicional en los bolsillos o, por lo menos, entrar a Estados Unidos con un poco más para sostenerse si no hallaban trabajo fácilmente.

Cuando se intensificaron las restricciones inmigratorias estadunidenses hacia los migrantes mexicanos, las autoridades de la Secretaría de Gobernación comprendieron que cruzar la fron-

---

[34] "Informe de la visita practicada a la Oficina de Nuevo Laredo, Tamaulipas", 12 de mayo de 1926, p. 1.

[35] *Idem.*

[36] Douglas Monroy, *Rebirth...*, p. 89.

[37] Manuel Gamio, *Mexican Immigration...*, pp. 204-205.

tera ilegalmente era más barato que cumplir con los requisitos de entrada legal. Sin embargo, como explicaba una circular de 1924 inmediatamente anterior a la aprobación de la Ley de Orígenes Nacionales estadunidense, los migrantes pagaban caro el ahorro porque "la explotación comenzaba" desde que aceptaban la oferta del coyote.[38] Los coyotes llevaban a los migrantes de la estación de trenes a una casa de seguridad para esperar la noche. Por lo común, la casa era dirigida por un cómplice del coyote, quien encerraba a los trabajadores en un cuarto. Por el alojamiento, que a menudo era poco más que una "jaula enorme", el dueño cobraba unos 20 pesos a cada migrante.[39] Por la noche, el coyote volvía para llevar a los migrantes al río. Después de una larga caminata en medio de "un frío y brutal aguacero", había coyotes, según el inspector Ricardo Zavala, que violaban a las mujeres migrantes o abandonaban a hombres y mujeres a su suerte después de quitarles el dinero. Otros, en cambio, cumplían la promesa de introducirlos clandestinamente a Estados Unidos. Para cruzar el río, contrabandistas y migrantes usaban embarcaciones de metal y madera y cruzaban los rápidos del río Bravo. Los agentes estadunidenses a menudo se escondían entre los arbustos y disparaban hacia el otro lado del río para impedir que los contrabandistas desembarcaran su cargamento humano del lado estadunidense. Con vívidas descripciones de escenas de horror, la circular advertía que las mujeres perdían a sus esposos, los padres a sus hijos y viceversa, cuando las embarcaciones volcaban y la corriente arrastraba a los desventurados al fondo del río, y a los afortunados, a la orilla. Aunque la emigración mexicana de mano de obra era un medio reconocido, aunque despreciado, de subsistencia para muchos campesinos del país, esta circular, una de las primeras de la Secretaría de Gobernación, sostenía que la inmigración ilegal atrapaba a los migrantes connacionales en un mundo de crimen, explotación y peligro que amenazaba literalmente con ahogar a la familia mexicana; y

[38] "Paso del norte, qué cerca te vas quedando: Circular número 16 de la Secretaría de Gobernación".
[39] *Idem.*

si los migrantes lograban llegar a Estados Unidos, vivían como fugitivos "a merced de sus patrones".[40]

La consolidación del control inmigratorio estadunidense permitió que la introducción ilegal de inmigrantes se volviera un gran negocio en la región fronteriza. Como explicó un agente mexicano de la oficina de Piedras Negras, algunas comunidades fronterizas estaban "plagadas de contrabandistas cuya actividad inmoral se ha convertido en su *modus vivendi*".[41] En 1931, José Bravo Betancourt informó que en pueblos pequeños de la zona fronteriza del norte de México el contrabando de inmigrantes había florecido como empresa básica, a medida que un número cada vez mayor de campesinos se volvían coyotes y "hacían de esta reprobable industria un negocio lucrativo, aunque criminal".[42] "El Solceño, El Capote, La Palangana, San Luisito, La Baquetería, La Barranca, La Palma, [y] La Palmita", señaló, eran pueblos dominados por "nativos que se dedican al contrabando de braceros".[43]

El Congreso de Estados Unidos ahondó el problema de criminalidad producido por el aumento de la inmigración ilegal al aprobar la Ley de Inmigración del 4 de marzo de 1929, que tipificaba el cruce fronterizo no autorizado como delito menor en quien lo cometía por primera vez y como delito grave que merecía una pena de entre dos y cinco años de cárcel y una multa de 10 000 dólares en los reincidentes. La criminalización de la entrada ilegal a Estados Unidos sometía a quienes eran aprehendidos a penas de cárcel y costosas multas previas a la deportación. Las cárceles de la región fronteriza pronto empezaron a llenarse de mexicanos que habían cruzado la frontera sin autorización. En el sur de California, entre el 19 de abril de 1929 y el 18 de abril de 1930, se declaró culpables de haber reincidido en entra-

---

[40] *Idem.*

[41] "Visita practicada a la Agencia del Servicio en Villa Acuña, Coah.", AHINM 4-161-13, p. 2.

[42] "Informe del delegado de Migración en Matamoros, Tamaulipas, relativo a los contrabandistas que pasaban a los braceros en gran número violando las leyes del país", José Bravo Betancourt, inspector de Migración, 5 de febrero de 1931, AHINM 4-013-2, p. 2.

[43] *Idem.*

da ilegal al país a 236 inmigrantes de apellido hispano, quienes cumplieron una pena de 80.97 días de cárcel, en promedio, antes de ser deportados por violación de la Ley de Inmigración de 1929. Durante el mismo periodo, los jueces de los tribunales de distrito de Estados Unidos en el sur de Texas hallaron a 513 inmigrantes de apellido hispano culpables de entrar ilegalmente al país. En cuanto a los 210 inmigrantes declarados culpables cuyas condenas figuran en las listas de causas penales en tribunales de distrito de Estados Unidos, cumplieron una pena promedio de 36.72 días de cárcel antes de ser deportados. Para estos migrantes presos y los miles que los siguieron, cada día de trabajo que pasaban en la cárcel representó, cuando menos, un día de salario perdido, mientras que las multas redujeron los ahorros que hubieran reunido antes de ser arrestados.[44]

Enrique Santibáñez, cónsul de México en San Antonio, Texas, organizó una respuesta política al encarcelamiento de los trabajadores migrantes mexicanos. "No niego que la Patrulla Fronteriza tenga derecho de aprehender" inmigrantes indocumentados, reconoció, pero agregó esta opinión: "Las leyes de inmigración que entraron en vigor hace poco son demasiado severas e incluso crueles". Las penas de cárcel para la inmigración ilegal eran "inhumanas", afirmó, ya que sus connacionales habían entrado de manera ilegal a Estados Unidos para "trabajar y construir su riqueza agrícola [de Estados Unidos]".[45] Con la esperanza de denunciar el encarcelamiento de los trabajadores de la zona fronteriza, Santibáñez pidió a los cónsules mexicanos de todo el sur de Texas que visitaran las cárceles locales y de los condados y se entrevistaran con los connacionales presos por delitos de inmigración. Por ejemplo, el 23 de julio de 1929, el cónsul de México en Brownsville, Texas, visitó la cárcel del condado, donde encontró a 63 mexicanos que cumplían condenas que iban de 24 días en la cárcel del condado a un año y un día en la penitenciaría federal de Atlanta, Georgia, antes de su deporta-

[44] "Informe general de la visita practicada a la Delegación de Migración en Piedras Negras", José Inés Pérez, inspector de segunda del Departamento de Migración, 13 de marzo de 1929, AHINM 4-161-52.

[45] AHSRE IV-93-32 (Patrulla Fronteriza).

ción formal.[46] Santibáñez y los demás cónsules mexicanos en el sur de Texas pasaron todo 1929 reuniendo informes sobre el número de connacionales que cumplían condenas de cárcel por entrada sin documentos al país, pero al llegar el siguiente año las condiciones empeoraron. Las cárceles de Edinburg, Hidalgo y Brownsville habían rebasado su capacidad.

Buscando auxilio de emergencia para los trabajadores migrantes mexicanos, Santibáñez animó al embajador de México en Estados Unidos a tratar las crecientes repercusiones de la aplicación de la ley de inmigración estadunidense con las autoridades superiores del Departamento de Estado estadunidense. Esperaba que las altas autoridades ordenaran a los agentes de la Patrulla Fronteriza, de jurisdicción local, suspender las aprehensiones hasta que las cárceles se vaciaran.[47] Sin embargo, la influencia nacional sobre la actividad local de la Patrulla Fronteriza era limitada en la frontera de Texas con México. Como bien sabía el cónsul mexicano en Brownsville, se podían dar órdenes a los agentes de la Patrulla Fronteriza para que cesaran las aprehensiones por entrada ilegal, pero no se podía esperar que las cumplieran.[48] En consecuencia, aunque Manuel Gamio presentaba a Estados Unidos como una escuela donde los atrasados campesinos de México podían aprender a ser ciudadanos modernos o, por lo menos, ganar lo que necesitaban para subsistir, la criminalización en 1929 de la entrada no autorizada a Estados Unidos alejó a los obreros migrantes mexicanos de los centros de trabajo y las comunidades estadunidenses y los llevó, en cambio, a las cárceles del país en espera de la deportación.[49] Las multas y el encarcelamiento redujeron aún más la función pecuniaria básica de la emigración de mano de obra, mientras que las penas de cárcel equipararon a los emigrantes de México, no con los ciudadanos de Estados Unidos, sino con sus delincuentes. La criminalización en 1929 de la migración no autorizada ahondó

[46] AHSRE IV-87-53 (Brownsville); AHSRE IV-93-32 (Patrulla Fronteriza).
[47] AHSRE IV-87-53 (Brownsville).
[48] *Idem.*
[49] Véanse también los informes del cónsul Enrique Santibáñez sobre las cárceles del sur de Texas, AHSRE 4-87-43 (Brownsville).

las amenazas sociales, culturales y económicas creadas por la transformación de los trabajadores migrantes de México en los inmigrantes ilegales de Estados Unidos.

EL SISTEMA MEXICANO DE CONTROL DE LA EMIGRACIÓN

En 1930, los diversos problemas creados por la inmigración ilegal obligaron al doctor Andrés Landa y Piña, entonces director del Departamento de Migración de México, a modificar su postura otrora favorable de la emigración ilimitada a Estados Unidos. Los cambios del control inmigratorio estadunidense habían dividido la migración obrera mexicana en un flujo legal y otro ilegal, y Landa y Piña identificó los cruces fronterizos no autorizados hacia Estados Unidos como "el principal problema" que el Departamento de Migración mexicano debía atender.[50] Como había concluido el cónsul Enrique Santibáñez después de revisar las cárceles del sur de Texas en 1929, el problema emergente de la inmigración ilegal en Estados Unidos estaba transformando profundamente el sentido de la emigración mexicana; mientras que los obreros migrantes de México antes eran "admitidos como trabajadores", los cambios del control inmigratorio estadunidense implicaban que los mexicanos fueran cada vez más "perseguidos como criminales".[51] Era en interés de México, propuso, impedir que los connacionales siguieran haciendo cruces fronterizos no autorizados a Estados Unidos.

Sin embargo, el Departamento de Migración mexicano poco más podía hacer. Desde su establecimiento en 1926, la mal financiada dependencia mantenía un sistema triple de control de la emigración. Como primera estrategia de defensa, el Departamento contribuía a los dispersos esfuerzos de nacionalistas e industriales mexicanos para convencer a los trabajadores de no salir de México. En noticias radiofónicas, artículos periodísticos y volantes se aconsejaba a los posibles migrantes quedarse en el

[50] Andrés Landa y Piña, *El Servicio de Migración en México*, p. 11.
[51] *Idem.* Véase también Enrique Santibáñez, *Ensayo acerca de la inmigración mexicana...*, p. 68.

país a menos que reunieran los requisitos para entrar legalmente a Estados Unidos, incluidos los derechos de entrada, saber leer y escribir, y gozar de un buen estado de salud general.[52] Se prevenía que, si los migrantes intentaban evadir las restricciones de inmigración de Estados Unidos e introducirse ilegalmente en el país, los contrabandistas y contratistas de mano de obra se aprovecharían de ellos. La propaganda advertía asimismo sobre la discriminación racial y la violencia en Estados Unidos.[53] En 1930, la Secretaría de Gobernación patrocinó un concurso que entregaría un premio de 500 pesos a la persona que propusiera el mejor plan para evitar la emigración mexicana a Estados Unidos.[54] Ciudadanos mexicanos tanto en México como en Estados Unidos propusieron toda clase de medidas, desde impulsar la industria minera mexicana hasta prohibir la inmigración china al país.[55] No está claro qué hizo la Secretaría de Gobernación con las propuestas, pero el anuncio sirvió como propaganda para subrayar la oposición del gobierno federal a la emigración no autorizada.

A pesar de las advertencias, muchos ciudadanos mexicanos se dirigían al norte a buscar trabajo en Estados Unidos. En la zona fronteriza del norte de México, los agentes del Departamento de Inmigración adoptaban la segunda y la tercera estrategias defensivas contra los cruces fronterizos no autorizados. La segunda estrategia de control migratorio consistía en puestos de inspección situados en estaciones de trenes a lo largo de las rutas que iban del centro de México a la frontera con Estados Unidos. En Matamoros, Nuevo Laredo, Irapuato, Empalme de González, Torreón, Saltillo y Monterrey, los agentes subían a bordo

---

[52] Creación del Consejo Consultivo de Población, 1935, AHINM 4-350-228, p. 3. Sobre ejemplos posteriores, véase Agustín Arroyo a Secretaría de Gobernación, "El éxito de la Convención de Población", 26 de marzo de 1938, AHINM 4-350-1935-228b (Hora Nacional).

[53] Moisés González Navarro, *Los extranjeros en México...*, p. 194. Véase también "Tráfico internacional de personas por la frontera de El Paso, Texas", Ernesto Hidalgo, oficial mayor, 19 de agosto de 1937, AHINM 4-350-477.

[54] "Informe sobre medidas para impedir la inmigración de mexicanos a Estados Unidos", Rodolfo S. Rodríguez, Departamento de Migración, 27 de febrero de 1929, AHINM 4-350-405.

[55] *Idem.*

de los trenes que llegaban para "comprobar que los braceros llevan suficiente dinero, que saben leer y escribir".[56] Como explicaba en 1926 un informe de la oficina del Departamento de Migración en Nuevo Laredo, Tamaulipas, los agentes revisaban los
trenes que a diario llegaban a la ciudad. De los pasajeros que
viajaban en segunda clase decía el informe: en general, "son braceros que quieren emigrar".[57] Los agentes del Departamento de
Migración hacían bajar del tren a estos migrantes y verificaban
que cumplían con las condiciones que exigía "la ley de inmigración estadunidense para la entrada legal a su territorio".[58] De lo
contrario, los agentes les prohibían continuar el viaje al norte.[59]
Por tanto, la segunda estrategia de control migratorio era un sistema de agentes mexicanos que vigilaban la aplicación de las
disposiciones de la ley de inmigración estadunidense.[60]

A todo lo largo de la frontera, los agentes del Departamento
de Migración de México descubrían que muchos de los migrantes que pasaban por la región no cumplían los requisitos para
entrar legalmente a Estados Unidos. "Un número considerable
de emigrantes no saben escribir y no están casados por lo civil
con las mujeres que los acompañan", escribió Fernando Félix en

[56] Para una lista de estaciones con puestos de inspección, véase la entrevista con José M. Dávila, cartón 10, carpeta 5, "Mexican Labor in US—Field Notes", caja 10, carpeta 5, serie B, conjunto 1, Colección de Paul Schuster Taylor. Véanse también John R. Martínez, *Mexican Emigration...*, p. 79; "Informe de la visita practicada a la Oficina de Nuevo Laredo, Tamaulipas", 12 de mayo de 1926; "Nuevas restricciones para ir a Estados Unidos", *Excélsior*, 3 de febrero de 1926, p. 9.

[57] "Informe de la visita practicada a la Oficina de Nuevo Laredo, Tamaulipas", p. 1.

[58] *Idem.*

[59] *Idem.* Véanse también "Visita a la Delegación de Migración en Guadalajara", Óscar R. Peralta, inspector del Servicio de Migración, 5 de septiembre de 1930, AHINM 4-161-130; "Informe sobre visita a la Oficina de Monterrey, N. L.", por el jefe de la Sección Técnica, 20 de octubre de 1930, AHINM 4-161-156; "Estudio sobre las preguntas hechas por el señor Burton Froom, de la Escuela Superior de South Pasadena de California, dirigidas a emigrantes mexicanos, por José Inés Pérez, inspector de segunda del Departamento de Migración", 2 de agosto de 1928, AHINM 4-350-383, p. 6; declaración de Hermolao Torres, vicecónsul en Nogales, Arizona, a Paul Schuster Taylor, 3 de noviembre de 1928, Colección de Paul Schuster Taylor, notas inéditas, cartón 10, carpeta 4.

[60] José M. Dávila, entrevista, Colección de Paul Schuster Taylor, cartón 10, carpeta 5, "Mexican Labor in US—Field Notes", serie B, conjunto 1. Véanse también John R. Martínez, *Mexican Emigration...*, p. 79; "Informe de la visita practicada a la Oficina de Nuevo Laredo, Tamaulipas", 12 de mayo de 1926, p. 9.

mayo de 1916, luego de supervisar las actividades de la oficina del Departamento de Migración en Nuevo Laredo.[61] Para impedir a los migrantes cruzar ilegalmente la frontera hacia Estados Unidos, los agentes del Departamento de Migración les confiscaban el pasaporte.[62] El decomiso de pasaportes era una forma indirecta de control migratorio que desalentaba la entrada no autorizada a Estados Unidos dificultando el regreso de los migrantes a México: sin pasaporte, los ciudadanos mexicanos no podían demostrar su derecho a volver libremente al país. Aunque la Constitución mexicana de 1917 prohibía a las autoridades coaccionar a los ciudadanos para que no salieran del territorio nacional, la confiscación del pasaporte servía como disuasión burocrática de la migración no autorizada.

Los puestos de inspección en las estaciones de trenes y el decomiso de pasaportes ampliaba el régimen de control inmigratorio estadunidense hasta mucho más al sur de la frontera con México. En consecuencia, para muchos trabajadores migrantes mexicanos el intento de entrar de manera ilegal a Estados Unidos empezaba evadiendo a los agentes del Departamento de Migración. Para impedir que los migrantes ingresaran ilícitamente a Estados Unidos, los agentes mexicanos tenían que detenerlos antes y, como informó Félix, los migrantes no tardaron en aprender a evadir los puestos de inspección de las estaciones de trenes. Por ejemplo, para eludir los puestos de Saltillo y Monterrey, los migrantes daban un rodeo de San Luis Potosí a Tampico y de allí a Monterrey. En esta ciudad tomaban coches de alquiler para ir a estaciones más pequeñas, en las afueras, que no estaban vigiladas por el reducido personal del Departamento de Migración, o para que los dejaran en algún punto de un camino recién construido que pasaba a pocos kilómetros del río Bravo.[63] El Departamento de Migración mexicano estableció

---

[61] "Informe de la visita practicada a la Oficina de Nuevo Laredo, Tamaulipas", 12 de mayo de 1926, p. 9.

[62] *Idem.*

[63] *Idem.* Véase también "Oficio dirigido al secretario de Gobernación en el que se remite copia del oficio dirigido al agente encargado del Servicio General de Migración en Saltillo, Coah., acerca de la vigilancia que debe observar en lo sucesivo a bordo de

una patrulla montada en el camino entre Monterrey y Matamoros, pero con su escaso personal la patrulla no podía vigilar con eficacia el largo trayecto y, según Félix, los coyotes ayudaban sistemáticamente a los migrantes a evadir a los agentes de migración mexicanos.[64]

Aunque la segunda estrategia de control migratorio de México estaba mal financiada y era permeable, los migrantes mexicanos que se dirigían al norte en busca de trabajo en Estados Unidos y cruzaban la frontera sin autorización no lo hacían desprevenidos. Cuando llegaban a la frontera, ya habían desoído las advertencias de varias autoridades e industriales mexicanos y habían evadido o ignorado agentes del Departamento de Migración. Pero la frontera méxico-estadunidense seguía siendo, sin duda, la barrera más difícil y peligrosa. Ni el río Bravo con su raudal ni la Patrulla Fronteriza de Estados Unidos con sus armas de fuego tenían compasión por los mexicanos que cruzaban la frontera sin permiso. El viaje del migrante que entraba ilícitamente a Estados Unidos, lejos de comenzar en la frontera, alcanzaba allí su punto culminante.

Era en la frontera méxico-estadunidense donde los agentes del Departamento de Migración mexicano hacían el tercero y último esfuerzo para impedir que los connacionales entraran de manera ilícita a Estados Unidos. Aunque la Constitución mexicana de 1917 prohibía a las autoridades detener a los conciudadanos que salían del país, la Ley de Migración de 1926 imponía una multa de entre 100 y 1 000 pesos a la persona hallada culpable de intentar sacar migrantes del país sin inspección y autorización oficiales. La ley de 1926 también fijaba severas penas que iban de uno a dos años de cárcel o multas de entre 100 y 2 000 pesos para los contrabandistas que ayudaran a jornaleros, en particular, a salir del país sin inspección y autorización oficiales. Al cabo de por lo menos dos años de cabildeo en busca de mayor autoridad para impedir que trabajadores mexicanos cruzaran ilegalmente la frontera, los agentes del Departamento de

los trenes números 2 y 3 y 1 y 4 para las líneas de Nuevo Laredo y Piedras Negras", 3 de noviembre de 1925, AHINM 4-161-1.

[64] *Idem.*

Migración dedicaron los pocos recursos que pudieron a hacer cumplir las disposiciones sobre contrabando de la Ley de Migración de 1926.

Los esfuerzos mexicanos para patrullar la frontera con Estados Unidos fueron esporádicos y dictados por la disponibilidad de personal. Por ejemplo, en septiembre de 1926, la oficina del Departamento de Migración en Villa Acuña, Coahuila, no tenía suficiente dotación para proteger el río Bravo contra los coyotes y al mismo tiempo seguir despachando los asuntos habituales de migración. Dejar al personal mínimo necesario en la oficina para atender el movimiento legal de quienes entraban y salían del país hacía imposible asignar agentes a la vigilancia de la frontera para evitar cruces sin autorización.[65] De manera similar, la oficina de Matamoros, Tamaulipas, tenía una grave falta de personal. Tenía jurisdicción sobre un territorio que iba del golfo de México a Camargo, Tamaulipas, y presentaba el mayor número de informes sobre contrabando humano a través de la frontera con Estados Unidos. Sin embargo, en 1930 trabajaban ahí sólo 10 agentes.[66] Después de asignar agentes a vigilar el puente y establecer puestos de inspección en la estación de trenes, no quedaron más para patrullar el río Bravo. Un informe fechado en 1930 de la oficina de Ciudad Juárez habla de una situación de personal tan lamentable que los agentes hacían cumplir sólo las restricciones de inmigración de México contra los chinos y permitían a todos los demás entrar y salir del país a voluntad.[67]

El reducido personal que trabajaba en la frontera se esforzaba por hacer cumplir las restricciones de emigración mexicanas contra los coyotes. Sin embargo, a veces podían conseguir sufi-

[65] "Visitas a las oficinas de su jurisdicción", Delegación de Migración en Piedras Negras, 11 de mayo de 1926, AHINM 4-161-13, p. 2.
[66] "Visita a la Delegación de Migración en Matamoros", José Bravo Betancourt, inspector de Migración, 16 de octubre de 1930, AHINM 4-161-144. Véase también "Informe del delegado de Migración en Matamoros, Tamaulipas, relativo a los contrabandistas que pasaban a los braceros en gran número violando las leyes del país", José Bravo Betancourt, inspector de Migración, 5 de febrero de 1931, AHINM 4-013-2, p. 1.
[67] "Visita a la Delegación de Migración en Ciudad Juárez", Ramón Tirado, inspector del Servicio de Migración, 24 de diciembre de 1930, AHINM 4-161-159, p. 1.

ciente personal para enviar agentes de patrulla para evitar el coyotaje. Centrando la atención en los coyotes, "aquellos que facilitan la emigración clandestina", los agentes del Departamento de Migración mexicano podían impedir la emigración no autorizada sin vigilar directamente a los ciudadanos mexicanos, que tenían el derecho constitucional de entrar y salir libremente de México.[68] Por ejemplo, la tarde del 11 de septiembre de 1933 Agustín Bautista, de 70 años, le pagó 20 pesos a José Martínez para que lo pasara en una embarcación con sus cinco hijos al otro lado del río Bravo.[69] Martínez aceptó, pero en el momento de soltar amarras llegaron dos agentes, que llevaron a Martínez, Bautista y los cinco niños al Departamento de Migración mexicano para interrogarlos. Una vez que Bautista reveló su trato con Martínez, se le permitió irse con sus hijos, con toda probabilidad a probar suerte con otro coyote otro día. Martínez pasó cinco días en la cárcel por su delito.

La falta de agentes y de apoyo hizo que el programa de control de la emigración de México resultara casi totalmente ineficaz contra las decenas de miles de migrantes que cada año enfilaban al norte. Muchos de ellos lograron entrar a Estados Unidos burlando también los mal financiados y desorganizados esfuerzos de control inmigratorio de ese país. Al norte y al sur de la frontera, el control migratorio estaba lejos de ser una prioridad de gobierno, y sólo el profundo declive económico sufrido en la década de 1930 por Estados Unidos logró hacer regresar a los mexicanos que habían cruzado la frontera sin permiso.[70] Con todo, el deficiente sistema mexicano de control emigratorio revela que el control inmigratorio estadunidense repercutió en el

[68] "Informe del delegado de Migración en Matamoros, Tamaulipas", 5 de febrero de 1931; "Informe de la visita practicada a la Oficina de Nuevo Laredo, Tamaulipas", 12 de mayo de 1926, p. 9.

[69] "Informe de que el Sr. José Martínez pretendió proteger el paso clandestino por el río Bravo al citado connacional", delegado de Migración en Piedras Negras, 11 de septiembre de 1933, AHINM 4-013.7-10, p. 1.

[70] Francisco Balderrama y Raymond Rodríguez, *Decade of Betrayal…*; Fernando Saúl Alanís Enciso, "No cuenten conmigo: La política de repatriación del gobierno mexicano y sus nacionales en Estados Unidos, 1910-1928"; Camille Guerin-Gonzales, *Mexican Workers and American Dreams…*; Hoffman, *Unwanted Mexican Americans…*; Mercedes Carreras de Velasco, *Los mexicanos que devolvió la crisis, 1929-1932.*

sur de manera que reescribió el sentido de la emigración de mano de obra mexicana, y pone en duda las ideas generalizadas acerca de que los esfuerzos por vigilar a los inmigrantes ilegales de México comenzaban al norte de la frontera méxico-estadunidense. Por débiles que fueran, los esfuerzos de México para controlar la emigración colocan la gestación de la Patrulla Fronteriza de Estados Unidos en un amplio contexto tansfronterizo de control migratorio. En los años siguientes, la segunda Guerra Mundial volvería a abrir las rutas de migración mexicana a Estados Unidos y, juntos, los agentes de la Patrulla Fronteriza estadunidense y del Departamento de Migración mexicano intensificarían sus actividades en la región de la frontera común. Lo hicieron conforme a una nueva era de control migratorio durante la cual los gobiernos estadunidense y mexicano colaboraron en la supervisión estrecha de la migración de mano de obra mexicana a Estados Unidos.

Segunda parte
Transformación

Una embarcación de la Patrulla Fronteriza navega alrededor del vapor Veracruz al zarpar de Port Isabel, Texas, el 18 de enero de 1956. Fotografía de la Patrulla Fronteriza de Estados Unidos SW40/McA. Cortesía del Museo Nacional de la Patrulla Fronteriza, El Paso, Texas.

Al término de la Gran Depresión, el trabajo de la Patrulla Fronteriza en la región de la frontera méxico-estadunidense se circunscribía casi por entero al proyecto de vigilar la inmigración mexicana no autorizada. El proyecto tuvo enormes repercusiones sociales: cambió el rumbo de la historia racial de Estados Unidos asociando a las personas de origen mexicano con la casta de los ilegales. Sin embargo, en relación con el ambiente general de observancia de las leyes federales, la Patrulla Fronteriza siguió siendo una fuerza diminuta, y su presencia en la zona de la frontera entre Estados Unidos y México era menor que en la frontera con Canadá. La segunda parte examina los cambios en la aplicación de la ley de inmigración estadunidense a inicios de la década de 1940, cambios que ampliaron los recursos de la Patrulla Fronteriza y al mismo tiempo hicieron que su personal virara bruscamente y se acumulara en la zona de la frontera con México. En esos años, Dogie Wright y los hermanos Cottingham se convirtieron en reliquias, "veteranos" de una institución que cambiaba aceleradamente a medida que una oleada de reclutas, tecnologías, intereses y socios nuevos inauguraba una era de observancia de la ley de inmigración en la región de la frontera méxico-estadunidense. En un lugar central de la transformación operada en la patrulla por la segunda Guerra Mundial está el Programa Bracero, que enlazó estrechamente a la patrulla con los esfuerzos nacionales y binacionales para administrar las migraciones de jornaleros mexicanos a través de la frontera.

El 4 de agosto de 1942, Estados Unidos y México firmaron el Programa Bracero, un acuerdo bilateral conforme al cual el gobierno estadunidense contrató trabajadores agrícolas mexicanos para que se emplearan en Estados Unidos, sobre todo en agroindustrias del suroeste y el noroeste. Aunque al principio se adoptó como parte de los esfuerzos del periodo de guerra, el programa duró de 1942 a 1964. En ese lapso, más de dos millones de trabajadores mexicanos, cumpliendo casi cinco millones de contratos del programa, trabajaron en Estados Unidos. El Programa Bracero incidió de manera considerable en el trabajo de la Patrulla Fronteriza de Estados Unidos, pues alteró el contexto político y amplió las posibilidades de control migratorio en la frontera méxico-estadunidense. En particular, el establecimiento de un programa binacional para administrar la importación de trabajadores mexicanos legales a Estados Unidos supuso nuevas posibilidades de gestión transfronteriza de la deportación de trabajadores mexicanos ilegales. En el contexto del Programa Bracero, la Patrulla Fronteriza atendió las preocupaciones transfronterizas sobre la migración no autorizada de trabajadores mexicanos y probó técnicas transfronterizas de control migratorio. Esta nueva era de control migratorio aumentó las multas que los migrantes pagaban por los delitos de inmigración ilegal y arraigó profundamente en la frontera la violencia a la que se enfrentaban. Agricultores y rancheros del sur de Texas se rebelarían contra la deslocalización de la observancia de la ley de inmigración estadunidense, pero no pudieron detener el surgimiento de una nueva era de control migratorio.

V. Un nuevo comienzo

Cuando Estados Unidos entró en la segunda Guerra Mundial, el espectro de responsabilidades de la Patrulla Fronteriza se amplió. Por ejemplo, durante la guerra se transfirió al agente Rob Salinger desde su estación en la frontera de Texas con México a la costa del golfo de México para que la patrullara y defendiera contra submarinos enemigos.[1] En California, agentes de la patrulla trasladaban estadunidenses de origen japonés e inmigrantes nipones a campos de internamiento dirigidos por el Servicio de Inmigración y Naturalización. Los agentes también prestaron servicio como guardias en los campos de internamiento durante toda la guerra.[2] En Nueva York, los agentes de la patrulla interrogaban a ciudadanos alemanes e italianos sobre su simpatía por Hitler y el fascismo. La asignación de agentes de la patrulla a

[1] Bob Salinger (seudónimo), entrevistado por David Burnett el 4 de abril de 1987 en Harlingen, Texas, NBPM, p. 3.

[2] Emmanuel Avant "Dogie" Wright, relato oral (sin transcribir) referido el 14 de junio de 1983 a Jim Cullen en Sierra Blanca, Texas, relato oral núm. 86, Archivos del Big Bend, Universidad Estatal Sul Ross. El INS administró campos de internamiento para "extranjeros enemigos" en Fort Stanton, Nuevo México; Fort Missoula, Montana, y Fort Lincoln, Dakota del Norte. Para más información sobre el papel de la Patrulla Fronteriza en el manejo de los campos de internamiento y en la vigilancia de las familias recluidas, véase "Administrative History of the Immigration and Naturalization Service during WWII", CIS/HRL. Si se busca más información sobre las actividades de la Patrulla Fronteriza durante el motín en el campo de Tule Lake, véanse "Memo regarding transfer of internees from Tule Lake to Fort Lincoln about February 11, 1945", NARA 56084/74, 2152, 58A734; J. R. Breechen, entrevistado por Terrie Cornell, 15 de febrero de 1988, Instituto de Historia Oral, Universidad de Texas en El Paso, p. 3.

la guardia contra submarinos, a los campos de internamiento y a la investigación de inmigrantes muestra el mundo de cambios que la segunda Guerra Mundial representó para las prácticas y las prioridades del control inmigratorio estadunidense.[3] Las preocupaciones de una nación en guerra revolucionaron a la Patrulla Fronteriza: transformaron su organización nacional, multiplicaron su personal y trajeron nuevas preocupaciones en torno a la aplicación de la ley en la frontera y el control de la inmigración. Su considerable reorganización estructural implicaba que, por primera vez, el cumplimiento de la ley de inmigración estadunidense estaba concebido para atender preocupaciones nacionales e imperativos definidos desde el centro. Pese a estas exigencias cambiantes y crecientes, en esos años la Patrulla Fronteriza dio un brusco viraje hacia la vigilancia de la inmigración mexicana no autorizada en la zona fronteriza entre México y Estados Unidos. Este capítulo aborda la drástica transformación de los hombres, el mandato y la organización de la Patrulla Fronteriza de Estados Unidos durante la segunda Guerra Mundial y examina cómo, a pesar de estos cambios radicales y provocada por ellos, la dedicación de la patrulla a la vigilancia de la inmigración mexicana no autorizada se intensificó a principios de la década de 1940.

CONTROL DE LA INMIGRACIÓN Y OBSERVANCIA
DE LA FRONTERA EN UN MUNDO EN GUERRA

La segunda Guerra Mundial no tocó territorio estadunidense sino hasta el bombardeo de Pearl Harbor el 7 de diciembre de 1941, pero los temores de invasión y atentados suscitaron nuevas preocupaciones sobre la aplicación de la ley en las fronteras y el control de la inmigración. A fines de la década de 1930 se centró

---

[3] Si se busca más información sobre las obligaciones relacionadas con la segunda Guerra Mundial del INS y de la Patrulla Fronteriza de Estados Unidos, véase *Annual Report of Lemuel B. Schofield, Special Assistant to the Attorney General in Charge of the Immigration and Naturalization Service, Fiscal Year 1942*, Washington, D. C., GPO, 1943, pp. 22-24.

la atención en las mal vigiladas fronteras terrestres y aumentó el temor de sabotaje por parte de enemigos extranjeros. En 1939, el comisionado del Servicio de Inmigración y Naturalización afirmó: "[L]a situación internacional que se desarrolla en Europa da motivos poderosos para fortalecer la Patrulla Fronteriza sin tardanza".[4] En 1940, el Congreso trasladó el INS del Departamento del Trabajo al Departamento de Justicia y complementó el presupuesto de la Patrulla Fronteriza con una asignación de dos millones de dólares para contratar 712 agentes más.[5] En total, la asignación de la patrulla se duplicó de 1 735 000 dólares en 1939 a 3 883 400 dólares en 1941.

El traslado al Departamento de Justicia señaló una nueva era para el INS y la Patrulla Fronteriza de Estados Unidos. Adscrita al Departamento de Justicia junto con la Oficina Federal de Investigación (FBI, por sus siglas en inglés), los fiscales y jefes de policía federales, la Oficina de Prisiones y la Oficina de Prohibición (después llamada Administración de Cumplimiento de Leyes sobre Drogas), la Patrulla Fronteriza pasó a formar parte de la creciente burocracia de cumplimiento de leyes federales. Allí, la Fiscalía General de Estados Unidos emprendió un proyecto de centralización y consolidación del control de la inmigración y la observancia de las fronteras. En 1941, el Departamento de Justicia creó el cargo de supervisor jefe de la Patrulla Fronteriza para eliminar las antiguas lagunas de mando y dar supervisión directa a la patrulla vigilando, dirigiendo y coordinando estrechamente las actividades de las estaciones. Los agentes de las distintas localidades ya no tenían en sus manos el control de las estrategias y prioridades de la Patrulla Fronteriza, y

[4] *Annual Report of the Commissioner of Immigration and Naturalization, Fiscal Year 1939*, Washington, D. C., GPO, 1939, p. 100.
[5] La Patrulla Fronteriza de Estados Unidos se adscribió a la Oficina de Inmigración del Departamento del Trabajo en 1924. La Oficina de Inmigración y la Oficina de Naturalización se fusionaron el 10 de junio de 1933 en el Servicio de Inmigración y Naturalización (INS). La Patrulla Fronteriza siguió estando subordinada al secretario del Trabajo del INS hasta 1940, cuando la Ley de Reorganización de 1939 entró en vigor y transfirió el INS del Departamento del Trabajo al Departamento de Justicia. Por tanto, en 1940 el fiscal general de Estados Unidos asumió la supervisión directa de la Patrulla Fronteriza. Si se busca más información, véase *Annual Report of the Attorney General for the Year 1941*, Washington, D. C., GPO, 1941, p. 226.

los cientos de reclutas que ingresaron después de la asignación de 1940 nunca experimentaron el sistema de liderazgo centralizado y local que los veteranos habían creado.

Junto con la incorporación de la patrulla al entorno de las fuerzas policiacas federales del Departamento de Justicia y con las nuevas líneas de autoridad en la propia corporación, los adelantos de las comunicaciones móviles de la década de 1940 contribuyeron a consolidar sus actividades. En particular, la adquisición de radios cada vez más eficientes para los vehículos aumentó la movilidad y la capacidad de la patrulla. Sus primeras experiencias con la tecnología de radio data de la década de 1930, pero el equipo no era ni con mucho el ideal. Antes de poder utilizarlo, los agentes tenían que aprender clave Morse, y los radios no eran muy útiles durante las persecuciones porque el agente tenía que "detener el vehículo, armar una antena larga, montarla en la parte trasera, echar a andar el motor y acelerarlo para generar el máximo de electricidad".[6] "Aun así —explicó un ingeniero electrónico del INS—, rara vez se podía establecer comunicación con la estación que se quería; con suerte se comunicaba uno con otra que podía retransmitir el mensaje".[7] Pero los rápidos adelantos de la tecnología de radio de frecuencia modulada durante la segunda Guerra Mundial permitieron a los agentes transmitir mensajes desde vehículos en movimiento. A mediados de la década de 1950, la Patrulla Fronteriza ya había enlazado sus comunicaciones de radio en todo el suroeste. Gracias a la mejor comunicación móvil, los agentes podían coordinar sus actividades en regiones extensas. Como explicó un agente:

Antes de la radio de frecuencia modulada se podían hacer planes; se podía salir a trabajar, pero aunque intentáramos efectuar operaciones coordinadas sincronizando los relojes, las cosas nunca eran fáciles ni salían bien. Una vez que tuvimos radios pudimos coordinar equipo de diversos tipos, a cualquier cantidad de gente

[6] Burnett, relato personal, NBPM, p. 19.
[7] Harrison H. Merkel, ingeniero electrónico, oficina central, "Mobile Operational Communications", *I and N Reporter*, vol. 9, núm. 3, 1961, p. 35. Véase también Burnett, relato personal, pp. 19-21.

[...] empezamos a coordinar el movimiento de los vehículos para que hicieran lo que queríamos; [...] fue un elemento primordial para la mejoría y la eficiencia de la Patrulla Fronteriza.[8]

Además, si los agentes necesitaban ayuda mientras patrullaban parajes aislados, podían comunicarse entre sí y no depender de rancheros y agricultores.

Las mejoras de las comunicaciones móviles se acompañaron de nuevas adquisiciones para el parque móvil de la Patrulla Fronteriza. A fines de 1945, en particular, el ejército dotó a la patrulla de tres aviones adicionales Stinson L-5. "El L-5 era un infatigable avión multiusos que el ejército empleó en la segunda Guerra Mundial con fines de observación, reconocimiento, avistamiento y dirección de artillería, [tareas de] ambulancia, fotografía, puentes aéreos cortos y 'demás'", explicó uno de los primeros agentes que usaron los L-5 en operaciones de la Patrulla Fronteriza.[9] Distribuido a estaciones de la patrulla a todo lo largo de la frontera méxico-estadunidense, el Stinson L-5 llegó a ser un "caballo de batalla" de la patrulla. Cuando a la utilización de autos y radios se añadía la de un avión, los agentes podían coordinar sus movimientos y multiplicar las aprehensiones. Los pilotos de la Patrulla Fronteriza volaban en círculos y dirigían a los agentes por radio a los lugares donde los trabajadores migrantes cruzaban la frontera ilegalmente o se escondían. En 1953, había por lo menos un avión y un piloto asignados a cada sector de la frontera méxico-estadunidense.[10]

La segunda Guerra Mundial representó de muchas maneras un renacimiento para la fuerza policiaca nacional que hacía tanto había sucumbido al control local. Las asignaciones presupuestales y la reorganización de la época de la guerra transformaron a la Patrulla Fronteriza de Estados Unidos, de una serie de puestos locales y de avanzada pequeños, en una fuerza poli-

---

[8] Burnett, relato personal, p. 21.
[9] Ed Parker, *Prop Cops: The First Quarter Century Aloft*, cap. 4, NBPM. Véase también James E. Parker, "Border Patrol Air Operations", pp. 17-18.
[10] Ed Parker, *Prop Cops*, cap. 4. Véase también James E. Parker, "Border Patrol Air Operations", pp. 17-18.

ciaca nacional con recursos suficientes para imponer el control migratorio a una escala mucho mayor. Dicho de otro modo, la segunda Guerra Mundial despojó a la Patrulla Fronteriza de sus raíces locales y marcó una nueva etapa en su desarrollo.

Era una época de posibilidades inexploradas para la observancia de la ley de inmigración de Estados Unidos. Los campos de internamiento, los enemigos extranjeros y los submarinos exigían la atención de la Patrulla Fronteriza. Además, como advertían los funcionarios de alto rango del INS, los saboteadores asediaban las fronteras estadunidenses en espera de introducirse en el país. Al inicio de la guerra, funcionarios del INS advirtieron a los agentes de la patrulla: "Es totalmente posible que esos agentes del Eje intenten por todos los medios hacerse pasar por agricultores locales e incluso que de noche se ennegrezcan cara y manos, sobre todo en zonas aisladas, para parecer negros".[11] Este temor de que saboteadores europeos se introdujeran ilegalmente en Estados Unidos amenazaba con disuadir a la Patrulla Fronteriza de su insistencia en vigilar personas de origen mexicano porque, como ordenaba el INS: "Los agentes no deben estar demasiado dispuestos a creer que la apariencia exterior es señal de que una persona nació en la localidad".[12] En época de guerra, todo el mundo era sospechoso. Las precauciones presionaban a la Patrulla Fronteriza para que cejara en su práctica de centrar toda la atención en la inmigración mexicana no autorizada. Ciudadanos mexicanos seguían cruzando ilegalmente la frontera hacia Estados Unidos, pero muchas personas cuestionaron la idea de que los trabajadores mexicanos fueran la prioridad de la observancia de la ley de inmigración federal cuando parecía haber en todas partes saboteadores que conspiraban contra el país.

Como cabía esperar, los veteranos eran reacios a cambiar la "manera de la Patrulla Fronteriza", una manera que habían perfeccionado con los años. Sin embargo, la segunda Guerra Mundial también puso en marcha una rotación masiva del personal

[11] Memorando del 21 de julio de 1942 de W. W. Eyster, director del distrito núm. 6, al comisionado del Servicio de Inmigración y Naturalización en Filadelfia, Pensilvania, "Attention of Chief Supervisor of Border Patrol", NARA 55879/9J, 712, 58A734, p. 3.
[12] Idem.

de la patrulla. Mientras que los veteranos se aferraban a sus viejas prácticas, la afluencia de reclutas desempeñó un papel decisivo en la incorporación, interpretación y cumplimiento de las nuevas exigencias de trabajo de la institución.

LOS RECLUTAS

La asignación presupuestal de 1940 duplicó el número autorizado de agentes de la Patrulla Fronteriza, de 773 en 1939 a 1 531 en 1941. Sin embargo, la corporación se vio en dificultades para reclutar y retener agentes nuevos. La movilización de la guerra había creado un gran número de empleos en las ciudades y poblaciones estadunidenses. Los salarios eran altos y los trabajadores estadunidenses tenían muchas opciones. La Patrulla Fronteriza redobló los esfuerzos para reclutar agentes buscándolos en otras regiones. Admitieron jóvenes agricultores de Indiana, abogados de Tennessee y, como en el caso de Bob Salinger, maestros del sur. "Yo era entrenador y maestro de matemáticas en una pequeña secundaria de Misisipi, la Calcun Academy, en las afueras de Vicksburg, y ganaba 135 dólares al mes [...] Me inscribía en todos los exámenes para el servicio público o para cualquier otro empleo mejor pagado que el mío", explicó Salinger sobre su decisión de hacerse agente de la Patrulla Fronteriza.[13] Por entonces, los agentes de nuevo ingreso ganaban 2 000 dólares anuales, lo que representaba "una gran mejora de salario", al decir de Salinger,[14] quien entró en funciones como agente de la patrulla Fronteriza el 11 de marzo de 1941 y permaneció en la corporación hasta su retiro, el 31 de diciembre de 1977. Sin embargo, muchos de los reclutas de lugares lejanos no sabían nada del oficio antes de enlistarse, y no era sino hasta que iban de Patrulla cuando se daban cuenta de que no les gustaba el trabajo cotidiano de la institución. "Algunos llegaban y ni siquiera se quedaban hasta el día de paga; tanto les disgustaba el trabajo. Venían de todas partes. No les gustaba ir a agazaparse junto al

[13] Entrevista con Salinger, pp. 1-2.
[14] *Ibid.*, p. 2.

río", explicó el agente retirado J. R. Breechen.[15] En el competitivo mercado laboral de la época de la guerra, la lucha por reclutar y retener agentes de la patrulla transformó rápidamente el liderazgo de la corporación en las décadas de 1940 y 1950.

Para aumentar el número de aspirantes admisibles, la patrulla relajó los requisitos de reclutamiento y simplificó el examen de ingreso al servicio público, pero ni siquiera así pudo llenar todas las vacantes creadas por la asignación presupuestal. G. C. Wilmoth, del distrito de El Paso, se quejó ante el nuevo jefe de la patrulla de que la escasez de personal calificado lo obligaba a "aceptar muchos reclutas que de ninguna manera habrían sido aceptables antes de la actual emergencia", pero se alegraba de que "aproximadamente la mitad de los aspirantes seleccionados ahora [eran] veteranos de la actual guerra".[16] La corporación recibía excedentes de la guerra, humanos y materiales, desde aviones hasta personal, pero la guerra reclamaba lo mismo que daba. Quienes no habían prestado el servicio militar antes de incorporarse a la Patrulla Fronteriza solían ser llamados a filas en algún momento después de su ingreso.

Los esfuerzos redoblados de reclutamiento fracasaron. Ya en septiembre de 1941 la Patrulla Fronteriza volvió a sus viejas estrategias de reclutamiento para complementar a los reclutas del servicio público. Se pedía a los agentes que recomendaran a sus amigos para que se incorporaran a la patrulla. Aunque se dijo de estos reclutas locales que eran "mejores que el promedio de los aspirantes que asistieron a la Escuela de Capacitación el año pasado", tampoco alcanzaron para llenar las vacantes de la asignación presupuestal.[17] Después de aplicar más exámenes, relajar los requisitos de ingreso, sufragar campañas de publicidad y recurrir a los amigos de las localidades de los agentes, la Patrulla Fronteriza seguía sin poder utilizar toda la asignación. Las va-

---

[15] Entrevista con Breechen, p. 3.

[16] Memorando del 8 de diciembre de 1944 de G. C. Wilmoth a W. F. Kelly, NARA 55853/317C, 440, 58A734.

[17] Memorando del 26 de septiembre de 1941 de Eddie E. Adcock, supervisor de distrito en El Paso, Texas, al director de distrito Wilmoth, NARA 558533/317A, 440, 58A734.

cantes y la falta de personal acosaron a la corporación durante toda la guerra.

En 1942, el veterano Carson Morrow, agente jefe de la estación de Tucson, comunicó a la Oficina Central: "La escasez de personal en este subdistrito se ha vuelto tan grave que es imposible dotar como se debe todas las subestaciones".[18] Para contrarrestar la falta de personal y poner hombres en servicio sin perder tiempo, la Patrulla Fronteriza abrevió a un mes los cursos de su Escuela de Capacitación (BPTS) y asignó al servicio agentes en periodo de prueba antes de que hubieran asistido a la BPTS. Ante la falta de capacitación de los reclutas, las estaciones locales dependían de los agentes experimentados para capacitar y supervisar a los nuevos. Sin embargo, a todo lo largo de la frontera méxico-estadunidense, el número de reclutas superaba al de veteranos. El agente jefe en El Paso, el veterano Griffith McBee, comentó: "Los agentes a prueba asignados a este subdistrito son mucho más numerosos que los agentes mayores disponibles para capacitarlos".[19]

El agente jefe de El Centro, California, Richard H. Wells, advirtió a los altos funcionarios: "Un problema evidente de grandes proporciones es el de la capacitación eficiente de los agentes nuevos".[20] Frente a la escasez de veteranos, hacía poco que Wells "había juzgado necesario dejar encargados de importantes estaciones de este subdistrito a cinco agentes con menos de dos años de experiencia". Aunque "ninguno de estos agentes había aprehendido jamás un contrabandista de extranjeros [...] entre sus obligaciones estaba la de dar a los agentes nuevos a su cargo lecciones y consejos [sobre] los métodos empleados por los contrabandistas, la identificación y el manejo de tales casos, etc."[21] Además, en las estaciones del subdistrito de El Centro, dirigidas

[18] Memorando del 19 de agosto de 1942 de Carson Morrow al director del distrito de El Paso, NARA 55853/317A, 440, 58A734.

[19] Memorando del 12 de abril de 1941 del agente jefe de la patrulla Griffith McBee, NARA 55853/317, 440, 58A734.

[20] Memorando del 1 de junio de 1941 de Richard H. Wells, agente jefe de la patrulla de El Centro, California, al director del distrito de Los Ángeles, NARA 55853/320, 441, 58A734, p. 1.

[21] *Idem.*

por agentes sin experiencia, se designó a varios agentes de la patrulla "con menos de un año de experiencia" para que fueran jefes de brigada.[22] Wells afirmó que "en el consiguiente periodo de reclutamiento y capacitación, del que por fuerza tienen que ocuparse agentes que en gran parte cuentan sólo con una capacitación parcial, la patrulla opera necesariamente con muy poca eficacia".[23]

En 1942, el número de agentes nuevos de la Patrulla Fronteriza superaba con mucho a los veteranos, y tenían diferentes antecedentes sociales. Por ejemplo, según una lista de 1944 de los reclutas enviados a la BPTS, sólo 40% de ellos habían vivido en la región fronteriza antes de incorporarse a la patrulla. En otras palabras, una parte más numerosa de la corporación empezó a estar constituida por hombres de lugares lejanos. Entre ellos se contaba William Blaise, quien era recién egresado de la Normal de Maestros de Oklahoma y trabajaba en una empresa de neumáticos en el centro del estado cuando un amigo le habló de la Patrulla Fronteriza de Estados Unidos. "En mi vida había visto un agente de la Patrulla Fronteriza ni sabía nada sobre su trabajo, pero me pareció muy buena idea incorporarme", explicó Blaise.[24]

Los veteranos trataban de instruir a los reclutas en "la manera de la Patrulla Fronteriza". Por ejemplo, entretenían a los que sí asistían a la BPTS, en El Paso, con parábolas de los viejos tiempos. "Hay un relato sobre un contrabandista de quien se decía que había arrojado su arma al canal", recordó uno de los reclutas acerca de una anécdota que le contaron cuando era alumno de la BPTS. En ella, el agente de la patrulla necesitaba una defensa pues, pese a que el contrabandista nunca abrió fuego, el agente le disparó y lo mató. "Cuando le preguntaron por qué lo había hecho, dado que la otra parte no había disparado y él no podía probar lo contrario —el hombre no tenía pistola—, con-

[22] Memorando del 5 de junio de 1941 de William A. Carmichael, director del distrito de Los Ángeles, a Lemuel B. Schofield, auxiliar especial del fiscal general, NARA 55853/320, 441, 58A734, p. 1.

[23] *Idem.*

[24] William Blaise (seudónimo), entrevistado por Terrie Cornell, 18 de febrero de 1988, NBPM.

testó: 'Debe de haberla arrojado al canal porque vi que algo le destelló en la mano. Era de noche y no quise correr riesgos y me decidí y le disparé.'" De este relato, el recluta aprendió que en los momentos de incertidumbre había que ser extremadamente precavido. De lo siguiente del relato aprendió que la manera de actuar de los veteranos estaba determinada por la hermandad entre los agentes. Para escapar de una acción judicial,

> todos sus amigos [del agente] sabían que debía haber un arma como coartada; tenía que haber una pistola en el canal, si el sujeto la había arrojado allí. Cuando al otro día dragaron el canal, hallaron cinco o seis armas porque la víspera cada uno de sus compañeros habían lanzado una para que constara que el contrabandista en efecto había arrojado allí un arma.[25]

Sin más detalles —como, por ejemplo, los de la mañana de 1932 en que unos agentes, en torno al charco de la sangre de Miguel Navarro, se pasaron de mano en mano el arma que exculpó al agente John V. Saul—, este relato instruía a los reclutas en la definición de hermandad en la patrulla según los veteranos.

Sin embargo, el número de reclutas superaba con mucho al de veteranos y, con tan escaso control local, los agentes experimentados rara vez tenían la posibilidad de dictar las estrategias de la Patrulla Fronteriza; estaban limitados a ofrecer, a lo sumo, orientación desde lejos. Por ejemplo, en una ocasión en que un mexicano se resistió al arresto, el agente Burnett, entonces a prueba, se abstuvo de hacer uso excesivo de la fuerza para controlar la situación. En la estación, el veterano Jim Cottingham supo del incidente. Cuando hacía unos 10 años un contrabandista le había disparado, su hermano Jack lo salvó y lo vengó. La severa amonestación de Jim al recluta fue que había "hecho lo incorrecto" y que "debería haber matado al extranjero", pero sus enseñanzas se encontraban con oídos sordos en la nueva generación de agentes de la Patrulla Fronteriza, muchos de los cuales desaprobaban la violencia abierta de la patrulla primitiva en la

---

[25] "Border Patrol Folklore", entrevistas grabadas, sin transcribir, realizadas por Jeannie Egbert, NBPM.

región de la frontera de Texas con México.[26] Burnett creía que no se justificaba la violencia mortal como respuesta a una resistencia simbólica, y cuando terminó de hablar con Cottingham se preguntó cómo "podía conciliar en su mente esas ideas de lo correcto y lo incorrecto".[27]

Burnett representaba la nueva patrulla que se estaba gestando. Conscientes de que la coacción era necesaria para hacer cumplir las restricciones inmigratorias estadunidenses, pero disconformes con la brutalidad física común en la práctica y la tradición de la Patrulla Fronteriza en las décadas de 1920 y 1930, los reclutas construyeron una nueva cultura profesional de la violencia. El nuevo jefe de la Patrulla Fronteriza, W. F. Kelly, respaldaba el rechazo de los reclutas a la violencia abierta, y poco después de asumir su cargo expulsó del servicio al transgresor impenitente e instructor de manejo de armas de fuego Charles Askins. Ya no había lugar para él ni sus métodos en la Patrulla Fronteriza. Sin más remedio que seguir adelante, los reclutas emprendieron el camino solos, "sin agentes experimentados que los instruyeran y guiaran".[28] La grave falta de personal no tardó en colocar a los reclutas en puestos directivos, y ellos guiaron a la patrulla en una dirección esencialmente nueva de observancia de la ley de inmigración, determinada por la dinámica y la política cambiantes del control migratorio en la frontera méxico-estadunidense.

ADMINISTRAR LA MIGRACIÓN DE TRABAJADORES MEXICANOS

La migración de mano de obra mexicana a Estados Unidos había disminuido durante la Gran Depresión, y el movimiento de repatriación devolvió a México más mexicanos de los que cruzaron la frontera hacia el norte durante toda la década de 1930, pero la segunda Guerra Mundial volvió a abrir y formalizó las rutas de migración masiva entre México y Estados Unidos. Desde 1940, el

---

[26] Burnett, relato personal, p. 47.

[27] *Idem.*

[28] Memorando del 5 de junio de 1941 de Carmichael a Schofield.

Congreso estadunidense había exhortado a los agricultores del país a incrementar la producción por la guerra. Los dueños de plantaciones del suroeste ampliaron las extensiones cultivadas y contrataron ávidamente trabajadores mexicanos. Los agricultores del suroeste —en concreto los californianos—, que se quejaban de la escasez de mano de obra y buscaban ejercer mayor control sobre la llegada y salida de trabajadores mexicanos, cabildearon en el Congreso para obtener un programa de contratación de mano de obra que aumentara y garantizara la disponibilidad de trabajadores mexicanos para empresas agrícolas estadunidenses. En 1941, funcionarios de Estados Unidos propusieron al gobierno mexicano la idea de establecer un programa laboral bilateral que facilitara la migración temporal de trabajadores mexicanos a Estados Unidos y su regreso a México.

Los funcionarios mexicanos tenían reservas en cuanto a facilitar la inmigración de connacionales a Estados Unidos, pero la experiencia había demostrado que, como los empresarios agrícolas estadunidenses recurrían al sur en busca de campesinos mexicanos, muchos de los cuales se quedaron desempleados o subempleados en la década de 1940, el Departamento de Migración mexicano no podría impedir la emigración no autorizada por la frontera norte del país. Un sistema administrado y controlado de migración legal —con todos los beneficios que representaba para México— parecía preferible al aumento de los cruces fronterizos no regulados e ilegales. En consecuencia, una vez negociado un contrato de trabajo básico que cumplía los requisitos establecidos por la Constitución mexicana de 1917, los funcionarios mexicanos accedieron a participar en un sistema bilateral de migración de mano de obra administrado por el Estado.[29] Este sistema llegó a conocerse como Programa Bracero.[30]

[29] Las principales disposiciones del contrato de trabajo del Programa Bracero eran las siguientes: *1)* los trabajadores mexicanos contratados no prestarían el servicio militar de Estados Unidos; *2)* los mexicanos que entraran al país conforme al programa no serían objeto de discriminación de ninguna clase; *3)* los braceros tendrían garantizados el transporte, la manutención y la repatriación, y *4)* no se emplearía a los braceros para desplazar trabajadores internos ni para reducir sus salarios.

[30] Kitty Calavita, *Inside the State*; Nelson Gage Copp, *"Wetbacks" and Braceros*; Richard B. Craig, *The Bracero Program: Interest Groups and Foreign Policy*.

El Programa Bracero dio a los mexicanos que querían trabajar en Estados Unidos la oportunidad de hacerlo legalmente.
Los contratos del programa no tardaron en volverse bienes de
consumo valiosos en el campo mexicano, donde los campesinos
subempleados volvieron a tener esperanzas de que el trabajo en
Estados Unidos les diera el sustento en México. Sin embargo,
esta vez los funcionarios estadunidenses y mexicanos esperaban
ejercer mayor control sobre el flujo de los trabajadores migrantes de México.

Los académicos han planteado muchas maneras de entender los esfuerzos de los dos países para administrar la migración
mexicana de mano de obra por medio del Programa Bracero. El
doctor Ernesto Galarza, quien fue activista obrero entre los trabajadores agrícolas de California en las décadas de 1940 y 1950,
se preguntó en voz alta: "¿Es este extranjero contratado —un
modelo casi perfecto del hombre económico, un 'insumo' des-
provisto de los atributos políticos y sociales que a la democracia
liberal le gusta adjudicar idealmente a todos los seres humanos—, es este bracero el prototipo del hombre de producción
del futuro?"[31] La crítica de Galarza del Programa Bracero como
sistema de "migración administrada" mediante el cual las empresas agrícolas estadunidenses extrajeron trabajo y ganancias a
un suministro de mano de obra de reserva contenido al sur de la
frontera era una acusación concebida en la confluencia de
la teoría y el empirismo en los campos, donde los empresarios
agrícolas californianos usaron estratégicamente a los braceros
para reducir los salarios, romper las huelgas y degradar las condiciones de trabajo. Gilbert González y Raúl Fernández se basaron en la obra de Galarza para situar el Programa Bracero en el
contexto del imperio estadunidense y examinarlo en cuanto sistema de "explotación colonial del trabajo".[32] Sobre este trasfondo
del Programa Bracero como sistema de explotación transfronteriza del trabajo, Kitty Calavita, Deborah Cohen y Ana Rosas

[31] Ernesto Galarza, *Merchants of Labor...*, p. 16.
[32] Gilbert G. González, *Guest Workers or Colonized Labor: Mexican Labor Migration
to the United States*, p. 2; Gilbert G. González y Raúl A. Fernández, *A Century of Chicano History: Empire, Nations, and Migration*.

propugnaron perspectivas de conjunto de la concepción y el significado del programa. Por ejemplo, Calavita examinó el programa como una respuesta burocrática a las exigencias contradictorias de la ley de inmigración estadunidense y el desarrollo económico capitalista.[33] Por su parte, Deborah Cohen y Ana Rosas ampliaron nuestro entendimiento del programa al considerar la dinámica de género y diversos intereses mexicanos en la administración de la migración obrera a Estados Unidos. Su obra toma como punto de partida los requisitos para participar en el Programa Bracero y examina el significado del desarrollo del programa en la política, la cultura y la sociedad mexicanas. Como nos recuerda su obra, no todos los campesinos mexicanos reunían los requisitos para ser contratados como braceros. Sólo podían solicitar su participación los trabajadores agrícolas varones, sanos, sin tierra y excedentes, de regiones que no sufrían escasez de mano de obra en México. Muchos mexicanos —los que eran demasiado jóvenes o viejos, estaban enfermos, poseían tierras en el campo, vivían en ciudades, o las mujeres— estaban excluidos categóricamente del Programa Bracero. Examinar los intereses de las élites mexicanas y las dimensiones de género del esfuerzo mexicano por administrar la migración obrera internacional de campesinos mexicanos da una comprensión del programa rica en matices. Según Cohen, los funcionarios mexicanos de la década de 1940 siguieron apostando por las posibilidades sociales, políticas y culturales de la migración obrera masiva a Estados Unidos y presentando el Programa Bracero como un proyecto de modernización que transformaría a México y a los mexicanos al enviar campesinos a aprender, ahorrar y absorber cuanto pudieran de su experiencia en Estados Unidos.[34] Cohen afirma que el Programa Bracero era, en particular, un proyecto de modernización muy discriminatorio por razón de sexo, que elevó a los hombres mexicanos a la con-

[33] Kitty Calavita, *Inside the State.*

[34] Deborah Cohen, "From Peasant to Worker: Migration, Masculinity, and the Making of Mexican Workers in the U.S.", y "Caught in the Middle: The Mexican State's Relationship with the U.S. and Its Own Citizen-Workers, 1942-1958". Véase también Howard Lloyd Campbell, *Bracero Migration and the Mexican Economy, 1951-1964.*

dición de "actores y agentes ideales de modernidad".[35] Ana Rosas examina el Programa Bracero en cuanto "experiencia trasnacional y sexista de familias inmigrantes".[36] Al respaldar el éxodo de millones de campesinos mexicanos varones, afirma Rosas, el programa interrumpió la vida familiar y transformó las normas y relaciones de género. Sin embargo, los propios braceros y sus familias influyeron considerablemente en la evolución del programa al rechazar sus límites, explotar sus oportunidades y desafiar los ideales depositados en la administración de su migración obrera entre Estados Unidos y México.

El Programa Bracero fue todo esto —un sistema de explotación del trabajo, un asunto de imperio, un proyecto de masculinidad y modernización, una experiencia familiar y un ámbito de resistencia a la discriminación por razón de sexo—, y la enorme complejidad de la concepción, el sentido y la evolución del programa tuvo una fuerte influencia sobre la manera en que la Patrulla Fronteriza de Estados Unidos vigiló la migración mexicana no autorizada en la década de 1940.

Aunque el Programa Bracero dotaba de trabajadores mexicanos legales, temporales y varones a plantaciones y ranchos estadunidenses, al mismo tiempo muchos otros mexicanos cruzaron de manera ilegal la frontera hacia Estados Unidos. Los que estaban decepcionados por los límites del Programa Bracero o que por otra razón no podían obtener un contrato, en particular, a menudo decidían contratarse por cuenta propia: se dirigían al norte, cruzaban ilegalmente la frontera y conseguían trabajo en plantaciones de la región fronteriza. El aumento de la inmigración ilegal de México quizá les pareciera familiar a los agentes de la Patrulla Fronteriza que habían trabajado en la frontera méxico-estadunidense antes de la Gran Depresión, pero el contexto político más amplio en que ahora había que controlar la inmigración mexicana no autorizada era totalmente nuevo. Aparte de que los temores por la seguridad nacional ha-

[35] Deborah Cohen, *Transnational Subjects: Braceros, Nation, and Migration (the United States and Mexico, 1942-1964)*, cap. 1.
[36] Ana Rosas, *Familias Flexibles (Flexible Families): Bracero Families' Lives across Cultures, Communities, and Countries, 1942-1964*, p. 8.

bían aumentado el financiamiento de la patrulla, racionalizado su autoridad y aumentado sus facultades, la geopolítica de la segunda Guerra Mundial abrió la práctica de la corporación a la influencia mexicana.

La segunda Guerra Mundial trastocó las relaciones entre México y Estados Unidos. Envalentonado por una historia de conquista e imperialismo económico, Estados Unidos llevaba largo tiempo concediendo a México poco poder en las relaciones bilaterales antes de la segunda Guerra Mundial; sin embargo, durante la guerra, compartir una frontera de 3 200 kilómetros con Estados Unidos dio a México mayor influencia en sus relaciones con ese país. Si México se aliaba con las potencias del Eje o sucumbía a ellas, la contigüidad agravaría mucho la amenaza para Estados Unidos. En las comunidades estadunidenses podrían llover bombas procedentes de bases en México, y los saboteadores accederían fácilmente a Estados Unidos a través de México. En consecuencia, el continente americano en general y en particular México cobraron una importancia inusitada para Estados Unidos durante la guerra.

Mientras las batallas rugían por toda Europa a fines de la década de 1930, el entonces presidente de México, Lázaro Cárdenas (1934-1940), declaraba la neutralidad del país. Tanto Estados Unidos como México se aferraban a una neutralidad formal cuando, el 7 de diciembre de 1941, los japoneses bombardearon Pearl Harbor. Estados Unidos entró de inmediato en la guerra, y México se vio obligado a considerar cómo se protegería contra el conflicto que se cernía en su litoral pacífico, pero cuando en mayo de 1942 un submarino alemán torpedeó un navío mexicano, México entró oficialmente en la guerra junto a los Aliados.

La segunda Guerra Mundial vinculó directamente la seguridad nacional y el desarrollo económico de México a los de Estados Unidos. El nuevo presidente mexicano, Manuel Ávila Camacho (1940-1946), esperaba fortalecer la economía del país mediante la industrialización. Habían transcurrido dos décadas desde el fin de la Revolución, pero la desigualdad seguía dominando la economía. La visión agraria para la equidad social propuesta por los gobiernos revolucionarios se había esfumado, y

217

muchos apostaban a que la industrialización traería la justicia social quitando a México las persistentes desigualdades nacidas de la tenencia de la tierra.[37] Activistas obreros, intelectuales, élites, artistas y políticos de México propugnaban la industrialización como remedio de las dificultades económicas del país; pero muchos otros, entre ellos algunos de los activistas obreros más influyentes, creían que era necesario suspender los ideales de justicia social mientras el país producía el capital necesario para redistribuir la riqueza. La acumulación de capital se anteponía, pues, a la redistribución de la riqueza. La segunda Guerra Mundial representaba una oportunidad de atraer inversiones estadunidenses para el desarrollo económico mexicano.

Algunos miembros de las élites de Estados Unidos estaban ansiosos por recuperar el acceso a la tierra y los recursos naturales de México. Muchos habían visto la expropiación de sus tierras y la inutilización de sus empresas cuando en 1938 Lázaro Cárdenas nacionalizó la industria petrolera.[38] El presidente Ávila Camacho pagó sus reclamaciones contra el gobierno mexicano, lo que restauró la confianza de los hombres de negocios estadunidenses para invertir en México.[39] Empresarios de ambos países aprovecharon los sistemas de cooperación económica que se establecieron cuando México se alió con Estados Unidos en la guerra contra las potencias del Eje.

Mejorar los sistemas de transporte fue un primer paso decisivo para la industrialización mexicana. A través de la Comisión México-Estadunidense para la Cooperación en Tiempos de Guerra, Estados Unidos dio a México asistencia y equipo técni-

---

[37] Héctor Aguilar Camín y Lorenzo Meyer, *In the Shadow of the Mexican Revolution: Contemporary Mexican History, 1910-1989*; María Luisa González Marín, *La industrialización en México*; Elsa M. Gracida, *El siglo xx mexicano. Un capítulo de su historia, 1940-1982*; Stephen R. Niblo, *War, Diplomacy, and Development...*, y *The Impact of War...*

[38] Jonathan C. Brown, *Oil and Revolution in Mexico*.

[39] Aunque el sentido de las relaciones exteriores parecía indicar que los gobiernos estadunidense y mexicano podían zanjar pocas de sus diferencias, sobre todo desde el derrocamiento de Porfirio Díaz, Alan Knight afirma que las tendencias similares de la política estadunidense y la mexicana en realidad construyeron una comunidad de opiniones e intereses entre diplomáticos de ambos países a pesar de los múltiples desacuerdos; véase su libro *U.S.-Mexican Relations, 1910-1940: An Interpretation*.

cos para mejorar los ferrocarriles, mientras que en 1941 el Export-Import Bank invirtió 10 millones de dólares en bonos de caminos mexicanos. Al año siguiente Estados Unidos destinó 9 100 000 dólares a la construcción de la Carretera Panamericana en México y 13 500 000 dólares más en bonos de ferrocarriles mexicanos.[40]

Una vez puestas en marcha las obras de mejora de los sistemas de transporte, las élites estadunidenses y mexicanas centraron la atención en aumentar la producción de bienes exportables de México. La Comisión México-Estadunidense para la Cooperación Económica (MACEC, por sus siglas en inglés) se formó en 1942 y contaba entre sus miembros a los máximos directivos empresariales de ambos países. Solamente en ese año la MACEC inició 16 proyectos en los que se combinaba la movilización para la guerra con la industrialización mexicana. Entre los objetivos de los proyectos estaban "el desarrollo agrícola, el transporte, la industria, las obras públicas, el turismo y la pesca", pero sus efectos más rápidos y profundos se sintieron en la industrialización de la agricultura.[41]

En 1943, la Comisión México-Estados Unidos de Agricultura recomendó reorientar la producción agrícola mexicana abandonando los productos nacionales y adoptando el aceite y las semillas que se consideraban necesarios para el esfuerzo de guerra. Entre 1942 y 1943, un total de 700 000 hectáreas que hasta entonces se dedicaban a la siembra de maíz, alimento básico de México, se destinaron al cultivo de productos relacionados con la guerra.[42] No tardó en producirse una crisis. La cosecha de 1943 fue mala. La siembra de menos hectáreas y las malas condiciones redujeron gravemente la producción de maíz. El 21 de septiembre de 1943, la Secretaría de Agricultura prohibió a los agricultores de Nayarit, Sinaloa, Nuevo León, San Luis Potosí, Tamaulipas, Veracruz, Colima y la costa de Jalisco sembrar otra cosa que no fuera maíz, pero las condiciones para una escasez grave ya estaban dadas. México tuvo que importar casi 70 toneladas de maíz para impedir

[40] Stephen R. Niblo, *War, Diplomacy, and Development...*, pp. 89-122.
[41] *Ibid.*, p. 112.
[42] *Ibid.*, p. 130.

que mucha gente muriera de hambre. El gobernador de Durango confiscó un vagón de maíz destinado a la ciudad de México para dar de comer a gente de su estado.

Los pobres, para quienes el maíz era el alimento básico, fueron los más golpeados por la crisis de 1943. La producción de maíz no empezó a recuperarse sino hasta 1945. Las decisiones tomadas por funcionarios estadunidenses y mexicanos de abandonar los productos agrícolas nacionales refleja la primacía en sus resoluciones de la producción para la guerra y la colusión de las élites mexicana y estadunidense en la búsqueda de un sistema de desarrollo económico para México, que no beneficiaba a los pobres del país. A pesar de las lecciones de 1943, México persistió en su programa para industrializar la agricultura y sembrar productos para la exportación. La escasez de alimentos siguió golpeando a la población pobre durante toda la década de 1940, mientras los vínculos entre las élites de ambos países se hacían más estrechos.

La rápida industrialización de la agricultura mexicana y la escasez de alimentos en el país, agravadas por un drástico aumento de la población, volvieron a obligar a muchos campesinos a buscar la supervivencia en la migración. Tomaron los nuevos caminos y trenes financiados por Estados Unidos hacia los centros urbanos del país, los estados del norte y la frontera con Estados Unidos. Muchos se enteraron de las oportunidades para trabajar en ese país mediante el Programa Bracero y se dirigieron a los centros de contratación de braceros en México. Cuando llegaron, muchos supieron que no reunían los requisitos para participar. Trabajadores desilusionados por los límites del programa empezaron a cruzar ilegalmente la frontera en busca de trabajo.

Como antes, al gobierno mexicano le preocupaba la inmigración no autorizada de connacionales a Estados Unidos, pues minaba los beneficios de la emigración obrera legal y privaba al país de uno de sus principales recursos naturales, el suministro de mano de obra barata y flexible.[43] La pérdida de trabajadores y

[43] Juan Ramón García, *Operation Wetback...*, pp. 22-25; Casey Walsh, *Development in the Borderlands...*, pp. 468-500; Casey Walsh, "Demobilizing the Revolution: Migration, Repatriation, and Colonization in Mexico, 1911-1940", pp. 23-24.

la imposibilidad de regular la movilidad laboral volvió a inquietar a muchos dirigentes sociales, políticos y económicos en un momento en el que los gobernantes habían comprometido al país en un proyecto de industrialización rápida impulsado con capital estadunidense y trabajo mexicano. Los dirigentes políticos de México concebían el Programa Bracero como medio de administración de la migración, que daba al gobierno mexicano la posibilidad de controlar la movilidad internacional de los campesinos pobres del país.[44] Sin embargo, el control resultaba difícil de alcanzar, pues la migración indocumentada crecía a la par que el Programa Bracero.

Varios grupos de presión mexicanos acudieron a sus representantes en el gobierno para que se pusiera fin a la migración mexicana no autorizada a través de la frontera con Estados Unidos. El presidente Ávila Camacho recibió peticiones de un dirigente empresarial del estado de Jalisco que se quejaba de haber perdido de 350 a 400 hombres que habían abandonado la región en búsqueda de trabajo en Estados Unidos.[45] Los empresarios agrícolas de la zona fronteriza norte de México, en particular, protestaron enérgicamente, pues el algodón se estaba pudriendo en los campos porque los jornaleros mexicanos preferían cruzar la frontera en busca de mejores salarios antes que trabajar en el país. Algunas de las primeras y más urgentes exigencias procedían de los terratenientes de las zonas algodoneras más productivas y rentables de México: el valle de Mexicali, en Baja California, y la región de Matamoros, en Tamaulipas. Los empresarios de estas regiones exigían colocar destacamentos militares en la frontera para impedir que los recolectores de algodón la cruzaran ilegalmente hacia Estados Unidos.[46] Ellos y otros empresa-

---

[44] *Idem.*

[45] Carta de 8 de julio de 1943 de José Dávalos Álvarez y José G. Sánchez Gutiérrez a Manuel Ávila Camacho, presidente de la República, ciudad de México, Archivo General de la Nación (en adelante AGN), FMAC, 793, 546.6/120-1.

[46] Telegrama del 19 de febrero de 1944 de la Asociación Agrícola del Valle de Mexicali al presidente de la República, AGN, FMAC 793, 546.6/120-2; telegrama del 20 de febrero de 1944 de Algodonera del Valle al presidente de la República, AGN, FMAC 793, 546.6/120-1; telegrama del 24 de junio de 1944 de Silvestre Silva, Regino Avilés y Bonifacio Avilés al presidente de la República, AGN, FMAC 803, 548.1/19. Si se busca una

rios se habían opuesto a la adopción del Programa Bracero. En su opinión, el programa era un sistema bilateral que propiciaba la pérdida de trabajadores agrícolas frente a Estados Unidos. Habían alegado que el gobierno mexicano no debería alentar la migración mientras llevaba a cabo un proyecto interno de desarrollo económico e industrialización que requería trabajadores mexicanos. A sus protestas se unieron las voces de braceros que trabajaban en Estados Unidos y que resentían la emigración no autorizada porque creían que los trabajadores indocumentados bajaban los salarios y empeoraban las condiciones de trabajo.[47] Los mexicanos en general resentían la pérdida de ciudadanos y trabajadores que se iban al norte. El gobierno mexicano, empeñado en la industrialización, respondió a estas exigencias presionando a funcionarios estadunidenses para que intensificaran la vigilancia de la frontera y garantizaran la aprehensión y deportación de todos los connacionales que trabajaban ilegalmente en Estados Unidos.[48]

La presión que se ejercía sobre los agentes de la Patrulla Fronteriza de Estados Unidos desde el sur de la frontera estalló en un inicio en El Paso, Texas. Apenas un mes después de que los primeros braceros llegaron a California, el veterano y agente jefe de la patrulla Griffith McBee recomendó que se declarase el "estado de emergencia" en el distrito de El Paso.[49] Pese al acuerdo del Programa Bracero, que facilitaba la importación legal de

---

historia de la economía del cultivo del algodón en la región de Matamoros, véanse Tomás Martínez Saldaña, *El costo social de un éxito político*, pp. 15-43; Fernando Saúl Alanís Enciso, *El valle bajo del Río Bravo, Tamaulipas, en la década de 1930. El desarrollo regional en la posrevolución a partir de la irrigación, la migración interna y los repatriados de Estados Unidos*, y Casey Walsh, *Development in the Borderlands...*

[47] Memorándum del 13 de octubre de 1942 de la Confederación de Obreros y Campesinos de México al presidente de la República, AGN, FMAC 803, 548.1/19-1; memorándum del 29 de marzo de 1943, AGN, FMAC 803, 548.1/19-3; memorándum del 24 de mayo de 1943 de Ezequiel Padilla, secretario de Relaciones Exteriores, a J. Jesús González Gallo, secretario particular del presidente de la República, AGN, FMAC 803, 548.1/19-3.

[48] Nelson G. Copp, *"Wetbacks" and Braceros...*; David Richard Lessard, *Agrarianism and Nationalism: Mexico and the Bracero Program, 1942-1947*; Johnny MacCain, *Contract Labor as a Factor in United States-Mexican Relations, 1942-1947*.

[49] Memorando del 16 de septiembre de 1942 de Griffith McBee, agente jefe de la patrulla en El Paso, Texas, al director de distrito del Servicio de Inmigración y Naturalización en El Paso, NARA 55853/317A, 440, 58A734.

trabajadores mexicanos a Estados Unidos, McBee escribió que un número inaudito de mexicanos cruzaban la frontera de Texas con México. Los agricultores de Texas, en oposición y rebeldía contra el salario mínimo y otras disposiciones de los contratos de los trabajadores, declinaron participar en el Programa Bracero.[50] En la primavera de 1943, McBee explicó: "[E]sta situación impone exigencias extremas a las limitadas fuerzas de la patrulla que están disponibles para el servicio en El Paso, Texas, y sus alrededores". También dispuso que los días de fiesta no fueran de asueto para los agentes de la patrulla en el distrito de El Paso, y exigió a todos trabajar 56 horas por semana.[51] Sin embargo, mientras que McBee denunciaba el "número inaudito" de mexicanos que cruzaban ilegalmente la frontera y exigía a los agentes trabajar horas extras, las aprehensiones en el distrito de El Paso en realidad disminuyeron en 1943. Durante ese año de crisis, el subdistrito de El Paso consignó apenas 2 299 aprehensiones, el menor número jamás registrado en la demarcación.[52] ¿En qué consistía el "estado de emergencia" declarado por McBee?

Cuando la asignación presupuestal de 1940 aumentó el personal de la patrulla en la frontera sur, la estación de El Paso se dispuso a recibir un gran número de reclutas. Aunque la asignación incrementó a 100 el número de agentes que se podían destinar a la zona de El Paso, la estación padecía escasez de personal. En 1943, McBee se quejó ante sus supervisores de que sólo había 59 agentes en servicio en su distrito, y la asignación de buena parte de ellos a tareas distintas del patrullaje reducía aún más las posibilidades de eficacia de la Patrulla Fronteriza. McBee precisó que, de los 59 agentes de El Paso,

cinco hacen trabajo de oficina en la Unidad de Identificación de la Frontera con México, dos están destinados a la oficina del agente jefe como agentes interinos de inmigrantes, dos trabajan en el departamento de prensa y fotografía del Campo de Capacitación de

[50] Otey M. Scruggs, "Texas and the Bracero Program, 1942-1947".
[51] Memorando del 29 de mayo de 1943 de Griffith McBee, agente jefe de la patrulla en El Paso, Texas, al director del distrito de El Paso, NARA 55853/317B, 440, 58A734.
[52] *Principal Activities of the U.S. Border Patrol, Fiscal Year 1943*, CIS/HRL.

la Oficina Central, y está previsto que 18 asistan al próximo curso de la Escuela de Capacitación de la Patrulla Fronteriza.[53]

Poco después, la de por sí escasa fuerza de 59 agentes se redujo a 31 y, una vez asignados los turnos, en un momento dado había sólo 15 agentes disponibles para patrullar la línea fronteriza. En el contexto del deficiente reclutamiento, la leva para las fuerzas armadas y otros cometidos relacionados con la guerra, que mantenían la escasez de personal en todas las estaciones, McBee tenía fundados temores de que su fuerza, ya "reducida al mínimo", disminuyera todavía más. Solicitó declarar el "estado de emergencia" para proteger a sus agentes de que les asignaran otras misiones y para colocar a El Paso a la cabeza de la lista para recibir reclutas.

La descripción de McBee del "estado de emergencia" de El Paso también aludía a una preocupación que estaba surgiendo entre los agentes y funcionarios de la Patrulla Fronteriza de Estados Unidos. McBee escribió: "hay razones para suponer que las autoridades mexicanas locales sienten que no estamos cooperando con ellas en sus esfuerzos para impedir la entrada de trabajadores agrícolas".[54] McBee listó las preocupaciones mexicanas sobre el control migratorio como asunto de la máxima prioridad para la Patrulla Fronteriza en El Paso, y advirtió a los funcionarios que trabajaban en Washington, D. C.:

> [S]i nuestra fuerza actualmente en servicio disminuyera por cualquier razón dentro de las próximas semanas, el número de entradas ilegales aumentaría proporcionalmente, lo que daría justos motivos para criticar a este servicio por no patrullar con eficacia el sector fronterizo de El Paso.[55]

A diferencia de la situación de las décadas de 1920 y 1930, el nuevo entorno político de la segunda Guerra Mundial y el Programa Bracero obligaba a los agentes de la Patrulla Fronteriza a

[53] Memorando del 29 de mayo de 1943 del agente jefe de la patrulla Griffith McBee.
[54] *Idem.*
[55] *Idem.*

atender las exigencias mexicanas de una observancia más eficaz de la ley de inmigración estadunidense. La emergencia de McBee representaba una crisis de confianza de agentes estadunidenses y mexicanos en el proyecto común de controlar la migración de mano de obra mexicana.

Aunque el Departamento de Estado no supervisaba la observancia de la ley de inmigración estadunidense, sus funcionarios presionaban al Departamento de Justicia, el INS y la Patrulla Fronteriza para que cerraran la frontera a los inmigrantes mexicanos indocumentados y aprehendieran a un mayor número de ellos. A poco tiempo de iniciado el Programa Bracero, funcionarios mexicanos invitaron a reunirse en la ciudad de México a representantes del Departamento de Estado, el Departamento de Justicia, el INS y la Patrulla Fronteriza de Estados Unidos. En la reunión, "el gobierno mexicano se quejó de que un gran número de trabajadores lograban entrar ilegalmente [y] exhortaron a este gobierno [el de Estados Unidos] a tomar medidas definitivas para hacer frente al problema con eficacia".[56] Como respuesta a las reclamaciones mexicanas, los funcionarios del INS accedieron a "incrementar las fuerzas de la patrulla a lo largo de la frontera con México llenando todas las vacantes existentes y destinando aproximadamente a 150 agentes de otras zonas a la frontera con México".[57]

La mayoría de los agentes contratados después de 1943 quedaron asignados a estaciones de la frontera méxico-estadunidense.[58] El crecimiento del presupuesto de la Patrulla Fronteriza en 1940 y la rotación del personal a fines de 1943 casi duplicó el número de agentes que trabajaban en la región de la frontera con México.[59] Destinar a más agentes a la frontera sur transformó la organización nacional de la Patrulla Fronteriza de Estados Unidos. Antes de 1943, trabajaban más agentes en la frontera

[56] Véanse también la carta del 22 de diciembre de 1943 de J. F. McGurk, subjefe de la División de Repúblicas Americanas, a Earl G. Harrison, comisionado del Servicio de Inmigración y Naturalización, NARA 56161/109, 2662, 58A734, y "Salaries and Expenses 1946", CIS/HRL, p. 139.

[57] *Ibid.*

[58] Richard T. Jarnagin, *The Effect of Increased Illegal Mexican Migration…*, pp. 91-92.

[59] *Annual Report of the Secretary of Labor, Fiscal Year 1940*, Washington, D. C., GPO, 1941, p. 111.

norte que en la sur. Sin embargo, a partir de 1943 la frontera con México se convirtió en el centro de operaciones de la patrulla. Los funcionarios mexicanos también exigieron que los agentes de la patrulla listaran a los mexicanos aprehendidos en un registro aparte del de los de otras nacionalidades. De hecho, pedían que se prestara atención especial a los mexicanos indocumentados. Las exigencias planteadas por México en 1943 contribuyeron a la concentración de personal encargado de la observancia de la ley de inmigración nacional en la frontera méxico-estadunidense e insistieron en la vigilancia de la inmigración mexicana no autorizada. Así, en un momento en el que una creciente política de control migratorio planteaba a la Patrulla Fronteriza de Estados Unidos nuevas preocupaciones en torno a la entrada ilícita de saboteadores europeos y el manejo de los enemigos extranjeros presentes en el país, el establecimiento de un sistema transfronterizo de administración de la migración de mano de obra desvió la atención de los agentes de la patrulla hacia la inmigración mexicana no autorizada.

Los varios cientos de agentes nuevos destinados a la frontera con México —muchos de los cuales iban y venían porque tenían que cumplir misiones de guerra— no alcanzaban para contener la incesante afluencia de migrantes no autorizados que, en la década de 1940, cruzaron la frontera. En 1942, los funcionarios mexicanos habían logrado impedir el cruce de la frontera de California a un número de migrantes suficiente para producir una escasez de mano de obra en el Valle Imperial. Sin embargo, sus contados éxitos fueron eclipsados por el constante flujo de migrantes que cruzaron la frontera durante la hambruna de 1943 en México, y este país siguió usando la burocracia y la política del Programa Bracero como arma de presión sobre Estados Unidos para que el control migratorio diera resultados. El 11 de diciembre de 1943, la Embajada de México en Washington advirtió al Departamento de Estado que si no se controlaba el flujo de inmigración ilegal a Estados Unidos, México "haría una revisión completa de los acuerdos [del Programa Bracero]".[60] El Departa-

---

[60] Memorando núm. 9956, del 11 de diciembre de 1943, de la Embajada de México en Washington, D. C., NARA 56161/109, 2662, 58A734.

mento de Estado turnó la amenaza al Departamento de Justicia, el INS y el supervisor jefe de la Patrulla Fronteriza, quien el mismo año se dispuso a tomar acciones centralizadas para aumentar la observancia de la ley en la frontera con México.

PARTIDAS ESPECIALES DE DEPORTACIÓN DE MEXICANOS

Antes de transcurrir los seis meses desde la amenaza de la Embajada de México de revisar el Programa Bracero, el supervisor jefe de la Patrulla Fronteriza, W. F. Kelly, emprendió un nuevo programa de observancia agresiva de la ley de inmigración. Aunque es voluminosa, la documentación de los nuevos métodos empleados por la Patrulla Fronteriza en la década de 1940 está desorganizada y es poco específica. Intercalados al azar en docenas de archivos hay memorandos sobre "campañas contra extranjeros mexicanos", "brigadas especiales para mexicanos", "partidas de deportación de mexicanos" y el "programa de expulsión de mexicanos". El propósito de las partidas, brigadas, campañas y programas era aumentar las aprehensiones de ciudadanos mexicanos indocumentados transfiriendo agentes de la Patrulla Fronteriza de las estaciones relativamente tranquilas a localidades "conflictivas" durante periodos breves. Estas brigadas temporales de agentes permitieron a Kelly aumentar el número de aprehensiones a pesar de la escasez de personal.

En junio de 1944, Kelly inició una "campaña intensiva contra extranjeros mexicanos" desplegando Partidas Especiales de Deportación de Mexicanos por todo el país. Por ejemplo, el 14 de junio de 1944, Kelly ordenó a las estaciones de la Patrulla Fronteriza en Minnesota y Dakota del Norte destinar agentes a Chicago y realizar redadas especiales contra ciudadanos mexicanos.[61] Al otro día, agentes de la Patrulla Fronteriza en McAllen, Texas, terminaron una campaña contra ciudadanos mexicanos,

---

[61] Memorando del 9 de junio de 1944 de Andrew Jordan, director del distrito de Chicago, al comisionado general del INS sobre "extranjeros mexicanos", NARA 55853/313A, 439, 58A734.

que dio por resultado más de 6 900 aprehensiones.[62] En noviembre del mismo año, partidas de deportación de California deportaron a 42 928 ciudadanos mexicanos.[63]

A pesar de los intensos esfuerzos realizados en California en el verano de 1944, en octubre del mismo año el jefe Kelly seguía recibiendo informes como éste del distrito de Los Ángeles: "Los extranjeros se están desbordando literalmente por la frontera en el sector de El Centro". El número autorizado de agentes en El Centro, California, era de 68, pero la estación funcionaba con 18 agentes menos, lo que suponía que hubiera "sólo cuatro agentes disponibles para el 'patrullaje de la línea'".[64] Dado que el sector de El Centro estaba encargado de patrullar la frontera méxico-estadunidense desde El Centro, California, hasta Yuma, Arizona, cuatro agentes no tenían ninguna posibilidad de impedir la inmigración ilegal en toda la región.

En noviembre de 1944, Kelly tomó medidas para atender las solicitudes de más personal del sector de El Centro. Anunció un plan para destinar a 30 agentes del distrito de El Paso a la estación de El Centro. Apenas un año antes McBee, el agente jefe de la estación de El Paso, había declarado el "estado de emergencia" y se había quejado de la grave escasez de personal en su distrito. Él y otros objetaron que el envío de 30 agentes de El Paso pondría en peligro la labor de la Patrulla Fronteriza en la región. Kelly no estaba de acuerdo, y alegó que las condiciones relativamente estables en El Paso "no justifican que dejemos en paz a sus fuerzas cuando algunos de sus agentes evidentemente serían de tan gran ayuda en otro distrito, al menos por el momento".[65]

---

[62] Informe del 15 de julio de 1944, "Border Patrol Operations in McAllen Sector", de H. P. Brady, División de Distrito de Control de Extranjeros, a W. F. Kelly, subcomisionado de Control de Extranjeros, Filadelfia, NARA 55853/314B, 439, 58A734.

[63] Memorando de J. W. Nelson, jefe de Sección de la Patrulla Fronteriza, a W. F. Kelly, subcomisionado de Control de Extranjeros, sin fecha, NARA 56195/713, 2848, 58A734.

[64] Informe del 16 de octubre de 1944, "Mexican Border Situation", de Albert Del Guercio, director del distrito de Los Ángeles, a Joseph Savoreti, comisionado interino, NARA 56195/713, 2848, 58A734, p. 2.

[65] Memorando del 2 de noviembre de 1944 de W. F. Kelly, subcomisionado, División de Observancia, a G. C. Wilmoth, NARA 55853/317C, 440, 58A734.

*Mexicanos concentrados en un campo para extranjeros detenidos, en espera de
la deportación. Fotografía oficial de la Patrulla Fronteriza de Estados Unidos,
archivo núm. 96-12. Patrulla Fronteriza de Inmigración, McAllen, Texas.
Cortesía del Museo Nacional de la Patrulla Fronteriza, El Paso, Texas.*

La brigada de los agentes de El Paso inició labores en El
Centro el 7 de noviembre. Tres semanas después consignó en un
informe que había aprehendido a "1 994 extranjeros mexicanos",
un promedio de 110 aprehensiones al día. Hasta el 6 de diciembre "se había aprehendido" sólo a 600 "extranjeros mexicanos"
más. Dado que la estación de El Centro calculaba que entre el 10
y el 16 de octubre 6 000 extranjeros mexicanos habían entrado
ilegalmente a Estados Unidos, la aprehensión de poco más de
2 500 mexicanos que intentaban cruzar la frontera no era rele-
vante. Sea como fuere, la Oficina Central mantuvo destinados a
40 hombres a El Centro hasta por lo menos el 2 de enero de
1945.[66]

La prórroga de la destinación nominalmente productiva
motivó a Earl Fallis, el nuevo agente jefe de la estación de El

[66] Memorando del 2 de enero de 1945 de Earl Fallis a G. C. Wilmoth, NARA
56364/43 SW, parte 1, 91, 59A2038.

Paso, a quejarse de que "muchos agentes de este sector han escrito cartas expresando su total inconformidad con que se les mantenga destinados al sector de El Centro".[67] Agregó que los hombres se sentían frustrados porque "las destinaciones largas lejos del hogar siempre son difíciles para nuestros agentes",[68] y exhortó a Kelly a enviarlos de vuelta a las comunidades donde vivían. Ante el nuevo orden de autoridad centralizada y la presión para aumentar los arrestos, Kelly desechó la protesta de Fallis porque era "una práctica sana de la patrulla poner a los hombres en los puntos de mayor actividad".[69]

La destinación constante de agentes fue una estrategia adoptada en 1944, que la Patrulla Fronteriza conservaría hasta bien entrada la década de 1950. La nueva estrategia obligaba a los agentes a mudarse o a renunciar a la patrulla. Una consecuencia involuntaria de la destinación y el traslado de agentes fue la de privar a los reclutas de la posibilidad de integrarse a las comunidades donde servían. Destinados habitualmente lejos de los estados donde vivían, los agentes contaban con sus esposas para construir sus redes sociales locales.

LAS ESPOSAS DE LOS AGENTES DE LA PATRULLA FRONTERIZA

Los reclutas y sus familias provenían de todo el país y eran destinados a poblaciones pequeñas, como La Feria, Texas; Nogales, Arizona, o Blythe, California. Cuando llegaban a una nueva localidad, sus esposas contaban unas con otras para mitigar los golpes de las frecuentes mudanzas. Norma Hill recordó que, el primer día de servicio de su marido, en 1940, llegaron "en coche a Lordsburg y ocupamos una habitación de motel como a las 2 de la tarde. A las 3 llegó el agente superior, recogió a Bill, ¡y no volví a verlos hasta 24 horas después! ¡Fue una introducción adecuada a la vida de las mujeres de agentes

[67] *Idem.*
[68] *Idem.*
[69] Memorando del 2 de noviembre de 1944 de W. F. Kelly a G. C. Wilmoth.

de la Patrulla Fronteriza!" Estos incidentes se repitieron muchas veces mientras su esposo sirvió en la corporación. Sola y en una localidad extraña, Hill tuvo que acudir a las otras mujeres en busca de apoyo.[70]

Hacia la misma época en que Norma Hill se apoyaba en otras esposas de patrulleros en Lordsburg, en 1941 Mary Clint se mudó "a 1 600 kilómetros de distancia de mi familia, en Kansas," a Laredo, Texas, con su marido, recluta de la Patrulla Fronteriza. "Nos habían dicho que había pocas viviendas de alquiler", recordó, pero "otro patrullero acababa de dejar un departamento de dos cuartos que pudimos alquilar". Cuando su esposo se fue a El Paso para iniciar su adiestramiento en la BPTS, refirió Mary, "visité a otras mujeres de agentes y me enteré de otros departamentos mejores en el lado este de la ciudad". Por recomendación de esposas de patrulleros que ya vivían allí, los Clint no tardaron en mudarse "a un edificio de departamentos junto a otra pareja de la Patrulla Fronteriza". Siempre que podían, las familias de patrulleros optaban por vivir cerca unas de otras para trabar una amistad instantánea y obtener apoyo.[71]

En octubre de 1941, el recluta neoyorquino John Rosier empezó a servir en Fabens, Texas. "Desde luego, en esa época no había dónde vivir", por lo que Rosier y su esposa se hospedaron con una familia del lugar hasta que "encontramos un lugar pequeño donde vivir que entonces se llamaba los Bungalow Apartments".[72] Rosier y su mujer se mudaron al edificio con gusto porque "varios de los compañeros de la patrulla y sus esposas vivían allí".[73] Para las mujeres, que solían quedarse solas cuando destinaban a sus maridos, las amistades prontas y estrechas que encontraban entre ellas protegían a sus familias contra la inestabilidad de las mudanzas constantes porque "una siempre contaba con que los amigos de la patrulla llegarían a ser más cercanos

---

[70] *The Other Side of the Story*, NBPM. Todos los nombres que se dan son seudónimos.
[71] *Idem*.
[72] John Rosier, respuestas a la entrevista realizada por Jesse T. Rose, 16 de septiembre de 1986, D96.68.2, NBPM, p. 2.
[73] *Idem*.

CUADRO V.1. *Principales actividades y logros de la Patrulla Fronteriza de Estados Unidos, 1935-1944*

	1935	1936	1937	1938
Número total de personas aprehendidas	11 674	12 406	13 825	13 655
Número de extranjeros deportables localizados	n.d.	n.d.	n.d.	n.d.
Número de personas aprehendidas por violación de las leyes de inmigración	11 144	11 881	13 217	12 963
Número de personas aprehendidas, región de la frontera con México	8 430	9 010	9 544	9 263
Número de personas aprehendidas por violación de las leyes de inmigración, región de la frontera con México	8 076	8 768	9 266	8 982
Número de personas interrogadas, región de la frontera con México	388 377	362 884	435 262	474 489
Número total de personas interrogadas	812 007	812 110	858 256	942 985
Valor de todos los bienes confiscados (en dólares)	$96 517	$65 476	$71 639	$57 789

FUENTE: Datos recopilados de las principales actividades y logros de la Patrulla Fronteriza de Estados Unidos, *Annual Reports of the Immigration and Naturalization Service, Fiscal Years Ending June 30, 1935-1944*, Washington, D. C., GPO.

1939	1940	1941	1942	1943	1944
12 685	11 092	12 649	15 237	16 330	33 681
n.d.	n.d.	n.d.	n.d.	n.d.	n.d.
12 174	10 618	11 390	11 872	11 238	31 653
8 879	7 438	n.d.	8 708	11 775	28 173
8 606	7 161	n.d.	6 705	8 246	26 810
486 400	473 720	n.d.	n.d.	9 389 551	3 954 353
1 012 242	987 274	n.d.	13 240 125	24 598 186	5 925 036
$39 062	$36 452	n.d.	$75 373	$144 488	$128 243

CUADRO V.2. *Inmigrantes deportados, inmigrantes que dejaron voluntariamente el país e inmigrantes mexicanos repatriados, 1925-1975*

Año	Inmigrantes deportados (total)	Inmigrantes que dejaron voluntariamente el país (total)	Inmigrantes mexicanos repatriados
1925	9 495	—	2 961
1926	10 904	—	4 047
1927	11 662	15 012	4 495
1928	11 625	19 946	5 529
1929	12 908	25 888	8 538
1930	16 631	11 387	18 319
1931	18 142	11 719	8 409
1932	19 426	10 775	7 116
1933	19 865	10 347	15 865
1934	8 879	8 010	8 910
1935	8 319	7 978	9 139
1936	9 195	8 251	9 534
1937	8 829	8 788	9 535
1938	9 275	9 278	8 684
1939	8 202	9 590	9 376
1940	6 954	8 594	8 051
1941	4 407	6 531	6 082
1942	3 709	6 904	n.d.
1943	4 207	11 947	8 189
1944	7 179	32 270	26 689
1945	11 270	69 490	63 602
1946	14 375	101 945	91 456
1947	18 663	195 880	182 986
1948	20 371	197 184	179 385
1949	20 040	276 297	278 538
1950	6 628	572 477	458 215
1951	13 544	673 169	500 000
1952	20 181	703 778	543 538
1953	19 845	885 391	865 318
1954	26 951	1 074 277	1 075 168

CUADRO V.2. *Inmigrantes deportados, inmigrantes que dejaron voluntariamente el país e inmigrantes mexicanos repatriados, 1925-1975 (concluye)*

Año	Inmigrantes deportados (total)	Inmigrantes que dejaron voluntariamente el país (total)	Inmigrantes mexicanos repatriados
1955	15 028	232 769	242 608
1956	7 297	80 891	72 442
1957	5 082	63 379	44 451
1958	7 142	60 600	37 242
1959	7 988	56 610	30 196
1960	6 892	52 610	29 651
1961	7 438	52 383	29 817
1962	7 637	54 164	30 272
1963	7 454	69 392	39 124
1964	8 746	73 042	43 844
1965	10 143	95 263	55 349
1966	9 168	123 683	89 751
1967	9 260	142 343	108 327
1968	9 130	179 952	151 000
1969	10 505	240 958	201 000
1970	16 893	303 348	277 377
1971	17 639	370 074	348 178
1972	16 266	450 927	430 213
1973	16 842	568 005	577 000
1974	18 824	718 740	709 959
1975	23 438	655 814	680 392

FUENTE: Los totales de inmigrantes deportados y los que dejaron voluntariamente el país se recopilaron de *Annual Reports of the Immigration and Naturalization Service, Fiscal Years Ending June 30, 1960-1975*. Las cifras de inmigrantes mexicanos repatriados se obtuvieron de las siguientes fuentes: entre 1925 y 1973, de Julian Samora, "Mexican Immigration", p. 70; para 1974-1975, de *Annual Reports of the Immigration and Naturalization Service, Fiscal Years Ending June 30, 1974 and 1975*. En las cifras de los años de 1925-1973, se tiene en cuenta si se trató de traslados forzosos, deportaciones o salidas voluntarias. En los años 1974-975, las cifras se refieren al número de mexicanos deportables localizados.

NOTA: Las estadísticas de inmigración de Estados Unidos no coinciden entre los informes anuales del comisionado general de Inmigración, los del secretario del Trabajo, los del Servicio de Inmigración y Naturalización y los anuarios estadísticos del INS. Sin embargo, las tendencias generales de las diversas categorías de inmigración, exclusión, aprehensión y traslado forzoso se mantienen constantes.

que la familia".[74] Aunque había "frecuentes despedidas con lágrimas", los múltiples traslados suponían "la certeza de que una los volvería a ver después en algún otro lugar".[75]

Las familias de la Patrulla Fronteriza formaban comunidades dentro de otras comunidades. Mudarse de una población a otra era más llevadero porque se permanecía siempre en la comunidad de la Patrulla Fronteriza. Sin embargo, la estrategia de supervivencia social de contar con la comunidad de la patrulla distanciaba aún más a los recién llegados de las comunidades fronterizas establecidas. Los agentes de la Patrulla Fronteriza no se integraban a la vida, los intereses ni las costumbres de la localidad donde servían. Cuando la Oficina Central exigía una mayor observancia de la ley y más aprehensiones, el personal nuevo de la patrulla y su distancia social hacia las comunidades locales hacía que los agentes no dudaran en contravenir el interés de éstas en una observancia flexible de la ley de inmigración.

Los agentes nuevos, al estar equipados con aviones, radios y camionetas, y operar en un sistema de coordinación nacional, produjeron resultados rápidos. Al término de 1944, el total de aprehensiones se duplicó de 16 330 en 1943 a 33 681 en 1944 (véase el cuadro V.1). Los académicos con frecuencia han interpretado el aumento de las aprehensiones de la Patrulla Fronteriza en 1944 como un reflejo del drástico aumento de los cruces indocumentados, pero un examen detenido de las operaciones de la patrulla en esos años hace pensar más bien en una combinación de factores. Además de las penurias de los trabajadores en el campo mexicano y el crecimiento de las oportunidades de empleo en Estados Unidos, había reclutas provistos de más y mejores recursos, que trabajaban según un sistema de administración más centralizado en una política binacional de deportación de trabajadores mexicanos.[76] Aunque no cabe duda de que

[74] *The Other Side of the Story.*
[75] *Idem.*
[76] Galarza, *Merchants of Labor...*, pp. 58-71; Copp, *"Wetbacks" and Braceros...*, pp. 78-99. Si se buscan análisis de los riesgos de emplear las estadísticas de la Patrulla Fronteriza sobre aprehensiones para medir la inmigración indocumentada, véanse Jorge Bustamante, "Measuring the Flow of Undocumented Immigrants"; Thomas J. Espenshade, "Using INS Border Apprehension Data to Measure the Flow of Undocumen-

hubo un aumento de la inmigración mexicana indocumentada a lo largo de la década de 1940, la transformación de la autoridad, los recursos, el personal y las prioridades de la Patrulla Fronteriza también contribuyó al brusco aumento de las aprehensiones de ciudadanos mexicanos en la zona de la frontera con México. De acuerdo con estas múltiples dimensiones de la observancia de la ley de inmigración estadunidense en la región fronteriza entre los dos países a principios de la década de 1940, el proyecto de la patrulla de vigilar la inmigración mexicana no autorizada a todas luces se intensificó.

Las consecuencias fueron importantes para las personas de origen mexicano en la región fronteriza común a medida que se extendía la red de vigilancia de la patrulla. Por ejemplo, el número de interrogatorios consignados por la corporación se disparó de 473 720 en 1940 a 9 389 551 en 1943, un aumento de casi 20 veces. Las aprehensiones no aumentaron de manera proporcional; su proporción respecto al número de interrogatorios disminuyó de 1.5% en 1940 a 0.009% en 1943. Sometidos a intensas presiones para deportar a los inmigrantes mexicanos no autorizados, los agentes y las Partidas Especiales de Deportación de Mexicanos dirigieron los millones de preguntas, sospechas e interrogatorios adicionales contra ciudadanos estadunidenses e inmigrantes legales de origen mexicano. La búsqueda de la patrulla de migrantes indocumentados de origen mexicano estuvo motivada en parte por las exigencias del gobierno mexicano a través de la burocracia bilateral del Programa Bracero. Por tanto, el proyecto de vigilar la inmigración mexicana no autorizada evolucionó y se intensificó con arreglo a circunstancias que distaban mucho de la política regional y local de control migratorio que en otro tiempo había llevado a los agentes de la Patrulla Fronteriza a centrar sus esfuerzos en localizar y aprehender inmigrantes mexicanos indocumentados. Detrás de la apariencia de continuidad, las rupturas en el mundo de la observancia de la

---

ted Migrants Crossing the U.S. Mexico Frontier". Si se buscan estudios más generales de estadísticas de criminalidad, véanse Eric. H. Monkkonen, "The Quantitative Historical Study of Crime and Criminal Justice"; Mark L. Dantzker, Arthur J. Lurigio, Magnus J. Seng y James M. Sinacore, *Practical Applications for Criminal Justice Statistics*.

ley de inmigración estadunidense configuraron drásticamente el ascenso de la Patrulla Fronteriza en la zona de la frontera méxico-estadunidense.

El capítulo VI explora más a fondo los cambios de la mecánica del control migratorio en la región fronteriza entre ambos países al examinar cómo aprovechó la patrulla las oportunidades brindadas por el Programa Bracero para obtener un mayor control de los cruces fronterizos no autorizados de ciudadanos mexicanos. El capítulo VI refiere, en particular, cómo los agentes de la Patrulla Fronteriza de Estados Unidos colaboraron estrechamente con agentes mexicanos al sur de la frontera. Juntos, los agentes de ambos países adoptaron nuevas prácticas de observancia de la ley y establecieron nuevos sistemas de deportación que enlazaron los sistemas estadunidense y mexicano de control migratorio. En otras palabras, el capítulo VI examina cómo persiguió la nueva dinámica de control migratorio a quienes cruzaban la frontera sin permiso por las conocidas rutas migratorias entre Estados Unidos y México.

VI. Las rutas de control migratorio

El 17 de enero de 1948, M. K. Fritz, propietario de una funeraria, se sentó a leer el periódico matutino en Chicago, Illinois. Había un artículo sobre un caso de discriminación racial contra un ciudadano mexicano. El incidente lo enfureció tanto que envió el recorte por correo al presidente de México, Miguel Alemán, para que se hiciera "una idea del modo en que se trata a la gente de color en nuestro país".[1] Fritz sabía bien que la discriminación racial era el pan de cada día en Estados Unidos. "Nosotros los negros —escribió— llevamos muchos años sometidos a este yugo y no parece que vaya a disminuir."[2] En su opinión, lo que el ciudadano mexicano había experimentado era una realidad ingrata que había que aceptar, y agregó que comprendía "a todo compañero de color que reciba un trato tan injusto".[3] Por último, aconsejó al presidente Alemán: "Convendría que diera usted a conocer a su pueblo el trato que se dio aquí a uno de sus connacionales para que, cuando vayan a su país estadunidenses de ascendencia blanca, reciban una cucharada de su propia medicina".[4]

Como hicieron muchos activistas y organizaciones que defendían los derechos civiles en la década de 1940, Fritz buscó alianzas internacionales contra la discriminación y la violencia

[1] Carta del 17 de enero de 1948 de M. K. Fritz, de Fritz Funeral Home (Chicago) al presidente de México, AGN, FMAV, 587, 545.3/98.

[2] *Idem.*

[3] *Idem.*

[4] *Idem.*

raciales en Estados Unidos. La presión internacional y las alianzas transfronterizas a menudo influyeron poderosamente para avergonzar a los presidentes estadunidenses, así como a congresistas y jueces de la Corte Suprema, y obligarlos a hacer presión para que se pusiera fin a la segregación racial en Estados Unidos.[5] Desde la mesa de su cocina en Chicago, Illinois, Fritz esperaba que México también contribuyera a desmantelar los sistemas estadunidenses de inequidad racial.

Aunque el presidente Alemán nunca contestó la carta, la esperanza de Fritz no era del todo infundada. El orden racial de la vida en Estados Unidos ya se había visto amenazado por episodios de organización y resistencia conjuntas de afroamericanos y personas de origen mexicano. Por ejemplo, en las dificultades económicas de la década de 1930, los trabajadores afroamericanos y de origen mexicano en Chicago y otros lugares participaron juntos en la gran oleada de organización obrera interracial;[6] pero a los funcionarios mexicanos de la década de 1940 no les interesaba hacer frente de manera conjunta al problema de la inequidad racial en Estados Unidos. Más bien, adoptaron la postura más cauta de oponerse a la discriminación contra la población de origen mexicano.[7] Por ejemplo, a principios de la década de 1940, los funcionarios mexicanos se habían negado a enviar braceros al estado de Texas, donde la discriminación contra los mexicanos era más pública y descarada. Los funcionarios mexicanos también colaboraron con organizaciones méxico-estadunidenses de defensa de los derechos civiles a fin de presionar a Texas para que reconociera oficialmente la pertenencia de la población de origen mexicano a la raza caucásica.[8] En su lucha por la inclusión en el mundo de la raza blanca, los funcionarios

[5] Mary Dudziak, *Cold War Civil Rights...*; Borstelmann, *The Cold War and the Color Line...*

[6] Lizabeth Cohen, *Making a New Deal: Industrial Workers in Chicago, 1919-1939*, pp. 324-360. Véanse también Gerald Horne, *Black and Brown: Africans and the Mexican Revolution, 1910-1920*; Benjamin H. Johnson, *Revolution in Texas*; Sandos, *Rebellion in the Borderlands*; Daniel Widener y Luis Alvarez, "Chicana/o-African American Cultural and Political Relations".

[7] Thomas A. Guglielmo, "Fighting for Caucasian Rights..."

[8] Neil Foley, "Partly Colored or Other White...", pp. 341-355.

mexicanos aprovecharon y a la vez reforzaron la división entre blancos y negros como la separación racial y étnica fundamental de la vida estadunidense. En cuanto lucha por la incorporación de los inmigrantes, era una estrategia que les había funcionado a otros grupos de inmigrantes en otros tiempos y lugares: los irlandeses se habían caracterizado de negros en la comedia musical, y los italianos habían defendido la segregación residencial;[9] pero los funcionarios mexicanos, además de luchar por la pertenencia a la raza blanca, intervinieron en la intensificación de la observancia de la ley de inmigración estadunidense en la región de la frontera entre México y Estados Unidos. Al contribuir a la concentración de la Patrulla Fronteriza en la frontera común y a su proyecto cada vez mayor de vigilar la inmigración mexicana no autorizada, los funcionarios mexicanos participaron en la mexicanización de la casta de los ilegales en Estados Unidos.

Este capítulo reanuda la historia de las influencias mexicanas en las prácticas de la Patrulla Fronteriza de Estados Unidos al dar cuenta del aumento de las estrategias de control de la migración transfronteriza a mediados de la década de 1940. Aprovechando la bilateralidad del Programa Bracero para administrar la importación de trabajadores migrantes legales a Estados Unidos, los agentes de inmigración estadunidenses y mexicanos concibieron y aplicaron métodos transfronterizos para deportar migrantes mexicanos ilegales de Estados Unidos. Además, trabajaron en colaboración para transformar la permeable frontera común en un límite claro que mantenía a los migrantes no autorizados al sur o los absorbía en un proceso de cruces fronterizos sin permiso. En esta era de cooperación transfronteriza, los funcionarios mexicanos y estadunidenses arraigaron la violencia de la observancia de la ley de inmigración en la frontera y en el interior de México. Los migrantes mexicanos indocumentados seguían resultando heridos y mutilados, pero —a diferencia de lo que ocurría antes— los golpes rara vez eran propinados por agentes de la Patrulla Fronteriza de Estados Unidos. Lo más probable es que el forense y agudo crítico social M. K. Fritz des-

---

[9] Thomas A. Guglielmo, *White on Arrival: Italians, Race, Color, and Power in Chicago, 1890-1945*; Roediger, *Wages of Whiteness*.

conociera la manera en que las innovaciones transfronterizas de control migratorio fortalecieron, intensificaron y extendieron la violencia que hería y lisiaba a los inmigrantes ilegales de México. Este capítulo demuestra que la violencia de la observancia de la ley de inmigración tuvo lugar en un contexto de cooperación entre los sistemas estadunidense y mexicano de control migratorio. Al explorar el surgimiento de nuevas rutas de control migratorio transfronterizo, el presente capítulo examina las dimensiones binacionales del problema de la raza conforme a la estricta observancia de la división entre legales e ilegales por parte de la Patrulla Fronteriza.

ESTADOS UNIDOS, MÉXICO Y LA TRANSFORMACIÓN DE LA DEPORTACIÓN

Las Partidas Especiales de Deportación de Mexicanos enviaban a un número cada vez mayor de inmigrantes mexicanos no autorizados al otro lado de la frontera méxico-estadunidense. Sin embargo, la deportación masiva no resolvió los problemas de la migración no autorizada. Como los deportados regresaban con pocos recursos, representaban una carga excesiva para las autoridades municipales mexicanas que afrontaban las consecuencias de la deportación masiva, por lo que a menudo volvían a cruzar la frontera hacia Estados Unidos. Aunque las deportaciones masivas causaban buena impresión en el papel, perturbaban a las comunidades mexicanas fronterizas y no lograban impedir los cruces no autorizados. Conscientes de ello, autoridades estadunidenses y mexicanas se reunieron para discutir el control migratorio en la frontera común.

El 11 de enero de 1945, las autoridades reunidas llegaron a un acuerdo pensado para controlar el regreso a México de los migrantes indocumentados mediante una cooperación estrecha entre ambos países. Según este acuerdo, la Patrulla Fronteriza de Estados Unidos deportaría a los ciudadanos mexicanos que residieran en Sonora, Sinaloa y Jalisco vía Nogales, Arizona; los residentes de estados mexicanos del este y el sur regresarían por El

Paso, Texas. En la frontera, México aceptaría "la entrega de los extranjeros" y los reenviaría "a localidades del interior".[10] Mientras que antes los agentes de la Patrulla Fronteriza de Estados Unidos liberaban a los deportados en la frontera con México, conforme al acuerdo de enero de 1945 empezarían a dejarlos bajo la custodia de agentes mexicanos que se encargarían de su traslado forzoso a lugares situados al sur de la frontera con Estados Unidos.

Las deportaciones en colaboración comenzaron en abril de 1945. El medio de transporte preferido para llevar a los deportados al interior de México era el ferrocarril. De manera intermitente durante las décadas de 1940, 1950 y 1960, los trenes llevaban de 600 a 1000 migrantes a la semana a Monterrey, Nuevo León; Torreón, Coahuila, o Jiménez, Chihuahua. Además de la comunicación ferroviaria, que era más rentable, en junio de 1951 las autoridades estadunidenses y mexicanas establecieron traslados forzosos diarios en avión de Holtville, California, y Brownsville, Texas, a ciudades del centro de México, como San Luis Potosí, Guadalajara y Guanajuato (véase el mapa de la página 22). Ese año, 34057 migrantes fueron llevados en avión al interior de México. Al año siguiente, la cifra fue de 51504, pero en 1953 el Congreso estadunidense no destinó suma alguna para los traslados en avión, y la práctica se suspendió hasta que en 1954 se reanudó el financiamiento.[11]

Tanto en tren como en avión, el procedimiento para coordinar la deportación al interior de México era el mismo. Por regla general, agentes de la Patrulla Fronteriza aprehendían a ciudadanos mexicanos indocumentados en algún lugar de Estados Unidos y los enviaban en autobús a un centro de detención del

[10] Memorando del 27 de noviembre de 1945 de Joseph Savoretti a Grover C. Wilmoth, director del distrito de El Paso, "Removal of Mexican nationals apprehended in the Los Angeles District through El Paso and Nogales", NARA 55853/300D, 437, 58A734.

[11] Sobre los traslados forzosos en avión, véanse los testimonios de Argyle R. Mackey, comisionado del Servicio de Inmigración y Naturalización, y Willard F. Kelly, subcomisionado de la División de Observancia del Servicio de Inmigración y Naturalización, en Subcomisión del Senado sobre Trabajo y Relaciones Obrero-Patronales, de la Comisión sobre Trabajo y Seguridad Social, *Migratory Labor Hearings*, 82 Congreso, 2a. sesión sobre trabajadores migrantes, parte 1, 1952, pp. 735-747.

INS en la frontera de California o Texas. En el centro de detención los funcionarios decidían el método de deportación que se ofrecería a cada inmigrante. A los residentes de una zona fronteriza contigua se les permitía cruzar hacia México y quedarse en la zona fronteriza sin pagar más multas ni ser vigilados. En cambio, si eran del interior, los agentes de la Patrulla Fronteriza los designaban para ser expulsados en tren o en avión. Los agentes solían señalar a los residentes de los estados del norte de México para deportarlos en tren a Monterrey, Torreón o Chihuahua, mientras que a los de "la balanza de México" los designaban para enviarlos en avión al centro del país.

Como se describe en un memorando de 1956, el procedimiento para el traslado en tren a Chihuahua consistía en que los agentes de la Patrulla Fronteriza llevaran un autobús lleno de migrantes hasta la "parte media del puente" que comunicaba Presidio, Texas, con Ojinaga, Chihuahua.[12] Allí, todo el personal de la Patrulla Fronteriza y del INS "bajaba del autobús y volvía a la estación de inspección".[13] Entonces los agentes mexicanos subían para "llevar al grupo de la parte media del puente a la estación de trenes".[14] En ese momento, los deportados y la responsabilidad financiera de su detención, supervisión, transporte y cuidado se transferían oficialmente de Estados Unidos a México.

En el lado mexicano del puente, los agentes de México llevaban el autobús a la estación de trenes de Ojinaga, donde ponían a los migrantes bajo custodia armada. Para completar la operación, algunos de los agentes mexicanos volvían a dejar el auto-

---

[12] Memorando del 20 de septiembre de 1956 de Marcus Neelly, director del distrito de El Paso, a E. D. Kelliher, jefe de Detención, Deportación y Libertad Condicional, El Paso, Administración Nacional de Archivos y Registros, College Park, Maryland, RG85, Acc 67A2033, caja 13, archivo 659.4, parte 1, en adelante NARA 2. Sobre un mecanismo parecido al de los traslados forzosos en avión, véase el memorando del 5 de noviembre de 1957, "airlift—Reynosa to León, Guanajuato", de John P. Swanson, subcomisionado regional de Observancia, Región Suroeste, a todos los agentes jefes de la Patrulla Fronteriza de la Región Suroeste, NARA 2, RG 85, Acc 67A0233, caja 13, archivo 659.4, parte 1. Véase también Ben A. Parker, entrevistado por Douglas V. Meed, 25 de julio de 1984, entrevista núm. 661, Instituto de Historia Oral, Universidad de Texas en El Paso, pp. 8-10.

[13] *Idem.*

[14] *Idem.*

Guardias mexicanos custodian deportados que esperan su traslado forzoso en tren al interior del país, hacia 1952-1953. Fotografía oficial de la Patrulla Fronteriza de Estados Unidos, archivo núm. 46-21. Patrulla Fronteriza de Inmigración, McAllen, Texas. Cortesía del Museo Nacional de la Patrulla Fronteriza, El Paso, Texas.

bús vacío en la parte media del puente, de donde los agentes estadunidenses lo llevaban de vuelta a la estación de Presidio. Entretanto, en la estación de trenes de Ojinaga los migrantes deportados esperaban a que hubiera un tren para llevarlos al sur. En la espera, a veces un funcionario mexicano los sermoneaba diciéndoles que "era inútil que volvieran a Estados Unidos porque no había demanda de trabajo".[15] Si se quejaban de que los llevaran por la fuerza al interior, un agente del Departamento de Migración mexicano quizá les explicara que habían infringido la ley mexicana al emigrar sin autorización y que no

---

[15] Memorando del 27 de junio de 1957, "Movement of Buslifted Aliens", de P. A. Reyes, agente de la patrulla de El Paso, al agente jefe en El Paso, NARA 2, RG 85, Acc 67A0233, caja 13, archivo 659.4, parte 1.

estaban en condiciones de discutir su traslado al interior.[16] Cuando los trenes iban a partir, los guardias subían a bordo con los migrantes y los escoltaban hasta su destino final más al sur de la frontera con Estados Unidos.

La cooperación transfronteriza introdujo un sistema de observancia de la ley de inmigración que distaba mucho del creado por los jóvenes de las localidades fronterizas que hacían cumplir la ley federal en las primeras décadas de actividad de la Patrulla Fronteriza en la frontera con México. En esa época, los principales socios de los agentes de la patrulla eran *sheriffs*, policías, agricultores e integrantes de los *rangers* de Texas. Ahora los agentes pasaban gran parte de su tiempo colaborando con funcionarios mexicanos para coordinar la puesta de los deportados bajo la custodia de agentes mexicanos al sur de la frontera. En la transferencia directa y forzosa de los deportados de la custodia estadunidense a la mexicana nacía una nueva era de observancia de la ley de inmigración, fundada en estrategias bilaterales.

Para los agentes, la colaboración transfronteriza amplió las posibilidades del control migratorio. La práctica policial se define como un ámbito de violencia de Estado limitado por las fronteras nacionales de que se trate, pero al coordinar la deportación a través de la frontera, los agentes estadunidenses y mexicanos vincularon las distintas jurisdicciones policiales de Estados Unidos y México. En todo momento, los agentes estadunidenses y mexicanos respetaron los límites representados por la frontera. Bajaban de los autobuses y entregaban la custodia de los deportados en la línea fronteriza entre los dos países. Con la colaboración transfronteriza, los agentes estadunidenses y mexicanos pudieron transformar una frontera que señalaba los límites de sus jurisdicciones en un puente que, en vez de dividir, unía los dos sistemas de control migratorio. En ese puente confluían las con-

---

[16] "Desórdenes públicos entre braceros que conducía el barco platanero citado en el río Pánuco", AHINM 4-009-1; carta del 10 de septiembre de 1956, "Informe relacionado con la arribada forzosa del vapor mercante nacional *Mercurio*", de Francisco Rabatte, jefe del Servicio, Oficina de Población en Tampico, Tamaulipas, al secretario de Gobernación, AHINM 4-009-1.

secuencias de cruzar la frontera sin autorización. Para los migrantes, la colaboración transfronteriza aumentó el precio que pagaban por entrar ilegalmente a Estados Unidos. Las detenciones y los trastornos que acompañaban al control migratorio ya no estaban aislados al norte o al sur de la frontera. En Estados Unidos, aquellos a quienes se identificaba como inmigrantes ilegales estaban sujetos a vigilancia, detención y deportación. En México se enfrentaban con los trastornos y preocupaciones del traslado forzoso a lugares desconocidos. Sin embargo, en ambos países las consecuencias de cometer las infracciones simbióticas de salir sin permiso de México y entrar ilegalmente a Estados Unidos estaban enlazadas a través de las prácticas en colaboración del control migratorio méxico-estadunidense.

"SIN SEÑALES DE VIOLENCIA": BILATERALIDAD, GÉNERO Y EVOLUCIÓN DE LA VIOLENCIA DE ESTADO

Los traslados forzosos en tren y en avión eran una estrategia de control migratorio dirigida contra los cuerpos de los migrantes no autorizados. El objetivo era reducir el número de cruces fronterizos no permitidos alejando de la frontera a los migrantes indocumentados. Sin embargo, convertir la frontera méxico-estadunidense en una barrera impenetrable constituía otra opción de control migratorio.

En 1945, las autoridades de la Patrulla Fronteriza de Estados Unidos empezaron a advertir que los cruces fronterizos ilegales se trasladaban de la zona de El Paso, Texas, a la frontera de California. Para hacer frente al aumento de cruces ilegales por este último estado, el Servicio de Inmigración y Naturalización entregó 1 372 metros "de malla para cercar (de 3 metros de altura, de alambre del número 6) a la Comisión de la Frontera Internacional y Aguas de Calexico, California". Los funcionarios del INS y la Patrulla Fronteriza creían que una valla iba a disuadir a quienes cruzaban la frontera con México sin permiso, y decidieron reciclar sus recursos enviando allí la cerca de malla que se había usado en el campo de internamiento de Crystal City, California.[17] La alambrada y los postes que habían mantenido prisioneros a los estadunidenses de origen japonés durante la segunda Guerra Mundial se arrancaron del desierto de Crystal City y se hincaron en las arenas de la frontera méxico-estadunidense para impedir la entrada a los mexicanos, por lo menos a lo largo de 9.33 kilómetros a cada lado del canal All-American, en Calexico, California.

Aunque el INS no podía levantar una valla continua a todo lo largo de la frontera, los funcionarios esperaban que colocarla a intervalos en lugares estratégicos "obligaría a quien quisiera entrar ilegalmente a Estados Unidos a rodearla por sus extremos".[18] Lo que había en los extremos de vallas y canales eran desiertos y montañas que entrañaban graves riesgos si se intentaba atravesarlos sin guía ni agua suficiente. Por tanto, las vallas desalentaban la inmigración ilegal porque exponían a quienes cruzaban la frontera sin documentos al peligro de la deshidratación en el día y de la hipotermia en la noche.

La construcción de la valla suscitó la oposición inmediata de comunidades fronterizas mexicanas. "Gracias a nuestras fuentes de información en Mexicali hemos sabido de varios rumores que circulan en las cantinas de que los maleantes de la ciudad van a empezar a hacer aberturas en la valla tan pronto como esté instalada."[19] Mientras la Patrulla Fronteriza cabildeaba para obtener fondos, alegando que era necesario "dotar la valla de un sistema de alumbrado con atalayas para protegerla", el gobernador de Baja California destacó una unidad del ejército mexicano con el mismo fin "durante la construcción de la valla".[20] Sin la

[17] Carta del 19 de enero de 1948 del comisionado al juez Jon Phillips, NARA 56084/946A, 9, 59A2034, p. 1.

[18] Informe del 1° de julio de 1949, "Preliminary Estimate for Lighting of Boundary Fence, Installing Protective Devices, and Erection of Observation Towers at Calexico, San Ysidro, and Nogales", NARA 56084/946A, 9, 59A2034, p. 1.

[19] Memorando del 27 de junio de 1949 de Nick Collaer a W. F. Kelly, "Guarding of the International Fence, Calexico", NARA 56364/43 SW, parte 1, 93, 59A2038; memorando del 12 de julio de 1949 de H. R. Landon a M. H. A. Lindsay, ingeniero jefe, ADT Co., NARA 56084/946A, 9, 59A2038.

[20] Informe del 1° de julio de 1949, "Preliminary Estimate for Lighting of Boundary Fence", p. 1; véase también el memorando del 28 de noviembre de 1952 de R. L. Williams a H. Landon, "International Fence at Calexico", NARA 56084/946A, 9, 59A2034.

cooperación de México, los esfuerzos estadunidenses para reforzar la línea fronteriza con vallas y alambradas de púas probablemente habrían sucumbido a los alicates de corte. Mientras el gobierno mexicano exigía protección para los braceros connacionales contra la discriminación y el maltrato por parte de sus patrones estadunidenses, los funcionarios mexicanos de la frontera ayudaban a la Patrulla Fronteriza de Estados Unidos a levantar vallas destinadas a reducir la inmigración ilegal volviendo más peligrosos los cruces fronterizos sin documentos.

Las personas que cruzaban la frontera sin autorización constantemente hacían aberturas en las vallas nuevas. Por ejemplo, el 3 de julio de 1951, se habían reparado todos los cortes de la valla de Calexico. El 7 de julio,

> ya se habían hecho 14 aberturas en esta valla por el lado este de Calexico, y de la base se habían desprendido 11 paneles que, si se sacan, permiten a una persona pasar al otro lado deslizándose por debajo; además, se habían cortado siete hilos de alambre de púas. Por el lado oeste de Calexico se habían desprendido 13 paneles de la base y se había cortado un hilo de alambre de púas.[21]

Los migrantes cortaban la valla, escarbaban la tierra por debajo y hasta saltaban sobre las alambradas de púas. "Si uno iba allí de día, veía los resultados de los cruces de la noche anterior. Echaban encima colchones y abrigos y toda clase de cosas para no desgarrarse la piel", dijo un agente acerca de la ineficacia de las vallas para mantener a la gente al sur de la frontera. Él y otros agentes de la Patrulla Fronteriza se referían sistemáticamente a las vallas como "un fastidio constante" y no como una barrera eficaz.[22] Aun así, muchos migrantes, frustrados por las vallas y la presencia de personal de la patrulla en zonas de cruce concurridas, se arriesgaban cada vez más a rodear los extremos de las vallas.

---

[21] Memorando del 9 de julio de 1951 del agente jefe de la patrulla en El Centro al agente de Observancia del Distrito de Los Ángeles, NARA 56084/946A, 9, 59A2034.

[22] Arthur Adams, entrevistado por Jim Marchant y Óscar J. Martínez, 10 de agosto de 1977, entrevista núm. 646, Instituto de Historia Oral, Universidad de Texas en El Paso, p. 19.

Una vez terminada la valla, los agentes del Valle Imperial centraron la atención en hacer aprehensiones patrullando el desierto de noche y recogiendo migrantes, a quienes hallaban sentados en el suelo en medio del gélido frío. Aunque la Patrulla Fronteriza no llevaba ningún registro del número de migrantes que hallaba ni de las condiciones en que se encontraban, muchos años después el agente Ben A. Parker recordó que había sido en las décadas de 1940 y 1950 cuando los agentes empezaron a recoger migrantes en los desiertos y montañas. "Fue una de las peores nevadas que he visto jamás en este país", dijo Parker de una noche en la zona fronteriza de Texas en que recogió a un migrante que tenía "los pies congelados, los dedos hinchados y las uñas amoratadas y sangrantes".[23]

Los propios migrantes se daban cuenta de los nuevos peligros de las vallas fronterizas que los empujaban a desiertos y montañas. Por ejemplo, un deportado mexicano, tras ser detenido por la Patrulla Fronteriza mientras intentaba atravesar la valla, declaró al *Los Angeles Times:* "La próxima vez voy a entrar acompañado por el desierto, y a caminar en la arena, donde no hay gente". Admitió que más allá de las vallas "es muy difícil, y muchos mueren en ese camino", pero agregó: "A lo mejor la botella de agua me dura, y llego a algún lugar como San Bernardino o Los Ángeles, y ahí me pierdo de la Migra".[24] Sin embargo, muchas de las personas que compartían su sueño perecieron en el camino.

El 4 de febrero de 1952, un empleado del distrito de irrigación halló a cinco mexicanos muertos cerca del monte Superstition, en el Valle Imperial. Los cuerpos estaban "cerca de unos arbustos bajos, con una bolsa de agua de lino, dos latas de sardinas y dos hogazas de pan". Parece que los hombres iban preparados para una larga caminata por el desierto, pero habían subestimado la desolación de aquel paraje de la frontera méxico-estadunidense. Por la avanzada descomposición de los cadáveres, la policía local dedujo que los hombres habían muerto "intentando

---

[23] Entrevista con Ben A. Parker, pp. 7-8.
[24] "Mexican Workers Flood Across Line", *Los Angeles Times*, 2 de mayo de 1950.

eludir a los agentes de inmigración" durante "el terrible calor del verano" de 1951.[25]

Aunque los funcionarios estadunidenses no podían identificar muchos de los cuerpos que encontraban, los migrantes notaban en seguida la muerte o desaparición de sus compañeros de viaje por el desierto. Muchos siguieron usando los desiertos, sobre todo con la ayuda pagada de coyotes, pero otros probaron nuevos métodos, como cruzar el canal All-American. Como ocurría con el río Bravo, cuando el canal iba crecido la Patrulla Fronteriza lo dejaba en relativo descuido por la amenaza que de suyo representaba para los indocumentados que intentaban cruzarlo. El 26 de mayo de 1952, un mexicano de 25 años, Mario Ramírez, entró al canal a 10 kilómetros al oeste de Calexico y se ahogó.[26] Algunos días después las autoridades del canal descubrieron el cadáver maltrecho de un hombre mexicano no identificado que llevaba cuando menos un mes atorado en la compuerta de alimentación del canal.[27]

Los agentes de la Patrulla Fronteriza habían renunciado a la brutalidad de otros tiempos, pero el número de cuerpos de migrantes que morían al intentar evadir el arresto por inmigración ilegal seguía aumentando. Mas, en un amargo giro del pasado, las técnicas de observancia de la ley migratoria transfirieron la responsabilidad del número de muertes asociadas con la inmigración indocumentada a los propios migrantes. Las aprehensiones ya no eran el principal riesgo. Antes bien, la Patrulla Fronteriza había trasladado el peligro de la observancia de la ley de inmigración al ambiente natural de la región fronteriza. Los migrantes ya no luchaban con hombres armados, sino con desiertos y ríos.

[25] "Bodies of Five Men Believed to Be Wetbacks Found in Desert", *Imperial Valley Press*, 4 de febrero de 1952. Estos reportajes periodísticos se volvieron comunes en la década de 1990, después que Estados Unidos puso en marcha las operaciones Hold the Line en El Paso y Gatekeeper en San Diego, lo que obligó a los migrantes indocumentados a cruzar la frontera por el desierto. Véase, por ejemplo, "Bodies of Two Men Found in Imperial Valley Desert", *San Diego Union-Tribune*, 8 de septiembre de 1999.
[26] "Wetback Drowns Near Calexico", *Brawley News*, 26 de mayo de 1952, documentos de Ernesto Galarza, caja 50, carpeta 6.
[27] "Body Is Found in All-American", *Imperial Valley Press*, 1° de junio de 1952, documentos de Ernesto Galarza, caja 50, carpeta 6.

Las nuevas estrategias de la Patrulla Fronteriza de Estados Unidos trasladaron la violencia de la observancia de la ley migratoria, de la interrelación visible con los agentes a los encuentros no observados con el ambiente natural. Eran tácticas que nublaban la autoría de la violencia de Estado. Cuando aparecían cuerpos abrasados en el desierto o arrastrados por la corriente a las orillas del río Bravo, no se podía nombrar a ningún implicado en la muerte de los migrantes. No se podían sacar huellas dactilares de la arena, y los rápidos no dejaban rastros que seguir. Las nuevas estrategias crearon circunstancias que producían muertes violentas sin agresores humanos. Persistían el peligro, los daños y la muerte, pero el reforzamiento de la frontera estructuró un sistema de violencia sin perpetradores. De acuerdo con la declaración de un juez de instrucción de un condado sobre los cuerpos de cinco migrantes que habían intentado cruzar por el desierto del Valle Imperial: "No se hallaron huellas de violencia [en] ninguno de los cinco cuerpos".[28] Era un sistema en el que la Patrulla Fronteriza renunciaba a su autoridad para atacar y en vez de ella adoptaba lo que Michel Foucault llamó "el poder para dejar morir".[29]

Los migrantes no tardaron en comprender que el peligro no radicaba en su interrelación con los agentes. Con el tiempo, aprendieron a aprovechar las nuevas oportunidades de resistencia que los cambios de la violencia de la Patrulla Fronteriza brindaban. A principios de la década de 1950, los agentes de la Patrulla Fronteriza se quejaban de que los mexicanos mostraban "una tendencia cada vez mayor a resistirse al arresto".[30] No sólo

[28] "Bodies of Five Men Believed to Be Wetbacks Found in Desert", *Imperial Valley Press*, 4 de febrero de 1952.

[29] Véase Michael Foucault, *The History of Sexuality: An Introduction*, p. 137. Sobre las múltiples dimensiones del poder y la violencia de Estado en la frontera méxico-estadunidense, véanse Wayne Cornelius, "Death at the Border: Efficacy and Unintended Consequences of U.S. Immigration Control Policy"; Jonathan Xavier Inda, "Border Prophylaxis: Technology, Illegality, and the Government of Immigration", y Gilberto Rosas, "The Thickening of the Borderlands: Diffused Exceptionality and 'Immigrant Struggles' during the 'War on Terror'".

[30] Informe del 4 de junio de 1953, "Reports and Excerpts from Patrol Inspectors in Charge of Border Patrol Units in the McAllen Sector of the San Antonio District", NARA 56364/43 SW, parte 3, 91, 59A2038.

corrían, sino que muchos se valían de su gran número para intimidar a los agentes. Por ejemplo, en marzo de 1953, en Andrade, California, estalló un "casi motín" cuando "de 300 a 400" mexicanos entraron ilegalmente al país en un tren carguero de la Southern Pacific y "se arremolinaron en la puerta de embarque de la estación gritando amenazas de violencia y palabrotas a los agentes de Inmigración y a los estadunidenses en general durante [...] mucho más de una hora".[31] En otro incidente, una multitud de mexicanos "se refirió a su superioridad numérica y advirtió que, de haber sido arrestados en otras circunstancias, habrían desarmado a los agentes y escapado".[32] Una vez aprehendidos los migrantes, no cesaba su resistencia activa. El domingo 1° de marzo de 1953, 32 "extranjeros detenidos en el edificio de la Unidad de la Patrulla Fronteriza en Indio [California] escaparon trepando por una abertura de ventilación del techo".[33]

Los migrantes constantemente corrían, se dispersaban y eludían ser aprehendidos por la Patrulla Fronteriza, lo que a principios de la década de 1950 hizo quejarse así a los agentes: "El problema ya es serio y va de mal en peor".[34] La frustración en la Patrulla Fronteriza iba en aumento. Los agentes trabajaban horas extras en tórridos desiertos, regiones aisladas y montañas gélidas. Tenían que cumplir misiones lejos de casa y a menudo los transferían con su familia a distintas localidades fronterizas. Hacían grandes sacrificios familiares para servir en la patrulla, pero "las probabilidades de éxito son muy escasas cuando unas pocas docenas de agentes se enfrentan a decenas y cientos de miles de extranjeros".[35] Parecía imposible "combatir esas hordas de extranjeros".[36] Algunos agentes empezaron a pedir que los

[31] Memorando del 17 de marzo de 1953 de Owen T. Miller al recaudador interino de Aduanas, NARA 56364/43 sw, parte 3, 91, 59A2038.

[32] Memorando del 15 de julio de 1953 de Richard Wischkaemper al agente jefe de la patrulla en Sacramento, NARA 56364/43 sw, parte 3, 91, 59A2038.

[33] Memorando del 10 de marzo de 1953 del director del distrito de El Paso al comisionado de Inmigración, "The Escape of Detainees at Indio, CA", NARA 56364/43 sw, parte 3, 91, 59A2038.

[34] Informe "Reports and Excerpts from Patrol Inspectors in Charge of Border Patrol Units...", p. 3.

[35] *Ibid.*, p. 2.

[36] *Ibid.*, p. 4.

transfirieran lejos de la frontera sur "para escapar de lo que considera[ba]n una lucha desesperada y agotadora".[37] No era un oficio envidiable, sobre todo desde que los trabajadores indocumentados se aficionaron a

> correr para eludir el arresto, y la brega de perseguirlos por campos de algodón, tierras de cultivo, canales y cauces secos, matorrales y arenas en medio de un calor de más de 38° C y un polvo que ahogaba se volvió de lo más penosa y extenuante, y los hombres termina[ba]n cada recorrido de servicio tan cansados que a duras penas [podían] caminar.[38]

Las constantes persecuciones dejaban a los agentes jóvenes "cansados y aburridos", y a los mayores, de entre 36 y 45 años, "exhaustos".[39] Aun así, la mayoría conservaba un estado de ánimo "increíblemente bueno, y cuantas menos probabilidades de éxito tenían, con más empeño trabajaban, pero se [estaban] cansando".[40] Pese a sentirse rendidos, desafiados y a menudo vencidos, los agentes de la Patrulla Fronteriza rara vez recurrían a la violencia. Reaccionaron a las frustraciones cotidianas del trabajo en la patrulla trastocando los ciclos, rutas y ritmos de migración que permitían a los migrantes volver una y otra vez.

Para minimizar los riesgos de la inmigración indocumentada, los migrantes contaban con redes sociales que les facilitaban el tránsito hasta su destino final y los ayudaban a conseguir vivienda, empleo y una vida comunitaria mientras se encontraban lejos del hogar. Las redes sociales proveían el refugio y la protección necesarios contra los peligros de la inmigración indocumentada. La Patrulla Fronteriza y los funcionarios mexicanos podían levantar vallas, retirar cuerpos del desierto y deportar a cientos de miles de migrantes cada año, pero la inmigración mexicana no autorizada continuaba. Los agentes estadunidenses y mexicanos comprendieron que, para tener éxito, todo esfuerzo

[37] *Ibid.*, p. 3.
[38] *Idem.*
[39] *Idem.*
[40] *Idem.*

por reducir la inmigración indocumentada tendría que desarticular las redes sociales que la facilitaban.[41] El programa mexicano para alejar de la frontera a los deportados se proponía, en parte, quebrantar esas redes sociales. Sin embargo, los funcionarios mexicanos eximían del traslado forzoso al interior a aquellos deportados que decían haber vivido en una región fronteriza durante al menos seis meses antes de ser aprehendidos. A medida que las poblaciones fronterizas crecían y los migrantes se enteraban de la exención, eran cada vez más los deportados que pedían librarse del traslado en tren al interior, lo que obligó a la Patrulla Fronteriza de Estados Unidos a reanudar la práctica de deportar a los migrantes directamente al otro lado de la frontera, de donde no tardaban en volver a Estados Unidos.

Como respuesta a la resistencia de los migrantes, la Patrulla Fronteriza ideó un sistema de traslado forzoso en autobús para reducir los repetidos cruces de migrantes deportados al lado mexicano de la frontera. Los agentes podían aprehender a un migrante en McAllen, Texas, y trasladarlo en autobús a Laredo, Texas, para deportarlo desde allí, o detener migrantes en Los Ángeles y llevarlos en autobús a Nogales, Arizona, antes de escoltarlos al sur. Los traslados en autobús nacieron de la conciencia de que los migrantes mexicanos no provenían de un espacio nacional abstracto, sino que viajaban al norte a través de rutas, lugares y redes específicas. Expulsar a los deportados a través de puertos alejados de aquellos por donde habían entrado o a zonas que estaban "muy aisladas en ambos lados del río" desintegraba las redes sociales apartando a los migrantes de las regiones que albergaban rutas migratorias y redes que les eran familiares.[42] Al describir el traslado en autobús a Zapata, Texas, un agente dijo:

> El pueblo del lado mexicano estaba a muchos kilómetros, me parece que a 25 o tal vez a 30, al norte de la carretera, [...] [y] como ahí no había transporte, los extranjeros tenían que llegar a pie por lo

---

[41] Véase Douglas Massey, Jorge Durand y Humberto González, *Return to Aztlan: The Social Process of International Migration from Western Mexico.*

[42] David Burnett, relato personal, NBPM, p. 14.

menos hasta ese camino, y quizá más lejos, para salir del pueblo. No tenían ningún incentivo para regresar en tropel a Zapata porque no había trabajo en el lado estadunidense de esa región. Además, el camino de regreso al valle desde Zapata era muy difícil.[43]

Deportar migrantes desde Zapata constituía un sistema de desplazamiento espacial y social: alejar a los migrantes de las regiones y las redes que les eran familiares aumentaba las probabilidades de que se quedaran deambulando sin rumbo fijo en una región desconocida. Un agente mexicano del Departamento de Población informó que a los deportados que volvían en autobús se los podía encontrar después vagando por la zona fronteriza y preguntando a la gente de ahí cuáles eran "los momentos y lugares más propicios para entrar ilegalmente a Estados Unidos".[44] Los traslados en autobús también dejaban a los deportados cada vez más indefensos contra los asaltantes que se dedicaban a despojarlos del dinero y los bienes que llevaban. Sin la protección de una red social establecida, que a menudo incluía vivienda y alimentación, los deportados itinerantes eran especialmente vulnerables a los criminales que los esperaban en la frontera. Por ejemplo, en junio de 1946, las autoridades mexicanas informaron de una ola de robos y sacaron del río Bravo 19 cuerpos con heridas de bala y los bolsillos vacíos.[45]

La composición cambiante en cuanto al sexo de la migración mexicana no autorizada durante las décadas de 1940 y 1950 limitó la aplicación de los traslados en autobús por parte de la Patrulla Fronteriza. Los funcionarios estadunidenses y mexicanos concibieron el Programa Bracero, en parte, para reducir la inmigración ilegal allanando el camino de la migración legal a los trabajadores mexicanos. Sin embargo, sólo los hombres reunían los requisitos para obtener un contrato de bracero. Por tanto, los funcionarios estadunidenses y mexicanos enfocaron el

[43] *Idem.*

[44] Carta del 13 de marzo de 1953 de Celestino Alemán Carvajal, jefe del Servicio de Población, a Arcadio Ojeda García, jefe de Migración, AHINM 4-357.1-1380, tomo 5, p. 2.

[45] Informe del 17 de agosto de 1945 del cónsul general de México en El Paso, Texas, "Asesinatos en la zona del Bravo", AHINM 4-357.1-295.

problema de limitar los cruces fronterizos no autorizados teniendo en cuenta sólo los cruces de esposos, padres, hijos y hermanos.[46] Esta concepción estrecha del Programa Bracero ignoraba la posibilidad de que también mujeres, niños o familias mexicanas participaran en la migración de mano de obra a Estados Unidos. En consecuencia, la adopción del programa en 1942 puso en marcha un doble sistema, implícitamente sexista, de migración de mano de obra a Estados Unidos: la migración legal de braceros, limitada a los mexicanos, y la migración ilegal de no braceros, que comprendía a las mujeres y familias excluidas del programa. La era del Programa Bracero fue un periodo decisivo durante el cual millones de esposos, hijos, hermanos y padres accedieron a los flujos de migración legal, mientras que a mujeres, niños y familias no se les dejaba más opción que cruzar la frontera sin permiso.

Las aguas del río Bravo aportaron buena parte de las pruebas del número creciente de mujeres y niños que cruzaban ilegalmente la frontera hacia Estados Unidos en las décadas de 1940 y 1950.[47] En 1949, Ignacio Garza hijo, del valle bajo del río Bravo, en Texas, calculó que cada día moría una persona intentando cruzar el río.[48] El 27 de junio de 1946, esa persona fue Francisca Cantú Hernández, una niña de 11 años.[49] El lunes 12 de abril de 1948, fueron Eugenia Rodríguez y su hija de 16 meses, Hortencia.[50] Y en febrero de 1950, fue el joven Héctor Martínez, quien se ahogó mientras intentaba cruzar con su padre.[51] Cuando sacaron

---

[46] Deborah Cohen, "From Peasant to Worker…"; Ana Rosas, *Flexible Families…*

[47] Memorando del 3 de abril de 1953 de Samuel McKone al agente jefe de la patrulla, NARA 56364/43 sw, parte 3; carta del 19 de enero de 1956 del fiscal general a John Foster Dulles, NARA 56364/44.14, 102, 59A2038.

[48] "Un mexicano por día se ahoga en el Bravo", *Excélsior,* 21 de julio de 1949.

[49] "Comunicación de identidad de los trabajadores que salieron de los EEUU", 12 de noviembre de 1946, Trabajadores Agrícolas Mexicanos, AHINM 4-357.1-295, tomo 60; "Informe medidas tomadas para evitar explotación trabajadores mexicanos regresan al país", 14 de diciembre de 1946, AHINM 4-357.1-295, tomo 61; "Informe de coyotaje", 2 de julio de 1946, AHINM 4-357.1-295.

[50] "Remitiendo documentos que se indican", 3 de mayo de 1948, Andrés Guerra, jefe del Servicio de Población, AHINM 4-357.1-6339, p. 2.

[51] "Informe sobre muerte accidental", 22 de febrero de 1950, Secretaría de Relaciones Exteriores, AHINM 4-357.1-7527.

a Héctor del río, las autoridades mexicanas hallaron el cuerpo de una mujer mexicana no identificada.[52] Los agentes de la Patrulla Fronteriza también observaron un aumento de los cruces fronterizos no autorizados por parte de mujeres y niños, y, en 1953, la estación de la patrulla de El Paso informó que más de 60% del total de arrestos en la región eran de mujeres y niños.[53]

La cambiante dinámica en cuanto al sexo de la migración mexicana no autorizada complicó el uso de la violencia de la Patrulla Fronteriza. Los reclutas habían renunciado al gusto de los veteranos por la brutalidad, y por lo común preferían métodos más indirectos para ejercer la coacción. Los traslados en avión, tren o autobús y las vallas eran métodos que ocultaban las estrategias coactivas del control migratorio desplazando a los migrantes y eludiendo la responsabilidad de los peligros, lesiones y muertes que éstos sufrían mientras cruzaban la frontera desde México y eran deportados de Estados Unidos. Sin embargo, la llegada de mujeres y niños sacó a la luz la persistencia de la violencia física en la actividad de la Patrulla Fronteriza. Abandonar mujeres y niños en lugares desconocidos violaba las normas sexistas de la coacción policiaca, que por lo general se dirigía contra hombres adultos y jóvenes. Los funcionarios de la Patrulla Fronteriza reconocían los peligros que los traslados en autobús entrañaban para los migrantes e idearon una política sexista que eximía del programa a mujeres, niños y grupos familiares. Muchos creían que el público en general no respaldaría el abandono de mujeres y niños en espacios desconocidos. Sólo los hombres solteros de por lo menos 15 años de edad estaban sujetos a traslados en autobús. Para cumplir con las cuotas diarias de hombres para llenar los autobuses que los llevaban a otro punto de la frontera, los agentes de la patrulla a menudo liberaban de su custodia a mujeres, niños y grupos familiares.[54]

[52] *Idem.*

[53] Memorando del 3 de abril de 1953 de Samuel McKone al agente jefe de la patrulla; carta del 19 de enero de 1956 del fiscal general a John Foster Dulles.

[54] La liberación anticipada de mujeres, niños y grupos familiares de la custodia de la Patrulla Fronteriza suponía que no se anotara en los boletines oficiales de estadísticas de aprehensiones de la patrulla a las mujeres y los niños cada vez más numerosos que participaban en la migración no autorizada. Es un ejemplo más del cuadro incompleto

Los migrantes estudiaban las políticas sexistas de deportación de la Patrulla Fronteriza y aprovechaban sus puntos débiles. Los agentes jefes de la patrulla solicitaron que se levantara la prohibición de trasladar en autobús a mujeres y niños porque los migrantes entendían "todos los vericuetos y flaquezas de nuestras leyes de inmigración y recurren a cualquier medio para escapar de ser procesados".[55] Dondequiera que la Patrulla Fronteriza hacía redadas, lo primero que hacían los migrantes era correr; si eran aprehendidos, hombres y mujeres se tomaban de la mano y decían que estaban casados. Las bodas instantáneas entre amigos y desconocidos protegían a los hombres solteros de los traslados en autobús a lugares lejanos. Un agente se quejó después:

Cuando se extendió entre los mojados la noticia de que no nos llevábamos [en autobús] a las parejas casadas, todo hombre y mujer que podía se aferraba a alguien del sexo opuesto [...] Hombres y mujeres que nunca se habían visto, de repente ya eran marido y mujer, e improvisaban los informes para probar la afirmación [...] Cuando se supo que a los niños pequeños no se los llevaba el autobús, las familias alquilaban y prestaban sus hijos a los mojados solteros.[56]

Los agentes tenían que trabajar de más para aprehender la cuota de migrantes sujetos a traslado en autobús, porque las "familias instantáneas" libraban a algunos migrantes de los avatares de ser abandonados lejos de todo lo conocido.

Los trabajadores migrantes mexicanos ideaban métodos de resistencia acordes con los desafíos que afrontaban y los recur-

---

que las estadísticas de la patrulla dan de la dinámica de la inmigración mexicana no autorizada, de la que se suele dar por cierto que es casi totalmente masculina.

[55] Memorando del 20 de marzo de 1953 de David Snow, agente encargado de la patrulla en Brownsville, Texas, a Fletcher Rawls, agente jefe de la patrulla en McAllen, Texas, "Need for construction of boundary fence and observation towers in vicinity of Brownsville, Texas-Matamoros, Mexico to control illegal traffic", NARA 56084/946A, 9, 59A2034, 7.

[56] "Reports and Excerpts from Patrol Inspectors in Charge of Border Patrol Units", p. 11.

sos que tenían. En su intento de entrar a Estados Unidos se enfrentaban con una creciente red de fuerza y vigilancia, que los amenazaba no sólo con la deportación, sino con el traslado forzoso a lugares distantes tanto del hogar como del trabajo. Aun así, tenían piedras para tirar, pies para correr e ingenio para manipular las políticas sexistas de traslado forzoso de la patrulla Fronteriza. Al hacerlo, los hombres, y sobre todo las mujeres y los niños, fortalecieron la decisión de los agentes de la patrulla de cimentar la nueva era de control migratorio en prácticas que ocultaran y desplazaran los medios de coacción física necesarios para detener los cruces fronterizos no autorizados.

Los agentes de la nueva generación eran mucho menos dados a usar tácticas de brutalidad, aunque el agente David Snow declaró que las mujeres y los niños rebeldes sacaban a la luz la violencia implícita en la observancia de la ley de inmigración. Cuando eran aprehendidos, explicó, los niños "enseguida se encogían y se echaban a llorar".[57] En los lugares públicos donde solían hacer los arrestos, los "chillidos" y "forcejeos" de los niños que los agentes de la patrulla sujetaban, muchas veces los hacían "avergonzarse" y soltarlos.[58] Snow agregó que las mujeres eran igualmente propensas a emplear este "método profesional" de gritar y forcejear para evadir la aprehensión, reclusión y deportación. Si en el primer intento no se "granjeaban la atención y lástima de la gente que estaba cerca", persistían. "Yo mismo he aprehendido a varias extranjeras que habían cruzado el río en Brownsville", refirió, "y se despacharon a gusto gritándome y pateándome las espinillas".[59] La resistencia pública de mujeres y niños convertía a los agentes de la patrulla, encargados de hacer cumplir una ley federal, en hombres avergonzados de su encargo, y creaba un "espectáculo" que alcanzó un grado "insostenible" para la Patrulla Fronteriza de Estados Unidos.[60] Era un motivo de vergüenza cada vez más insoportable, ya que la frontera se volvió una atracción turística local para quienes presenciaban las esce-

[57] Memorando del 20 de marzo de 1953 de David Snow, p. 14.
[58] *Idem.*
[59] *Idem.*
[60] *Idem.*

nas sentados a la orilla del río, explicó Snow. La solución, afirmó, era levantar "una valla bien diseñada del lado estadunidense del río".[61] Si daba resultado, la valla eliminaría "clases enteras de quienes hoy cruzan ilegalmente la frontera, como niños que lustran zapatos y otros menores granujas, mujeres y grupos familiares con mujeres y niños pequeños".[62] Si no, por lo menos trasladaría el espectáculo de niños que berreaban y mujeres que forcejeaban a las regiones apartadas de los extremos de la valla. La petición de Snow de una valla fronteriza indica que, si bien los agentes estadunidenses y mexicanos al principio no habían levantado vallas en la frontera para atender la violencia de género ejercida por el Estado, los enfrentamientos cada vez más comunes y problemáticos entre mujeres y niños indocumentados y agentes avergonzados reafirmaron la decisión de la Patrulla Fronteriza de desplazar la violencia de la observancia de la ley migratoria al ambiente natural de la región fronteriza.

MÉXICO Y EL PROBLEMA DE LA EMIGRACIÓN

El aumento de la inmigración mexicana no autorizada paralela al Programa Bracero recrudeció viejos problemas en México. Las poblaciones fronterizas mexicanas seguían careciendo de recursos suficientes para alimentar o dar alojamiento al creciente número de trabajadores y familias que cada año se dirigían al norte en busca de trabajo. Los traslados forzosos en tren y en avión ayudaban a reducir su concentración en la frontera, pero por cada migrante que se enviaba al interior parecían llegar otros 12. Los agentes del Departamento de Migración mexicano declararon que una "avalancha" de trabajadores marchaba hacia el norte contra las oficinas del departamento, escasas de personal y fondos, en la frontera norte de México.[63] Repitiendo solici-

---

[61] *Idem.*
[62] *Idem.*
[63] "Relacionado con la internación ilegal a Estados Unidos de braceros mexicanos", 14 de abril de 1946, Cipriano Villanueva Garza, Oficina de Población de Mexicali, B. C., AHINM 4-357.1-295.

tudes de hacía 20 años, los agentes situados allí pidieron más personal porque los emigrantes cruzaban la frontera sin que se les pudiera oponer ninguna resistencia importante. "Por desgracia", explicó un agente mexicano de migración en la frontera con California, los trabajadores mexicanos salían del país "sin que nos enteremos siquiera".[64] El sistema mexicano de control de la emigración nunca había sido eficiente, y el resurgimiento en la década de 1940 de la migración no autorizada puso al descubierto la persistente debilidad de dicho sistema en el Departamento de Migración.

Los empresarios agrícolas de Mexicali y Matamoros pidieron al gobierno mexicano que destacara tropas en la frontera para impedir la emigración no autorizada. Para los agroindustriales de la región fronteriza del norte de México, la emigración no autorizada se perfilaba como un problema de escasez de mano de obra en un momento en que el programa mexicano de industrialización rápida y desarrollo de la irrigación intensiva fomentaba la reorientación de la agricultura hacia la centralización, la producción masiva y la exportación. Mientras que sus competidores de Estados Unidos parecían tener un suministro constante de trabajadores mexicanos indocumentados, los empresarios agrícolas del norte de México necesitaban trabajadores y se quejaban de la constante escasez de mano de obra.[65] Los industriales algodoneros de la lucrativa región de Matamoros y Reynosa y del valle de Mexicali presionaban con particular empeño para que se pusiera fin a la emigración no autorizada.[66] En febrero de 1944, el

[64] "Informando falta personal", 10 de octubre de 1946, Andrés Guerra, jefe del Servicio de Población, AHINM 4-357.1-295, pp. 2-3.

[65] Dana Markiewicz, *The Mexican Revolution and the Limits of Reform, 1915-1946*, p. 134. Véanse también Carlota Botey y Everardo Escárcega (coords.), *Historia de la cuestión agraria mexicana*, vols. 6-8, y William Whitney Hicks, *The Agricultural Development of Mexico, 1940-1960*.

[66] Telegrama del 19 de febrero de 1944 de la Asociación Agrícola del Valle de Mexicali al presidente de la República; telegrama del 20 de febrero de 1944 de la Algodonera del Valle al presidente de la República; telegrama del 24 de junio de 1944 de Silvestre Silva, Regino Avilés y Bonifacio Avilés al presidente de la República. Si se busca una historia de la economía de la industria del algodón en la región de Matamoros, véanse Tomás Saldaña, *El costo social de un éxito político*, pp. 15-43; Fernando S. Alanís Enciso, *El valle bajo del río Bravo*, y Casey Walsh, *Development in the Borderlands...*,

comandante militar en Baja California solicitó autorización para destinar tropas en la frontera a fin de impedir que los trabajadores la cruzaran ilegalmente hacia Estados Unidos.[67] Sin embargo, hasta que en octubre de 1948 se desató una crisis en la frontera con Texas, los funcionarios mexicanos por lo general preferían confiar en que la Patrulla Fronteriza de Estados Unidos impidiera la salida no autorizada de connacionales.

En el fin de semana del 16 y el 17 de octubre de 1948, miles de migrantes mexicanos asaltaron la frontera de El Paso, Texas. Los funcionarios estadunidenses y mexicanos llevaban algún tiempo discutiendo el salario mínimo que se pagaría a los braceros que pizcaban algodón. Las autoridades estadunidenses insistían en que de 2 a 2.50 dólares por libra de algodón era una paga justa, mientras que los funcionarios mexicanos exigían que se pagara no menos de 3 dólares por libra. Mientras la negociación se encontraba en un callejón sin salida, una multitud de aspirantes a braceros se agolpó en Ciudad Juárez, lindante con El Paso al sur de la frontera. A muchos de los migrantes les preocupaba que los desacuerdos entre los representantes estadunidenses y mexicanos hicieran naufragar el programa. Habían esperado pacientemente mientras se les terminaba el dinero, y la resolución de la disputa sobre el salario parecía alejarse cada día más. El 16 de octubre sus frustraciones y temores estallaron. Unos 4 000 migrantes cruzaron la frontera en tropel.

Los recuerdos que los agentes de la Patrulla Fronteriza tienen de aquellos días de octubre de 1948 varían.[68] Algunos cuentan que obedecieron órdenes de dejar entrar a los migrantes a Estados Unidos y llevar a los trabajadores indocumentados a las

---

pp. 468-500. Sobre la historia de la agricultura en Mexicali, véase Adalberto Walter Meade, *El valle de Mexicali*.

[67] Extracto, del coronel Rodolfo Sánchez Taboada, gobernador Territorio Norte, Mexicali, B. C., al presidente de la República, AGN, FMAC 793, 546.6/120-1. Véase también David Richard Lessard, *Agrarianism and Nationalism: Mexico and the Bracero Program, 1942-1947*, p. 157.

[68] Brad Thomas (seudónimo), entrevistado el 27 de diciembre de 1989, NBPM, sin transcribir; Jack Chamberlain (seudónimo), entrevistado por Terri Cornell el 24 de enero de 1990, NBPM, sin transcribir, y Henry Laughlin (seudónimo), entrevistado por Terri Cornell el 14 de febrero de 1989, NBPM, sin transcribir.

empresas agrícolas de la zona. Otros recuerdan que dedicaron enormes esfuerzos a parar la incontenible marea humana. La confusión enseñó a los funcionarios mexicanos que no podían confiar en que Estados Unidos (por medio de la Patrulla Fronteriza) prohibiera con eficacia la inmigración ilegal cuando surgían disputas en torno al Programa Bracero. En consecuencia, cuando México suspendió el programa hasta que se llegara a un acuerdo sobre el salario, las autoridades mexicanas destacaron un cuerpo del ejército en la frontera para impedir los cruces ilegales y ordenaron a los funcionarios del Departamento de Migración que hicieran regresar a los migrantes que intentaran cruzar la frontera hacia Estados Unidos. Las actividades del ejército y la policía mexicanos alcanzaron un punto crítico en julio de 1949, cuando el gobierno de México declaró una emergencia nacional porque los empresarios algodoneros de Reynosa y Matamoros no tenían suficientes trabajadores.[69] Ese mes, 5 000 soldados mexicanos patrullaron la frontera con Estados Unidos en San Pedro, Tamaulipas, y se dedicaron a detener migrantes en las ciudades y en el campo hasta que éstos aceptaban contratos de trabajo con algodoneros nacionales.[70] El Banco Nacional de Crédito Agrícola respaldó los esfuerzos del ejército para obligar a los migrantes a emplearse en México, y fomentó el uso del "trabajo forzado" cuando los migrantes no accedían a trabajar en el país. Los funcionarios negaron que coaccionaran a los migrantes para que trabajaran en el campo mexicano, pero varios reporteros publicaron entrevistas con migrantes que declararon haber sido "vendidos como si fueran esclavos".[71] También se acusó a los soldados de amenazar a los migrantes con

[69] Ernesto Julio Teissier, "Lluvia tempranera dañó las plantas que no se pizcaron. Gestiones ante la presidencia para que se tomen medidas que impidan la ruina de la región", *Novedades*, ciudad de México, 25 de julio de 1949.

[70] Refugio Vargas Castillo, "Impotencia para evitar que se mate a braceros. Precauciones nuevas para evitar que se repitan los crímenes", *Novedades*, ciudad de México, 10 de julio de 1949. Véanse también "Tráfico ilegal de trabajadores para pasarlos a EEUU", AHINM 4-350-295, tomo 2, y "Contrabandistas de braceros en Reynosa, Tamaulipas", informes sobre este motivo, 1948-1952, AHINM 4-013.7-34.

[71] Rodolfo F. Guzmán, "Que las autoridades municipales los venden como si fueran esclavos", *Novedades*, ciudad de México, 20 de julio de 1949.

encarcelarlos si no trabajaban para los empresarios agrícolas nacionales.[72] Los rumores de que los soldados disparaban contra los migrantes en la frontera garantizaron aún más la obediencia de éstos. Sobre todo, funcionarios y soldados hicieron cumplir con todo rigor una ley de 1947 que establecía una pena de entre dos y cinco años de cárcel y una multa de hasta 10 000 pesos para quien intentara sacar del país a ciudadanos mexicanos sin permiso de la Secretaría de Gobernación.[73] Al norte de la frontera, las penas por contrabando de inmigrantes recibieron amplia publicidad en periódicos estadunidenses.[74] El ejército mexicano declaró que, con la ayuda de agentes del Departamento de Migración y policías municipales, había detenido totalmente la emigración ilegal en la región.[75]

El ejército mexicano, agentes de migración y funcionarios municipales de la región de Reynosa y Matamoros se mantuvieron en guardia hasta que, en agosto de 1949, se firmó un nuevo acuerdo sobre los braceros. Una vez más, las autoridades mexicanas declararon que tenían buenas relaciones con los agentes de la Patrulla Fronteriza de Estados Unidos, que deportaban trabajadores mexicanos a las zonas que sufrían escasez de mano de obra en la región de Reynosa y Matamoros.[76] El ejército mexicano se retiró de la frontera y así se mantuvo hasta el verano de 1952, cuando la Patrulla Fronteriza de Estados Unidos anunció sus planes de abandonar el valle bajo del río Bravo. La intensificación de las operaciones de la Patrulla Fronteriza había enfurecido a agricultores y empresarios agrícolas del sur de Texas, que

---

[72] Moisés González Navarro, *Los extranjeros en México...*, p. 46.

[73] Andrés G. Guerra, jefe del Servicio de Población, "Informe sobre contrabandistas de braceros en Reynosa", 30 de diciembre de 1948, AHINM 4-013.7-34; Andrés G. Guerra, jefe del Servicio de Población, "Informe que el citado fue consignado por presunto enganchador", 31 de enero de 1949, AHINM 4-357.1-7007.

[74] Andrés G. Guerra, jefe del Servicio de Población, "Reunión de la Conferencia Internacional del Trabajo", AHINM 4-350-295.

[75] "Evita el ejército el éxodo ilegal de los braceros a EE.UU.", *Novedades*, ciudad de México, 26 de julio de 1949; "Se ha contenido el éxodo de braceros. Vigilancia militar, pero sin la menor molestia para los fugitivos", *Novedades*, ciudad de México, 27 de julio de 1949.

[76] "Pidiendo que se trasladen inmediatamente las oficinas de contratación... a esta ciudad de Matamoros", 1° de agosto de 1949, AGN, FMAV 594, 546.6/1-27, p. 3.

llevaban mucho tiempo acostumbrados a influir en el ritmo de las detenciones y deportaciones. La amenaza de la Patrulla Fronteriza de abandonar el valle bajo del río Bravo tenía el propósito de disciplinar a los agricultores, que interrumpían sistemáticamente las operaciones de la corporación en el sur de Texas. Al sur de la frontera, los empresarios agrícolas mexicanos temían que el retiro de la Patrulla Fronteriza agravara la escasez de mano de obra en sus plantaciones al dejar que los trabajadores mexicanos cruzaran la frontera hacia Estados Unidos sin temor a ser aprehendidos y deportados. Una vez más, en atención a las exigencias de los empresarios agrícolas de Reynosa y Matamoros, México emprendió una "campaña contra el éxodo de braceros" en la que oficiales del ejército y policías municipales se dedicaron a perseguir "pateros" (contrabandistas) para aprehenderlos y procesarlos por un delito del fuero federal. El presidente de México también facultó a los agentes del Departamento de Migración para impedir la emigración ilegal y trabajar en estrecha colaboración con la Patrulla Fronteriza de Estados Unidos, cuya amenaza nunca se cumplió.[77]

La observancia de la ley de migración mexicana se mantuvo a un grado moderado hasta que las negociaciones con Estados Unidos sobre el Programa Bracero volvieron a alcanzar un punto crítico en 1953. En abril de ese año México envió una vez más 5 000 soldados a la frontera para contener la emigración indocumentada. En agosto llegaron refuerzos, y se colocaron patrullas muy al sur de la frontera.[78] Antes que correr el riesgo de un nuevo éxodo masivo de trabajadores que habría puesto en peligro la cosecha de algodón de la lucrativa región de Reynosa y Matamoros, el Departamento de Migración estableció una Patrulla Fronteriza mexicana de tiempo completo, compuesta por 25 agentes encargados de vigilar la frontera con Texas. El capitán

[77] "Protección para el bracero deportado. El gobierno mexicano tomó ayer radicales medidas de emergencia", *Novedades,* ciudad de México, 25 de julio de 1952; "Mexico Launches Own Round Up of Wetbacks", *Valley Evening Monitor,* 20 de julio de 1952.
[78] "El ejército de México evitará la entrada a EU de braceros ilegales", *La Opinión,* 24 de agosto de 1953; "México estrecha su vigilancia de los ilegales", *La Opinión,* 20 de agosto de 1953.

La Patrulla Fronteriza de México interroga a unos contrabandistas mexicanos. Fotografía oficial de la Patrulla Fronteriza de Estados Unidos, archivo núm. 84-2. Patrulla Fronteriza de Inmigración, McAllen, Texas. Cortesía del Museo Nacional de la Patrulla Fronteriza, El Paso, Texas.

de la Patrulla Fronteriza de México, Alberto Moreno, empleaba un "puño de hierro" para arrestar contrabandistas de migrantes y aprehender inmigrantes indocumentados cuando cruzaban ilegalmente la frontera de regreso a México.[79] El establecimiento de una corporación mexicana equivalente a la Patrulla Fronteriza de Estados Unidos en la frontera con Texas brindó nuevas oportunidades de cooperación transfronteriza.

[79] Carta del 16 de octubre de 1953 de W. F. Kelly, subcomisionado del Servicio de Inmigración y Naturalización, a William Belton, funcionario encargado de la División de Asuntos Mexicanos del Departamento de Estado, incluidos los artículos adjuntos "Captain Alberto Moreno Works with a Hand of Steel with His Patrol Agents on Those Who Commit Any Irregularity", y "Two More Boatmen Are Apprehended", NARA 2, RG 59, 811.06/México/12-453, caja 4407.

LAS POSIBILIDADES DE LA BILATERALIDAD

Las patrullas fronterizas de Estados Unidos y de México trabajaban de manera independiente y en colaboración para vigilar la migración no autorizada a través de la frontera común. Al sur de la frontera, la Patrulla Fronteriza de México se dedicaba a impedir la emigración no autorizada vigilando a los coyotes. Fletcher Rawls, agente jefe de la Patrulla Fronteriza de Estados Unidos en El Paso, valoraba el trabajo del capitán Moreno por el lado sur de la frontera. "Ha detenido embarcaciones de traficantes a manos llenas (creo que les ha disparado a algunos) y coopera con nosotros en todo", explicó Rawls al director de su distrito. "Si podemos mantenerlo ahí y sigue recibiendo respaldo desde la ciudad de México, nos va a ser de mucha ayuda", agregó Rawls, quien reconocía el valor de las fuerzas policiacas complementarias que trabajaban a cada lado de la frontera. Tanto en Estados Unidos como en México, los agentes de inmigración llevaban su autoridad hasta el límite. La frontera común era permeable al cruce de migrantes no autorizados, pero señalaba los límites de la autoridad policiaca para ejercer la violencia de Estado a fin de hacer cumplir la ley nacional. La migración no autorizada era de por sí trasnacional, mientras que la autoridad de los agentes de la Patrulla Fronteriza para perseguir ese delito estaba limitada por las fronteras del Estado. En la frontera, pues, los agentes de las patrullas fronterizas de Estados Unidos y de México estaban dedicados a combatir el delito trasnacional de la migración no autorizada. Sin embargo, como ha señalado Ethan Nadelmann, los agentes de las patrullas fronterizas de ambos países se enfrentaban con la cuestión de cómo vigilar delincuentes que "hacen caso omiso o se aprovechan de las fronteras nacionales cuando los poderes del Estado se encuentran tan restringidos por los límites políticos, geográficos y legales que acompañan el concepto de soberanía nacional".[80] Las deportaciones y las vallas eran ejemplos de la colaboración en la vigilancia de la delincuencia trasnacional, pero estos métodos reque-

---

[80] Ethan A. Nadelmann, *Cops Across Borders*, p. xiv.

rían mucha coordinación entre los altos funcionarios de cada país. El establecimiento de la Patrulla Fronteriza mexicana en 1953 permitió a los agentes explorar las innovaciones en el arte de aprovechar los límites de la frontera para hacer cumplir la ley.

A fines de la década de 1940, la tercera parte de las aprehensiones, en promedio, eran de "reincidentes", personas que ya habían sido deportadas.[81] Algunos reincidentes habían sido aprehendidos y deportados varias veces en un año, y otros eran aprehendidos y deportados varias veces al día. En cierta ocasión, a principios de la década de 1950, Bob Salinger, agente encargado de la estación de Mission, Texas, "se hartó" de los "infractores crónicos" a los que "veía [...] día tras día. Los llevaba al otro lado del río y a veces regresaban antes que yo a Estados Unidos".[82] Salinger hizo que se llevaran "cortapelos manuales" en todos los vehículos de la Patrulla Fronteriza y ordenó a los agentes rapar a los "infractores crónicos"[83] y, ya que pasaban por la "peluquería" de la Patrulla Fronteriza, no enviarlos al centro de detención oficial para su posterior deportación. "Después de raparlos tendrán que llevarlos directamente al río y echarlos al otro lado. No podemos llevarlos así al campo de internamiento."[84] Salinger sabía que la práctica de rapar a los detenidos no estaba autorizada ni era oficial, y la impulsó clandestinamente.

La rapadura era un acto de subordinación y una estrategia de poder concebida para castigar a los infractores crónicos y disciplinar a los migrantes que escucharan los relatos y rumores sobre la peluquería de la Patrulla Fronteriza. Ideada por Salinger, un sureño que había sido maestro antes de ingresar a la corporación, la rapadura surgió en la nueva patrulla de la posguerra cuando los métodos más indirectos de coacción sustituyeron a la brutalidad como principal procedimiento de control migratorio.

---

[81] *Annual Report of the Immigration and Naturalization Service for Fiscal Year Ending June 30, 1948*, Washington, D. C., GPO, 1948, p. 24.

[82] Bob Salinger (seudónimo), entrevistado por David Burnett (seudónimo) el 4 de abril de 1987, NBPM, p. 11.

[83] *Idem.*

[84] *Idem.*

Consciente de que las autoridades superiores con toda probabilidad cerrarían la peluquería de la Patrulla Fronteriza, Salinger intentó mantener la práctica en la clandestinidad, pero los agentes relajaron sus métodos. Un día en que ocho "extranjeros" se le escaparon a un agente y empezaron a "burlarse" de él, les echó el guante y "decidió raparlos a todos. Fue un gran trabajo", recordó Salinger.[85] "A algunos los dejó como apaches, les hizo cruces en la cabeza, sólo a los de pelo largo. Uno tenía un gran bigote tupido, y le rasuró la mitad";[86] pero cuando algunos fueron a parar al centro local de detención del INS, el agente jefe Fletcher Rawls ordenó a la estación de Mission, Texas, dejar de rapar a los mexicanos mientras averiguaba si la práctica violaba los derechos civiles de los detenidos. Cuando los periódicos mexicanos empezaron a denunciar y condenar la práctica, que había surgido también en California de manera independiente, Rawls se vio obligado a distanciar de ella a la patrulla.[87] La distancia política necesaria se encontraba a pocos metros de allí. Rawls acudió al capitán de la Patrulla Fronteriza mexicana, quien accedió a adoptar la práctica hasta que se aclarase la posible violación de derechos civiles que planteaba en Estados Unidos.[88] Este acuerdo ejemplifica las maneras en que la colaboración transfronteriza hizo que la frontera común fuera permeable a distintos sistemas de violencia de Estado. Prácticas prohibidas en los Estados Unidos de la posguerra se llevaron al sur por una ruta transfronteriza de control migratorio.

En México, las prácticas de control migratorio se desarrollaban lejos del escrutinio público. Hacía largo tiempo que en el país era considerable la presión pública para que se pusiera fin a la emigración indocumentada, pero no se deseaba la violencia, el desplazamiento y el desorden que el control migratorio suponía. Los funcionarios que intervenían en el traslado forzoso de

[85] *Idem.*

[86] *Idem.*

[87] Henry Wallave Pope, "U.S. Concentration Camp: Shaved Heads for Mexicans— Are Tatoos Next?", *National Guardian*, 1° de agosto de 1949, documentos de Ernesto Galarza, caja 50, carpeta 3.

[88] Memorando del 20 de septiembre de 1953 del agente jefe de la patrulla Fletcher Rawls, NARA 56364/43 SW, parte 3, 91, 59A2038.

los deportados al interior sacaban de los trenes a los reporteros, evitaban la ciudad de México, centro de los medios de comunicación del país, y se dirigían a localidades que necesitaban mano de obra o apreciaban los dólares que los deportados llevaban consigo.[89] Al haber menos escrutinio público centrado en sus prácticas, México accedió a rapar a los reincidentes mientras los funcionarios de la Patrulla Fronteriza de Estados Unidos investigaban la posible violación de los derechos civiles asociada con el uso de la humillación como táctica de observancia de la ley de inmigración. Los miembros de la Patrulla Fronteriza mexicana practicaron la rapadura hasta varios años después, cuando el INS volvió a adoptarla como iniciativa de salud pública en sus centros de detención, creando lo que Michael Ignatieff llama un "ritual higiénico" que escondía un mecanismo de subordinación social bajo el disfraz de un programa de salud pública.[90]

Aun así, los infractores crónicos se burlaban de los agentes de la Patrulla Fronteriza de Estados Unidos. "Se toman a broma el arresto, y ríen y se toman el pelo entre ellos", se quejó el agente jefe de la patrulla en El Centro, California.[91] Contra los actos de deshumanización y la violencia oculta de la observancia de la ley de inmigración estadunidense, los migrantes ponían en evidencia los límites de autoridad de la patrulla provocando a los

[89] Memorando del 30 de enero de 1958, sin título, del comisionado regional en San Pedro, California, NARA 2, RG 85, Acc 67A0233, caja 13, archivo 659.4, parte 1.
[90] Memorando del 20 de septiembre de 1953 del agente jefe de la patrulla Fletcher Rawls, NARA 56084/74A, 2152, 58A734. Véanse también la entrevista del 4 de mayo de 1950 con Francisco Wallis-Díaz, NARA 56084/74A, 2152, 58A734; "Our Consul Sleeps and Becomes Humble to the Laborer", artículo traducido del periódico mexicano *Baja California* del 26 de abril de 1950, NARA 56084/74A, 2152, 58A734; memorando de Frank Partridge a David Carnahan, "Parasitic Infestation—Detention Facilities", NARA 56364/43.39, 98, 59A2038; "Immigrant examination at camp Elliott, San Diego, California", 4 de mayo de 1950, NARA 56084/74A, 2152, 58A734, p. 4; memorando del 7 de mayo de 1953 de W. F. Kelly, NARA 56364/43 sw, parte 3, 91, 59A2038, y memorando del 12 de junio de 1950 de Albert del Guercio al comisionado del INS, "Newspaper article alleging mistreatment of Mexican aliens", NARA 56084/74A, 2152, 58A734. Véase también Michael Ignatieff, *A Just Measure of Pain: The Penitentiary in the Industrial Revolution, 1750-1850*, p. 100.
[91] Memorando del 9 de julio de 1951 del agente jefe de la patrulla en El Centro, California, al agente de Observancia del Distrito de Los Ángeles, "Mexican Airlift", NARA 56084/946A, 9, 59A2034.

agentes. Hacían uso de lo que James C. Scott llama "las armas de los débiles" al rebajar a los agentes y su trabajo, en última instancia, al rango de una broma ineficaz.[92] Los agentes de la Patrulla Fronteriza podían deportar a un número cada vez mayor de personas que habían cruzado la frontera sin permiso —los arrestos aumentaron de 70 639 en 1945 a 289 400 en 1949— y, al hacerlo, tratar de despojar a los deportados de su dignidad, pero los migrantes seguían cruzando la frontera sin autorización y se negaban a aceptar la autoridad de los agentes de la patrulla.

En la mayoría de los sentidos, el control inmigratorio estadunidense fracasaba en la frontera con México. Funcionarios de ambos países esperaban que la deportación a hogares o plantaciones lejos de la frontera redujera la inmigración ilegal, pero se equivocaron. Entonces probaron el uso de vallas para desalentar la inmigración, pero volvieron a fallar, y los inmigrantes siguieron cruzando la frontera, lo mismo atravesando las vallas que rodeándolas, saltándolas o metiéndose por debajo de ellas. Es posible que los traslados en tren, avión y autobús, así como las vallas, hayan frenado el reingreso ilegal de quienes eran deportados al interior, pero los trabajadores resueltos volvían con frecuencia a Estados Unidos. Como observó un agente: "Son como las hojas del bosque y la arena de la playa. Siguen viniendo desde lo que parece una fuente inagotable al otro lado del río".[93]

A principios de la década de 1950, los agentes de la Patrulla Fronteriza aprehendían a tantos mexicanos que no había lugar donde tenerlos hasta su deportación. Los centros de detención del INS estaban excedidos de su capacidad. Mientras los funcionarios cabildeaban en busca de fondos adicionales para construir dos nuevos centros de detención en Brownsville, Texas, y El Centro, California, los agentes instalaron centros provisionales en graneros y campos. Los gobiernos municipales advirtieron una oportunidad en la falta de espacio de la Patrulla Fronteriza y permitieron al INS alquilar camas para migrantes en las cárceles municipales por 1.50 dólares al día. Alquilar camas al

[92] James C. Scott, *Weapons of the Weak: Everyday Forms of Peasant Resistance.*
[93] "Reports and Excerpts from Patrol Inspectors in Charge of Border Patrol Units."

INS les resultó tan rentable a los condados fronterizos que invirtieron en la ampliación de sus instalaciones carcelarias para alojar a los miles de migrantes que eran aprehendidos.[94] Desde julio de 1949 el INS celebró contratos con 211 cárceles y demás instalaciones para la detención de extranjeros.[95] Ese año, el INS mantuvo detenidos a 102 523 extranjeros durante un promedio de 7.5 días.[96] Más de la mitad de los detenidos permanecieron en instalaciones que no pertenecían al INS.[97]

Muchos agentes esperaban que la estancia en centros de detención y cárceles municipales atestados disuadiera a los migrantes de ir al norte, pero las aprehensiones aumentaron de 468 581 en 1950 a 509 040 en 1951. En opinión de los agentes de la Patrulla Fronteriza, no había medida que diera resultado. En 1953, la patrulla añadió los traslados forzosos en barco como nueva táctica disuasiva; consistían en llevar a los deportados de Port Isabel, Texas, a los puertos mexicanos de Tampico y Veracruz en los vapores *Emancipación*, *Mercurio* y *Veracruz*. Entre 1953 y 1956, el *Emancipación* y el *Mercurio* trasladaron a 2 000 deportados al mes (800 por viaje). Para los migrantes, la travesía era larga y difícil en esos vapores, que transportaban plátanos de México al sur de Texas antes de llevar a los deportados a Tampico y Veracruz. En mayo de 1956, el comisionado del INS, Joseph Swing, se refirió a los traslados en barco como una medida disuasiva porque "a los mexicanos del interior no les gusta el mar. Tengo entendido que se marean un poco y que les queda un largo camino para llegar a casa".[98] Tres meses después, a pocos días de que el representante Joseph Kilgore condenara el traslado en barco llamándolo "infierno flotante punitivo", los deportados que viajaban en el *Mercurio* se amotinaron: 36 de ellos saltaron

[94] "Bentsen Raps Airlift as Useless Waste: Wetback Plane Tours, Detention Camps Blasted", *Valley Evening Monitor*, 10 de junio de 1952.

[95] *Annual Report of the Immigration and Naturalization Service for Fiscal Year Ending June 30, 1949*, Washington, D. C., GPO, 1949, pp. 23-26. Véase también *Annual Report of the Immigration and Naturalization Service for Fiscal Year Ending June 30, 1947*, Washington, D. C., GPO, 1947, p. 28.

[96] *Idem.*

[97] *Idem.*

[98] "General Swing's Little Mexican Girl", *Valley Evening Monitor*, 3 de junio de 1956.

Un convoy terrestre para traslado forzoso en barco llega a Port Isabel, Texas, el 3 de septiembre de 1954. Fotografía oficial de la Patrulla Fronteriza de Estados Unidos, archivo núm. 112-11. Cortesía del Museo Nacional de la Patrulla Fronteriza, El Paso, Texas.

al agua mientras el barco llegaba a Tampico en un arribaje de emergencia, y cinco se ahogaron.[99]

Los cuerpos abotagados que se sacaron del puerto sitúan la violencia del control migratorio muy al sur de la frontera entre México y Estados Unidos. En la frontera, hombres, mujeres y niños se ahogaban en el río Bravo; un número cada vez mayor de quienes se aventuraban en el desierto padecían deshidratación, y agentes estadunidenses y mexicanos desplazaban a los deportados lejos de sus hogares en México y de sus trabajos en Estados Unidos. Un deportado, Juan Silos, habló en Reynosa con un periodista de *El Heraldo de Chihuahua* mientras espera-

[99] "Five Drown in Jump from Wetback Ship *Mercurio*", *Valley Evening Monitor*, 27 de agosto de 1956; "Full-Dress Congress Investigation of 'Hell Ship' *Mercurio* Shapes Up", *Valley Evening Monitor*, 28 de agosto de 1956.

ba su traslado forzoso en tren. Se quejó de que los agentes mexicanos lo habían golpeado en la cabeza con una barra de hierro, y no se le escapaba la ironía de su situación. La prensa y los políticos mexicanos llevaban años advirtiendo a los migrantes que no fueran a Estados Unidos, donde serían víctimas de la discriminación racial y la violencia, pero, según Silos, la violencia que él y otros deportados habían sufrido en México lo hizo preguntarse "por qué hablan de discriminación contra los trabajadores en el extranjero, cuando aquí nuestros propios hermanos de raza casi nos matan".[100]

La dispersión geográfica de los cuerpos traídos y llevados en la búsqueda del control migratorio representaba una era fundamentalmente nueva de vigilancia y castigo de los mexicanos que cruzaban la frontera sin autorización. Antes, los migrantes tenían que sortear muchos obstáculos para poder salir de México sin permiso y entrar ilícitamente a Estados Unidos. Sin embargo, los sistemas de control migratorio de uno y otro países eran distintos y estaban divididos. Su falta de cooperación permitía a los migrantes crear refugios parciales a cada lado de la frontera. No obstante, en 1945, los agentes estadunidenses y mexicanos empezaron a pasarse a los migrantes de una jurisdicción a la otra. Vincular la violencia del control migratorio estadunidense y mexicano a través de la frontera inauguró una era radicalmente nueva de observancia de la ley de inmigración.

Hay una conocida fotografía de funcionarios de migración estadunidenses y mexicanos que desde sus respectivos lados de la frontera tiran con todas sus fuerzas de los brazos de un mexicano en direcciones opuestas. Tomada en enero de 1954 durante una de las muchas interrupciones del Programa Bracero, la fotografía revela vívidamente la lucha persistente entre funcionarios estadunidenses y mexicanos por controlar la movilidad de los trabajadores de México, sobre todo de los hombres jóvenes. En ese momento, los funcionarios y los patrones estadunidenses querían que los trabajadores mexicanos estuvieran al norte de la frontera, y los funcionarios mexicanos, que se quedaran al sur

---

[100] "Que son tratados como bestias los braceros deportados", *El Heraldo de Chihuahua*, 7 de mayo de 1956, AGN, FARC 883, 546.6/55.

hasta que se alcanzara un nuevo acuerdo sobre los braceros. Aun así, esta instantánea oculta las muchas maneras en que funcionarios estadunidenses y mexicanos también colaboraban en la vigilancia de quienes cruzaban la frontera sin autorización, conforme a las políticas cambiantes de control migratorio en México, en Estados Unidos y entre ambos países. Cuando los funcionarios de uno y otro países no estaban de acuerdo —por lo común debido a una de las múltiples rupturas de los acuerdos sobre los braceros—, la patrulla Fronteriza de Estados Unidos se enfrentaba con los agentes mexicanos en la frontera. Cuando estaban de acuerdo, los agentes de la patrulla trabajaban en estrecha colaboración con los diversos agentes mexicanos encargados de vigilar la migración desde el sur de la frontera. En estas ocasiones, en contraste con la imagen de agentes estadunidenses que tiran de trabajadores mexicanos hacia el norte y agentes mexicanos que tiran de ellos hacia el sur, los agentes de ambos países colaboraban empujando y acorralando entre sus respectivas jurisdicciones a los mexicanos que cruzaban la frontera sin autorización.

Otro ejemplo de colaboración méxico-estadunidense está patente en una nota manuscrita del agente jefe de la patrulla Fletcher Rawls sobre los esfuerzos de la Patrulla Fronteriza para evacuar Tampico, Texas, un campamento de familias indocumentadas junto a la frontera, cerca de la ciudad de Donna. Por el campamento de Tampico —hogar de "más de 500 personas entre hombres, mujeres y niños", y que ocupaba más de $20\,000\,\text{m}^2$ junto a una carretera importante— "pasan todos los días cientos de ciudadanos estadunidenses y turistas que desconocen su existencia".[101] Sin embargo, para los agentes de las patrullas fronterizas estadunidense y mexicana, el campamento era una obsesión y un obstáculo para la observancia de la ley porque los migrantes aprovechaban hábilmente la frontera para evitar ser aprehendidos, sobre todo cuando el caudal del río disminuía en la región a causa de la sequía, las derivaciones y los embalses de las décadas de 1940 y 1950. Los migrantes habían construido casuchas inme-

---

[101] American G. I. Forum, *What Price Wetback?*, Austin, Texas, American G. I. Forum, 1953, p. 17.

Un trabajador agrícola mexicano, al centro de la fotografía, intenta saltar a su país evadiendo a los guardias fronterizos connacionales en Mexicali, Baja California, para volver a entrar legalmente a Estados Unidos. Los Angeles Times, 26 de enero de 1954. Archivo Fotográfico de Los Angeles Times, Departamento de Colecciones Especiales, Biblioteca de Investigación Charles E. Young, Universidad de California en Los Ángeles.

diatamente al norte de la línea fronteriza para quedar fuera del alcance de las autoridades mexicanas y poder huir de la jurisdicción estadunidense cuando la Patrulla Fronteriza de Estados Unidos hacía una redada en el campamento. Dos miembros de la asociación de veteranos mexicano-estadunidenses American G. I. Forum a quienes la patrulla permitió presenciar una redada en 1951 describieron así el fracaso de la corporación: "La fuerza especial", dijeron, era una moderna brigada móvil de "ocho agentes, un camión, un autobús de pasajeros y dos autos, y todos los vehículos se coordinaban con un sistema de radiotransmisión y recepción". Sin embargo, los residentes de Tampico evadieron sin dificultad a los bien adiestrados y equipados agentes de la Patrulla Fronteriza. Según los representantes del G. I. Forum, los agentes entraron en el campo "por el norte, el este y el oeste"; sólo que México quedaba al sur. Los agentes iniciaron la redada por los tres lados y "se acercaron simultáneamente". "Al levantarse las primeras polvaredas en los caminos [...] los habitantes del campamento corrieron como codornices a la maleza y cruzaron el cauce seco del río, al lado mexicano." Cuando la fuerza especial de la patrulla llegó al campamento, "la gente capaz y rápida de uno y otro sexos ya había escapado"; al norte de la frontera sólo quedaron "los niños, los enfermos, los viejos y los débiles". Al sur de la frontera los fugitivos "se sentaron a la vista de los patrulleros, riendo, bromeando y gesticulando ante la incomodidad de los agentes, que se habían quedado prácticamente con las manos vacías". Algunos subieron a los árboles en la orilla mexicana, más elevada, para reconocer la situación y prepararse para dar la señal cuando se fueran los patrulleros.[102] La redada del campamento de Tampico demostró las luchas de los agentes de la Patrulla Fronteriza, que trabajaban hasta el límite de su autoridad, mientras que los migrantes usaban la frontera como barrera contra las autoridades del Estado que los vigilaban.

La cooperación transfronteriza permitió a agentes estadunidenses y mexicanos privar a los migrantes de los refugios parciales que les daba la frontera. La Patrulla Fronteriza volvió otro día al campamento de Tampico sin el American G. I. Forum. "Esta mañana hicimos una redada en 'Tampico'", escribió el agente jefe de la patrulla Fletcher Rawls, ansioso de comunicar a su supervisor los nuevos triunfos de su oficina en la frontera del sur de Texas.[103] Cuando la fuerza especial irrumpió en el campamento por el norte, el este y el oeste, "todos los extranjeros salieron corriendo como siempre hacia el río", admitió; pero esta vez, ante la sorpresa de los inmigrantes, "había agentes mexicanos esperándolos del otro lado, desde donde hicieron varios disparos (bastante cerca) para indicar a los extranjeros que se quedaran en el lado estadunidense, y ellos así lo hicieron, y a todos se

---

[102] *Ibid.*, p. 19.
[103] Memorando del 20 de septiembre de 1953 de Fletcher Rawls.

los llevó la patrulla".[104] La redada en colaboración de la Patrulla Fronteriza estadunidense por el norte, el este y el oeste, y el fuego de la Patrulla Fronteriza mexicana por el sur dio por resultado lo que Rawls llamó "un grupo de personas muy sorprendidas y asustadas".[105]

Los residentes del campamento de Tampico, junto con decenas de miles de trabajadores emigrantes de México, estaban atrapados en la nueva era de observancia de las leyes migratorias, en la que agentes estadunidenses y mexicanos colaboraron en el problema común de los cruces fronterizos ilícitos. Al impedir que los migrantes usaran la frontera como barrera contra la autoridad policiaca, estos esfuerzos de colaboración los privaron incluso de los refugios parciales que los sistemas separados de observancia de las leyes migratorias les habían permitido antes. Entre la Patrulla Fronteriza estadunidense al norte y la Patrulla Fronteriza de México al sur, los mexicanos que cruzaban la frontera sin autorización y la casta de los ilegales de Estados Unidos quedaron atrapados en los sistemas entrelazados de violencia de Estado que perseguían el delito de migración no autorizada.

Los métodos transfronterizos de control migratorio demostraron los drásticos cambios que se habían producido en el interior y en torno a la Patrulla Fronteriza de Estados Unidos en la década de 1940 y principios de la de 1950. Los nuevos hombres, con tecnología más avanzada, no se limitaron a actuar como era costumbre en la región fronteriza. Habían abandonado el uso ocasional de la fuerza bruta como principal método de la corporación para zanjar sus conflictos con los mexicanos que cruzaban la frontera sin permiso. En su lugar, adoptaron medios indirectos para presionar físicamente el cuerpo de los ciudadanos mexicanos que emigraban al norte sin antes cumplir con la ley de inmigración estadunidense. Las vallas obligaron a los migrantes a aventurarse en regiones apartadas y peligrosas. Los traslados forzosos en autobús los abandonaban en lugares alejados de las redes sociales que conocían. Y un lugar central en los drásticos cambios de la Patrulla Fronteriza de Estados Unidos lo

[104] *Idem.*
[105] *Idem.*

ocupaban las alianzas transfronterizas que permitieron a agentes de inmigración estadunidenses y mexicanos negociar y explotar los límites de la frontera. Los traslados en tren, avión y barco sacaban a los deportados de Estados Unidos y los llevaban por la fuerza al interior de México. En la frontera, la colaboración transfronteriza permitió que ésta funcionara como un puente entre los sistemas estadunidense y mexicano de control migratorio y, a veces, que acorralara a los migrantes entre las armas, los cortapelos y las macanas de los agentes que los asediaban por ambos lados.

Para la Patrulla Fronteriza de Estados Unidos, las alianzas transfronterizas fortalecieron la decisión de los agentes de vigilar a las personas de origen mexicano. No sólo se había transferido a la mayor parte del personal de la patrulla a la frontera sur, sino que los agentes empezaban y terminaban la jornada llenando los trenes, aviones, barcos y autobuses que llevaban a los deportados mexicanos a su país. El número de mexicanos repatriados como porcentaje del total de expulsiones de Estados Unidos aumentó de 51% en 1943 a 68% en 1944 y a 78% en 1945. A mediados de la década de 1940, expulsar mexicanos de Estados Unidos se había vuelto el proyecto central de la Patrulla Fronteriza.

La acentuada correlación entre la inmigración mexicana y la inmigración ilegal representaba una extraña ironía de la marginación racial de los mexicanos en la región fronteriza, donde tantas cosas habían cambiado. La segunda Guerra Mundial inauguró una era de inclusión para la clase media mexicano-estadunidense. La industria armamentista cobró auge en el suroeste. La diversificación económica dio a los mexicano-estadunidenses opciones de empleo fuera de la agricultura y puso fin a la hegemonía de la empresa agrícola en la región fronteriza. Durante décadas, el acceso ilimitado de los empresarios agrícolas a la mano de obra barata de México cimentó el orden social, racial y económico de la zona fronteriza. Los agricultores habían reconocido sin pudor: "Aquí tenemos a los mexicanos y no trabajamos".[106]

---

[106] Paul Schuster Taylor, *An American-Mexican Frontier...*, p. 85.

LAS RUTAS DE CONTROL MIGRATORIO

De esta división racial del trabajo agrícola, en torno a ella y en su apoyo nació una sociedad de profunda segregación. Sin embargo, la expansión económica desplazó a los agricultores como núcleo económico de las sociedades fronterizas y acabó con su supremacía política en las comunidades locales.[107] Como afirma David Montejano, cuando la transición económica puso fin a la hegemonía económica de agricultores y rancheros, el orden social correspondiente también fue desplazado.[108]

A fines de la década de 1940, habían desaparecido los letreros de "Se prohíbe la entrada a mexicanos", y solía haber integración en las escuelas secundarias.[109] En general, se relajaron las costumbres de segregación racial hacia las personas de origen mexicano. Incluso el estado de Texas reconoció oficialmente a los mexicanos como miembros de la raza blanca al aprobar una resolución titulada "Caucasian Race—Equal Rights", que prohibía la discriminación contra los mexicanos en locales públicos. Stanley Childs, empleado del INS, recordó que incluso a los mexicanos que iban a ser deportados se les permitía acceder a una amplia diversidad de lugares públicos que antes excluían de manera terminante a los trabajadores mexicanos pobres, contra los cuales los agentes de la Patrulla Fronteriza dirigían sus esfuerzos de observancia de la ley de inmigración. Childs se incorporó al INS como trabajador general en El Paso, Texas, en agosto de 1940. En 1947, lo ascendieron a agente de deportación, y varios años después le confiaron la tarea de supervisar a los agentes de detención en El Paso. Para tener ingresos extras, Childs conducía los autobuses que llevaban migrantes que iban a ser deportados desde lugares distantes como Presidio o San Antonio, Texas. "Solíamos salir de El Paso a las 7 u 8 y conducíamos toda la noche", recordó. En el camino, agentes y migrantes a menudo paraban a comer almuerzos empacados.[110] Si no había

[107] Timothy M. Chambless, "Pro-Defense, Pro-Growth, and Anti-Communism"; Foley, *From Peones to Politicos...*; Gerald D. Nash, *World War II and the West: Reshaping the Economy.*

[108] David Montejano, *Anglos and Mexicans in the Making of Texas...*, p. 263.

[109] Douglas E. Foley *et. al., From Peones to Politicos...*, pp. 105-134.

[110] Stanley Childs (seudónimo), entrevistado por Terri Cornell, 8 de diciembre de 1986, NBPM, p. 5.

comida empacada, paraban en restaurantes. Como explicó Childs, "los extranjeros podían entrar y sentarse en el restaurante y comer". Sin embargo, Childs era afroestadunidense, y para él aún faltaba anular las reglas de la segregación en el sur de Texas. Childs se resentía y avergonzaba de que migrantes mexicanos que estaban de camino a lugares lejanos para ser deportados de Estados Unidos comieran adentro, mientras que él "tenía que ir a la cocina o sacar la comida".[111]

La paradoja del ciudadano negro y el mexicano ilegal en este relato del sur de Texas a fines de la década de 1940 nos recuerda que la discriminación racial de las personas de origen mexicano en los Estados Unidos del siglo XX siempre fue un asunto complicado. Antes, los sujetos de deportación sin duda tenían prohibida la entrada a los mismos restaurantes que los afroestadunidenses. Eran los *Mexican Browns,* a quienes en otro tiempo se había querido incluir en la división entre blancos y negros. A fines de la década de 1940, la empeñosa búsqueda de pertenecer oficialmente a la raza blanca por parte de activistas mexicanoestadunidenses y autoridades mexicanas permitió a los sujetos de deportación entrar por la puerta delantera y ocupar los asientos que antes se reservaban a angloamericanos y mexicanos de clase alta. Sin embargo, afuera eran indocumentados en autobuses cerrados con llave, en camino de ser deportados de Estados Unidos. En suma, la migración de los sujetos de deportación a las zonas de raza blanca era temporal, pues las prácticas de control migratorio habían forjado ecuaciones muy constitutivas entre la casta de los ilegales y los *Mexican Browns.*

Cuando M. K. Fritz le escribió al presidente Miguel Alemán desde la mesa de su cocina en Chicago, Illinois, no es probable que supiera gran cosa sobre las contribuciones de México a la historia de la raza en Estados Unidos a través de la mexicanización de la casta de los ilegales. A fines de la década de 1940, la Patrulla Fronteriza hizo relativamente pocas incursiones en Chicago, y la cobertura periodística de las actividades de la corporación estaba muy limitada a la región de la frontera méxico-

[111] *Idem.*

estadunidense. Sin embargo, documentos desenterrados en archivos olvidados e inadvertidos al norte y al sur de la frontera dejan en claro que la mexicanización de la casta de los ilegales por parte de la Patrulla Fronteriza evolucionó sobre una base transfronteriza que permitió a las autoridades mexicanas actuar como socias en el control migratorio en la frontera común. Esta historia pone en duda la tendencia a interpretar las influencias internacionales sobre las relaciones raciales en Estados Unidos después de la segunda Guerra Mundial como particularmente progresistas. En la era de la posguerra, muchos países, diplomáticos y críticos sociales internacionales cuestionaron a Estados Unidos por la desigualdad racial que había en el país, que se autoproclamaba tierra de la libertad y los derechos humanos. Con bastante frecuencia, sus protestas ayudaron a que se operaran importantes cambios en el panorama racial estadunidense. No obstante, el caso del control migratorio transfronterizo es un ejemplo de cómo las autoridades mexicanas contribuyeron a la discriminación racial de la casta de los ilegales, categoría política de gran importancia en la vida y en las leyes estadunidenses, al participar en la consolidación e intensificación de la observancia selectiva de las restricciones de inmigración estadunidenses por parte de la Patrulla Fronteriza. Con base en una colaboración binacional para vigilar a los mexicanos que cruzaban la frontera sin autorización, la patrulla obligó a los emigrantes de México a acceder ilícitamente a Estados Unidos por algunas de las rutas más peligrosas de la región fronteriza. En el camino, cada vez más hombres, mujeres y niños sucumbían a la violencia cambiante de la corporación. Si ésta los atrapaba, los sometía a traslados forzosos en autobús, avión, tren o barco, encarcelamiento y la humillación de raparles la cabeza. Las autoridades mexicanas ayudaron a dar forma a esta nueva era de control migratorio y, con ella, a la evolución de la subordinación racial en Estados Unidos.

Así como el proyecto de la Patrulla Fronteriza de vigilar a los mexicanos que cruzaban la frontera sin autorización dependió de socios inesperados y penetró en espacios nuevos, la oposición a los muchos cambios de las prácticas de la patrulla en la década de 1940 provino de los actores menos previsibles. El capítulo VII examina la rebelión de los agricultores del sur de Texas contra la deslocalización de la autoridad de la Patrulla Fronteriza. Con su levantamiento, los agricultores hicieron una de las primeras críticas de las amplias consecuencias sociales de la discriminación racial de la casta de los ilegales.

VII. Rebelión: un levantamiento de agricultores

En mayo de 1947, los veteranos que quedaban estaban en vela. La Patrulla Fronteriza estadunidense que habían construido ya no existía, y el hombre que habían idealizado agonizaba. Jefferson Davis Milton había pertenecido a la patrulla desde el primer día de servicio de la corporación, el 1° de julio de 1924, pero después de una dilatada trayectoria como agente, y al cabo de un "largo y penoso padecimiento",[1] le había llegado su hora. El hombre poderoso de otro tiempo estaba consumido por la vejez y la enfermedad. Sus amigos veteranos procuraban visitarlo con frecuencia, pero estaban más ocupados que nunca. Múltiples detalles los tenían en un ajetreo constante, y cada año había más presión para que capturaran mexicanos que cruzaban ilegalmente la frontera hacia Estados Unidos. Nada era como antes; sin embargo, durante años esos veteranos se dieron tiempo para llevar en coche a Milton cuando necesitaba ir a la ciudad, y en su última semana de vida se turnaron para cuidarlo día y noche al lado de su esposa. Estaban ahí para ayudar a morir a un hombre que conocían, estimaban y respetaban.[2]

A la muerte de Jefferson Davis Milton, los veteranos le dedicaron elogios. Lo exaltaron como "una institución más que una persona", porque "ningún otro agente de inmigración [tuvo su] valor cultivando para el servicio la buena voluntad y la amistad

---

[1] Archivo biográfico de Jeff Milton, Centro para la Historia Norteamericana, Universidad de Texas en Austin.

[2] *Idem.*

que debemos tener en la observancia eficaz de la ley".[3] En otro tiempo agricultores, rancheros y agentes de la patrulla habían colaborado para hacer cumplir las restricciones federales de inmigración. La "buena voluntad y amistad" de la gente de la región, recordaron, había sido la piedra angular del trabajo de la patrulla en la zona fronteriza de Texas. Sin embargo, la nueva era de observancia de la ley de inmigración que arrancó a la Patrulla Fronteriza de sus orígenes locales hizo estallar una rebelión contra ella en la frontera del sur de Texas.

En 1947, se habían terminado la buena voluntad y la amistad entre la patrulla y los rancheros y agricultores de la zona fronteriza. La segunda Guerra Mundial había desatado fuerzas mundiales y nacionales que sacudieron los cimientos de la observancia de la ley de inmigración estadunidense. El principal objetivo de la Patrulla Fronteriza seguían siendo los migrantes mexicanos no autorizados, pero los rancheros y agricultores locales ejercían menos control sobre cómo, cuándo y por qué sus agentes vigilaban a los *Mexican Browns* en la región fronteriza. Agricultores y rancheros contraatacaron con armas, grupos de presión y propaganda contra el uso por parte de la patrulla de Partidas Especiales de Deportación de Mexicanos, traslados forzosos en avión y tren, y redadas. Estallaron batallas en campos de algodón, tribunales y periódicos cuando agricultores y rancheros protestaron contra la deslocalización de la observancia de la ley de inmigración estadunidense y cuestionaron la legitimidad de la nueva era de control migratorio. En el funeral de Jefferson Davis Milton, los veteranos elogiaron tanto al hombre como la era que él representaba.

Este capítulo cuenta la historia de la rebelión de los agricultores contra la Patrulla Fronteriza de Estados Unidos en el sur de Texas a fines de la década de 1940 y principios de la de 1950. Desde la época de transformaciones drásticas de la segunda Guerra Mundial, la llegada de agentes nuevos y el advenimiento de nuevas tácticas estremecieron a las pequeñas comunidades fronterizas acostumbradas a que los hombres de la región hicieran cum-

---

[3] Expediente de personal de Jeff Milton, NBPM.

plir las leyes federales. Los nuevos reclutas violaban de manera sistemática las prácticas establecidas de observancia flexible de la ley de inmigración y, cuando los agricultores se opusieron, los agentes no se disculparon. Desde la era de la segunda Guerra Mundial, los agentes de la Patrulla Fronteriza empezaron a rendir cuentas directamente a supervisores fuera de la región de la frontera y a operar conforme a una complicada política de control migratorio que se extendía al norte hasta Washington, D. C., y al sur hasta la ciudad de México. Agricultores y rancheros del sur de Texas se rebelaron contra su pérdida de influencia en el control migratorio y lucharon por que la Patrulla Fronteriza volviera a sus raíces locales. Al hacerlo se convirtieron en inesperados críticos de la insistencia discriminatoria de la patrulla en vigilar personas oriundas de México.

RESISTENCIA EN EL SUR DE TEXAS

Egbert Crossett conocía bien los cambios que habían transformado a la Patrulla Fronteriza de Estados Unidos durante la segunda Guerra Mundial. Se crio en los montes Parker, en el sur de Arizona. De joven ingresó a la Patrulla Fronteriza junto con amigos de la infancia, como el rastreador experto Fred D'Alibini y Lon Parker. En las décadas de 1920 y 1930, Crossett sirvió como agente de la patrulla, pero a principios de la de 1940 había dejado la corporación y se dedicaba a la agricultura en el condado de Doña Ana, en Nuevo México.[4] Seguía comprometido con las viejas filosofías y tácticas de la Patrulla Fronteriza, y se enfureció cuando en septiembre de 1947 una brigada de reclutas hizo una redada en su plantación. Seguro de sí, cuestionó la "autoridad" de los nuevos agentes de la Patrulla Fronteriza "para entrar a registrar su propiedad", pero ellos no reconocían ni a Crossett ni su filosofía de observancia discrecional. Eran de una nueva generación, y un recluta le propinó una "buena paliza" por su rebeldía.[5]

[4] Expediente de personal de Egbert Crossett, NBPM.
[5] Memorando del 25 de septiembre de 1947 de Nick Collaer, subcomisionado interino de Control de Extranjeros, a T. B. Shoemaker, comisionado interino, NARA 56364/43 SW, parte 1, 91, 59A2038.

La molestia de los agricultores con la nueva era de control migratorio agresivo latía en todas las comunidades fronterizas. El agente de la patrulla Bob Salinger recordó que en Del Río, Texas, "la gente en cierto modo te admiraba si eras un hombre de la Patrulla Fronteriza", pero que en Mission, en el mismo estado, "te miraban por encima del hombro".[6] El desprecio hacia los nuevos reclutas se manifestaba de muchas maneras. Al evocar esos años difíciles, Salinger se refirió a "un letrero en un restaurante, que decía 'café, 10 centavos; para la Patrulla Fronteriza, 25'".[7] La esposa de un agente mandó a sus hijos decir que su padre trabajaba en el Servicio de Inmigración y Naturalización porque "a algunas personas de la región no les gustaba que los agentes de la Patrulla Fronteriza se llevaran a sus mojados".[8] Sin embargo, en los poblados pequeños la mayoría de los niños sabían cuáles de los padres trabajaban en la patrulla. Cuando invitaban a sus amigos a una fiesta de cumpleaños, anunciaban: "Va a ser mi fiesta de cumpleaños y todos están invitados menos los hijos de agentes de la Patrulla Fronteriza".[9]

La tensión llenaba la creciente distancia social entre las comunidades locales y los nuevos agentes de la Patrulla Fronteriza. Antes de que se adoptaran las nuevas tácticas en 1944, los veteranos solían romper el hielo entre los reclutas y los miembros de la comunidad alentando a aquéllos a observar las costumbres locales. Cuando los agentes jefes de Eagle Pass y Del Río, Texas, oyeron rumores "sobre unos patrulleros que vivían en casa de un mexicano", de inmediato ordenaron a los reclutas que se mudaran a casa de "alguna familia *estadunidense respetable*" (cursivas en el original),[10] protestó la señora Concepción Nuncio, en cuya casa de huéspedes vivían los agentes. La mudanza de los reclutas de la casa de la señora Nuncio representa un caso entre muchos de veteranos que mitigaban los cambios

---

[6] Entrevista de Bob Salinger, 4 de abril de 1987, NBPM, p. 13.

[7] *Idem.*

[8] *The Other Side of the Story*, NBPM.

[9] *Idem.*

[10] Carta del 11 de agosto de 1941 de J. M. Whipff, comisionado, dirigida "A quien corresponda", NARA 56084/74, 2152, 58A734.

que abrumaban a la Patrulla Fronteriza. En esos primeros días, los reclutas no tenían más opción que obedecer las órdenes que dictaban los veteranos, aún dominantes, que concebían la observancia de la ley de inmigración según las costumbres y los intereses locales. Sin embargo, cada vez más reclutas empezaron a ocupar cargos de autoridad y se negaron a plegarse a las presiones de la gente de la región. Cuando las Partidas Especiales de Deportación de Mexicanos se presentaron en las plantaciones de los enfurecidos agricultores y rancheros, agentes y propietarios que antes eran vecinos, amigos y parientes se habían vuelto desconocidos y enemigos. Por ejemplo, el veterano Fletcher Rawls recordó que en otros tiempos rancheros y agricultores le hacían un "guiño malicioso de complicidad para decirme que tenían muchos mojados y que sabían que yo estaba al tanto y que no iba a hacer nada porque nuestra política era no hacer nada";[11] pero cuando la nueva era de observancia de la ley de inmigración invadió la Patrulla Fronteriza, Rawls empezó a recibir "una sarta de insultos […] y en vez del guiño, una mirada de odio". Después reconoció: "Creo que así me gusta más porque antes siempre me sentía un poco culpable".[12] Sin embargo, como las redadas y las deportaciones en masa continuaron, la tensión no tardó en estallar en la extensa región fronteriza de Texas.

"Mataré al primero que dé un paso más en este campo", amenazó L. S. Fletcher desde la puerta de su plantación en Las Cruces, Nuevo México.[13] Fletcher llevaba años contratando trabajadores mexicanos indocumentados. Había cooperado con agentes de la Patrulla Fronteriza para asegurar que todos los trabajadores volvieran a México y ninguno se quedara en Estados

[11] Memorando del 27 de febrero de 1950 de Fletcher Rawls al "jefe Brady", NARA 56364/43 sw, parte 2, 93, 59A2038, p. 2.

[12] Idem.

[13] Informe del 4 de noviembre de 1947, "Apprehension of Aliens on the Fletcher Farm Near Las Cruces, New Mexico", de Bruce L. Long, agente de la patrulla en Las Cruces, Nuevo México, a G. J. McBee, agente jefe de la patrulla en El Paso, Texas, NARA, 56192/582A, 2839, 58A734, p. 1. Véanse también memorando del 27 de julio de 1948 del director del distrito de El Paso a la Oficina Central, "Criminal Proceedings against L. S. and Leigh Fletcher", NARA 56192/582A, 2839, 58A734; memorando del 27 de julio de 1948 de Taylor C. Carpenter, funcionario de Arbitraje del distrito de El Paso, Texas, al director del distrito de El Paso, NARA 56192/582A, 2839, 58A734.

Unidos. No obstante, la segunda Guerra Mundial y el Programa Bracero lo hicieron reconsiderar los acuerdos que había alcanzado con ellos. Era el 4 de noviembre de 1947, y la brigada de la Patrulla Fronteriza que estaba ante su puerta tenía órdenes de hacer una redada en la plantación y deportar a los mexicanos indocumentados. En sus autos patrulla, los agentes rodearon al airado agricultor y entraron al sembrado; Fletcher volvió corriendo a su casa por un rifle.

El agente que dirigía la brigada advirtió: "Las cosas pueden ponerse bastante difíciles"; los demás prepararon sus armas y luego "llamaron a los mexicanos para que salieran del sembrado".[14] En el lapso de unos cuantos minutos, los agentes aprehendieron a 18 trabajadores mexicanos indocumentados, los "arrearon por el camino de la acequia y los metieron en los autos como si fueran ganado".[15] Cuando daban media vuelta en los coches para irse, el hijo de Fletcher se fue sobre ellos en un todoterreno, y a punto ya de embestirlos, se detuvo bruscamente. Bajó del vehículo de un salto y apuntó un arma contra el agente que estaba más cerca, pero se detuvo cuando un recluta lo encañonó con una pistola y le dijo que "soltara el arma", mientras el veterano Griffith McBee amartillaba su pistola y "le apuntaba entre los ojos".[16]

Era un punto muerto entre una familia de agricultores rebeldes y la Patrulla Fronteriza de Estados Unidos. Entre ellos había 18 jornaleros mexicanos desarmados y sin paga. El joven Fletcher tenía una pistola automática .45, una escopeta automática de 12 mm y un rifle .300 cargado en el asiento delantero de su vehículo, pero los agentes eran más y su padre aún no volvía de la casa. Al verse superado, soltó el arma. Su padre no tardó en llegar con más armas, pero él también se rindió al verse rodeado por los bien armados agentes. Por esa vez ganaba la Patrulla Fronteriza, pero los Fletcher no se dieron por vencidos.

[14] Informe del 5 de noviembre de 1947 de Robert W. Brewster, agente de la patrulla, a G. J. McBee, agente jefe de la patrulla en El Paso, Texas, "Report Concerning the Circumstances of the Serving of Warrants of Arrest on the C. S. Fletcher Farm in Las Cruces, New Mexico", NARA 56192/582A, 2839, 58A734, p. 2.

[15] *Idem.*

[16] *Ibid.*, p. 3.

Cuando la patrulla los acusó de obstrucción de la justicia, los Fletcher se defendieron cuestionando la autoridad de la corporación para entrar a su plantación sin órdenes judiciales de arresto específicas, lo que puso por primera vez en entredicho una ampliación de facultades concedida en 1946 a la Patrulla Fronteriza "para arrestar a todo extranjero que se encuentre en Estados Unidos en contravención de cualquier ley o disposición sobre la admisión, exclusión o expulsión de extranjeros, y que pueda escapar antes de que se obtenga una orden judicial de arresto".[17] Rancheros y agricultores se unieron en torno a los Fletcher y su causa. En el juicio, la "sala del tribunal estaba repleta de espectadores", en particular agricultores, venidos de lugares tan lejanos como el valle bajo del río Bravo para apoyar a los Fletcher. El valle bajo del río Bravo, en Texas, era el corazón de la resistencia. Hacía poco los agricultores y rancheros de la región habían organizado el Ten-Dollar Club para sufragar una campaña de envío de cartas a los congresistas de Estados Unidos en contra de la Patrulla Fronteriza;[18] pero otros también acudieron, incluido el ex patrullero Egbert Crossett.

Asistieron igualmente al juicio agentes de la patrulla de toda la región fronteriza, en número equiparable al de agricultores y rancheros. Respaldaban las acciones de sus compañeros y sabían que si los Fletcher ganaban el proceso, se obligaría a la Patrulla Fronteriza a ceder y plegarse a la voluntad de los patrones de la región. Todos sabían que en el juicio de los Fletcher estaba en juego la distribución del poder sobre el rumbo de la observancia de la ley de inmigración en la zona de la frontera con México. Agricultores, rancheros y agentes de la Patrulla Fronteriza atestaban la sala del tribunal cuando se dictó la sentencia. Los Fletcher perdieron. No sólo se impuso a cada uno una multa de 150 dólares por "intromisión y por impedir a los agentes de la Patrulla Fronteriza el cumplimiento de sus deberes oficiales", sino que el juez confirmó la autoridad de la patrulla para hacer redadas

[17] *Act of August 7, 1946*, 79 Congreso, 2a. sesión, 60 Ley 865; 8 U. S. C. 110.
[18] Memorando del 28 de junio de 1948 de Earl Fallis, agente jefe de la patrulla en Alpine, Texas, al director del distrito de El Paso, Texas, "Ten-Dollar Club", NARA 56364/43 sw, parte 1, 91, 59A2038.

TRANSFORMACIÓN

en plantaciones y ranchos próximos a la frontera sin antes obtener órdenes judiciales de arresto.[19] La Patrulla Fronteriza salió triunfante del tribunal. Los agricultores y rancheros habían fracasado en su intento de usar los tribunales para erradicar lo que algunos llamaban "una maleza despreciable que se desparrama".[20]

Agricultores y rancheros recurrieron a diversos métodos para resistirse a los cambios de la observancia de la ley de inmigración estadunidense. Los más agresivos amenazaron con tomar represalias físicas o contrataron guardias armados para desafiar, desautorizar e intimidar a los agentes de la Patrulla Fronteriza. Muchos otros apostaron vigías en el contorno de su propiedad para dar la voz de alarma o gritar "¡Patrulla!" cuando llegaran vehículos de la corporación a hacer una redada. Las advertencias daban tiempo a los trabajadores indocumentados para dispersarse y esconderse antes de que los agentes llegaran a los campos.[21] Cuando no se podía repeler a los agentes por la fuerza o evadirlos con los vigías, muchos optaban por "maldecir, gritar y amenazar que contratarían guardias armados, nos harían transferir a todos, pondrían candados en las puertas, etc." como medidas de contraataque;[22] pero, sobre todo, la élite de la región inundó de quejas las oficinas de la Patrulla Fronteriza y del Congreso. En 1950, hubo un aluvión de quejas de agricultores y rancheros contra la patrulla en la región fronteriza. La ira que se venía conteniendo desde mediados de la década de 1940 estalló cuando el agente Albert Quillin experimentó con una nueva estrategia que aumentó la capacidad de la corporación para aprehender un gran número de mexicanos.

[19] Memorando del 27 de julio de 1948 del director del distrito de El Paso, "Criminal Proceedings against L. S. and Leigh Fletcher".
[20] Carta del director del *Brownsville Herald* al director del distrito del INS Walter Sahli, NARA 56364/43.3 SW, 94, 59A2038.
[21] Memorando del 30 de marzo de 1953 del agente de la patrulla Edward Hensley a Fletcher Rawls, NARA 56364/43 SW, parte 3, 91, 59A2038; informes del 4 de junio de 1953, "Reports and Excerpts from Patrol Inspectors in Charge of Border Patrol Units", NARA 56364/43 SW, parte 3, 91, 59A2038, p. 3.
[22] Memorando del 30 de septiembre de 1953 de Griffith McBee, agente jefe de la patrulla en El Paso, Texas, NARA 56084/74, 2152, 58A734.

Albert Quillin era un recluta en 1940. La patrulla lo destinó primero a Laredo, Texas, donde estuvo dos meses, y más tarde a Alice, Texas, para que trabajara tres semanas al lado de un "personaje veterano, Charlie Rhyne".[23] Sin mucha supervisión e ignorado por Rhyne, Quillin empezó a probar nuevas técnicas para detener inmigrantes indocumentados. "Quillin era joven, imaginativo, entusiasta; buscaba siempre cómo hacer trabajo secreto y tener informantes. Para Charlie se trataba de tonterías", explicó el agente retirado Brad Thomas.[24] Charlie estaba acostumbrado al viejo sistema de buscar migrantes que estuvieran de viaje y no en el trabajo, un método que rara vez permitía aprehender a muchas personas. Según Charlie, "no había más que sentarse en la estación de autobuses de Alice [...] todo el mundo en el sur de Texas pasa por ahí tarde o temprano".[25] En cambio, Quillin pertenecía a la generación de agentes en ascenso y, si recibía la orden del supervisor jefe de la patrulla de aumentar los arrestos de mexicanos, ideaba nuevas estrategias.

"A las 5 de la mañana del martes 7 de febrero" de 1950 una brigada de 12 agentes dirigida por Albert Quillin y equipada con "dos autobuses, un avión, un camión, un bolso de viaje y [...] nueve automóviles" se reunió en un "punto situado a seis kilómetros al este de Río Hondo, Texas", donde se estableció una estación de inmigración en miniatura con mesas y máquinas de escribir. Los hombres se dividieron en dos equipos, cada uno de los cuales recibió mapas de la zona y la orden de "limpiar determinado sector lo mejor posible" de "extranjeros ilegales". El avión buscaba a los extranjeros que intentaban huir, mientras que los autobuses servían para "transportar [...] mojados" a la frontera. Se aprehendió y gestionó el traslado de cerca de un centenar de la zona de Río Hondo a Brownsville, Texas, de donde serían deportados a México. Al día siguiente, la misma brigada continuó el camino a Crossroads Gin, cerca de Los Fresnos, Texas, e hizo redadas en plantaciones hasta detener y deportar a

---

[23] Brad Thomas (seudónimo), entrevista realizada el 27 de diciembre de 1989, sin transcribir, NBPM.

[24] *Idem.*

[25] *Idem.*

561 "mojados". El tercer día, la brigada se trasladó a San Benito, Texas, donde aprehendió a 264, y el cuarto y último día, también en San Benito, detuvo a otros 134 trabajadores.[26] En total, la brigada de Quillin detuvo a más de 1 000 jornaleros indocumentados en cuatro días de trabajo.[27] Las mejoras de Quillin al modelo de brigadas impresionaron a los funcionarios de la Patrulla Fronteriza, que hicieron adoptar la estrategia a estaciones de la corporación en todo el suroeste del país. A dos semanas de las redadas de Quillin, el envío constante de brigadas de la patrulla estaba "asestando golpes a esos 'mojados' ".[28] Las brigadas modelo de Quillin, con el nuevo nombre de "brigadas especiales", se coordinaron en operaciones múltiples que barrieron toda California y Texas. Los agentes dieron al nuevo modelo de control migratorio el nombre de Operación Mojado.[29]

En 1952, el modelo de la Operación Mojado era una estrategia bien financiada que utilizaban casi todas las estaciones de la Patrulla Fronteriza en el suroeste.[30] Por ejemplo, el 30 de julio de 1952 al amanecer, "un centenar de agentes de la patrulla en camiones, autos provistos de radio, y aviones, emprendieron una redada masiva en la zona de Russelltown, entre Harlingen y Brownsville". A las 8 de la mañana los agentes arrestaron a más de 3 000 mexicanos. Al mediodía el total de aprehensiones de la jornada ascendió a 5 000. "Toda la mañana circularon camiones y autobuses entre unos inmensos almacenes de tomates en Russelltown, donde se improvisó un campo de detención temporal, y el puente internacional de Hidalgo." En el puente, los patrulleros entregaban la siguiente nota a los deportados:

---

[26] Memorando del 11 de febrero de 1950 de Albert Quillin, agente de la patrulla encargado en San Benito, Texas, a Fletcher Rawls, agente jefe de la patrulla en McAllen, Texas, "Activities of this Station, February 7 through February 10", NARA, 56364/43 SW, parte 2, 93, 59A2038.

[27] *Idem.*

[28] Memorando del 27 de febrero de 1950 de Fletcher Rawls al "jefe Brady", p. 1.

[29] David Burnett, relato personal, pp. 20-22.

[30] Memorando del 16 de julio de 1952 de J. W. Holland al congresista Rooney, NARA 56364/43 SW, parte 2, 93, 59A2038.

Usted entró a Estados Unidos de manera ilegal y en contravención de las leyes de su país, así como de las leyes de Estados Unidos. Por esta razón es enviado de regreso a su patria. Si usted vuelve a entrar ilegalmente, será arrestado y castigado conforme a la ley [...] Entendemos que la vida de un mojado es difícil. Los mojados no pueden trabajar más que unas cuantas horas sin ser aprehendidos y deportados. Recuerde estas palabras y déselas a conocer a sus familiares y conciudadanos si quiere hacerles un favor.[31]

Luego los deportados "eran escoltados al otro lado del río [...], entregados a las autoridades mexicanas y colocados bajo custodia militar".[32] Los funcionarios mexicanos habían construido un "campo de detención cercado por una alambrada" para concentrar a los deportados hasta que se pudiera meterlos en trenes con guardias armados y trasladarlos al interior de México".[33]

El modelo de la Operación Mojado combinaba la persecución agresiva de personas de origen mexicano presentes en Estados Unidos con las deportaciones masivas al interior de México. Respaldado con un aumento de personal en la región de la frontera con México y con un equipo más avanzado, como radios y aviones, el modelo supuso un aumento sin precedente del número anual de aprehensiones. Entre 1950 y 1953, las detenciones de la Patrulla Fronteriza casi se duplicaron, de 469 581 a 839 149. El número de inmigrantes mexicanos repatriados como porcentaje del total de salidas forzosas de Estados Unidos se incrementó de 79 a 96% en 1953. Aunque estas estadísticas suelen interpretarse como indicador de que más mexicanos cruzaban ilegalmente la frontera hacia Estados Unidos, las innovaciones prácticas de la Patrulla Fronteriza, así como el índice constante de reincidentes, dificultan determinar el volumen real de la inmigración mexicana no autorizada. Lo que está claro es que la

---

[31] "Wetbacks Warned to Stay in Mexico", *Caller-Times News Service*, álbum de recortes s. f., NBPM. Véase también la carta del 10 de febrero de 1952 de Luis Cortez al Departamento de Inmigración de Estados Unidos de Norteamérica, El Centro, California, NARA 56364/43 SW, parte 2, 93, 59A2038.

[32] *Idem.*

[33] *Idem.*

Patrulla Fronteriza estaba aprehendiendo a más mexicanos o a los mismos mexicanos más veces. La mayor actividad y eficiencia de la patrulla enfureció a los patrones de la región fronteriza, quienes sentían que habían perdido el control del arresto y el traslado forzoso de los trabajadores mexicanos no autorizados. Como respuesta a las innovaciones de 1950 de la patrulla, llovieron quejas en la Oficina Central de la Patrulla Fronteriza, en el escritorio del comisionado del INS y en las oficinas distritales de los representantes estatales. En sus protestas, los agroindustriales rara vez cuestionaban el mandato fundamental de control migratorio de la Patrulla Fronteriza de Estados Unidos. Antes bien, exigían que el control de la observancia de la ley de inmigración se devolviera a las comunidades fronterizas.

Ejemplo de lo anterior fue el caso de 36 pobladores de El Indio, Texas, que presentaron quejas sobre el agente jefe de la patrulla local, Tom Karnes, hasta que ya no pudieron hacerlo. En 1950, enviaron una petición y una protesta formales a la Oficina Central de la Patrulla Fronteriza en Washington, D.C. En ella afirmaban: "el señor Karnes siempre ha sido un hombre de trato muy difícil".[34] Karnes no era de la región. Lo habían transferido a El Indio en 1946 "poco más o menos", explicaban, y en seguida exasperó a la gente porque "[tenía] una actitud sarcástica y desafiante hacia las personas de la localidad, cuya buena voluntad y cuyos problemas [parecían] no importarle".[35] Lo peor de todo, explicó un residente, es que Karnes "ha sido tan eficiente" para aprehender jornaleros indocumentados "que nuestra comunidad se siente agraviada por ello".[36] Los pobladores de El Indio solicitaban que Karnes saliera de allí, que fuera "transferido de la sección de El Indio del condado de Maverick, Texas, y lo reemplazaran por algún otro funcionario del Servicio de Inmigración de Estados Unidos".[37] La Patrulla Fronteriza declinó la solicitud.

[34] Informe del 11 de septiembre de 1950 de H. H. Tannahill, investigador, San Antonio, Texas, a William A. Whalen, director del distrito de San Antonio, Texas, "Patrol Inspector in Charge, Thomas J. Karnes, El Indio, Texas; Investigation of Complaint Dated August 15, 1950", NARA 56084/74B 2152, 58A734.

[35] *Idem.*

[36] *Idem.*

[37] *Idem.*

En contraste con la solicitud relativamente cordial de los pobladores de El Indio, algunos rancheros y agricultores rabiaban contra la reordenación del poder creada y simbolizada por la deslocalización del control migratorio. La élite agroindustrial de la región había construido emporios basados en el control de la tierra, el agua y la movilidad de los trabajadores migrantes mexicanos, pero empezaba a perder ese dominio. La diversificación económica y la expansión del gobierno federal hacia el suroeste en la posguerra desafiaban el reinado de los empresarios agrícolas en la región fronteriza. La incapacidad para dominar el flujo migratorio de trabajadores y la pérdida de influencia general en los diversos mecanismos de autoridad en la región representaban y fomentaban el declive del mundo de los empresarios. Aferrados al pasado, agroindustriales prominentes como Bill Allison, de Marfa, Texas, cuestionaron la autoridad de la Patrulla Fronteriza de Estados Unidos.[38] En el verano de 1951, Allison llevó a tres de sus trabajadores a la estación de autobuses para comprarle a uno un pasaje a México para una visita breve. Los tres hombres se quedaron en el coche mientras él entraba a comprar el boleto. El agente Bassham de la Patrulla Fronteriza vio a tres individuos de aspecto mexicano en el auto y empezó a interrogarlos sobre su situación migratoria. Poco después volvió Allison y exigió que Bassham le explicara con qué autoridad interrogaba a sus trabajadores, pues no tenía pruebas de que hubieran entrado ilegalmente al país. Bassham terminó sus indagaciones a pesar de las protestas de Allison, averiguó que los tres hombres estaban legalmente en el país y luego, según Allison, replicó: "Si no está usted conforme con mi proceder, sepa que no hay maldita cosa que pueda hacer al respecto".[39]

Allison se enfureció y "se resintió de semejante trato por parte de un agente de la Patrulla Fronteriza".[40] Las relaciones en-

[38] Carta del 18 de agosto de 1954 de L. C. Martindale a Griffith McBee, NARA 56364/41.11, parte 1, 83, 59A2038.
[39] Memorando del 19 de enero de 1951 de Taylor C. Carpenter, funcionario de Arbitraje del distrito de El Paso, Texas, al director del distrito de El Paso, NARA 56084/74B, 2152, 58A734, 2.
[40] *Idem.*

tre los patrones y los agentes de la patrulla que vigilaban a sus trabajadores siempre habían sido complicadas, pero parecía que Bassham no tenía consideración alguna por la situación del agricultor, y otros pobladores de la zona se sentían cada vez más frustrados con la indiferencia de Bassham; así que Allison "acudió a un ranchero de nombre Bennett y le contó lo ocurrido".[41] Le dijo que quería que el *sheriff* "le quitara el arma a Bassham y que entonces 'ya se verían las caras un ranchero y un agente de la patrulla'".[42] Quizás en otro tiempo una pelea a puñetazos o un tiroteo habría zanjado la disputa, pero Bennett le señaló sabiamente a Allison que el *sheriff*, como autoridad local, no podía desarmar a un agente federal de observancia de la ley. Imperturbable, Allison concibió otro plan: fue a ver al juez de distrito, Alan Fraser, y le habló de "su problema con Bassham". El juez Fraser escuchó la queja, llamó a la estación de la Patrulla Fronteriza en Marfa, insistió en que otros rancheros de la localidad tenían quejas parecidas sobre Bassham y sugirió "que lo transfirieran de Marfa a otra parte".[43]

El funcionario de Arbitraje del INS del distrito de El Paso, Texas, Taylor C. Carpenter, investigó la queja del ranchero y el juez de distrito. En una entrevista, Allison advirtió a Carpenter: "Si Bassham persiste en su actitud y en sus prácticas de la Gestapo [...], la próxima vez que [me] ataque habrá problemas".[44] Amenazó directamente a Bassham con tomar represalias físicas, pero nunca explicó con claridad lo que Bassham y la Patrulla Fronteriza podían hacer para evitar un enfrentamiento violento con los rancheros y agricultores de Marfa. Al respecto, otro ranchero de la localidad, Cherry Bryant, precisó: "Bassham probablemente logra más aprehensiones que los demás".[45] Como Karnes, Bassham era demasiado eficiente, demasiado inflexible y demasiado indiferente hacia la posición de los agricultores. Cherry agregó que Bassham "debería estar dispuesto a 'vivir y

---

[41] *Idem.*
[42] *Idem.*
[43] *Ibid.*, p. 1.
[44] *Ibid.*, p. 2.
[45] *Ibid.*, p. 4.

dejar vivir', en el sentido de que si en varios ranchos los agentes encuentran extranjeros 'mojados' que en ese momento se necesitan con urgencia, deberían estar dispuestos a dejarlos en libertad condicional bajo la custodia de los rancheros", como hacían los agentes más viejos, que "a veces les dejaban extranjeros en libertad condicional".[46] Sin embargo, esos tiempos habían pasado, y la Patrulla Fronteriza dejó a Bassham en Marfa contra los deseos de los rancheros y agricultores del lugar.

Estos incidentes ejemplifican que los empresarios agrícolas trataron de recuperar el control local de la observancia de la ley de inmigración presentando protestas contra los agentes menos flexibles. No obstante, rancheros y agricultores no atinaron a identificar el origen de la nueva eficacia de la Patrulla Fronteriza. Las misiones especiales y el modelo de la Operación Mojado eran la parte medular de esa mayor eficacia. Remover a determinados agentes de las estaciones locales no habría hecho más que paliar temporalmente la nueva era de observancia de la ley de inmigración. La segunda Guerra Mundial había barrido con el pasado. Los empresarios agrícolas y la Patrulla Fronteriza de Estados Unidos tendrían que encontrar la manera de zanjar sus conflictos conforme a los mandatos vigentes de observancia de la ley de inmigración. Hasta que eso sucediera, los agricultores del sur de Texas y la Patrulla Fronteriza seguirían enfrentándose constantemente, pues los agentes mantuvieron sus implacables redadas en las plantaciones de la región fronteriza, y los empresarios protegían sus propiedades con ingenio, influencias políticas y el uso de la fuerza.

LA LÓGICA DE LA RESISTENCIA

Los texanos del sur creían que su rebeldía se justificaba porque la Patrulla Fronteriza de Estados Unidos intentaba destruirles la vida. En lugares como Brownsville e Hidalgo, los agricultores tenían serias responsabilidades sociales, culturales y económicas que los obligaban a emplear trabajadores mexicanos indocu-

[46] *Idem.*

mentados, y esperaban cooperación y no interferencia por parte de los agentes encargados de hacer cumplir la ley de inmigración federal. Cuando los reclutas de la nueva generación empezaron a hacer redadas, a no dejar a los trabajadores en libertad condicional bajo la custodia de los patrones, y a interferir así en los ritmos de la migración y en las vidas de los migrantes, no sólo amenazaron el abasto de trabajadores indocumentados, sino que desafiaron la posición de autoridad de los productores agrícolas en la región fronteriza. En consecuencia, aunque la deportación en masa creó entre los trabajadores indocumentados un ambiente de terror que los patrones capitalizaron, muchos texanos tendían a considerar la nueva era de observancia agresiva de la ley de inmigración como un cambio no deseado en el mundo que se afanaban por mantener. Por lo mismo, maldecían y despotricaban, ponían bombas en las puertas de sus plantaciones, apostaban vigías en el contorno de sus propiedades, contrataban guardias armados e incluso amenazaban con armar a los inmigrantes. Aun así, los agentes no dejaban de acudir ni de amenazar con destruir su mundo deportando a sus trabajadores.[47] Tan monumental y fundamental era la lucha de los agricultores, según algunos, que les recordaba el enfrentamiento entre el norte y el sur en la Guerra de Secesión de Estados Unidos.

"Nosotros teníamos una casa de labranza antigua, de 17 habitaciones" y "cuartos para los mexicanos en la parte trasera [...] tres casas buenas, y luego ellos mismos se construyeron portales", recordó D. C. Newton, cuya familia apostó guardias para dar la alarma si había redada de la Patrulla Fronteriza;[48] pero una noche de 1952, agregó, cuando todos ya estaban acostados: "Oímos ruidos de motores [...], y de repente todo el caserío se iluminó, y había todoterrenos al final de cada camino de acceso a la casa de labranza".[49] La Patrulla Fronteriza había entrado sigi-

[47] Memorando del 30 de septiembre de 1943 de Griffith McBee; informes del 4 de junio de 1953, "Reports and Excerpts from Patrol Inspectors in Charge of Border Patrol Units".

[48] D. C. Newton, relato oral, entrevistado por Óscar J. Martínez y Virgilio H. Sánchez, 9 de octubre de 1978, entrevista núm. 721, Instituto de Historia Oral, Universidad de Texas en El Paso.

[49] *Ibid.*, p. 22.

losamente antes de encender las luces de los vehículos, y tomó por sorpresa a todos los que se disponían a dormir en la casa, los cuartos traseros y los portales. "Yo me quedé petrificado", recordó Newton, que entonces era un niño pequeño. Vio "hombres corriendo por todas partes" y creyó que la Patrulla Fronteriza iba "a llevarnos a todos, porque eso es lo que me habían dicho que pasaba".[50] Mientras veía a los agentes de la patrulla buscar mexicanos indocumentados en la oscuridad, su madre o su hermano mayor lo estrecharon entre sus brazos.

Los agentes no encontraron muchos migrantes indocumentados esa noche porque el hermano mayor de Newton ya había "corrido" a "avisar a los mexicanos que la Patrulla Fronteriza estaba ahí y que huyeran al sur o treparan a un árbol".[51] Cuando los agentes llegaron a las casas traseras, los migrantes se habían dispersado. Al verse con las manos casi vacías, el "agente jefe" y otros entraron a casa de los Newton. Se metieron al dormitorio de los padres de Newton, empezaron a "dirigir la luz de sus linternas a los ojos de mi madre y mi padre y a decirles: 'Levántense, acompáñennos afuera a ver dónde están sus mexicanos'".[52] Los agentes obligaron a la familia, el padre en piyama, la madre en camisón y todos descalzos, a salir de la casa "dando empellones a mi madre y a mi padre y exigiendo [saber] dónde [estaban] los mojados".[53] La mayoría de los trabajadores habían huido, entre ellos la nana de Newton, Lupe, a quien los agentes decían buscar en particular. Oyendo la llegada de los patrulleros, la mujer había salido por una ventana de la planta alta de la casa de labranza, "bajado por el techo del garaje, [corrido] hacia el sureste y desaparecido".[54] Aunque los Newton creían haber burlado a la Patrulla Fronteriza al alertar a los migrantes sobre la redada, el agente jefe, llevándose a 53 trabajadores detenidos, dijo: "A ver ahora cómo cuidan su huerta".[55]

[50] *Ibid.*, p. 23.
[51] *Ibid.*, p. 24.
[52] *Idem.*
[53] *Idem.*
[54] *Ibid.*, p. 25.
[55] *Idem.*

El padre de Newton equiparaba la lucha de su familia contra la Patrulla Fronteriza de Estados Unidos con la guerra de los esclavistas sureños contra los agresores del norte. Lleno del paternalismo romántico de un esclavista sureño, Newton padre creía que, al llevarse a sus trabajadores, la "condenada Patrulla Fronteriza yanqui [...] separaba un hogar".[56] Como se lo explicó a su hijo, los texanos del sur protegían sus hogares, sus familias, sus propiedades y su estilo de vida contra las redadas de la Patrulla Fronteriza. Él era el amo; los mexicanos ilegales, los equivalentes de los esclavos negros, y juntos formaban un hogar, un sistema de relaciones obrero-patronales, en un mundo de intimidad y desigualdad inextricablemente unidas. La Patrulla Fronteriza amenazaba el hogar al reducir el control del patrón sobre los trabajadores migrantes indocumentados de México. Por tanto, así como los sureños se habían rebelado contra las injerencias en las relaciones con sus esclavos y en la vida de sus plantaciones, así también la familia Newton tenía que defenderse contra la Patrulla Fronteriza de Estados Unidos. El hermano de Newton tomó a pecho la lección. Cuando la Patrulla Fronteriza irrumpió otra noche, él esperaba a los agentes en el camino de acceso a la casa apuntándoles con una escopeta. Asustados por el hostil muchacho de 12 años, los agentes salieron de la propiedad y volvieron otro día.[57]

La historia familiar de Newton deja entrever el mundo por cuya conservación su padre y otros pelearon oponiéndose a la nueva era de observancia de la ley de inmigración de Estados Unidos. Era un mundo de desigualdad indiscutida entre terratenientes angloamericanos y trabajadores migrantes mexicanos: un mundo que en la década de 1920 los empresarios agrícolas habían exhibido ante el Congreso como prueba de que la inmigración mexicana ilimitada produciría ganancias a los patrones estadunidenses sin influir en la cultura, la política ni la sociedad del país. Pero las campañas genocidas de pureza racial de la segunda Guerra Mundial habían bastado para desacreditar el lenguaje de las jerarquías raciales, de manera que aquello que el pa-

[56] *Ibid.*, p. 23.
[57] *Ibid.*, pp. 25-26.

dre de Newton compartía con sus hijos no dejaba de ser una historia de resistencia privada. En cambio, las peticiones y protestas de los agricultores contra los cambios de la observancia de la ley de inmigración federal tendían a apelar a los compromisos de la posguerra con los derechos humanos, la justicia estadunidense y la igualdad racial.

La segunda Guerra Mundial y la Guerra Fría alteraron en lo fundamental la política racial dentro de Estados Unidos, país que había surgido de aquélla como el líder autoproclamado del mundo libre. Sin embargo, la segregación racial, la desigualdad y la violencia dentro del país menoscabaron de forma poderosa y sistemática la legitimidad de su liderazgo mundial. Jefes de Estado de naciones africanas, asiáticas y sudamericanas, familiarizados con los problemas raciales en Estados Unidos, cuestionaron agresivamente la capacidad del país para encabezar un mundo poblado mayoritariamente por la llamada gente de color, a la cual los angloamericanos degradaban y segregaban dentro de su país. Como observaron incontables periodistas y políticos en todo el mundo, la justicia estadunidense se fracturaba por los límites de la raza.[58]

Sometidos a una gran presión internacional y enfrentados a un movimiento social cada vez más poderoso entre los afroestadunidenses, los líderes nacionales empezaron a desmantelar los sistemas de segregación racial que desde hacía tanto definían las relaciones sociales, políticas y económicas en Estados Unidos. En 1941, por ejemplo, cediendo a la presión del activista obrero afroestadunidense A. Phillip Randolph, el presidente Franklin Roosevelt emitió el Decreto Ejecutivo 8802, que prohibía la discriminación racial en el empleo en la industria armamentista; pero las comunidades eran más resistentes. Por todo el sur de Estados Unidos las élites locales se opusieron al cambio hasta que los activistas afroestadunidenses, la legislación del Congreso y los *marshals* federales no les dejaron más opción que aceptarlo. Sin embargo, en la región fronteriza méxico-estadunidense, el cambio se produjo un poco antes. La diversificación económica

[58] Mary Dudziak, *Cold War Civil Rights…*; Thomas Borstelmann, *The Cold War and the Color Line…*

303

supuso el declive del mundo que los empresarios agrícolas habían construido, y la dependencia de Estados Unidos hacia la lealtad de las naciones de América revitalizó el espíritu de "la política del buen vecino" durante la segunda Guerra Mundial, lo que permitió a la clase media mexicana-estadunidense y a los reformadores angloamericanos exigir el fin de la discriminación de los mexicanos en la región fronteriza entre los dos países.[59]

Los agricultores y rancheros rebeldes se valieron del discurso de la Guerra Fría sobre derechos humanos, buena vecindad e igualdad racial para poner el alto a la Patrulla Fronteriza. En particular, los empresarios agrícolas sostenían que era injusto hacer blancos de deportación a los mexicanos. "¿Por qué a los mexicanos?", preguntaba un editorial de 1953 de *El Paso Times*. "No hay duda de que cientos de miles de europeos están ilegalmente en este país", denunciaba el director del periódico, quien criticaba a la Patrulla Fronteriza por "elegir [...] a los extranjeros de México y destinar todos los recursos del gobierno federal a detenerlos o hacer redadas para capturarlos".[60] Los rancheros y agricultores que habían construido emporios agrícolas cimentados en las relaciones sociales de desigualdad entre jornaleros mexicanos y terratenientes angloamericanos adoptaron, pues, la opinión políticamente perspicaz de que la Patrulla Fronteriza de Estados Unidos era culpable de discriminación racial al dirigir sus operaciones contra los inmigrantes mexicanos no autorizados. Además, sostenían, los sistemas de desplazamiento —los traslados forzosos en autobús, avión y tren— eran prácticas "crueles", "inhumanas" y "escandalosas", equivalentes nada menos que a "traficar con la miseria humana".[61] En México, los salarios eran más bajos y el trabajo escaseaba; en consecuencia, la deportación al interior del país sentenciaba a los deportados a morir de hambre o a trabajar por la fuerza para patrones mexicanos "crueles".[62] Cuando unos agentes de la Patrulla Fronteriza

---

[59] Douglas E. Foley *et. al.*, *From Peones to Politicos...*, pp. 105-134.

[60] "Why the Mexicans?", *El Paso Times*, 19 de agosto de 1953.

[61] "Alliance against the Valley", *El Paso Herald*, 5 de octubre de 1953.

[62] "Wetback Airlift Held Cruel by Hidalgo Grand Jurors: Responsible Parties Should Be Censured, Probers Declare in Writen Report", Edinburg, Texas, United Press, s. f.,

se presentaron en casa de la señora Esther Potts, de Harlingen, Texas, para deportar a su sirvienta, aquélla fue fiel al guión de los texanos del sur al oponerse a la deportación de su "fiel acompañante, una mujer sola que vino al valle bajo del río Bravo escapando de morir de hambre" y de un esposo que la maltrataba en México.[63] Según otro texano del sur, "estos pobres diablos necesitan el trabajo, y ellos y sus familias se están muriendo de hambre".[64] Dicho de otro modo, los empleos que ellos ofrecían a los trabajadores mexicanos eran actos de bondad internacional y buena vecindad hemisférica hacia un "pueblo seguro, de gran calidad", que no sólo eran "hombres de familia", sino leales y valiosos refugiados de la pobreza y la tiranía. Los jornaleros mexicanos, afirmaban, merecían que se les diera asilo en calidad de trabajadores en Estados Unidos.[65] En su opinión, la Patrulla Fronteriza era culpable de dañar la legitimidad mundial de Estados Unidos al cometer actos de discriminación racial y fomentar el comunismo en México. Además, señalaban, la corporación planteaba una amenaza para los ciudadanos estadunidenses —angloamericanos y mexicanos—, que merecían la protección igualitaria de la ley y el derecho a vivir libres de la atención no deseada de la policía.

Por ejemplo, C. B. Ray, director ejecutivo de la asociación de productores Valley Farm Bureau [Texas], refirió este incidente al comisionado del INS: "El sábado de la semana pasada un habitante del valle bajo del río Bravo y su esposa entraron a la ciudad para hacer la compra de la semana. Él es ciudadano de Estados Unidos, de unos 50 años de edad, de origen latino", relató Ray.[66]

documentos del Senado, recipiente 232, "Leg. Alien Labor", 3a. carpeta de tres, Biblioteca Lyndon Baines Johnson, Universidad de Texas en Austin (en adelante Biblioteca LBJ).

[63] Carta del 18 de marzo de 1952 de la señora de Robert J. Potts al juez Tom Connally, NARA 56364/41.11, parte 1, 83, 59A2038.

[64] Carta del 24 de agosto de 1951 de S. A. Gill a Connally y al senador Lyndon Johnson, documentos del Senado, recipiente 232, "Leg. Alien Labor", 3ª carpeta de tres, Biblioteca LBJ.

[65] Carta del 6 de junio de 1951 contra la Patrulla Fronteriza de Estados Unidos de W. A. Mitchell al senador Lyndon Johnson, documentos del Senado, recipiente 232, "Leg. Alien Labor", 3ª carpeta de tres, Biblioteca LBJ.

[66] Carta del 21 de mayo de 1952 de C. B. Ray al comisionado Mackay, NARA 56364/41.11, parte 1, 83, 59A2038.

En el camino la pareja recogió a un hombre que les pidió que lo llevaran, y luego un agente de la Patrulla Fronteriza los detuvo. Según Ray, el agente exigió que le demostraran su ciudadanía. Cuando el hombre confesó que era un inmigrante indocumentado, el agente amenazó a la pareja con imponerles una multa o una pena de cárcel por "transportar a un extranjero".[67]

Ray estaba indignado por lo ocurrido. "¿Hemos llegado en este país al punto de no atrevernos a llevar en el coche a un hombre de ojos castaños?", preguntó.[68] En sus esfuerzos por identificar a todos los mexicanos indocumentados, la Patrulla Fronteriza detenía sistemáticamente a los automovilistas mexicano-estadunidenses para interrogarlos. Sin embargo, la queja de Ray no era sólo en defensa de las personas de origen mexicano. "¿Acaso tenemos que estar siempre juzgando nuestros propios actos para no correr riesgos si nos interroga la Patrulla Fronteriza?", preguntó.[69] Ray reconocía que cuando estaba solo, se sentía blanco y seguro, pero que si se relacionaba con personas sospechosas de migración no autorizada, se expondría a los interrogatorios de la Patrulla Fronteriza cuando los agentes lo detuvieran para comprobar la condición de sus acompañantes. La selección tradicional de las personas de origen mexicano como objetivos de la Patrulla Fronteriza, agregó, violaba los derechos civiles y constitucionales de todo estadunidense que cayera en la red de vigilancia de la corporación. "¿Debemos segregarnos del trato con estas personas —preguntó al comisionado del INS—, o debemos seguir relacionándonos con los Garcia y los Gonzales?"[70] Ray advirtió al comisionado: "Casi todas las personas de esta región estamos conscientes de nuestras responsabilidades legales. También conocemos nuestros derechos constitucionales como ciudadanos de Estados Unidos, nos resentimos profundamente contra toda injerencia en ellos, y estamos preparados para exigirle a un guardia armado que los respete".[71]

---

[67] *Idem.*
[68] *Ibid.*, p. 2.
[69] *Idem.*
[70] *Idem.*
[71] *Ibid.*, p. 1.

La oposición a las tácticas de la patrulla de elaborar perfiles delictivos en función de la raza fue una protesta inesperada de los agricultores y rancheros del sur de Texas, quienes hacía mucho habían aceptado las prácticas de la corporación como mecanismo adicional para marginar a los trabajadores agrícolas de la región. Sin embargo, los agricultores recurrían a los persuasivos discursos, las preocupaciones y los temores de los Estados Unidos de la posguerra para legitimar su rebelión contra la nueva era de observancia de la ley de inmigración federal.

A pesar de la resistencia, la patrulla siguió "asestando golpes" en la zona fronteriza. Las aprehensiones aumentaron y superaron la capacidad de la corporación para recluir al gran número de personas detenidas cada año. Los agentes improvisaron centros de detención temporales en graneros y enviaban al día tres aviones llenos de mexicanos a ciudades del interior de México como San Luis Potosí, Guadalajara y Durango. Sin embargo, necesitaban más centros de detención, más aviones y más agentes para expulsar de Estados Unidos a los mexicanos aprehendidos. En 1953, anticipándose a una necesaria asignación presupuestal complementaria, Willard Kelly contrató a 240 agentes adicionales para la región del sur de Texas, hizo planes para construir dos nuevos centros de detención y concertó la compra de otro avión. Estos preparativos enfurecieron a los agricultores y rancheros del valle bajo del río Bravo.

La frecuencia de los enfrentamientos armados entre agricultores rebeldes y la Patrulla Fronteriza aumentó, y la rebelión subió de tono. Un agricultor "amenazó con armar a sus jornaleros mojados contra la patrulla y advirtió: 'Puede ser que haya un par de patrulleros muertos'".[72] Otro comentó: "Los primeros años que viví en la frontera, semejantes tácticas gubernamentales habrían sembrado de cadáveres de patrulleros el trayecto de Brownsville a Laredo", y agregó: "El viejo espíritu estadunidense no ha muerto; sólo está dormido". Pronosticó: "Si se permite que continúe la situación actual, un día de éstos un patrullero arbitrario va a invadir la propiedad de un agricultor irascible y lo

[72] Informes del 4 de junio de 1953, "Reports and Excerpts from Patrol Inspectors in Charge of Border Patrol Units", p. 13.

van a sacar con los pies por delante".[73] Las amenazas de muerte contra los miembros de la patrulla se generalizaron. Agricultores y rancheros cabildearon con sus representantes en el Congreso para que "pusieran el alto" a la Patrulla Fronteriza y declinaran la solicitud de asignación presupuestal complementaria antes de que alguien resultara herido. No cabildeaban en beneficio propio, decían, sino en el de los miles de inmigrantes mexicanos que eran víctimas del "ruin afán de venganza" de la Patrulla Fronteriza: "una sed insaciable de dominar o arruinar; controlar, gobernar, todo con tal de no ceder en su postura, sin importar las consecuencias para los trabajadores pobres a los que arrean como si fueran ganado".[74]

Agricultores y rancheros condenaron el proyecto del centro de detención llamándolo "campo de concentración" y "prisión militar como las de Corea", y afirmando que estaba en "contradicción con nuestra política de buena vecindad".[75] El centro de detención era una prueba más de las tácticas "de la Gestapo" utilizadas por la Patrulla Fronteriza, añadieron; pero aún peores eran los traslados forzosos en avión. Era "inhumano" deportar mexicanos al interior de México, denunciaban rancheros y agricultores, y la prensa de la región ridiculizaba sistemáticamente a los agentes de la patrulla y el traslado forzoso en avión, llamándolo "Operación Despilfarro".[76]

Rancheros y agricultores por igual presionaron a sus representantes, y el Senado vetó la asignación complementaria a la Patrulla Fronteriza. El éxito de la campaña llevada a cabo en el valle bajo del río Bravo contra la asignación supuso "enviar a casa, a su costa, a unos 240 agentes calificados de la patrulla que se habían presentado al servicio", según Willard Kelly, quien agregó que "venían de todas partes de Estados Unidos, algunos

[73] Documento del 21 de enero de 1952, "'Wetback' or Migrant Labor Control", documentos del Senado, recipiente 232, "Leg. Alien Labor", 3a. carpeta de tres, Biblioteca LBJ.
[74] Carta del 13 de junio de 1952 de Ed Brindson a Lyndon Johnson, documentos del Senado, recipiente 232, "Leg. Alien Labor", 3a. carpeta de tres, Biblioteca LBJ.
[75] "Brownsville CC Scores Plans for Wetback Stockade", *Harlingen Texas Star*, 4 de junio de 1952.
[76] "Valley Resentment at Alien Airlift Says It with Names", *Valley Evening Monitor*, 13 de junio de 1952.

con sus familias".[77] La pérdida del financiamiento adicional fue un duro golpe para la patrulla en su conflicto creciente con agricultores y rancheros del valle bajo del río Bravo. La Patrulla Fronteriza había ganado el derecho a usar tácticas agresivas, pero carecía de fondos suficientes para ponerlas en marcha. De manera parecida, en 1952 los agricultores del valle bajo del río Bravo habían participado con éxito en el cabildeo contra una medida para criminalizar el empleo de inmigrantes no autorizados.[78] Mal financiada para la enormidad de su mandato, la Patrulla Fronteriza necesitaba una nueva estrategia contra los rancheros y agricultores que sostenían: "Todo el problema se reduce a que tenemos demasiados agentes destinados a esta localidad y sus alrededores".[79]

Un mes después de perder la asignación complementaria, el jefe Kelly anunció "el retiro [de la patrulla] del valle bajo del río Bravo a una 'nueva línea' defensiva a 16 kilómetros al norte de Kingsville, Falfurrias y Hebbronville".[80] Antes que pelear una batalla perdida en el valle, la patrulla decidió retirarse de la zona, porque "con la escasez de fuerzas podemos controlar mejor la invasión de mojados en la línea situada más al norte".[81] Sin em-

---

[77] "Civet Center Also on Way Out as Solons Fail to Vote Funds", *Valley Morning Star*, 27 de junio de 1952.

[78] *Act of March 20, 1952*, 82 Congreso, 1a. sesión (66 Ley 26). Esta ley reformó la fracción 8 de la Ley de Inmigración de 1917, cap. 29, 64 Congreso, 2a. sesión, y el título IV del *Act of February 27, 1925*, cap. 364, 68 Congreso, 2a. sesión. Las reformas fueron como sigue: *1)* el transporte dentro de Estados Unidos de inmigrantes ilegales conocidos se tipificó por primera vez como delito; *2)* el empleo y las prácticas normales derivadas del empleo no constituían el delito de dar refugio a extranjeros ilegales; *3)* los arrestos por dar refugio, contrabandear y transportar ilegales se restringían a agentes y empleados designados del INS, y a todos los demás agentes obligados a hacer cumplir las leyes penales; *4)* se dispuso que los agentes tuvieran acceso a tierras privadas, pero no a las viviendas, en un radio de 40 kilómetros de toda frontera externa, a efecto de patrullar esa frontera para impedir la entrada ilegal de extranjeros.

[79] Memorando del 15 de septiembre de 1950 de William A. Whalen, director del distrito, a Edward A. Loughran, subcomisionado de la División Administrativa de la Oficina Central, sobre la queja de un grupo de residentes de El Indio, Texas, fechada el 15 de agosto de 1950, contra el agente de la patrulla encargado Thomas J. Karnes, NARA 56084/74B, 2152, 58A734.

[80] "May Be Like Old Times: Border Patrol's Withdrawal to Bring Influx of Wetbacks", *Corpus Christi Caller-Times*, 1° de julio de 1952.

[81] *Idem*.

bargo, si la patrulla esperaba que el retiro disuadiera a los agricultores del valle bajo del río Bravo, se equivocaba. Los agricultores declararon que la Patrulla Fronteriza intentaba "ponernos de rodillas", pero prometieron "seguir peleando para siempre jamás".[82] El congresista Lloyd Bensten, partidario de los productores del valle bajo del río Bravo, desestimó el plan de la patrulla llamándolo "una campaña de terror".[83] Muchos productores, sin embargo, recibieron con gusto la noticia del retiro, que les infundió la esperanza de que las cosas volvieran a "ser como en los viejos tiempos".[84] Pero no habría vuelta atrás sencilla a los días en que "los funcionarios de Inmigración no molestaban gran cosa a los 'mojados' cuando estaban en los campos recogiendo las cosechas".[85] Los supervisores del INS suspendieron el retiro del sur de Texas anunciado por el jefe Kelly: los agricultores y la Patrulla Fronteriza tendrían que resolver sus conflictos; al final, ambas partes tendrían que hacer concesiones.

El apoyo de la prensa local garantizó que la rebelión de rancheros y agricultores permaneciera en primera plana, pero el resquebrajamiento de la hegemonía de las empresas agrícolas no permitió que sus voces dominaran. Antes de la segunda Guerra Mundial el gobierno federal había mantenido una presencia mínima en la zona fronteriza de Texas y los agentes federales de la Patrulla Fronteriza actuaban bajo el control de las localidades. Sin embargo, con la expansión económica y la llegada de la autoridad federal a la política local, los líderes establecidos de la región fronteriza perdieron buena parte del control de sus comunidades. Habían surgido nuevos intereses políticos, no sólo en la observancia de la frontera, sino en la zona fronteriza. Las empresas que se habían desarrollado a raíz de la diversificación económica de la segunda Guerra Mundial y la Guerra Fría no dependían de trabajadores indocumentados. Los mexicano-

[82] "Farmers Agree to Renew Hiring of Braceros", *El Paso Herald-Post*, 6 de octubre de 1953.
[83] "Upper Valley Farmers Blast at Border Patrol", *Brownsville Herald*, 3 de julio de 1952.
[84] "May Be Like Old Times", *Corpus Christi Caller-Times*.
[85] Carta del 2 de julio de 1951 de C. E. Blodget al senador Lyndon Johnson, documentos del Senado, recipiente 232, "Leg. Alien Labor", 3a. carpeta de tres, Biblioteca LBJ.

estadunidenses que exigían una mayor observancia de la frontera se estaban convirtiendo en una nueva voz política. Las batallas entre los agricultores locales y la patrulla representaban los cambios más generales que sacudían las estructuras de poder de la región fronteriza.[86]

Agricultores y rancheros querían volver a los "viejos tiempos". El acceso a los inmigrantes mexicanos indocumentados constituía el cimiento de aquella época, y lo defendieron con todo su arsenal. Recibían a los agentes en las puertas de sus plantaciones con escopetas; los condenaron al ostracismo de la comunidad. Acusaron a la Patrulla Fronteriza de violar las libertades estadunidenses dentro del propio país, y a los agentes de fomentar el comunismo en el extranjero. No obstante, agricultores y rancheros no pudieron erradicar la "despreciable maleza" en que se había convertido la corporación. La política y la práctica del control migratorio ya se extendían mucho más allá de la zona fronteriza entre Estados Unidos y México. Pese a las protestas de los agricultores, no fue posible hacer que el trabajo de la Patrulla Fronteriza volviera a la antigua época en que los agentes hacían cumplir la ley federal conforme a las costumbres e intereses locales.

La rebelión del sur de Texas dificultó enormemente el trabajo de los agentes de la Patrulla Fronteriza en la ruta migratoria que sus supervisores identificaron como la zona conflictiva y prioritaria de la observancia de la ley de inmigración estadunidense. Los ataques cotidianos mermaron la moral de agentes que nunca sabían con qué iban a encontrarse cuando hacían una redada en una plantación de la región, entraban a un restaurante de la localidad o asistían a un acto de la comunidad. Sin embargo, lo que estaba en juego era la viabilidad y la legitimidad del principio básico de organización de la Patrulla Fronteriza: la insistencia en vigilar la inmigración mexicana no autorizada. Es posible que los motivos de los empresarios agrícolas fueran sospechosos, pero se estaba atacando el principio básico de organización de la observancia de la ley de inmigración fede-

---

[86] Douglas E. Foley *et. al., From Peones to Politicos...*, p. 18.

ral. El capítulo VIII cuenta la contraofensiva que la Patrulla Fronteriza emprendió para aplacar la rebelión de los agricultores y restaurar la buena voluntad, la amistad y la legitimidad que se habían perdido con la muerte de la vieja patrulla. La corporación convirtió las historias de esclavismo de los agricultores en una versión abolicionista que defendía el proyecto de vigilar agresivamente a los mexicanos y, valiéndose tanto de la coacción como del acuerdo, obtuvo el apoyo de los rebeldes del sur de Texas y estabilizó su posición en la región de la frontera con México.

Tercera parte
Operación Mojado
y más allá

Familias mexicanas esperando a ser deportadas, hacia 1954. Fotografía oficial de la Patrulla Fronteriza de Estados Unidos, archivo núm. 108-6. Patrulla Fronteriza de Inmigración, McAllen, Texas. Cortesía del Museo Nacional de la Patrulla Fronteriza, El Paso, Texas.

A principios de la década de 1950, los funcionarios de la Patrulla Fronteriza de Estados Unidos reconocieron que había una crisis de control en la frontera con México. Poco más de dos millones de hombres mexicanos entraron a Estados Unidos como braceros legales, pero muchos otros, con bastante frecuencia los hombres, mujeres y grupos familiares categóricamente excluidos del Programa Bracero, entraron al país de manera ilegal. En medio de la crisis de control de la Patrulla Fronteriza, la rebelión del sur de Texas representó una crisis de aceptación de la institución por parte de influyentes empresarios agrícolas que se negaban a reconocer la nueva era del control migratorio. Los agricultores recalcitrantes eran pocos, pero lanzaron perjudiciales acusaciones contra la Patrulla Fronteriza y el hecho de que centrara sus acciones en la vigilancia de personas de origen mexicano. La patrulla estabilizó su posición en la región de la frontera con México haciendo frente a las crisis interrelacionadas de control y aceptación con una campaña que hoy se conoce como la Operación Mojado de 1954. Por Operación Mojado suele entenderse una campaña de deportación masiva dirigida contra mexicanos, pero los funcionarios de la patrulla iniciaron el verano de 1954 con intenciones que iban mucho más lejos que la deportación en masa. En particular, los agentes buscaban poner fin a las crisis de aceptación y control en la zona de la frontera con México. La deportación masiva, o cuando menos la amenaza de ella, era un medio para alcanzar estos fines.

Después de la Operación Mojado de 1954, los índices de aprehensión de la Patrulla Fronteriza cayeron bruscamente. Mientras que el caótico decenio que va de 1944 a 1954 se había dado en llamar la "era del mojado", los años sucesivos al 54 fueron tranquilos. En esos años, la práctica de la Patrulla Fronteriza podría haber tomado muchos rumbos, pero los recursos seguían concentrados en la región de la frontera con México, y los funcionarios de la corporación transformaron el control de la inmigración en un ámbito de control de la delincuencia. El giro explícito hacia el control de la delincuencia señaló un importante cambio en la evolución de la Patrulla Fronteriza. Mientras que antes los agentes de la corporación se habían dedicado a hacer cumplir la ley de inmigración estadunidense en su confluencia con la vigilancia de extranjeros no deseados y trabajadores indocumentados, los giros lingüísticos, las innovaciones estratégicas y las prioridades de las políticas públicas del periodo consecutivo a la era del mojado volvieron a configurar las prácticas cotidianas y redefinieron el sentido del control migratorio en Estados Unidos. Conformada en los albores de la era carcelaria —en la que crimen y castigo surgieron como principales modos de entender y atender los problemas sociales—, la recodificación explícita por parte de la Patrulla Fronteriza del control migratorio como ámbito de vigilancia de la delincuencia y castigo de los delincuentes hizo que el trabajo de los agentes encargados de hacer cumplir la ley de inmigración en las fronteras del país tuviera resonancia en los discursos y temores relativos al orden y al control sociales en los Estados Unidos de la segunda mitad del siglo xx. En otras palabras, al vincular el control migratorio con el problema de la delincuencia, los agentes de la Patrulla Fronteriza y los funcionarios del ins unieron sus esfuerzos en la región de la frontera a una dinámica cada vez más centralizada de la cultura, la política y la gobernabilidad en Estados Unidos. La tercera parte refiere cómo transformaron los funcionarios de la Patrulla Fronteriza la ejecución y el sentido del control migratorio en la región de la frontera deportando a los "mojados" en 1954 y, en los días y décadas sucesivos, combatiendo a los delincuentes que se atrevían a regresar.

VIII. Los triunfos de 1954

En junio de 1954, la Patrulla Fronteriza de Estados Unidos anunció que en breve pondría en marcha su Operación Mojado más agresiva e innovadora hasta entonces. El fiscal general de Estados Unidos y el recién contratado comisionado del INS, el general retirado Joseph Swing, hicieron la crónica de la campaña a medida que se desarrollaba. A partir de la madrugada del 10 de junio de 1954, cientos de agentes de la Patrulla Fronteriza destinados al suroeste desde todos los rincones del país establecieron controles de carretera en California y el oeste de Arizona, donde en el lapso de una semana capturaron a 11 000 inmigrantes mexicanos no autorizados. En los tres meses siguientes, las brigadas especiales de la patrulla barrieron el sur de Texas, Chicago y el delta del Misisipi en busca de inmigrantes mexicanos no autorizados. En octubre, el comisionado Swing proclamó con orgullo que se había expulsado de Estados Unidos a más de un millón de inmigrantes no autorizados, en su mayoría mexicanos. La "era del mojado", declaró, había terminado. Sin embargo, como se ha dicho aquí, lo cierto es que la Operación Mojado de 1954 nunca existió.

Una parte medular del "gran esfuerzo" de 1954 de la patrulla fue lo que Swing llamó una brigada de 750 agentes con capacitación especial. No obstante, los 750 agentes que, según se dijo, participaron en la Operación Mojado de 1954 no eran en realidad más que unos 378 agentes que trabajaron tiempo extra.[1]

[1] Véase el memorando incompleto de D. R. Kelley, s. f., NARA 56364/50, 104, 59A2038.

Más aún, contra la afirmación de que la brigada estaba constituida por paramilitares bien capacitados, la verdad es que los
agentes no recibieron capacitación especial alguna para la campaña y no usaron ninguna técnica nueva. Como explicó al comisionado Swing, un agente con muchos años de experiencia en la
patrulla, la "operación especial […] no empleó planes operativos nuevos. El patrullaje de la frontera, los controles de carretera, las brigadas de finalización y la expulsión de los extranjeros
desde la frontera eran medios que se han utilizado en este distrito durante años".[2] La Operación Mojado de 1954 fue poco más
que un despliegue mayor de lo habitual de las conocidas e inefi-
caces tácticas de control migratorio de la Patrulla Fronteriza.

Lo más importante de todo es el más de un millón de deportaciones que el comisionado Swing atribuyó al verano de 1954.
Los académicos han puesto acertadamente en tela de juicio la
veracidad de las estadísticas de la Patrulla Fronteriza respecto
al verano de 1954.[3] Swing y otros redondearon, inflándolos, los
informes diarios y mensuales de aprehensiones de la patrulla ese
verano. Sin embargo, el truco estadístico tenía que ver también
con la periodización. El millón de deportaciones atribuido a la
Operación Mojado del 54 se produjo en el año fiscal de 1954,
transcurrido entre el 1° de julio de 1953 y el 30 de junio de
1954. Sólo un lapso de 20 días de la Operación Mojado de 1954
cayó dentro de ese año. En esos 20 días, la Patrulla Fronteriza
aprehendió, cuando mucho, a 33 307 personas.[4] En consecuencia, el más de un millón de aprehensiones que se hizo constar
para el año fiscal de 1954 se hizo en realidad antes de que co-

[2] Memorando del 13 de agosto de 1954 de H. R. Landon, director del distrito de Los
Ángeles, al comisionado del INS, "Memorandum by Los Angeles District on Plans and
Estimates for Control of the Mexican Border", NARA 56364/44.15, 102, 59A2038, 10.

[3] Juan Ramón García, *Operation Wetback…*, pp. 227-228.

[4] Memorando del 13 de agosto de 1954 de H. R. Landon, director del distrito de Los
Ángeles, al comisionado del INS, "Memorandum by Los Angeles District", p. 10. Entre
el 10 de junio y el 25 de octubre de 1954, la Patrulla Fronteriza deportó a 117 709 inmigrantes de California y Texas. Se deportó a 1 157 más de la zona de Chicago, lo que da
un total de 118 866. Véase el memorando del 8 de octubre de 1954 del comisionado del
Servicio de Inmigración y Naturalización, NARA 56364/45.2, 103, 59A2038; "Memo to
Mr. Carter (to October 4th)", s. f., NARA 56364/45.2, 103, 59A2038, y comunicado de
prensa del 29 de julio de 1954, NARA 56364/45.6, vol. 9, 104, 59A2038.

menzara la Operación Mojado de 1954, el 10 de junio de ese año. En el año fiscal de 1955, que comprendió la mayor parte de la campaña del verano de 1954, se registraron apenas 221 674 detenciones de mexicanos, la menor cifra desde 1948. Lejos de que se disparara el índice de aprehensiones, lo cierto es que en el verano de 1954 disminuyeron bruscamente las actividades de la Patrulla Fronteriza (véase el cuadro VIII.1).

Saber que la Operación Mojado de 1954 no fue el "gran esfuerzo" que el comisionado Swing proclamaba no demerita la importancia de la campaña. En el verano de 1954, la Patrulla Fronteriza se sobrepuso a las crisis de control y aceptación que habían estallado en la frontera con México a mediados de la década de 1940. A partir de 1944, las aprehensiones en esa frontera habían crecido de manera exponencial, lo que indicaba que la Patrulla Fronteriza había perdido el control del volumen de inmigración mexicana no autorizada. La corporación también había perdido el apoyo de los rancheros y productores agrícolas del sur de Texas que se oponían a sus agresivas tácticas nuevas en la frontera. En cambio, en los años posteriores a 1954, las aprehensiones cayeron drásticamente, y los agricultores rebeldes del sur de Texas se calmaron. Éstos fueron los triunfos de 1954, y no se alcanzaron con las redadas, deportaciones y despliegues de fuerza que con tanta frecuencia se atribuyen a ese verano. Antes bien, la Patrulla Fronteriza triunfó sobre las crisis de control y aceptación valiéndose de la negociación, el acuerdo y, sobre todo, el repliegue. Este capítulo explora cómo el fin de la llamada era del mojado tuvo menos que ver con la deportación de inmigrantes mexicanos no autorizados y más con la manera en que la Patrulla Fronteriza hizo cumplir la ley de inmigración de Estados Unidos. El capítulo destaca la importancia decisiva que tienen las prácticas de observancia de la ley de inmigración en la creación y la solución del problema de la inmigración ilegal en la frontera con México.

CUADRO VIII.1. *Principales actividades y logros de la Patrulla Fronteriza de Estados Unidos, 1945-1954*

	1945	1946	1947	1948
Número total de personas aprehendidas	70 639	100 785	194 954	193 852
Número de extranjeros deportables localizados	69 164	99 591	193 657	192 779
Número de mexicanos aprehendidos	n.d.	n.d.	n.d.	n.d.
Número de personas aprehendidas, región de la frontera con México	64 368	92 107	183 832	180 774
Número total de personas interrogadas	4 161 571	4 112 966	4 826 442	5 529 685
Número de personas interrogadas, región de la frontera con México	2 563 481	2 674 943	3 502 212	4 354 301
Valor de todos los bienes confiscados (en dólares)	$78 725	$111 213	$153 299	$234 125

FUENTE: Datos recopilados de las principales actividades y logros de la Patrulla Fronteriza de Estados Unidos, *Annual Reports of the Immigration and Naturalization Service, Fiscal Years Ending June 30, 1945-1956, 1962*, Washington, D. C., GPO.

1949	1950	1951	1952	1953	1954
289 400	469 581	510 355	531 719	839 149	1 035 282
288 253	468 339	509 040	528 815	835 311	1 028 246
n.d.	n.d.	n.d.	n.d.	n.d.	1 022 267
279 379	459 289	501 713	517 805	827 440	1 022 374
6 618 056	7 223 069	8 606 693	8 777 886	9 543 005	8 949 130
5 487 811	6 248 387	7 707 394	7 958 225	8 800 379	8 262 268
$222 022	$171 439	$261 160	$323 718	$416 903	$952 715

LOS ILEGALES, LA ILEGALIDAD Y LA SOCIEDAD ESTADUNIDENSE

El verano de 1954 se venía gestando desde hacía muchos años. La Patrulla Fronteriza de Estados Unidos había puesto en marcha su agresiva campaña contra la inmigración mexicana indocumentada 10 años antes. Desde principios de la década de 1940 su trabajo se había caracterizado por las brigadas especiales, los controles de carretera y el propósito inflexible de deportar inmigrantes mexicanos indocumentados, cuyas aprehensiones aumentaron. La rebelión de los agricultores comenzó la primera vez que las Partidas Especiales de Deportación de Mexicanos llegaron a sus puertas, en la primavera de 1944. La patrulla emprendió una contraofensiva para combatir el creciente número de cruces fronterizos ilegales y la rebelión de los agricultores. Luchó contra las crisis de control y aceptación derivadas de la observancia agresiva de la ley de inmigración en la frontera con México extremando la observancia de la ley y, en 1950, adoptó la estrategia de la Operación Mojado en todo el suroeste del país. Lo único que se consiguió fueron conflictos constantes con agricultores que cuestionaban la validez de las prácticas de la Patrulla Fronteriza, migrantes que se resistían al arresto y un índice disparado de aprehensiones, que al parecer no tenía límites previsibles. Frente a las acusaciones de prácticas inhumanas y los indicios de ineficacia, funcionarios y agentes de la patrulla se enfrascaron en una lucha para definir el significado del control migratorio en la frontera con México.

Para construir una versión opuesta del control migratorio, los agentes de la Patrulla Fronteriza recurrieron a una fuente de apoyo confiable: la clase media mexicano-estadunidense. En los últimos años, las condiciones sociales de las personas de esa clase habían mejorado en la región fronteriza, pero la lucha por la integración económica y social plena estaba lejos de haber terminado.[5] Sus recientes conquistas eran modestas, y las organizaciones mexicano-estadunidenses defensoras de los derechos civiles

---

[5] Douglas E. Foley *et al.*, *From Peones to Politicos...*, pp. 105-134.

seguían peleando para ganar más derechos y proteger los ya ganados. Para las principales organizaciones, el empleo, la vivienda y la atención de la salud eran asuntos importantes, pero pocos eclipsaban la centralidad de la inmigración ilegal. Los principales líderes políticos mexicano-estadunidenses seguían creyendo que la inmigración mexicana, en particular la no autorizada, "retrasaba materialmente nuestra asimilación".[6] Con su constante oposición a las "más graves consecuencias de la invasión de mojados sobre la vida de los estadunidenses de ascendencia mexicana", representantes de las más prominentes organizaciones de derechos civiles mexicano-estadunidenses respaldaban los esfuerzos de la Patrulla Fronteriza para acabar con la inmigración mexicana no autorizada.[7] La patrulla encontró nuevas reservas de apoyo tan profundas y constantes como la creciente clase media mexicano-estadunidense, para la cual la nueva agresividad sin violencia física directa representaba un cambio largamente esperado en el control de la inmigración en Estados Unidos.

Al igual que la clase media, los miembros de la clase obrera mexicano-estadunidense a menudo podían apoyar la intensificación de la vigilancia de la frontera y el control de la inmigración. "Los residentes legales no pueden vivir con los salarios de los mojados ni competir con ellos", explicó Drineo González en una carta dirigida en 1952 al presidente Lyndon B. Johnson;[8] y el Sindicato Nacional de Trabajadores Agrícolas (NFLU, por sus siglas en inglés) había redoblado su oposición a la inmigración mexicana no autorizada luego de que directivos de la Di Giorgio Fruit Farm, en California, utilizaron tanto braceros legales como trabajadores indocumentados para romper una huelga en 1947.

---

[6] Subcomisión del Senado sobre Trabajo y Relaciones Obrero-Patronales, de la Comisión sobre Trabajo y Seguridad Social, *Migratory Labor Hearings,* testimonios de Gus García, director jurídico del American G. I. Forum de Texas, y Ed Idar, presidente estatal del American G. I. Forum de Texas, 82 Congreso, 2a. sesión, parte 1, 1952, p. 131 (en adelante Senado de Estados Unidos, *Migratory Labor Hearings.* Véase también Márquez, LULAC..., p. 16.

[7] *Idem.*

[8] Carta del 10 de marzo de 1952 del señor Drineo González, Mission, Texas, documentos del Senado, recipiente 232, "Leg. Alien Labor", 3a. carpeta de tres, Biblioteca LBJ.

Cuatro años después, en una huelga de recolectores de melones en el Valle Imperial entre 1951 y 1952, los miembros del sindicato "fuimos a arrestar a los mojados que vivían en cuevas y acequias y los entregamos a la Patrulla Fronteriza", recordó Juanita García, del NFLU.[9] Miembros del sindicato también patrullaron la frontera e hicieron volver a unas 3 000 personas que la habían cruzado sin autorización.[10] Sin embargo, el NFLU era un aliado imprevisible porque sus miembros profesaban una lealtad explícita hacia los trabajadores del país antes que hacia la observancia de la ley federal. El doctor Ernesto Galarza, que encabezaba el NFLU en California, combinaba una enérgica oposición a la inmigración mexicana no autorizada con la defensa de todos los trabajadores migrantes, sin importar su condición inmigratoria. Estaba siempre dispuesto a defender a los trabajadores indocumentados que habían sido víctimas de estafas o trato injusto por parte de patrones, coyotes o la Patrulla Fronteriza de Estados Unidos. Aunque colaboraba con la patrulla facilitándole información sobre las plantaciones que empleaban trabajadores migrantes no autorizados, no dudaba en denunciar abusos por parte de los agentes de la corporación. Por ejemplo, en marzo de 1954 informó al cónsul de México en Calexico, California, que la construcción del centro de detención del INS en la vecina población de El Centro, California, se estaba realizando con trabajo de los detenidos sin remuneración.[11]

A diferencia del apoyo brindado a los trabajadores agrícolas y los miembros de sindicatos, el respaldo de la clase media mexicano-estadunidense se cimentaba en las políticas de pertenencia a la raza blanca, nacionalismo y ciudadanía, y no en la clase social, y en general ofrecía un sostén más firme al proyecto de la Patrulla Fronteriza de vigilar la inmigración mexicana no autorizada. Mientras los empresarios agrícolas desacredita-

---

[9] Senado de Estados Unidos, *Migratory Labor Hearings*, testimonio de Juanita García, p. 230. Véase también Galarza, *Merchants of Labor...*, pp. 216-217.

[10] National Farm Labor Union—Wetback Strike, Colección de Paul Schuster Taylor, cartón 46, carpeta 53.

[11] Carta de Ernesto Galarza a Eugenio Pesqueira, cónsul de México en Calexico, California, documentos de Ernesto Galarza, caja 50, carpeta 3.

ban a la corporación, destacados activistas mexicano-estadunidenses la defendían diciendo que era "despreciada, malentendida y subestimada", y sostenían que sus agentes eran "concienzudos y les interesaba hacer bien su trabajo".[12] La Patrulla Fronteriza recibió con gusto su apoyo y declaró con confianza: "Hay una comunidad de intereses entre ellos y nosotros".[13] El aluvión de protestas de los empresarios agrícolas obligó a la patrulla a cultivar el apoyo de cualquier persona u organización dispuesta a abogar por su causa, incluso el de aquellos a quienes no contrataba. De los 331 reclutas que asistían a la Escuela de Capacitación de la Patrulla Fronteriza en el verano de 1941, ninguno tenía apellido hispano. Los únicos agentes con apellidos hispanos que en 1942 figuraban en las listas de la corporación eran Pete Torres, Manuel Uribe y Thomas García, los mismos que se habían incorporado en la década de 1920. Aunque Torres, Uribe y García llevaban muchos años en la patrulla y ganaban el salario máximo, ninguno de estos veteranos ocupaba un cargo oficial de supervisión. Casi una década después, en 1951, los agentes en periodo de prueba Joseph J. Samora y Martin S. Doria presentaron quejas contra la patrulla. Doria afirmaba que "los prejuicios de los agentes con los cuales y bajo cuya supervisión trabajaba en el sector de Laredo del distrito de San Antonio" le impedían "dar resultados satisfactorios como agente".[14] Aunque las organizaciones políticas méxico-estadunidenses por lo común se oponían enérgicamente a la discriminación en el empleo contra los ciudadanos de origen mexicano, evitaban provocar la hostilidad de la institución facultada para deportar a los mexicanos indeseados e indocumentados, y en vez de eso colaboraron con la patrulla para forjar una versión contraria a las acusaciones de racismo de rancheros y agricultores.[15]

[12] Ed Idar hijo y Andrew C. McClellan para el American G. I. Forum y la Federación Estatal de Trabajadores de Texas (AFL), *What Price Wetbacks?*, p. 41.

[13] Memorando del 7 de julio de 1954 de J. W. Holland, director del distrito de San Antonio, Texas, al comisionado Joseph Swing, NARA 56364/50, 104, 59A2038.

[14] Memorando del 27 de junio de 1951 de H. B. Carter a W. F. Kelly, "Special Mobile Force", NARA 55853/314B, 439, 58A734.

[15] *Idem*.

A principios de la década de 1950, uno de los defensores más clamorosos de la Patrulla Fronteriza era el American G. I. Forum, una organización de ex combatientes mexicano-estadunidenses. En 1953 el American G. I. Forum publicó *What Price Wetbacks?*, una investigación realizada en colaboración con la Federación del Trabajo del Estado de Texas (AFL, por sus siglas en inglés), que examinaba los costos económicos y sociales de los trabajadores ilegales y del Programa Bracero en Texas. Realizaron la investigación Ed Idar hijo y Andrew McClellan, con la cooperación de agentes de la Patrulla Fronteriza que los escoltaron a campamentos de migrantes y plantaciones que los empleaban en la frontera de Texas con México. Con la ayuda de la patrulla, Idar y McClellan reunieron pruebas que les permitieron rebatir las afirmaciones de los productores agrícolas de Texas que explotaban la retórica, la paranoia y las angustias de la Guerra Fría para defender sus prácticas extralegales de empleo.[16]

Idar, McClellan y la Patrulla Fronteriza revelaron el lado oculto de opresión de la teoría de democracia y trabajo libre de los productores agrícolas. Al dar a conocer la miseria y el hacinamiento de las viviendas de los migrantes, los pozos de agua contaminados de sus campamentos y los salarios miserables que les pagaban los patrones de Texas, echaron por tierra la versión de los agricultores de democracia, libertad y trabajo en la región fronteriza. "Eran ciudadanos libres en la República Mexicana", explicaron Idar y McClellan, pero tan pronto como cruzaban ilegalmente la frontera a Estados Unidos, se volvían "fugitivos sin posibilidad de invocar la protección de las leyes de ninguna de las grandes naciones vecinas a los lados del río Bravo".[17] El sinónimo histórico de las condiciones de ilegalidad en Estados Unidos, afirmaron, era el problema de la esclavitud, que muchos estadunidenses pensaban que se había abolido hacía un siglo. La "amenaza de deportación que pendía sobre el trabajador", explicaron, convertía a los jornaleros migrantes en "esclavo[s] virtual[es]".[18]

---

[16] Ed Idar hijo y Andrew McClellan, *What Price Wetbacks?* Para un estudio similar, véase Lyle Saunders y Olen Leonard, *The Wetback in the Lower Rio Grande Valley of Texas*.

[17] Ed Idar hijo y Andrew McClellan, *What Price Wetbacks?*, p. 5.

[18] *Ibid.*, p. 54.

Los agentes de la Patrulla Fronteriza coincidían con la evaluación de Idar y McClellan. Los agricultores acusaban a los
agentes de ser crueles ejecutores de la ley sin piedad ni compasión por las personas a las que deportaban, pero desde el punto
de vista de los agentes, eran los propios agricultores quienes ca-
recían de humanidad. En su búsqueda de migrantes no autorizados, los agentes se encontraban con hombres, mujeres y niños
que vivían en condiciones lastimosas. "A los mojados se les daba
alojamiento en cualquier sitio imaginable: casas abandonadas y
destartaladas, graneros, cobertizos, gallineros, carrocerías de
autos abandonados, cuevas excavadas en orillas de canales y
tiendas de campaña", explicó un agente.[19] Si los trabajadores se
quejaban, los patrones "los mantenían a raya amenazándolos
con denunciarlos a la patrulla o la Migra".[20] En una redada de
una plantación, los agentes encontraron migrantes que "nos dijeron que los obligaban a trabajar allí aunque los maltrataban y
les pagaban mal".[21] Los migrantes, recordó un agente, "querían
volver a su país, renunciar, irse, y no se lo permitían".[22] La llegada de la Patrulla Fronteriza y el arresto de los migrantes por el
delito de entrada ilegal a Estados Unidos servían, pues, indirectamente para liberarlos de un patrón al que después se hallaba
culpable de infringir "alguna disposición relacionada con la
esclavitud".[23] Contra la descripción que los agricultores hacían
de la Patrulla Fronteriza como una "maleza despreciable que se
desparrama", con tácticas de la Gestapo e intenciones racistas,
los agentes sostenían que el control migratorio era lo único que
había entre la esclavitud y la libertad. Aseguraban que se necesitaba hacer uso de la fuerza para liberar a los esclavos de los amos
en la región de la frontera con México. En esta lucha, los agentes
de la Patrulla Fronteriza consideraban a los trabajadores mexicanos indocumentados como jornaleros pobres, víctimas de
maltrato oprimidos sistemáticamente, y se veían a sí mismos

[19] David Burnett, relato personal, NBPM, p. 10.
[20] *Ibid.*, pp. 10-11.
[21] *Ibid.*, p. 11.
[22] *Idem.*
[23] *Idem.*

como combatientes de la liberación —agresivos, eficientes e inflexibles—, justificados por su contribución a la democracia estadunidense.

La versión de democracia y liberación llenó los archivos de correspondencia de la Patrulla Fronteriza a principios de la década de 1950. En un sinfín de memorandos, los agentes dieron a conocer historias sobre los abusos de los agricultores, que mantenían cautivos a los migrantes, les pagaban salarios de hambre y los hacían vivir en condiciones insalubres. Aunque los agentes notaban cada vez más rebeldía en aquellos a quienes aprehendían, en general coincidían en que el típico inmigrante ilegal era un trabajador mexicano no autorizado, que con bastante frecuencia llegaba en medio de un grupo familiar rústico, atrasado, lastimoso y oprimido. El trabajo de la Patrulla Fronteriza consistía en algo intermedio entre proteger a los trabajadores bastos y explotados contra los agricultores abusivos y defender a la sociedad estadunidense del peligroso atraso del "mojado".

En los archivos de correspondencia de la Patrulla Fronteriza, el arquetipo del migrante no autorizado se representaba con un personaje modélico al que en un comunicado de prensa se dio el nombre de José García. Era un hombre de 25 años de una "población pequeña" del estado mexicano de Zacatecas, que había oído historias de las "maravillas de la vida en el país de los yanquis".[24] Necesitado de trabajo, José decidió ir al norte. Caminó 64 kilómetros hasta la estación más cercana y tomó el tren a Ciudad Juárez, donde se unió a un grupo de hombres que tenían intención de cruzar ilegalmente la frontera hacia Estados Unidos "por el desierto que se extendía por el cerro donde hay una cruz".[25] El grupo salió de Ciudad Juárez poco antes de que anocheciera y anduvo horas por el desierto hasta que vio la frontera. Ya la habían cruzado cuando "de pronto aparece en la arena un pequeño yip".[26] La Patrulla Fronteriza había notado su entrada. Los inmigrantes fueron "arreados" al yip y llevados de vuelta a Ciudad

[24] Comunicado de prensa sin título, D87.136.33, NBPM.
[25] Idem.
[26] Idem.

Juárez. José se quedó sin dinero y solo, pero se sentía afortunado de haber escapado del regreso forzoso al interior de México.[27]

De vuelta en Ciudad Juárez, continuaba el comunicado de prensa, José oyó rumores de que en el valle bajo del río Bravo la entrada era fácil y abundaba el trabajo, de manera que gastó el último dinero que le quedaba en el boleto de autobús a una población mexicana frente al valle del río Bravo. En la frontera, el conductor del autobús le dijo cómo llegar al río y le sugirió varios lugares donde era seguro cruzar. Al anochecer, José cruzó con cuidado el río y anduvo varios kilómetros hasta que vio "una luz en un poste alto en una plantación".[28] En México alguien le había dicho: "La luz es señal de que el agricultor está buscando recolectores de algodón".[29] Durmió en el pasto y se despertó temprano para pizcar algodón.

El agricultor de Texas le ofreció pagarle un dólar por cada 100 libras de algodón, pero antes José tuvo que comprarle un costal para lo que cosechara y algo de comer. Un dólar por cada 100 libras era más o menos la mitad de lo que esperaba ganar; había oído que los recolectores en Nuevo México ganaban de dos a 2.50 dólares por cada 100 libras. Sin embargo, le dijeron que no podía salir de la plantación sin correr el riesgo de encontrarse con la Patrulla Fronteriza y ser deportado al interior de México. Sin dinero y con pocas opciones, José se quedó con ese agricultor y no tardó en endeudarse desde antes de empezar a pizcar.[30]

El agricultor no permitía a los trabajadores recoger los frutos que estaban "bien abiertos".[31] La plantación estaba atestada de otros trabajadores indocumentados de México, y ese día José recogió sólo 160 libras de algodón. Esa cantidad le valió 1.60 dólares por su trabajo, lo que no le alcanzaba para pagar el costal ni la comida. Esa noche se fue a dormir con otros 20 o 25 trabajadores en una "ruinosa casucha de adobe" que estaba a prudente distancia de la "casa de labor, que era grande y blanca". Esa no-

[27] *Idem.*
[28] *Idem.*
[29] *Idem.*
[30] *Idem.*
[31] *Idem.*

che una mujer migrante dio a luz "en un rincón de uno de los cuartos". José y los demás trabajadores pasaron los siguientes días y semanas volviendo al campo a pizcar algodón. A quienes se atrasaban en la pizca se los llevaba la Patrulla Fronteriza, y el capataz "les [advirtió] que lo mismo les [pasaría] a ellos si no [trabajaban] duro y se [quejaban] de la paga".[32]

Para muchos agentes, José García representaba los miles de mexicanos con que se encontraban en las redadas que hacían en ranchos, plantaciones y campamentos de migrantes. Era un personaje digno de lástima al que liberaban de las garras opresoras de agricultores y rancheros de la región fronteriza. Junto a él había mujeres y niños, madres y criaturas que nacían en los estrechos y oscuros rincones de la ilegalidad. A pesar de las acusaciones y protestas de los agricultores, la Patrulla Fronteriza hizo de "liberar a José" la nueva filosofía de observancia de la ley de inmigración en la zona fronteriza. Todos los días los agentes empleaban las redadas y los traslados forzosos en avión, las vallas y alambradas de púas, las deportaciones y los traslados en barco, para impedir que los agricultores y rancheros recalcitrantes produjeran un retroceso al pasado esclavista en el suroeste. "Sea cual sea la solución completa", explicó un agente de la patrulla, "se debe recordar que el usuario crónico de estos trabajadores no reconocerá ninguna autoridad en lo tocante a la inmigración ilegal hasta que se le obligue a hacerlo".[33] Como demostraban los conflictos de principios de la década de 1950, no sería una batalla fácil porque "el usuario crónico tiene una conciencia parecida a la del dueño de esclavos de antes de la Guerra de Secesión. Es un señor feudal de toda la tierra que domina con la vista, y cree que tiene un derecho casi divino al trabajo de los peones".[34] Aunque los agricultores se les opusieran y los mexicanos se resistieran al arresto, los agentes de la Patrulla Fronteriza sentían que su misión los justificaba porque —como había ocurrido du-

[32] *Idem.*

[33] Informe del 4 de junio de 1953, "Reports and Excerpts from Patrol Inspectors in Charge of Border Patrol Units in the McAllen Sector of the San Antonio District", NARA 56364/43 SW, parte 3, 91, 59A2038, p. 12.

[34] *Idem.*

rante la lucha contra los esclavistas del sur— sólo la fuerza pondría fin a la resurrección de la esclavitud en las plantaciones.

La versión abolicionista de la Patrulla Fronteriza se oponía directamente a las acusaciones públicas de los agricultores de que, al vigilar agresivamente a los inmigrantes mexicanos no autorizados, la corporación cometía actos de racismo en el país y fomentaba el comunismo en el exterior. Según la patrulla, los inmigrantes mexicanos indocumentados no eran refugiados, sino esclavos, y su deportación eliminaba una peligrosa laguna jurídica que permitía volver al pasado: un pasado que los agricultores negaban en público, pero que solían abrazar en privado. Como respuesta al desafío de los agricultores, la Patrulla Fronteriza formulaba el control migratorio como un medio para interrumpir unas relaciones obrero-patronales desacreditadas, antidemocráticas e ilegales, e insistía en presentar a los inmigrantes mexicanos no autorizados como trabajadores oprimidos y no como extranjeros indeseados, ni siquiera como delincuentes. La Patrulla Fronteriza defendía sus prácticas arguyendo que el problema de la inmigración ilegal en la zona fronteriza era, en el fondo, un problema social que amenazaba la democracia estadunidense al crear condiciones de trabajo y relaciones obrero-patronales similares a las de la esclavitud del antiguo sur. Antes que invocar un discurso de soberanía nacional, nativismo u orden público —todo lo cual latía bajo la superficie—, los agentes de la patrulla preferían entender el control migratorio como un asunto de trabajadores, patrones y las relaciones sociales de desigualdad que se daban entre ellos cuando los jornaleros cruzaban ilegalmente la frontera hacia Estados Unidos.

Aun así, en su afán por defender el control migratorio agresivo en la región de la frontera con México, los funcionarios de la Patrulla Fronteriza no contaban solamente con su versión abolicionista. Al mismo tiempo que los agentes escribían sobre los trabajadores pobres y oprimidos a los que arrestaban en las plantaciones del sur de Texas, los funcionarios en California afirmaban que el inmigrante mexicano no autorizado representaba una sangría del erario y, a veces, una amenaza para la seguridad pública. Por ejemplo, los funcionarios de la patrulla colaboraban con los *sheriffs*, fiscales de distrito y policías locales para reunir información sobre el número de delitos cometidos por inmigrantes mexicanos no autorizados. En 1953, la Patrulla Fronteriza ayudó al fiscal del distrito del condado de Imperial, en el sur de California, a preparar un estudio para el fiscal general de Estados Unidos, general Herbert Brownell, titulado "Wetback Mexican Problems in California".[35] Don C. Bitler, el fiscal de Imperial, afirmó que los migrantes desesperados y desposeídos que entraban ilegalmente a Estados Unidos incurrían en delitos de necesidad y carencia.[36] En busca de comida y techo "cometen diversos actos de pillaje por todo el condado [...] como introducirse en fincas rurales a fin de hurtar frutas y verduras para sobrevivir".[37] Además, explicó, "tras la nutrida legión de mojados [...] queda una estela de prostitución", porque "las mujeres indigentes de México" entraban a Estados Unidos para prestar servicios sexuales a los trabajadores migrantes mexicanos.[38] Entre ellos las enfermedades venéreas se extendían a un ritmo galopante. Aunque Bitler pensaba que "los jornaleros mexicanos son, en general, personas respetuosas de la ley, tratables y dóciles, y no constituyen una clase de por sí proclive a la delincuencia", señaló que los inmigrantes mexicanos no autorizados amenazaban los hogares y la salud de las localidades estadunidenses fronterizas.[39] Dicho de otro modo, ocultas entre los trabajadores pobres había amenazas sociales que exigían una vigilancia agresiva por parte de la Patrulla Fronteriza.

De manera parecida a la colaboración que se dio entre los agentes de la patrulla y las autoridades policiacas locales en el sur de California, los agentes de las estaciones de la patrulla en

---

[35] Memorando del 27 de agosto de 1953 de Don C. Bitler, fiscal de distrito del condado de Imperial, California, a Herbert Brownell hijo, fiscal general de Estados Unidos, "Wetback Mexican Problems in California", NARA 56364/45.7, 104, 59A2038, p. 2. Véase también fragmento de informe de la estación de El Centro, California, NARA 56364/43 sw, parte 3, 91, 59A2038.

[36] *Idem.*

[37] Memorando del 27 de agosto de 1953 a Herbert Brownell hijo, fiscal general de Estados Unidos, p. 2.

[38] *Idem.*

[39] *Ibid.*, p. 3.

San Antonio y McAllen ayudaron a Lyle Saunders y Olen Leonard a realizar una investigación para su libro de 1951 *The Wetback in the Lower Rio Grande Valley*, un proyecto dedicado a explorar los efectos sociales negativos de la inmigración mexicana no autorizada en el sur de Texas. Los agentes llevaron a los autores a recorrer la región del valle bajo del río Bravo, les mostraron dónde y cómo vivían los migrantes no autorizados y demostraron las dificultades del control migratorio permitiendo a los autores presenciar redadas. En su estudio, Saunders y Leonard ofrecieron un bien documentado examen del proceso de la migración no autorizada, el perfil de los mexicanos que participaban en ella y un análisis de los efectos sociales, políticos y económicos en el sur de Texas de albergar una gran población de inmigrantes ilegales. Sobre la base de un extenso estudio de los archivos del INS y la Patrulla Fronteriza, entrevistas con migrantes confinados en instalaciones de detención del INS y análisis históricos del problema de la pobreza en México, Leonard y Saunders presentaron un cuadro detallado de las personas que migraban ilegalmente de México y por qué, y crearon lo que llamaron "el perfil del mojado".[40] La mayoría de los migrantes mexicanos no autorizados, concluyeron, eran hombres pobres, rústicos, no calificados y trabajadores explotados.

El perfil de Saunders y Leonard correspondía a la postura que la Patrulla Fronteriza había adoptado públicamente en defensa de sus prácticas de deportación agresiva de mexicanos desde la región fronteriza. El trabajo de la Patrulla Fronteriza, sostenían los autores, liberaba a los esclavos virtuales y rescataba así la democracia estadunidense. Sin embargo, los agentes de la patrulla tenían relatos propios que contar, aunque sólo fuera entre ellos mismos, sobre el perfil del mojado y el sentido del trabajo que realizaban. Tras la publicación de *The Wetback in the Lower Rio Grande Valley*, el agente Earl Garrison tradujo el estudio en una serie de viñetas. Garrison era un dibujante aficionado que compartió sus creaciones con sus compañeros. A través de los años, agentes de la patrulla pegaron dibujos de Garrison

---

[40] Lyle Saunders y Olen Leonard, *The Wetback...*, pp. 26-41.

en sus casilleros, los enviaban en sus cartas y (en años recientes) los publicaron en un boletín para agentes retirados. Las viñetas de Garrison ofrecen un cuadro singular de las maneras en que los agentes de la Patrulla Fronteriza entendían su trabajo y a las personas que vigilaban porque, como recordó un agente, "captaron las frustraciones, alegrías y filosofías de la generalidad de los agentes de la patrulla".[41]

La *Illustrated Version of the Wetback in the Lower Rio Grande* de Garrison comienza con una caricatura titulada "El perfil del mojado", que muestra el rostro broncíneo de un hombre de nariz larga y pelo desaliñado. Lo que la representación de Garrison ilustra de la investigación de Leonard y Saunders es que, si bien mucho había cambiado desde los primeros años de la Patrulla Fronteriza —los veteranos habían perdido la hegemonía y nuevas preocupaciones nacionales y trasnacionales conformaban las prácticas cotidianas—, persistía la atención específica del agente medio a la vigilancia de trabajadores mexicanos varones, de tez muy morena y pobres. Dicho de otro modo, los agentes de la corporación seguían vigilando un arquetipo de cierta clase, color, sexo y nacionalidad. Sin embargo, los dibujos de Garrison señalaron un cambio importante de la vigilancia de los *Mexican Browns* por parte de la corporación a principios de la década de 1950. Lo más importante del "perfil del mojado" de Garrison es que va seguido de una serie de imágenes centradas en las mujeres, los niños y las familias con que los agentes de la patrulla se encontraban cada vez más en sus recorridos en la era de los braceros. En marcada contradicción con la representación que los agricultores hacían de los trabajadores mexicanos no autorizados como jornaleros diligentes y muy necesarios, y pese a la versión oficial de la corporación de dedicarse a liberar trabajadores oprimidos, las viñetas de Garrison los captaron en momentos de ocio: bebiendo con amigos, sentados a la orilla de un camino y reunidos en grupos familiares. Por ejemplo, una imagen de la

[41] Bill Toney, "Remembering 'Gizmo' Garrison", *The Border Line: A Publication of the Fraternal Order of Retired Border Patrol Officers,* vol. 20, núm. 2, 1997, p. 17. Muchas de las viñetas de Garrison fueron reunidas por agentes y archivadas en el Museo Nacional de la Patrulla Fronteriza en El Paso, Texas, o reproducidas en *The Border Line.*

Illustrated Version of the Wetback in the Lower Rio Grande retrata a una familia formada por la madre, el padre y tres niños, con un perro, una gallina y montones de artículos domésticos. Lejos de la idea de que los trabajadores migrantes no autorizados de México eran residentes temporales que volvían a su país de manera rápida, tranquila y fácil, ya fuera voluntariamente o mediante el traslado forzoso y la deportación, esta imagen tiene como pie una cita del texto de Saunders y Leonard:

> El regreso de familias completas, sobre todo de aquellas en las que había niños, solía complicarse por el hecho de que la unidad familiar, en especial si llevaba algún tiempo aquí, había comprado platos, utensilios, ropa de cama y otros artículos del hogar que resultaban muy pesados o difíciles de transportar.[42]

Mientras los agricultores y la Patrulla Fronteriza estaban enfrascados en una acalorada disputa sobre los trabajadores mexicanos que se debatían entre el comunismo y la liberación, estas imágenes mostraban el mundo trastocado de familias y traslados forzosos con que los agentes se enfrentaban a diario. En ellas las abstracciones del comunismo y la liberación son eclipsadas por los retos de organizar el traslado masivo de familias y bienes domésticos y no el regreso en apariencia sencillo de residentes temporales a su hogar al sur de la frontera. Aun así, como sugiere el que las caricaturas de Garrison representen a las mexicanas indocumentadas como madres descalzas, morenas, con grandes pechos, amplias caderas, labios rojos y nariz larga, los agentes de la Patrulla Fronteriza consideraban la migración de familias un problema social, y la experiencia les enseñó que expulsarlas de Estados Unidos no sería fácil.

Por otra parte, las viñetas de Garrison exploraron las múltiples facetas de los variados intereses en los migrantes mexicanos no autorizados, que dificultaban tanto su captura. Además de los agricultores y rancheros que los contrataban, había muchos comerciantes y propietarios de negocios pequeños que atendían

---

[42] Earl Garrison, *Illustrated Version of the Wetback in the Lower Rio Grande*, NBPM.

a los migrantes no autorizados, así como las personas que protegían a los suyos cuando las distinciones jurídicas entre ciudadanos, residentes legales e inmigrantes ilegales dividían a las familias. Según los dibujos de Garrison, los blancos de la agresión de la Patrulla Fronteriza no eran ni refugiados necesitados de protección, como los pintaban los agricultores, ni los trabajadores oprimidos que con más frecuencia representaba la versión abolicionista de la patrulla. Más bien, en opinión de la generalidad de los agentes, los migrantes mexicanos no autorizados eran más dignos de desprecio que de lástima y tenían más arraigo social de lo que hacía pensar la extendida concepción del trabajador migrante temporal. El trabajo de la Patrulla Fronteriza no era tanto cuestión de una observancia reflexiva de la ley, sino una profesión difícil centrada en la vigilancia del complejo mundo social en el que se desarrollaba la inmigración mexicana no autorizada.

Los relatos oficiales e íntimos de la patrulla sobre la inmigración no autorizada y el control migratorio daban apoyo a los agentes para afrontar los constantes ataques de agricultores y migrantes. Los agricultores que se les oponían eran poco más que negreros. Los migrantes que se rebelaban contra ellos no eran trabajadores productivos, sino obreros explotados o familias sin empleo que constituían una amenaza social. En otras palabras, independientemente de la resistencia cada vez mayor, el control migratorio agresivo era un oficio difícil, por no decir ingrato, que beneficiaba a la sociedad estadunidense y protegía a sus comunidades. Sin embargo, pocos podían negar que la Patrulla Fronteriza parecía estar perdiendo las batallas en la región de la frontera. Las estadísticas de la corporación indicaban que cada año eran más los migrantes que cruzaban ilegalmente la frontera. Al olvidar los mayores aciertos y capacidades de la corporación, traducidos en el creciente número de aprehensiones, las interpretaciones simplistas de las estadísticas de la patrulla hacían pensar que el número creciente de aprehensiones era señal del fracaso de la institución para controlar con eficacia la frontera con México. Al mismo tiempo, la agitación y las protestas de los rebeldes del sur de Texas iban en aumento. La relación entre la patrulla y los productores del sur de Texas era, como dijo un agricultor, una "pesadilla".[43] En 1953, los funcionarios de la Patrulla Fronteriza idearon un proyecto para acabar con la pesadilla: emplearían la fuerza militar para poner de rodillas a los agricultores agresivos, expulsar de Estados Unidos a los esclavos virtuales y sellar la frontera contra todos los *Mexican Browns* que intentaran regresar.

LA OPERACIÓN TORMENTA DE 1953

El 15 de julio de 1953, Harlon B. Carter, de la Patrulla Fronteriza de Estados Unidos, se reunió con el teniente general Joseph Swing y el general adjunto Jones. Habían pasado más de dos décadas desde que Carter había matado al joven Ramón Casiano en las calles de Laredo. A diferencia de muchos veteranos, Carter se adaptó sin dificultad a la nueva patrulla y prosperó. En 1953, dirigía las operaciones de la corporación en toda la región de la frontera con México.

Carter se reunió con los generales Jones y Swing con el fin de solicitar la ayuda del ejército y la Guardia Nacional de Estados Unidos para purgar el país de mexicanos indocumentados y sellar la frontera con México. La propuesta de la Patrulla Fronteriza se llamaba Operación Tormenta y constaba de tres pasos. En primer lugar, una "operación contra las infiltraciones en la frontera o cerca de ella" la cerraría herméticamente con ayuda de 2 180 soldados. Además de situar tropas a lo largo de la línea fronteriza, la patrulla tenía pensado construir vallas en las zonas de tráfico ilegal intenso. "Dos cercas de postes metálicos y alambre de púas, de 2.44 metros de altura, situadas a 2.44 metros una de otra, con espirales de alambre de púas en medio y otra espiral en lo alto de la cerca más próxima a México", erigidas en tramos de varios kilómetros en la frontera, formarían la valla. Sin embargo, la experiencia había enseñado a la patrulla que las zonas

[43] Memorando del 23 de noviembre de 1955 de Ford B. Rackley y John Hensley, agentes de la patrulla en El Paso, Texas, al comisionado regional, Región Suroeste, San Pedro, California, "Survey of Conditions", NARA 56364/42.2, 104, 59A2038, p. 2.

valladas necesitaban medidas de seguridad adicionales. Por tanto, la cerca que llevaba encima la espiral de alambre de púas estaría reforzada con "vigías en atalayas provistas de radiotransmisores, quienes harían acudir agentes en vehículos todoterreno a todo lugar en que se intentara cruzar la valla o el canal".[44]

En segundo lugar, una "operación de contención" mantendría controles de carretera en los principales caminos que iban del suroeste al interior de Estados Unidos. Los controles se emplearían "para inspeccionar el tráfico, incluido el ferroviario, a fin de descubrir a los entrantes ilegales, y para mantener patrullas de seguridad en torno al sitio del control". Se preveían los controles de carretera para lugares estratégicos que impedirían a los extranjeros huir al interior del país cuando las operaciones de "finalización" —la tercera fase— comenzaran. Las operaciones de "finalización" se realizarían en regiones del norte, como San Francisco, donde las brigadas especiales harían redadas en lugares designados, tales como campamentos de migrantes o locales comerciales. En la última fase de la Operación Tormenta los agentes trabajarían en colaboración con el gobierno mexicano para trasladar a los mexicanos detenidos en avión o tren al interior de México.[45]

El general Jones accedió a proporcionar "de 500 a 900 elementos debidamente equipados de la Guardia Nacional" para que patrullaran la frontera y transportaran a los extranjeros ilegales aprehendidos a centros de deportación. El general Swing ofreció más. Garantizó "la presencia de entre 3 500 y 4 000 efectivos en la zona antes del 15 de agosto", y manifestó "un interés entusiasta en la operación" porque, aunque estaba ocupado suministrando tropas para "la campaña de Corea", creía que asignar más reclutas del ejército a la Operación Tormenta podía ofrecer "ventajas de adiestramiento […] mayores que cualquier programa […] que se pudiera establecer en un centro de preparación convencional". En opinión de Swing, la oportunidad de

---

[44] Memorando del 28 de agosto de 1953 de W. F. Kelly, subcomisionado del Servicio de Inmigración y Naturalización, a J. Lee Rankin, subfiscal general, "Mexican Border Control and the Removal of Mexican Illegal Entrants", NARA 56056/600, 1947, 58A734.

[45] *Ibid.*, pp. 1-3.

que los soldados colaboraran con la Patrulla Fronteriza en una purga masiva del suroeste era un "proyecto de capacitación" ideal a fin de preparar a los reclutas del ejército para la acción policiaca en Corea.[46]

La única dificultad que se interponía entre los planes de la Operación Tormenta y su ejecución era la *Posse Comitatus*, una ley de 1878 que prohibía el uso del Ejército de Estados Unidos para la observancia de la ley en el interior, a menos que el Congreso lo facultara para ello. El Ejército de Estados Unidos era un arma de guerra cuyo despliegue requería aprobación del Congreso. Sin embargo, el general Swing "dijo que este inconveniente se podía obviar con una proclamación del presidente" y "dejó bastante en claro que en su opinión no hay ninguna prohibición absoluta sobre el uso del personal militar del modo previsto".[47] El 30 de julio, Harlon Carter ya mantenía correspondencia con los asistentes del presidente Eisenhower y se preparaba para la emisión de la orden presidencial que permitiría al Ejército de Estados Unidos colaborar con la patrulla Fronteriza para poner fin a la pesadilla en la frontera con México. Sin pérdida de tiempo, Carter envió a 65 agentes de la patrulla a California en preparación para la Operación Tormenta, pero Eisenhower nunca firmó la proclamación requerida.[48] Los preparativos y las expectativas de que la acción militar aplastara la rebelión de la frontera, liberara y deportara a los esclavos virtuales y sellara la frontera se malograron. Eisenhower se negó a desplegar tropas en Estados Unidos, aunque respaldaba los objetivos de la Patrulla Fronteriza. En vez de la orden presidencial de usar el ejército, Eisenhower dio a la Patrulla Fronteriza el mando del general Swing.

En el mes de mayo de 1954, el presidente Eisenhower nombró a su viejo compañero de la Academia de West Point, el general retirado Joseph Swing, comisionado del Servicio de Inmigra-

[46] Memorando del 16 de julio de 1953 de W. F. Kelly, subcomisionado de la Patrulla Fronteriza, al fiscal general de Estados Unidos sobre una reunión entre H. B. Carter, Herman Landon, Ralph Holton, el general Swing y el general Jones, "California-Mexican Border Situation", NARA 56364/42.18, 84, 59A2038, pp. 1-2.

[47] *Ibid.*, p. 2.

[48] Memorando del 30 de julio de 1953 de Harlon B. Carter, NARA 56364/42.18, 82, 59A2038.

ción y Naturalización. La larga trayectoria militar de Swing antes de incorporarse al INS comprendía un lapso de servicio en México con el general John Pershing y el nombramiento de general al mando del Sexto Ejército de Estados Unidos en Corea del Sur. Aunque la Patrulla Fronteriza no podía emplear soldados, contaría al menos con la dirección de un oficial experimentado para las batallas por venir en la frontera.

Cuando el general Swing tomó el mando del INS, en mayo de 1954, la Patrulla Fronteriza ya tenía una década de experiencia en la observancia agresiva de la ley de inmigración. Los agentes llevaban años recurriendo a Partidas Especiales de Deportación de Mexicanos, vallas, traslados forzosos en avión, tren, barco y autobús, redadas transfronterizas, rapadura de detenidos y demás, y nada había dado resultado. De hecho, cada año los agentes de la corporación aprehendían a más inmigrantes mexicanos no autorizados. Muchos esperaban que la llegada del general Swing llevara a una militarización de la patrulla que le diera el control de la frontera.

LA OPERACIÓN MOJADO DE 1954

Como lo había prometido, un mes después de incorporarse al INS, Swing anunció que encabezaría a la Patrulla Fronteriza en una campaña de observancia de la ley, intensiva, innovadora y paramilitar, concebida para terminar con el problema de la inmigración mexicana ilegal en la frontera con México. Nadie preguntó cómo pudo, en el lapso de cuatro semanas, preparar a los agentes de la patrulla para una campaña tan ambiciosa. ¿Se había sometido a los agentes a un programa de capacitación intensivo de corte militar? No. ¿Se los instruyó en nuevas técnicas de control migratorio? No. ¿Recibieron equipo nuevo? No. Aun así, los llamativos comunicados de prensa y el inicio súbito de la campaña impidieron a los críticos hacer las preguntas básicas sobre el mecanismo de un esfuerzo que, según prometía el comisionado Swing, haría desaparecer los múltiples problemas de la inmigración mexicana ilegal.

Trabajadores indocumentados mexicanos se disponen a subir a los autobu-
ses en que serán deportados. Elysian Park, Los Ángeles, 1954. Archivo Foto-
gráfico de Los Angeles Times, *Departamento de Colecciones Especiales,*
Biblioteca de Investigación Charles E. Young, Universidad de California en
Los Ángeles.

La tarde del 9 de junio de 1954, cientos de agentes de la patrulla venidos de la frontera con Canadá y la costa floridana del Golfo se presentaron al servicio en el sur de California. Lo único que llevaban consigo era una carta del general Swing con la orden de purgar la nación de inmigrantes no autorizados "expulsando al inmenso número de mexicanos que están en este país en contravención de las leyes de inmigración".[49] La madrugada del día siguiente se pusieron a trabajar instalando controles en las carreteras que iban de la frontera con México al interior de Estados Unidos. Entre el 10 y el 17 de junio de 1954, los agentes de la Patrulla Fronteriza que trabajaban en los controles de carretera en California y el oeste de Arizona aprehendieron a 10 917 inmigrantes indocumentados.[50] El 17 de junio, los agentes, organizados en brigadas móviles especiales, empezaron a recorrer California y el oeste de Arizona de norte a sur. Cada brigada móvil especial era un "comando" independiente de 12 hombres. Tal como lo hacían desde las innovaciones de Albert Quillin en 1950, los agentes, equipados con todoterrenos, aviones, camiones y estaciones de Inmigración móviles, arrestaban y gestionaban la deportación de un gran número de migrantes todos los días.[51] Con frecuencia los agentes arrestaban a más mexicanos de los que podían manejar. Para confinar a los detenidos convertían espacios públicos en centros de detención temporales. Por ejemplo, en el Elysian Park, un popular jardín público de Los Ángeles, la patrulla improvisó una estación de confinamiento temporal para tramitar la deportación de los mexicanos aprehendidos. En incontables campos y en muchos caminos rurales, los agentes de la Patrulla Fronteriza instalaron estaciones móviles de Inmigración a fin de gestionar la deportación oficial de inmigrantes mexicanos no autorizados. A fin de transportarlos de California a Nogales, Arizona, y deportarlos de allí a México, fletaron camiones de las fuerzas armadas.

---

[49] Se insertó una copia de la carta en el expediente de personal de cada uno de los agentes que participaron en la operación, NARA 56364/45.2, 103, 59A2038.

[50] Comunicado de prensa del 29 de junio de 1954, NARA 56364/45.6, vol. 9, 104, 59A2038.

[51] "Highlights of Operation Wetback", s. f., NARA 56364/43.3, 94, 59A2038.

Como en el pasado, la colaboración transfronteriza hacía que el proceso de deportación se extendiera muy al sur de la frontera con México. En los meses que precedieron a la campaña de 1954, funcionarios del INS y del Departamento de Estado estadunidense trabajaron en colaboración con la Secretaría de Relaciones Exteriores y el Departamento de Migración mexicanos para coordinar los traslados en tren de los deportados al interior de México. Sin embargo, los funcionarios estadunidenses se mostraron menos transigentes que en los primeros años de la colaboración. En la década transcurrida desde el fin de la segunda Guerra Mundial, las relaciones entre Estados Unidos y México se caracterizaron por cierta medida de cooperación y acuerdo, pero, al verse libres del peligro de ataques de las potencias del Eje desde el otro lado de la frontera sur, las autoridades estadunidense empezaron a conceder a los funcionarios mexicanos mucha menos influencia en las relaciones bilaterales. La pérdida de influencia de México transformó el carácter de la colaboración transfronteriza en cuanto a control migratorio. El 20 de mayo de 1954, el secretario de Estado pidió al embajador de Estados Unidos en México que informara al secretario de Relaciones Exteriores sobre la inminente campaña. Explicó que al iniciarse la operación en California los funcionarios mexicanos debían prepararse para recibir y tramitar la entrada de 1 000 deportados al día de Nogales, Arizona, a Nogales, Sonora.[52] Las autoridades estadunidenses esperaban que los funcionarios mexicanos realizaran traslados diarios o semanales de deportados en tren desde allí a ciudades del interior.

Dos días después, el embajador de Estados Unidos en la ciudad de México envió un memorando expresando preocupaciones de México en torno a los planes de Estados Unidos. En primer lugar, los funcionarios mexicanos informaban al Departamento de Estado estadunidense que todas las oficinas del gobierno mexicano permanecerían cerradas la semana siguiente. Sería difícil, pues, que los funcionarios se prepararan para la llegada de deportados a la pequeña estación de Migración en Nogales, So-

[52] Telegrama del 20 de mayo de 1954 de Dulles a la Embajada de Estados Unidos en la ciudad de México, NARA 2, RG 59, 811.06[M], 2-354, 4408.

nora. Las autoridades mexicanas solicitaban que, en vez de coordinar las deportaciones al interior a través de Nogales, se trasladara a los deportados en avión directamente de Estados Unidos al interior de México. Como respuesta a la solicitud mexicana, el Departamento de Estado informó que no se disponía de fondos para traslados en avión y que, pese a las dificultades, los funcionaros de México debían prepararse para trasladar en tren a los deportados de Nogales al interior del país. La única concesión que Estados Unidos podía hacer era expulsar parte de los deportados por Mexicali si Nogales se saturaba.[53]

Los funcionarios mexicanos volvieron a manifestar sus preocupaciones en relación con la campaña propuesta. Llevaban tiempo participando activamente en el control migratorio transfronterizo y hacía poco habían establecido la Patrulla Fronteriza mexicana, pero el plan de la patrulla estadunidense de deportar a 1 000 personas diarias por Nogales haría necesario recurrir a más de 2 500 000 pesos de fondos de emergencia para gestionar la entrada de los deportados y, como habían avisado a los estadunidenses, Nogales no tenía ni instalaciones de confinamiento adecuadas ni ferrocarriles para recibir y trasladar a 1 000 deportados al día. Buscando un acuerdo, el secretario de Relaciones Exteriores de México solicitó que no se expulsara a más de 500 deportados diarios por Nogales. Sin embargo, los funcionarios estadunidenses insistieron en su intención de deportar a 1 000 mexicanos al día por Nogales y, si era preciso, expulsar a otros por Calexico, California.[54] Sin gran influencia en el ritmo de las deportaciones, los funcionarios de Nogales, Sonora, recibieron a 23 222 de los 33 307 inmigrantes mexicanos no autorizados que las brigadas especiales de la Patrulla Fronteriza estadunidense habían aprehendido en California y el oeste de Arizona entre el 17 y el 30 de junio de 1954.[55]

[53] Telegrama del 22 de mayo de 1954 de White al secretario de Estado, NARA 2, RG 59, 811.06[M], 2-354, 4408.

[54] Memorando del 24 de mayo de 1954 de A. C. Devaney, subcomisionado de la División de Inspecciones y Exámenes, NARA 56364/45.6, vol. 1, 104, 59A2038.

[55] Memorando del 13 de agosto de 1954 de H. R. Langdon, director del distrito de Los Ángeles, al comisionado Swing, "Plans and Estimates for Control of Mexican Border", NARA 56364/44.15, 102, 59A2038, 10.

Para ostentar el gran número de migrantes que se expulsaban a México, se ordenó a los agentes hacer redadas en comunidades cuya población era de origen mexicano, lugares de recreo, campamentos de migrantes, ranchos, plantaciones y parques. Los agentes también se ocuparon de industrias urbanas con fama de emplear inmigrantes mexicanos indocumentados. De los 4 403 migrantes detenidos entre el 17 de junio y el 26 de julio de 1954 por la brigada especial destinada a la zona de Los Ángeles, 2 827 habían sido obreros industriales. Tras las redadas de la Patrulla Fronteriza del verano de 1954, tres fábricas de ladrillos de Los Ángeles se quedaron sin suficientes obreros y cerraron temporalmente.[56] De igual modo, los agentes de la Patrulla Fronteriza llevaron a cabo redadas en hoteles y restaurantes que contrataban sistemáticamente inmigrantes mexicanos indocumentados como "ayudantes de mesero, ayudantes de cocina, meseros, etc."[57] Según los informes, los agentes detuvieron este tipo de trabajadores en reconocidos establecimientos, como los hoteles Biltmore, Beverly Hills y Hollywood Roosevelt, Los Angeles Athletic Club y Brown Derby. A veces las redadas de la Patrulla Fronteriza produjeron momentos de caos en restaurantes populares cuando los migrantes trataron de escapar corriendo entre las mesas.[58]

Los periodistas que acudieron a presenciar el gran espectáculo de observancia de la ley de inmigración prometido por el general Swing perseguían y fotografiaban a los agentes dondequiera que iban. Swing prometió que la Patrulla Fronteriza deportaría o expulsaría de otro modo al millón de mexicanos indocumentados que entonces se calculaba que vivían en Estados Unidos. Cuando las brigadas especiales pusieron manos a la obra en el verano de 1954, no parecía haber duda de que Swing cumpliría su promesa. La prensa publicó instantáneas de agen-

---

[56] Memorando del 29 de julio de 1954 de la Brigada Especial de Investigadores en Los Ángeles, California, al director del distrito de Los Ángeles, "Mexican Aliens Illegally in the United States Employed by Industry", NARA 56364/45.6, vol. 9, 104, 59A2038, p. 5.
[57] *Ibid.*, p. 4.
[58] *Ibid.*, pp. 4-5.

tes que aprehendían de una vez a decenas y centenares de mexicanos indocumentados. Al hacer redadas en restaurantes populares y convertir los parques en centros de detención, el INS levantó un revuelo constante que mantuvo la campaña en los titulares durante todo junio de 1954.

La publicidad que recibió la campaña en California era una estrategia concebida como advertencia para los rebeldes del sur de Texas. Mientras las brigadas especiales trabajaban en California, agentes de la patrulla llevaron artículos periodísticos de la campaña a rancheros rebeldes y les advirtieron que era inútil resistirse, que las brigadas especiales superaban todo lo que habían experimentado los texanos del sur. En esa zona Harlon, Carter y otros celebraron reuniones especiales con influyentes rancheros y agricultores para presentarles las opciones que tenían. Los productores del sur de Texas podían seguir contratando jornaleros mexicanos indocumentados y sufrir redadas implacables o cubrir sus necesidades de mano de obra por medio del Programa Bracero. Como cabía esperar, los productores respondieron que no se rendirían a menos que el programa se simplificara drásticamente. Un agricultor dijo que las disposiciones del programa debían reducirse hasta el punto de "caber en una tarjeta de 7.5 × 12.5 cm".[59] En particular, los agricultores se oponían con vehemencia a los requisitos del Programa Bracero de que los patrones hicieran contratos que proveyeran a los trabajadores de viviendas adecuadas, servicios sanitarios y seguro de incapacidad. Preguntaban por qué se exigía a los patrones estadunidenses que daban trabajo a mexicanos desempleados que proporcionaran instalaciones, protecciones y garantías que en México no eran obligación de los patrones y que en Estados Unidos se negaban sistemáticamente a los demás trabajadores agrícolas conforme a la ley del trabajo. Señalaban, además, que se exigía a los patrones que participaban en el programa proveer de todos esos beneficios a trabajadores que ellos no elegían personalmente. Según los productores, se debía permitir a los pa-

---

[59] Memorando del 8 de julio de 1954 de Louis Blanchard, "Memorandum on Observations in the Lower Rio Grande Valley", NARA 2, RG 59, 811.06[M] 2-354, caja 4408, p. 6.

trones seleccionar a los trabajadores en vez de que se les asignaran al azar. Como respuesta, los funcionarios y agentes del INS y la patrulla explicaron con todo detalle que recientes reformas al Programa Bracero satisfarían algunas de sus exigencias.

El INS instituyó los programas I-100 y de empleos especiales en el verano de 1954. El programa I-100 consistía en entregar certificados plastificados llamados tarjetas I-100 a los braceros que habían cumplido sus contratos satisfactoriamente. Los trabajadores provistos de estas tarjetas podían ser recontratados para trabajar en Estados Unidos sin tener que volver a los centros de reclutamiento en México. Por tanto, el programa ahorraba a los patrones el pago del transporte de cada trabajador del interior de México a la frontera. Además, en 1955 el comisionado Swing declaró que a los trabajadores que tenían tarjeta I-100 se les debía dar preferencia en la asignación de contratos de braceros sobre quienes no la tenían. Privilegiar a los trabajadores provistos de tarjetas en efecto permitía a los patrones controlar mejor la mano de obra porque a los trabajadores que tenían reportes desfavorables se les negaban las tarjetas. Dicho de otro modo, los futuros contratos de braceros dependían directamente de los reportes favorables de los patrones. El programa de empleos especiales daba a los patrones un control adicional de la mano de obra al permitirles seleccionar a los trabajadores. El programa I-100 y el de empleos especiales resolvían muchos de los motivos de queja de los productores ofreciéndoles medios para disciplinar y seleccionar con independencia a los braceros.[60]

Cuando a mediados de julio llegaron al sur de Texas las brigadas móviles especiales, los agentes llevaban consigo tanto la amenaza de deportar a los trabajadores de las plantaciones como la promesa de dar a los agricultores un mayor control sobre la selección y la disciplina de los braceros. Durante las inspecciones y redadas en plantaciones, los agentes hablaban con rancheros y agricultores sobre los beneficios de los programas I-100 y de empleos especiales.[61] Si un productor parecía no estar con-

---

[60] Kitty Calavita, *Inside the State...*, pp. 85-95.

[61] Memorando del 7 de diciembre de 1954 y copia de "la promesa" de Harlon Carter al general Partridge, NARA 56364/43, 91, 59A2038.

vencido, los funcionarios de la patrulla le proponían dejar en la plantación un equipo de dos agentes hasta que firmara un compromiso de emplear braceros en vez de trabajadores ilegales. A fines de julio, la Patrulla Fronteriza dio a conocer la aprehensión de 41951 mexicanos en el valle bajo del río Bravo y el drástico aumento del número de braceros contratados en el estado de Texas: de 168 en julio de 1953 a 41766 en julio de 1954.[62]

El brusco incremento de los contratos de braceros en el verano de 1954 indicaba que una combinación de coacción y acuerdo por fin había convencido a los rebeldes del sur de Texas a sustituir a los trabajadores ilegales con braceros. Sin embargo, la permanencia de los braceros en las plantaciones dependía de que los productores siguieran cumpliendo con la ley después del verano de 1954. En consecuencia, en el otoño de 1954 y 1955 la Patrulla Fronteriza llevó a cabo una encuesta de opinión en el valle bajo del río Bravo para medir el compromiso a largo plazo de los productores con el Programa Bracero. La encuesta indicó que los opositores más clamorosos de la corporación ya participaban en el Programa Bracero. Por ejemplo, Carl Schuster había sido "uno de los mayores críticos y opositores del servicio", e intentó "por todos los medios impedir el trabajo del servicio y avergonzar a los agentes".[63] En los años inmediatamente anteriores a la Operación Mojado de 1954, Schuster puso bombas en las puertas de su plantación, insultó a los agentes y cabildeó ante los congresistas para reducir las asignaciones presupuestales de la Patrulla Fronteriza. Sin embargo, luego de participar durante varios meses en el Programa Bracero modificado, declaró: "Estoy muy complacido con el programa", y "tengo intención de cooperar en todo lo que pueda con el Servicio de Inmigración y sus agentes".[64] Muchos otros se hicieron eco de los comentarios

[62] Memorando del 29 de julio de 1954, "Mexican Aliens Illegally in the United States Employed by Industry".

[63] Informe del 10 de febrero de 1956 de Oran G. Pugh, agente de la patrulla en McAllen, Texas, al comisionado regional, Región Suroeste, San Pedro, California, "Supplement to Survey of Conditions Report of November 15, 1955", NARA 56364/42.2, 104, 59A2038, p. 15. Sobre las actividades anteriores de Schuster contra la Patrulla Fronteriza, véase Idar y McClellan, *What Price Wetbacks?*, p. 12.

[64] *Idem*.

de Schuster y prometieron seguir empleando braceros en vez de trabajadores indocumentados. La Asociación de Algodoneros del Valle de El Paso, por ejemplo, llevaba mucho tiempo oponiéndose al Programa Bracero y había encabezado buena parte de la campaña contra la Patrulla Fronteriza a principios de la década de 1950. Sin embargo, en noviembre de 1955 el presidente de la asociación declaró: "Aunque se siguen oyendo comentarios de que los agricultores quisieran regresar a 'los viejos y buenos tiempos del mojado', como no tenemos que preocuparnos por los trámites, la escala de salarios y el seguro, creo que todos estamos convencidos de que esos tiempos ya pasaron y la mejor solución a nuestro problema es el actual Programa Bracero".[65] Ese año fue la primera vez que la Asociación de Algodoneros del Valle de El Paso respaldó el programa.

Para la Patrulla Fronteriza de Estados Unidos, la aceptación del Programa Bracero por parte de los productores señaló un momento decisivo en la problemática región del sur de Texas. Como comentó un agente, el verano de 1954 fue cuando "los extranjeros deportables se convirtieron en jornaleros contratados", y "la garantía de un suministro abundante de mano de obra a un costo razonable, si bien un poco mayor que antes, tranquilizó a los agricultores y sus organizaciones".[66] El Programa Bracero modificado sin duda hizo frente a la crisis de aceptación de la patrulla entre los agricultores del sur de Texas, que llevaban casi una década desestabilizando y socavando las prácticas y prioridades de la corporación en la zona de la frontera con México. Además, el comisionado Swing y muchos otros también atribuían al Programa Bracero modificado el haber terminado con la crisis de control en la frontera méxico-estadunidense.

Después del verano de 1954, el número de aprehensiones de mexicanos se redujo a una pequeña fracción de lo que había sido. En 1954, la Patrulla Fronteriza aprehendió a 1 075 168 mexicanos. El año siguiente, la cifra cayó a 242 608, y en 1956 a 72 442. El número de arrestos de mexicanos permaneció por de-

---

[65] Véase el memorando del 23 de noviembre de 1955 de Ford B. Rackley y John Hensley, "Survey of Conditions", p. 2.

[66] Burnett, relato personal, NBPM, p. 24.

bajo de los 100 000 desde entonces hasta 1967. Además, el número de mexicanos detenidos como porcentaje del total de aprehensiones disminuyó de 98% en 1954 a 46% en 1959.[67] Swing afirmó que la deportación masiva y el cambio de los trabajadores ilegales por braceros había reducido drásticamente los cruces fronterizos no autorizados de mexicanos. Sin embargo, su opinión de que las modificaciones del Programa Bracero o el proceso de legalizar a los trabajadores ilegales fue lo que redujo el número de aprehensiones de la Patrulla Fronteriza después de 1954 es muy errónea, porque un gran número de los mexicanos detenidos por entrada ilegal estaban categóricamente excluidos del programa. Por ejemplo, las mujeres y los niños no reunían los requisitos. Además, los trabajadores industriales y de servicios tampoco podían participar en el Programa Bracero. Las exclusiones en razón de sexo y de trabajo industrial negaron la posibilidad de legalización a un gran número de inmigrantes mexicanos no autorizados. La idea de Swing de que los menguantes índices de arresto de la Patrulla Fronteriza tenían relación directa con el creciente número de braceros se venía abajo porque no tenía en cuenta la dinámica de género de la migración obrera no autorizada ni las pruebas de que había trabajadores mexicanos indocumentados empleados en las industrias de manufacturas y servicios. Así como el drástico aumento de las estadísticas de arrestos de la Patrulla Fronteriza entre 1944 y 1954 era un reflejo de las tendencias de cruce ilegal de la frontera y de las estrategias de observancia de la ley, la disminución después de 1954 también era producto de una combinación de factores.

EL RETIRO QUE SIGUIÓ A LA ERA DEL MOJADO

En cuanto a observancia de la ley, la desmovilización de las fuerzas móviles especiales redujo de modo considerable el número anual de aprehensiones. Adoptado por primera vez con las Partidas

---

[67] General Swing, "Highlights of Fiscal Year 1959", *I and N Reporter*, vol. 8, núm. 3, 1960, p. 30.

Especiales de Deportación de Mexicanos, el modelo de brigadas especiales venía funcionando como parte de las operaciones de la Patrulla Fronteriza en la frontera con México desde 1944. Las Partidas Especiales de Deportación de Mexicanos salían de las oficinas locales con el único objetivo de aprehender inmigrantes mexicanos no autorizados. En consecuencia, entre 1943 y 1944, el número de mexicanos detenidos aumentó al mismo tiempo que la proporción de mexicanos en el número total de aprehensiones en el país. En 1950, el agente Quillin, de la zona sur de Texas, equipó a las Partidas Especiales de Deportación de Mexicanos con nueva tecnología de radio para crear el modelo de la Operación Mojado, de equipos de agentes provistos de camiones, autobuses y aviones, que realizaban redadas coordinadas en plantaciones, ranchos y comunidades de la frontera. A fines de 1950, el modelo de la Operación Mojado se empleaba en estaciones a todo lo largo de la frontera con México y, como dijo Fletcher Rawls, estaba "asestando golpes a los mojados" en la región. Sin embargo, en 1955 los funcionarios de la Patrulla Fronteriza repensaron el uso de las brigadas especiales. En vez de emplearlas como estrategia cotidiana, los altos funcionarios establecieron brigadas especiales regionales para que las autoridades de cada distrito las desplegaran en puntos críticos según se necesitaran.[68]

Las brigadas especiales se sustituyeron con 73 equipos de dos agentes cada uno, encargados principalmente de patrullar la frontera y esperar a que los migrantes no autorizados cruzaran la línea.[69] A diferencia de las brigadas especiales, que arrestaban por sistema a miles de personas en el lapso de unas cuantas horas de trabajo, lo más que podían hacer los equipos de dos hombres, como dijo un agente, era "aferrar a alguien" mientras in-

---

[68] Memorando del 3 de marzo de 1955 del comisionado regional, Región Suroeste, a los directores de los distritos de San Francisco, El Paso y San Antonio, "Special Mobile Force", NARA 56364/41.23, 84, 59A2038. Véase también Burnett, relato personal, pp. 27-28, NBPM.

[69] Comisión del Senado de Estados Unidos sobre Asignaciones a los Departamentos de Estado, Justicia y Comercio, y al Poder Judicial, para el Año Fiscal 1953, *Hearings before the Subcommittee of the Committee on Appropriations*, testimonio de A. R. Mackey, comisionado de Inmigración, 82 Congreso, 2a. sesión, Washington, D. C., GPO, 1952, p. 196.

tentaba cruzar ilegalmente la frontera hacia Estados Unidos.[70] Dispersos a lo largo de los 3 200 kilómetros de frontera, los agentes solían pasar más tiempo acechando que arrestando migrantes no autorizados. Además, tenían que "habérselas" con migrantes que ponían a prueba la capacidad de las patrullas de dos hombres para contener a un grupo grande de migrantes a la vez que forcejeaban con una persona. "No podía uno sentar a 50 y esperar que se quedaran ahí", explicó el agente Arthur Adams.[71] Sin el apoyo de equipos de 12 hombres, autobuses y patrullas aéreas, los agentes a duras penas "sujetaban a uno o dos migrantes y se aferraban a ellos".[72] A diferencia de los agentes familiarizados con las persecuciones y la resistencia de las operaciones de las brigadas especiales en la "década de los mojados", los que patrullaban la línea en la época posterior encontraban menos migrantes no autorizados y se veían en dificultades para aprehender a los que encontraban. El cambio de estrategia de las brigadas especiales que actuaban en toda la región por equipos de dos hombres que observaban la línea redujo el número de aprehensiones que los agentes podían lograr.[73]

Pese a los cambios de estrategia de 1955, el comisionado Swing y muchos otros promovieron una interpretación simplista del número relativamente pequeño de aprehensiones después del verano de 1954. Afirmaban que esta disminución era indicio claro de que menos mexicanos intentaban entrar ilegalmente a Estados Unidos. Como recordó el comisionado Swing durante las audiencias de asignaciones presupuestales del INS en 1961, los triunfos de 1954 habían llevado a una duradera y "costosa conquista de la situación en la frontera".[74] Sin embargo, detrás de

[70] Entrevista con Mario Chamberlain, realizada por Óscar J. Martínez, 18 de junio de 1979, entrevista núm. 608, Instituto de Historia Oral, Universidad de Texas en El Paso, p. 7.
[71] Entrevista con Arthur Adams, realizada por Jim Marchant y Óscar J. Martínez, 10 de agosto de 1977, entrevista núm. 646, Instituto de Historia Oral, Universidad de Texas en El Paso, p. 22.
[72] Entrevista con Mario Chamberlain, p. 7.
[73] William T. Toney, *A Descriptive Study of the Control of Illegal Mexican Immigration in the Southwestern U.S.*, p. 44.
[74] Comisión del Senado de Estados Unidos sobre Asignaciones a los Departamentos de Estado, Justicia y Comercio para el Año Fiscal 1961, *Hearings before the Subcom-*

la propaganda que sugería que las deportaciones, la coacción y la militarización general de la frontera habían rechazado la marea de migrantes mexicanos no autorizados, el triunfo de la Patrulla Fronteriza en la frontera con México se quiso mantener modificando las operaciones cotidianas de modo que se retiraba a los agentes de las brigadas especiales, se les ponía en equipos de dos hombres y se limitaba así el número de aprehensiones.[75] De este modo, el triunfo de 1954 se apoyaba en un retiro y no en una fuerza eficaz.

EL ACUERDO DE 1955

Los líderes de la clase media mexicano-estadunidense que habían respaldado activamente la observancia agresiva de la ley contra la inmigración mexicana no autorizada se sintieron frustrados con el retiro de la Patrulla Fronteriza después de 1954. Habían defendido a la corporación contra los rebeldes del sur de Texas. Sobre todo, cuando la patrulla empezó a planear la Operación Tormenta de 1953 y la Operación Mojado de 1954, miembros de influyentes organizaciones políticas méxico-estadunidenses habían aguantado el hostigamiento que ambas les ocasionaron con la esperanza de que la deportación masiva de inmigrantes mexicanos no autorizados mejorara la seguridad en el empleo y las condiciones de vida de los trabajadores de origen mexicano. Por ejemplo, en preparación para la Operación Tormenta de 1953, representantes y miembros del American G. I. Forum habían inundado la oficina del fiscal general Brownell con cartas que solicitaban que "toda la frontera con México se cerrara a la entrada ilegal de extranjeros…; la invasión indiscriminada de legiones de extranjeros ilegales plantea un grave problema económico, educativo y social en Texas y sin duda atenta contra la seguridad de nuestro país

mittee of the Committee on Appropriations, 86 Congreso, 2a. sesión en la Cámara de Representantes, 11666, Washington, D. C., GPO, 1960, p. 450.

[75] Burnett, relato personal, NBPM, pp. 27-28.

353

en estos tiempos de peligro".[76] Aunque la Operación Tormenta naufragó por falta de un decreto ejecutivo del presidente, al comenzar la Operación Mojado en 1954 representantes del American G. I. Forum y de la Liga de Ciudadanos Latinoamericanos Unidos (LULAC, por sus siglas en inglés) colaboraron con funcionarios de la Patrulla Fronteriza para asegurar el éxito de la campaña.

Comprendiendo que la elaboración de perfiles delictivos en función de la raza obligaría a los mexicano-estadunidenses a participar en la campaña para purgar a la nación del "inmenso número de ciudadanos mexicanos", el director del distrito de San Antonio del INS, J. W. Holland, envió una carta a los dirigentes del American G. I. Forum y la LULAC. Como había explicado a Swing, "dado que estos caballeros son muy influyentes entre la población hispanohablante de Texas [...], sería un buen gesto de nuestra parte informarlos sobre la acción que hemos previsto para evitar quejas de la población hispanohablante".[77] Holland avisó a los dirigentes del American G. I. Forum y la LULAC que la Patrulla Fronteriza de Estados Unidos no tardaría en "iniciar un esfuerzo intensivo para aprehender y expulsar a miles de extranjeros que están ilegalmente en el país".[78] La campaña beneficiaría a los mexicano-estadunidenses porque "como ustedes saben", explicó, "los miles de extranjeros que entraron ilegalmente al país desde México durante la última década han causado serios problemas económicos a miles de familias estadunidenses hispanohablantes que viven cerca de la frontera".[79] Adoptando la misma postura que muchos miembros de la LULAC y el American G. I. Forum, Holland afirmó que la inmigración mexicana no autorizada les quitaba el trabajo a los mexicano-estadunidenses. "Sería difícil calcular el número de familias de este grupo que han tenido que renunciar a sus casas,

[76] Telegrama del 14 de agosto de 1953 de David Moreno, presidente del American G. I. Forum en Elsa, Texas, a Herbert Brownell, fiscal general de Estados Unidos, NARA 56364/45.7, 104 59A2038.

[77] Memorando de J. W. Holland, director del distrito de San Antonio, al comisionado Joseph Swing, NARA 56364/50, 104, 59A2038.

[78] *Idem.*

[79] *Idem.*

sacar a sus hijos de la escuela y mudarse a otra parte en busca de casa y empleo", explicó. Los empleos y los hogares de los mexicano-estadunidenses estaban amenazados por los inmigrantes mexicanos no autorizados que trabajaban por un salario y en condiciones que los trabajadores con ciudadanía estadunidense rechazaban. "La ironía de todo", se compadecía Holland, "es que algunas de las víctimas de la afluencia de extranjeros ilegales se han visto obligadas a dejar sus propias casas, en las que han vivido varias generaciones de su familia".[80] Holland sostenía, pues, que al deportar inmigrantes mexicanos no autorizados, la Patrulla Fronteriza de Estados Unidos y el INS estaban "trabajando en beneficio suyo [de los mexicano-estadunidenses]".[81]

Holland favoreció el interés estratégico de organizaciones méxico-estadunidenses como la LULAC y el American G. I. Forum en forjar la inclusión del grupo al que representaban mediante la exclusión de los mexicanos. Su postura reafirmó el deseo común de la Patrulla Fronteriza y los mexicano-estadunidenses de "expulsar" a los mexicanos indocumentados que vivían en la región de la frontera. Aunque no prometía nada, Holland insinuaba que los mexicano-estadunidenses ya no tendrían que abandonar la zona fronteriza para conseguir trabajo si la inminente campaña de la patrulla tenía éxito. También recordó a los dirigentes mexicano-estadunidenses que la diferencia entre el fracaso anterior de la patrulla y sus futuros éxitos era el nombramiento del general Swing como comisionado del INS. "Después de muchos años de lo que parecen haber sido esfuerzos infructuosos por parte del Servicio de Inmigración y Naturalización", reconoció, "la dirección de nuestro recién nombrado comisionado, el teniente general Joseph Swing (retirado), está tomando decididos pasos a fin de combatirlo".[82] Sin embargo, para favorecer sus intereses, los mexicano-estadunidenses antes tenían que aguantar la vigilancia y las sospechas de agentes de la Patrulla Fronteriza que, en el afán de

[80] Carta del 7 de julio de 1954 de J. W. Holland, director del distrito de San Antonio, a Chris Aldrete, presidente del American G. I. Forum en Del Río, Texas, NARA 56364/50, 104, 59A2038.

[81] Idem.

[82] Memorando del 7 de julio de 1954 de J. W. Holland al comisionado Joseph Swing.

deportar mexicanos no autorizados, podían interrogarlos por error sobre su ciudadanía. "Teniendo presente esto", escribió Holland, "solicito respetuosamente su ayuda para informar a sus muchos miembros y amigos sobre este asunto, para que sepan que estamos trabajando en su beneficio, y si los interrogan sobre su ciudadanía, entiendan el motivo de nuestras acciones".[83]

Sin tardanza, Ed Idar dio instrucciones a "los foros del sur de Texas, auxiliares y subalternos", de "convocar asambleas públicas especiales y utilizar los periódicos y la radio para alertar a nuestra comunidad sobre este esfuerzo y pedirles que cooperen con el Servicio de Inmigración y Naturalización para minimizar la posibilidad de malentendidos".[84] Recordó a los miembros del American G. I. Forum que si bien

> puede haber casos en que se pida a algunos residentes legales de nuestra comunidad y a ciudadanos estadunidenses que presenten una identificación [...], hay que hacer ver a nuestros miembros que los agentes no sólo estarán cumpliendo con un deber que les impone la ley, sino que el cumplimiento cabal de ese deber al expulsar a los mojados redundará en beneficio del empleo y las oportunidades económicas para nuestra comunidad.[85]

Era un acuerdo fáustico para los mexicano-estadunidenses: la asimilación completa al sueño estadunidense estaba a la vuelta de la esquina si se hacía un pequeño sacrificio para alcanzarla. En cambio, para la Patrulla Fronteriza la defensa de Idar de la inminente campaña invirtió las afirmaciones de los rebeldes del sur de Texas de que la elaboración de perfiles delictivos en función de la raza era una forma de discriminación que comprometía la justicia y la igualdad en Estados Unidos. Más bien, como afirmaba Idar, la práctica de la Patrulla Fronteriza terminaría por elevar a los mexicano-estadunidenses en su búsqueda de se-

---

[83] Carta del 7 de julio de 1954 de J. W. Holland a Chris Aldrete.

[84] Memorando del 8 de julio de 1954 de Ed Idar, secretario ejecutivo del American G. I. Forum, a todos los dirigentes estatales del American G. I. Forum, NARA 56364/50, 104, 59A2038.

[85] *Idem.*

guridad económica, inclusión social y movilidad ascendente en la región fronteriza.

Anticipando y aceptando la escalada de hostigamiento racista de los mexicano-estadunidenses por parte de agentes de la Patrulla Fronteriza en la campaña inminente, Idar estableció un procedimiento para presentar quejas que no interrumpiría los esfuerzos de la corporación. Dio instrucciones a los miembros y directivos del American G. I. Forum de turnar "inmediatamente" todas las quejas a Virgilio Roal y Robert Sánchez, abogados en McAllen, Texas, quienes se ocuparían de "estudiar el asunto y acordar con la oficina de Austin si hay que tomar alguna acción".[86] Idar y el American G. I. Forum se comprometieron a colaborar para la buena marcha de la Operación Mojado. Estaban firmemente convencidos de que la expulsión de los mexicanos indocumentados mejoraría las condiciones de vida y de trabajo de los mexicano-estadunidenses. Más avanzado el verano, Idar dio la bienvenida al supervisor jefe de la Patrulla Fronteriza, W. F. Kelly, como "invitado de honor y orador principal" en la conferencia anual del American G. I. Forum.[87] Idar aprovechó esa ocasión para dar las gracias públicamente a los agentes de la Patrulla Fronteriza por sus "extraordinarios esfuerzos" en el verano de 1954.[88] Asimismo, Frank Piñedo, presidente de la LULAC, escribió en el LULAC News:

El Servicio de Inmigración merece un elogio por la cuidadosa planeación de este esfuerzo, no sólo en el sur de Texas, sino también en California [...] Es importante que todos los miembros de la LULAC informen al pueblo de Texas que la liga respalda sin reservas este esfuerzo, y cualquier incidente, si lo hay, debe analizarse con detenimiento antes de emitir un juicio precipitado o una crítica perjudicial.[89]

[86] Idem.
[87] Memorando del 22 de julio de 1954 de J. W. Holland, director del distrito de San Antonio, al comisionado Joseph Swing, NARA 56364/50, 104, 59A2038.
[88] Carta del 14 de agosto de 1954 de Ed Idar hijo a Joseph M. Swing, NARA 56357/466, 3402, 58A734.
[89] Carta del 17 de noviembre de 1954 de J. W. Holland a Frank Partridge, NARA 56364/43.3, 94, 59A2038.

Piñedo, Idar y otros trabajaron con diligencia para asegurar el éxito de la Operación Mojado. Al hacerlo establecieron alianzas amistosas con agentes y funcionarios de la Patrulla Fronteriza. Holland cultivó ese apoyo. En un viaje a Austin pasó por la oficina de Piñedo. Como éste no se encontraba en la ciudad, Holland le dejó una nota: "Lamento no haberlo visto".[90] Sin embargo, aparte de la meta inmediata de las deportaciones masivas, los intereses políticos de la Patrulla Fronteriza y las organizaciones de derechos civiles méxico-estadunidenses divergían. En los años que siguieron al triunfo común sobre los inmigrantes mexicanos indocumentados, la coincidencia de intereses de la patrulla y la clase media mexicanoestadunidense se desintegró.

A principios de 1955, Idar señaló: "Aunque se ha expulsado en gran medida al mojado, debido a la administración deficiente de las disposiciones del tratado sobre los braceros, los trabajadores importados legalmente desplazan cada vez más a los trabajadores agrícolas de nuestra comunidad".[91] Muchos académicos confirman las sospechas de Idar de que después de 1954 el Programa Bracero se caracterizó por una corrupción sistémica y una mala administración intencional. Después de ese año, los patrones incumplieron con regularidad el contrato del programa —"No podemos respetar el contrato al 100%. No es más que un papel", reconoció un productor—, y la falta de observancia permitía a los agricultores participar en el Programa Bracero simplificado sin pagar el salario mínimo ni proporcionar viviendas adecuadas.[92] Como ha escrito Manuel García y Griego, aunque la Patrulla Fronteriza contribuyó a que los productores del suroeste cambiaran las prácticas ilegales por un sistema de trabajo legal, después de la Operación Mojado "el

---

[90] Memorando del 2 de agosto de 1954 de J. W. Holland a Frank Piñedo, presidente de LULAC, NARA 56357/466, 3402, 58A734.

[91] Carta del 21 de marzo de 1955 de Ed Idar a Walter Sahli, director de distrito del INS en San Antonio, NARA 56364/43.48, parte 1, 98, 59A2038. Véase también Ed Idar hijo, "Parole—1955 Style", *Bulletin, American G. I. Forum,* febrero de 1955.

[92] Citado en Calavita, *Inside the State...,* p. 29.

trabajo de los braceros no difería mucho del de los 'mojados' en costo y atractivo".[93]

Para los líderes mexicano-estadunidenses que esperaban que la deportación masiva de inmigrantes mexicanos no autorizados negara a los patrones el acceso a una mano de obra muy explotable, las perversiones del Programa Bracero eran inquietantes. Por ejemplo, Ed Idar escribió a Walter Sahli, el nuevo director de distrito del INS en San Antonio, Texas, que estaba "muy preocupado" por las nuevas dificultades en que veía a los trabajadores mexicano-estadunidenses, de tener que competir con braceros legales mal pagados y víctimas de maltrato.[94] Él y otros dirigentes del American G. I. Forum pidieron ayuda a sus amigos de la Patrulla Fronteriza. Idar y el presidente nacional del American G. I. Forum, Héctor García, solicitaron a los agentes que, cuando realizaran las inspecciones sistemáticas de plantaciones, denunciaran las violaciones de la ley de equidad laboral Fair Labor Standards Act de 1950, que prohibía a los menores de 16 años realizar labores agrícolas durante el horario escolar.[95] García sugirió a los agentes que si veían niños trabajando en horas de clase, lo notificaran para que el Departamento del Trabajo atendiera la violación e hiciera cumplir la ley. Pero Harlon Carter respondió en nombre de la patrulla acusando a García de "malinterpretar… el alcance y la finalidad limitada de la Fair Labor Standards Act", y se negó a colaborar en ese proyecto porque "extender nuestro servicio a ese ámbito estorbaría varios de nuestros esfuerzos para promover la buena observancia de la ley de inmigración mediante la cooperación de los agricultores y la prensa", e "incurriríamos en la mala voluntad de los patrones que hemos ganado para nuestra causa".[96]

---

[93] Manuel García y Griego, *The Importation of Mexican Contract Laborers to the United States, 1942-1964: Antecedents, Operation, and Legacy,* documentos de trabajo del Centro de Estudios México-Estados Unidos, núm. 11, La Jolla, Universidad de California en San Diego, 1980, p. 50.

[94] Carta del 21 de marzo de 1955 de Ed Idar hijo a Walter Sahli, director de distrito del INS en San Antonio, NARA 56364/43.38, parte 1, 98, 59A2038.

[95] Carta del 2 de diciembre de 1955 del doctor Héctor P. García a Walter Sahli, del INS en San Antonio, NARA 56364/43.38, parte 1, 98, 59A2038.

[96] Memorando del 29 de diciembre de Harlon B. Carter, sin título; carta del 30 de diciembre de 1955 de DeWitt Marshall, NARA 56364/43.38, parte 1, 98, 59A2038.

Apenas unos años antes, los funcionarios de la Patrulla Fronteriza habían hecho causa común con los activistas mexicano-estadunidenses para combatir el aumento de la inmigración mexicana indocumentada. Los líderes mexicano-estadunidenses imaginaron que las deportaciones masivas prometidas durante la Operación Mojado de 1954 protegerían los intereses del grupo al que representaban. Con esa idea alentaron a su comunidad a dejarse hostigar y dieron su apoyo inquebrantable al esfuerzo para deportar trabajadores mexicanos no autorizados. Sin embargo, los funcionarios de la Patrulla Fronteriza iniciaron el verano de 1954 con objetivos diametralmente distintos. Buscaban en particular recuperar la aceptación y el control en la región de la frontera con México, y una vez que lo lograran no estaban dispuestos a sacrificar ni una ni otro para aplicar las iniciativas de observancia agresiva de la ley solicitadas por Héctor García. Desestimados por los altos funcionarios del INS y la Patrulla Fronteriza, Idar, García y otros líderes de la comunidad mexicano-estadunidense habrían de encontrar otra manera de influir en el rumbo de la observancia de la ley de inmigración estadunidense. Tendrían tiempo de sobra para hacerlo, pues tal observancia entró en una fase de relativa tranquilidad en los años que siguieron a la Operación Mojado de 1954.

Los triunfos de 1954 de la Patrulla Fronteriza descansaban en un Programa Bracero incumplido y un alejamiento del control migratorio agresivo, y ambos factores redujeron rápidamente la actividad de la corporación en la región de la frontera con México. Las aprehensiones cayeron en picada, y los agentes apostados en la línea decían estar más bien aburridos que ocupados. La calma en la patrulla correspondía a la desaparición del tema del control migratorio en la prensa popular. El control de las drogas reemplazaba con celeridad al control migratorio en la agenda de las relaciones entre México y Estados Unidos. Aun así, la región de la frontera con México seguía siendo el principal ámbito de observancia de la ley de inmigración, y los agentes de la Patrulla Fronteriza continuaban priorizando la vigilancia de la inmigración mexicana no autorizada. El capítulo IX examina por qué la sustancia del proyecto de la patrulla cambió tan poco en la era que siguió a la Operación Mojado de 1954, y relata cómo repensaron los funcionarios de la corporación el proyecto de vigilar a los inmigrantes mexicanos no autorizados en esos años de tranquilidad. El capítulo IX explora en particular cómo la Patrulla Fronteriza adoptó un cambio estratégico por el que desvió la atención de liberar a José y la centró en perseguir delincuentes. El cambio del control migratorio por el control delincuencial replanteó el problema de la inmigración mexicana no autorizada como una cuestión de calidad y no de cantidad, lo que dio fundamento y justificación a la persistente concentración de la Patrulla Fronteriza en la frontera con México y en las personas de origen mexicano, pese a la reducción de las aprehensiones, que continuó hasta principios de la década de 1960.

IX. "La era del mojado se acabó"

"La era del mojado se acabó", declaró el comisionado Swing en enero de 1955. Sus proclamaciones triunfalistas en la frontera con México descansaban en un Programa Bracero incumplido, cambios en las prácticas de la Patrulla Fronteriza y un truco estadístico, pero también anunciaban el fin de las crisis de aceptación y control que habían consumido la actividad de la patrulla durante una década. A pesar de las falsas impresiones, Swing y los triunfos de 1954 cerraron un capítulo en la historia de la corporación y plantearon una serie de preguntas sobre el futuro del control migratorio en Estados Unidos. ¿Cuáles serían las prácticas y prioridades del control migratorio en los años sucesivos a la "crisis de los mojados"? Este capítulo examina por qué la Patrulla Fronteriza siguió dedicada a vigilar la inmigración mexicana no autorizada pese a las ufanas declaraciones de que "el llamado problema de los mojados ya no existe. Hemos asegurado la frontera sur".[1] De muchas maneras, el continuado interés de la patrulla en la frontera con México se debía a una infraestructura muy arraigada y a la meta indiscutida de deportar mexicanos. Sobre todo, la tenaz dedicación de la corporación a la vigilancia de la inmigración mexicana no autorizada después de la era del mojado es una historia de cómo agentes, funcionarios y las condiciones cambiantes de la observancia de la frontera redefinieron la

---

[1] Gertrude D. Kirchefsky, "Importation of Alien Laborers", *I and N Reporter*, vol. 5, núm. 1, julio de 1956, p. 4. Véase también *Annual Report of the Immigration and Naturalization Service for Fiscal Year Ending June 30, 1955*, Washington, D. C., GPO, 1955, p. 15.

necesidad de controlar los cruces fronterizos de mexicanos no autorizados como una cuestión de control de la delincuencia y no de control migratorio. Este capítulo explora cómo las políticas y prácticas de control delincuencial reforzaron la concentración de la Patrulla Fronteriza en la región de la frontera con México durante los tranquilos años que siguieron a la Operación Mojado de 1954.

EL CONTROL DE LA INMIGRACIÓN
TRAS LA ERA DEL MOJADO

Sin importar la manera en que se obtuvo, la victoria de Swing en la frontera con México permitió considerar nuevas posibilidades para las prioridades y prácticas de control migratorio después de la era del mojado. Ya en diciembre de 1954, Swing habló de dirigir la atención a la olvidada frontera con Canadá. Allí, afirmó, inmigrantes indeseados, peligrosos saboteadores e "inquietos inmigrantes canadienses" llevaban largo tiempo aprovechándose de una frontera descuidada para entrar ilícitamente a Estados Unidos.[2] En 1957, Swing transfirió a 53 agentes de la Región Suroeste a la frontera norte.[3] Cuando en enero de 1959 Fidel Castro tomó La Habana, Swing movilizó a 100 agentes a la costa del Golfo en Florida para prevenir "vuelos hostiles de tierra firme estadunidense a Cuba".[4] El agente Bob Salinger atribuía que lo destinaran tantas veces a Florida a los esfuerzos del comisionado Swing para insertar el INS en el más amplio aparato de observancia de las leyes federales. "El general Swing", explicó, "intervenía y embarcaba a la Patrulla Fronteriza en cualquier trabajo desa-

[2] "Canadian Border Operations", NARA 56364/43, 91, 59A2038. Véase también Senado de Estados Unidos, Comisión sobre Asignaciones a los Departamentos de Estado y de Justicia, el Poder Judicial y Entidades Relacionadas, *Hearings before the Subcommittee of the Committee on Appropriations,* 86 Congreso, 2a. sesión en la Cámara de Representantes 11666, 1961, p. 450.

[3] *Annual Report of the Immigration and Naturalization Service for Fiscal Year Ending June 30, 1956,* Washington, D. C., GPO, 1956, p. 9; *Annual Report of the Immigration and Naturalization Service for Fiscal Year 1957,* Washington, D. C., GPO, 1957, pp. 11-14.

[4] Comisión del Senado de Estados Unidos sobre Asignaciones, *Second Supplemental Appropriation Bill for 1960: Supplemental Hearings before the Committee on Appropriations on H. R. 10743,* 86 Congreso, 2a. sesión, 1959, p. 19.

gradable que se presentara [porque] no desaprovechaba la oportunidad de hacer méritos ante el fiscal general".[5] Aunque no es seguro que Swing asignara tareas extraordinarias a agentes de la patrulla sin que mediara una solicitud o instrucciones del fiscal general, Salinger sin duda recordaba el mandato del comisionado como una época de integración de la patrulla a un extenso abanico de proyectos de observancia de leyes federales. Swing enviaba agentes de la corporación al sur no sólo para patrullar la zona fronteriza de Florida —misión relacionada al menos tangencialmente con el control de la inmigración—, sino para sofocar disturbios asociados con la defensa de los derechos civiles. Una vez más, Salinger fue enviado a cumplir una tarea extraordinaria.

Una mañana de domingo, en mayo de 1961, Salinger recibió una llamada en la que le ordenaban "preparar a 50 hombres para ir a Montgomery, Alabama". Media hora después le dieron instrucciones de aumentar el destacamento a 75 hombres. Transcurrió media hora más y recibió una tercera llamada: hacían falta 100 hombres cuanto antes en Montgomery. "Si quieren tomar todo el sector, yo creo que no hay hombres que basten", protestó, pero quien llamaba era James P. Greene, subcomisionado de Observancia de la Región Suroeste, y Salinger no podía negarse. Greene lo autorizó para "llevar al piloto. [Teníamos un Cessna 310.] Tome el 310 y el equipo de radio... [y] váyase allí ahora mismo".[6] Cuando los agentes llegaron a Montgomery, se enteraron de que "Martin Luther King iba a predicar en una iglesia del centro, y empezamos a indagar si iba a haber disturbios". Sin embargo, los agentes de la Patrulla Fronteriza no estaban solos. Cuando llegaron al cuartel general de destacamentos de la patrulla, en el aeródromo de Montgomery, ya estaban allí agentes de otras dependencias del Departamento de Justicia. "Había gente de la Oficina de Impuestos y Comercio de Alcohol y Tabaco, ejecutores judiciales, guardias de prisiones y creo que empleados de Correos", recordó Salinger.[7] Ese destacamento simbolizaba la cre-

---

[5] Bob Salinger, entrevista, 4 de abril de 1987, NBPM.
[6] *Ibid.*, p. 9.
[7] *Idem.*

ciente participación de la Patrulla Fronteriza en la observancia de leyes federales y, en particular, su utilización en los años por venir como fuerza socorrida para actividades policiacas sobre el terreno. Durante la turbulenta década de 1960, agentes de la patrulla participaban en algunas de las más importantes operaciones de observancia de leyes federales. Por ejemplo, en 1962, montaron guardia frente a la Universidad de Misisipi cuando estudiantes blancos y miembros de la comunidad se amotinaron para impedir que el afroestadunidense James Meredith asistiera a la casa de estudios y acabara así con la segregación en las universidades. Y en 1973, agentes de la patrulla prestaron ayuda a la Oficina de Asuntos Indígenas y a varios funcionarios federales cuando miembros del Movimiento Indígena de Estados Unidos ocuparon Wounded Knee, Dakota del Sur.

Aunque estos episodios son muestras patentes de la integración de la Patrulla Fronteriza a los múltiples y dispersos proyectos de observancia de leyes federales, las operaciones de la corporación permanecieron centradas en el patrullaje de la frontera con México y la vigilancia de las personas de origen mexicano. La persistente concentración de la Patrulla en la zona de la frontera méxico-estadunidense era, en parte, consecuencia de sus hondas raíces en la región. La Patrulla Fronteriza terminó el decenio del mojado con una inmensa infraestructura construida en torno al objetivo singular de aprehender y deportar inmigrantes mexicanos no autorizados. Además de destinar a la mayoría de los agentes a oficinas localizadas en la región de la frontera con México, en 1953 el INS había construido y dotado de personal a tres grandes centros de detención en el sur de Texas y de California. Situados a pocos kilómetros de la frontera con México, los centros estaban orientados a la deportación de un gran número de personas a ese país. Una flota de aviones de transporte con base en El Paso, Texas, trasladaba migrantes desde y hacia estos centros de detención.[8] Además, el comisionado Swing se aseguró de que El Paso siguiera siendo centro de actividad de la corporación al dar una sede permanente a la Escuela

[8] Ed Parker, *Prop Cops: The First Quarter Century Aloft.*

de Capacitación de la Patrulla Fronteriza en la base militar de Fort Bliss, en las afueras de la ciudad. La proliferación de edificios, personal y recursos institucionales de la patrulla a lo largo de la frontera con México dio a la entidad raíces profundas en la región.

Los cambios instituidos por el comisionado Swing en la administración del INS perpetuaron la concentración desequilibrada de recursos de la Patrulla Fronteriza en la zona de la frontera con México. En 1956, Swing dividió el INS en cuatro unidades regionales independientes: las regiones suroeste, noroeste, noreste y sureste. Cada región tenía dos divisiones principales: Inmigración y Observancia. La División de Observancia constaba de la Patrulla Fronteriza y de los investigadores de Inmigración. El modelo regional desalentaba la redistribución de agentes y recursos entre las regiones porque las aislaba convirtiéndolas en unidades casi autónomas en cuanto a operaciones, autoridad, planeación estratégica y compartición de recursos.[9] En otras palabras, la regionalización daba a la institución permanencia en la zona de la frontera con México, donde había más agentes, recursos e instalaciones cuando Swing dividió esta fuerza policiaca nacional en cuatro partes desiguales.

LA ACTITUD DEL CONTROL MIGRATORIO

La concentración de la Patrulla Fronteriza de Estados Unidos en la región de la frontera con México no exigía dirigir la atención a la vigilancia de inmigrantes mexicanos no autorizados. Como confirmación de las sospechas de Swing de que el periodo que siguió a la era del mojado traería nuevos retos para el control migratorio, los agentes que trabajaban en la frontera con México a fines de la década de 1950 y principios de la de 1960 informaban sistemáticamente que no había "una gran acumulación de

[9] Comité de la Cámara de Representantes sobre Asignaciones, *Departments of State, Justice, and Commerce Appropriations for 1958: Hearings before the Subcommittee of the Committee on Appropriations*, 85 Congreso, 2a. sesión, 1957, p. 20.

posibles inmigrantes ilegales [trabajadores mexicanos] en las inmediaciones de la frontera".[10] Según los agentes encargados de controles en los caminos y carreteras que iban de la frontera al interior, las aprehensiones de inmigrantes mexicanos no autorizados "eran pocas y ocasionales".[11] Como recordó un agente, "más a menudo que extranjeros ilegales" se descubría que los autos llevaban artículos de contrabando inesperados, como fuegos artificiales, bebidas alcohólicas y loros.[12] Por otra parte, los informes de inteligencia de la patrulla advertían que algunos grupos no tradicionales, como ciudadanos de Honduras Británica y de Cuba, estaban llegando a las poblaciones fronterizas de México e intentando cruzar ilegalmente la frontera hacia Estados Unidos.[13] Al caer el número de mexicanos expulsados del país a un mínimo posterior a la era del mojado de apenas 29 651 en 1960, surgieron nuevos objetivos posibles de control migratorio. Sin embargo, los agentes de la región suroeste siguieron centrando la atención en la vigilancia de inmigrantes mexicanos no autorizados.

Los agentes de la patrulla que trabajaron después de la era del mojado a menudo se referían a su interés por la vigilancia de mexicanos como una "actitud". Al recordar una redada hecha en 1957 en la zona de Sacramento, California, el agente Ralph Williams relató: "Entramos a un bar y [...] lo vaciamos [...] sólo quedó un albino". Williams pasó junto a él y pensó en dejarlo en paz, hasta que otro agente preguntó: "¿Y ése?" Ilustrando burdamente la suma estrechez de la coincidencia de clase, color y nacionalidad de las personas que los agentes de la patrulla vigilaban, Williams respondió: "¿Qué con él? ¡Es un albino!" Como muchos otros agentes, Williams centraba sus sospechas en las personas de origen mexicano de piel morena; pero su compañero preguntó: "¿Un albino aquí, entre puros mexicanos?", y acer-

[10] Informe de actividades del sector, agosto de 1960, NARA 2, RG 85, Acc 64A1851, caja 161, archivo 660.4, parte 22.

[11] "Border Patrol Memories", 1998, NBPM, p. 14.

[12] Idem.

[13] Senado de Estados Unidos, Hearings before the Subcommittee on Appropriations, 86 Congreso, 2a. sesión en la Cámara de Representantes 11666, 1961, p. 450.

cándosele inquirió: "¿De dónde es usted?" En cuanto el albino respondió que era de México, lo arrestaron por entrada ilegal a Estados Unidos. Muchos años después a Williams lo seguía divirtiendo el incidente, y se reía de cómo habían "atrapado a un mojado albino". La idea de un ilegal de piel blanca era ridícula e ilógica para Williams, quien reconoció: "Creo que yo lo habría pasado por alto, según recuerdo".[14]

De modo notablemente parecido a los agentes de la década de 1920, Williams consideraba risible toda asociación entre piel blanca e ilegalidad porque, como en 1927 había explicado el agente Chester Courtney, era "absurdo decir que creían que los estadunidenses [blancos] eran extranjeros".[15] Los vínculos entre piel blanca y ciudadanía estadunidense se remontaban a la Ley de Naturalización de 1790, que restringía el derecho de naturalización a los blancos, pero los lazos específicos entre los *Mexican Browns* y la casta de los ilegales se construyeron a través de tres generaciones de trabajo de la Patrulla Fronteriza. En la primera, los hombres de la región que se volvían agentes federales hacían cumplir las restricciones de inmigración de Estados Unidos según las costumbres de comunidades fronterizas construidas en función de los intereses de la economía agroindustrial. En la segunda generación, los agentes de la Patrulla Fronteriza adquirieron prácticas de control migratorio agresivo en coordinación con el Programa Bracero y crearon un sistema transfronterizo de administración de la migración obrera. A fines de la década de 1950, el estrecho criterio de la patrulla de vigilar mexicanos pobres y de piel morena se aplicaba conforme a una lógica indiscutida de control migratorio que, en opinión de muchos, se había legitimado con el tiempo. Como explicó un agente:

Después de 13 años de hacer esto, no puedo explicarlo, es algo instintivo, una corazonada. Puedo andar por el centro de El Paso y pasar junto a mucha gente y saber que son legales, [y] de pronto,

[14] Ralph Williams (seudónimo), relato oral sin transcribir, NBPM.
[15] Memorando del 28 de marzo de 1929 del agente jefe interino de la patrulla Chester C. Courtney al director de distrito del Servicio de Inmigración en El Paso, NARA 55606/670, 4, 58A734.

veo pasar a alguien a mi lado o enfrente y sé, sin más, que no tiene documentos".[16]

LAS CAPACIDADES DE DETENCIÓN Y DEPORTACIÓN

Si la discriminación racial y la regionalización del trabajo de la Patrulla Fronteriza persistieron hasta después de la era del mojado, no fue sólo por supervivientes y corazonadas. En esos años, la dedicación de los agentes a la vigilancia de personas de origen mexicano también estaba determinada por estrategias viejas y nuevas de control migratorio. Por ejemplo, los traslados forzosos al interior de México seguían destacando la aprehensión de inmigrantes mexicanos no autorizados. Los traslados en autobús y tren funcionaron con pocas interrupciones desde la década de 1950 hasta la de 1970. Al cancelarse los traslados en barco tras el motín en agosto de 1956 a bordo del vapor *Mercurio,* el INS volvió a adoptar el programa de traslados en avión de Reynosa, Tamaulipas, a León, Guanajuato. A veces el vuelo a León también se hacía desde Mexicali, Baja California. Entre el 29 de noviembre de 1957 y el 30 de junio de 1964, las autoridades estadunidenses y mexicanas enviaron en avión a León a 56 301 varones mexicanos adultos y en tren a la ciudad de Chihuahua a otros 53 914 mexicanos, entre hombres, mujeres y niños.[17] Estos 110 215 mexicanos llevados al interior del país representaban 38.7% del total de mexicanos repatriados entre los años fiscales de 1957 y 1964. Sin embargo, los varones presentaban mayores índices de traslado al interior debido a las restricciones de género, que por lo regular prohibían la expulsión de mujeres y niños por traslado en avión. Por ejemplo, de los 18 901 varones mexicanos adultos aprehendidos durante el año fiscal de 1964, 83.5% fueron trasladados al interior en avión o en tren: 11 200 en avión a León, y 4 579 más en autobús y tren de Presi-

---

[16] Joe Aubin, entrevistado por Leslie J. Pyatt, 21 de febrero de 1978, entrevista núm. 700, Instituto de Historia Oral, Universidad de Texas en El Paso, p. 5.

[17] *Annual Report of the Immigration and Naturalization Service for Fiscal Year Ending June 30, 1964,* Washington, D. C., GPO, 1964, p. 8.

CUADRO IX.1. *Principales actividades y logros de la Patrulla Fronteriza de Estados Unidos, 1955-1964*

	1955	1956	1957	1958
Número total de personas aprehendidas	227 380	70 846	48 433	41 956
Número de extranjeros deportables localizados	225 186	68 420	46 225	40 504
Número de mexicanos aprehendidos	221 674	62 625	38 822	32 556
Número total de personas interrogadas	7 713 858	9 890 424	8 882 563	13 033 167
Valor de narcóticos confiscados* (en dólares)	$678 532	$682 742	$763 859	$172 085

	1959	1960	1961	1962	1963	1964
Número total de personas aprehendidas	34 218	29 881	30 209	30 686	39 885	43 993
Número de extranjeros deportables localizados	32 996	28 966	29 384	29 897	38 861	42 879
Número de mexicanos aprehendidos	25 270	22 687	23 109	23 358	31 910	35 146
Número total de personas interrogadas	6 715 787	6 189 817	6 267 642	6 808 638	6 331 404	5 433 546
Valor de narcóticos confiscados* (en dólares)	$144 883	$52 083	$26 416	$13 408	$11 930	$251 692

FUENTE: Datos recopilados de las principales actividades y logros de la Patrulla Fronteriza de Estados Unidos, *Annual Reports of the Immigration and Naturalization Service, Fiscal Years Ending June 30, 1965-1974*, Washington, D. C., GPO.
* No se dispone del valor de los decomisos de narcóticos antes de 1958. Los datos anteriores a 1958 indican el valor de todos los bienes confiscados, y de 1958 en adelante indican sólo el valor de los narcóticos confiscados.

dio, Texas, a la ciudad de Chihuahua.[18] En una época en que los inmigrantes mexicanos no autorizados eran difíciles de encontrar y capturar, los agentes a duras penas llenaban los aviones, autobuses y trenes que se tenían dispuestos para llevarlos al interior de México. En enero de 1959, la aerolínea mexicana contratada por el INS para transportar hombres deportados de Reynosa a León se quejó de que, aunque la habían contratado para realizar vuelos diarios, el piloto y la tripulación constantemente se quedaban varados en Reynosa hasta una semana en espera de que hubiera suficientes deportados para llevarlos.[19] Los agentes estaban sometidos a presión para alimentar el sistema transfronterizo de repatriación de los mexicanos deportados. Un agente recordó cómo recurría a medidas desacostumbradas para llenar los autobuses. "Solíamos recorrer los barrios bajos sólo para llenar los autobuses cuando los teníamos a medias [...] íbamos al barrio y deteníamos a suficiente gente para llenar el autobús", contó sobre su trabajo en la zona de Sacramento, California.[20] Aun así, supervisores del INS y funcionarios de la Patrulla Fronteriza les recordaban con frecuencia a los agentes que trabajaban sobre el terreno que no debían vigilar de igual manera a todos los inmigrantes mexicanos no autorizados. Las mujeres y los niños, decían, no eran prioritarios para la patrulla y había que dejarlos en paz, independientemente de las circunstancias.

Arrestar mujeres y niños era tan reprobable políticamente como siempre, y la segregación de los sexos en los centros de detención del INS y los sistemas sexistas de expulsión transfronteriza limitaban la capacidad institucional del INS para manejar mujeres y menores sujetos a deportación. Además, las restricciones de sexo y edad del Programa Bracero prohibían la opción de le-

[18] Resumen estadístico sin título de las operaciones de remoción internas, NARA 2, RG 85, Acc 71A2917, caja 319, archivo 1168, parte 1. Véase también informes del 6 y 7 de agosto de 1963 de Coppock a Gilman, NARA 2, RG 85, Acc 67A32544, caja 9, archivo 659.4, parte 2.

[19] Memorando incompleto del 22 de enero de 1959 de H. C. Hardin, subcomisionado, División de Proyectos Especiales, NARA 2, RG 85, Acc 67A2033, caja 13, archivo 659, parte 1.

[20] "Sacramento Memories", NBPM, p. 3.

galizar el trabajo de las mujeres y los niños que habían entrado sin autorización. Así pues, arrestar mujeres y niños no habría hecho más que aumentar los índices de aprehensiones y atraer la atención desfavorable de los medios informativos en un momento en que el comisionado Swing se dedicaba a hacer ostentación de haber reconquistado y pacificado la frontera con México. De ahí que los funcionarios de la Patrulla Fronteriza procuraran disuadir a los agentes de aprehender mujeres y niños. Por ejemplo, cuando funcionarios del INS en la Oficina Central de la patrulla recibieron informes de que las mujeres y los niños habían representado 63% del total de aprehensiones en la región de El Paso en enero de 1956, el subcomisionado de la División de Observancia preguntó el motivo de una proporción tan grande. El agente jefe de Observancia (CEO, por sus siglas en inglés) de la Región Suroeste explicó que la cifra había aumentado recientemente porque la oficina de la Patrulla Fronteriza en El Paso había empezado a pagar recompensas de entre uno y dos dólares a los agentes de la policía de la ciudad por cada mujer o niño mexicanos indocumentados que le entregaran.[21] El incentivo aumentó considerablemente el número de mujeres y niños indocumentados que arrestaba el Departamento de Policía de El Paso. El CEO de la Región Suroeste tranquilizó a los nerviosos funcionarios de la Oficina Central anunciándoles que pronto disminuiría el número de mujeres y niños aprehendidos. La Patrulla Fronteriza de El Paso estaba deportando diariamente dos grupos grandes de mujeres y niños, y los agentes esperaban que la policía de la ciudad no tardara en evacuarlos. Por otra parte, hacía poco el jefe del Departamento de Migración mexicano en Ciudad Juárez había redoblado los esfuerzos al sur de la frontera para "reducir el número de entradas ilegales de mujeres y niños".[22] En febrero de 1957, las mujeres y los niños representaban sólo 22% del total de personas

---

[21] Mensaje del 17 de mayo de 1956 de John P. Swanson, agente jefe de Observancia, a Frank H. Partridge, subcomisionado, División de Observancia, Oficina Central, "Increase in Apprehension of Women and Children—El Paso Sector", NARA 56364/42.1 sw, 87, 59A2038.

[22] Informe mensual de actividades del sector, marzo de 1957, El Paso, Texas, NARA 2, RG 85, Acc 67A0233, confidencial, caja 13, 660.4, parte 2, sección 3, p. 1.

arrestadas por entrada ilegal en la región de El Paso, y la Oficina Central aplaudió la reducción.[23]

Cuando a principios de la década de 1960 las aprehensiones de mujeres y niños empezaron a aumentar en el valle bajo del río Bravo, el nuevo subcomisionado de Observancia de la Región Suroeste, James Greene, reiteró la preocupación ante este incremento. Para hacer frente al problema, recordó a los agentes: "La Patrulla Fronteriza […] no se dedica a detener sirvientas ni niños", y les ordenó: "No hay que aprehender sirvientas a menos que se reciban quejas sobre ellas, y no se encargarán 'redadas de sirvientas' a las brigadas".[24]

La política de no intervenir en la detención de sirvientas y niños ilustra cómo la observancia de la ley es algo que se negocia. En este caso, las prácticas de observancia de la ley se centraban en personas de origen mexicano divididas en función de un criterio de género determinado por las limitaciones sexistas de los centros de detención y las políticas de deportación del INS. Pasar por alto los cruces fronterizos diarios de trabajadoras domésticas que vivían en México pero trabajaban en casas al norte de la frontera con toda probabilidad redujo el número de aprehensiones que hacían los agentes de la Patrulla Fronteriza en el periodo que siguió a la era del mojado, cuando un buen número de los hombres que habían sido ilegales se volvieron braceros, pero las mujeres y los niños excluidos del Programa Bracero siguieron cruzando la frontera ilegalmente. Como señaló el agente jefe de la patrulla en El Centro, California: "Las esposas y los hijos de los braceros […] tratan de entrar a Estados Unidos en mayor número para vivir con sus esposos en plantaciones de la región".[25]

---

[23] Mensaje del 28 de marzo de 1957 de D. L. McClaren, agente jefe de la patrulla en El Paso, Texas, al comisionado regional, Región Suroeste, "Women and Children, Your SW 40/300B2 dated March 22, 1957", NARA 2, RG 60, Acc 67A0233, caja 13, archivo 659.4, parte 1.

[24] Memorando del 27 de enero de 1961 de James F. Greene, subcomisionado de Observancia, "Memo for the File", NARA 2 RG 60, Acc 67A0233, caja 13, archivo 659.4, parte 1.

[25] Mensaje del 27 de julio de 1954 de John P. Swanson, agente jefe en El Centro, California, al director de distrito de Los Ángeles, "Contract Laborers' Wives and Children", NARA 56364/45.6, vol. 9, 104, 59A2038.

Aun así, las órdenes de dejar en paz a las mujeres y los niños, y el abandono general del control migratorio agresivo después de la era del mojado, no eran parte de transición alguna que implicara abandonar el afán de vigilar a las personas de origen mexicano. Al mismo tiempo que los funcionarios de la patrulla prohibían a los agentes aprehender sirvientas y niños mexicanos, advertían que era necesario intensificar la vigilancia en la frontera con México. En incontables memorandos y publicaciones institucionales, los funcionarios de la División de Observancia del INS ofrecían, explicaban y analizaban pruebas de que los mexicanos habían ideado nuevas técnicas de entrada ilegal a partir de la conquista de 1954. Poco después de terminada la Operación Mojado, un agente de Inmigración de la zona de Los Ángeles explicó: "El problema más difícil con que nos hemos encontrado es la detención de mexicanos ilegales que se hacen pasar por ciudadanos estadunidenses luego de conseguir documentos que acreditan su nacimiento en Estados Unidos".[26] Los inmigrantes mexicanos ilegales, agregaba, habían cambiado los cruces fronterizos ilícitos entre puertos de entrada oficiales por las entradas legales con uso de documentos falsos.[27]

CIUDADANOS FALSOS

En julio de 1960, Edgar C. Niehbur, antiguo estudiante de antropología de la Universidad de Texas, era el subjefe de la Patrulla Fronteriza, y aprovechó sus dotes de investigador para mejorar el control migratorio. A raíz de investigaciones que realizó con registros de nacimientos y de inmigración, advirtió a los agentes que, sólo en el estado de Texas, una de cada cuatro solicitudes de actas de nacimiento entre mayo de 1954 y abril de 1957 se había hecho para demostrar falsamente que se había nacido en Estados Unidos. Niehbur agregó que, si se tenía en cuenta que entre

[26] Memorando del 6 de octubre de 1954 del investigador Earnest McFadden, Los Ángeles, al director del distrito de Los Ángeles, NARA 56364/45.2, 103, 59A2038.

[27] Había muchos tipos de documentos falsos. Véase Julian Samora, *Los Mojados: The Wetback Story*, pp. 20-24, 76-78.

1940 y 1960 el estado de Texas había expedido 190 000 actas de nacimiento a personas de origen mexicano, un gran número de quienes decían ser mexicano-estadunidenses mentían y eran, por tanto, ciudadanos falsos. Niehbur estudió las consecuencias de las afirmaciones falsas sobre los esfuerzos de control migratorio en la frontera méxico-estadunidense. Al citar el caso reciente de un ciudadano falso que había conseguido la entrada legal de su esposa, 11 hijos y 25 nietos, Niehbur daba un ejemplo drástico de cómo un detentador de la ciudadanía estadunidense podía allanar el camino para la entrada ilegal y la ciudadanía falsa de un número ilimitado de familiares.[28]

La identificación por parte de la Patrulla Fronteriza de las entradas ilegales con uso de documentos falsos ofrecía una nueva forma de interpretar la calma en la frontera con México tras la era del mojado. Según los análisis del INS y la Patrulla Fronteriza, la caída del número de aprehensiones de mexicanos no era un reflejo de que la corporación hubiera abandonado las brigadas especiales ni indicaba necesariamente una disminución del número de mexicanos que entraban ilegalmente al país. Los ilegales que en otro tiempo cruzaban la frontera nadando, escalando vallas o caminando no habían desaparecido. La diferencia era que ahora se introducían por puertos de entrada oficiales al amparo de documentos falsos. Dicho de otro modo, los funcionarios de la Patrulla Fronteriza interpretaron el pequeño número de aprehensiones después de la era del mojado como un reflejo de la incapacidad de la corporación para descubrir y deportar a los inmigrantes ilegales que se hacían pasar por ciudadanos estadunidenses de origen mexicano.

La identificación del problema de los "ciudadanos falsos" por parte de la Patrulla Fronteriza tras la Operación Mojado de 1954 tuvo implicaciones para el trabajo de la corporación. Los funcionarios ordenaron a los agentes dar con los defraudadores que se escondían entre los ciudadanos y los inmigrantes legales. Sin embargo, los agentes que trabajaban sobre el terreno apenas

[28] Edgar C. Niehbur, subjefe de la Patrulla Fronteriza, Oficina Central, "False Claims to United States Citizenship by Mexican Aliens", *I and N Reporter*, vol. 9, núm. 1, 1960, pp. 1-3.

podían cumplir este objetivo. En abril de 1957, agentes de Los Ángeles informaron que tenían dificultades para identificar a los inmigrantes mexicanos indocumentados en medio de la gran población mexicano-estadunidense que vivía en la ciudad.[29] Los funcionarios les ordenaron seguir buscando. Aun así, en 1957 los agentes de la patrulla arrestaron apenas a 181 personas que se hacían pasar por ciudadanos estadunidenses. En 1958, a fin de resolver las dificultades para localizar a los ciudadanos falsos, el INS estableció el Centro de Documentos Fraudulentos en Yuma, Arizona, con la finalidad de reunir y analizar información sobre personas que usaban o traficaban documentos falsos de inmigración y ciudadanía, como las actas de nacimiento. El Centro de Documentos Fraudulentos se estableció principalmente como "depósito de datos relacionados con el uso de documentos falsos por parte de mexicanos para demostrar la ciudadanía estadunidense". En 1964 se empezó a capacitar a los agentes en análisis de documentos.[30] Así, con capacitación especial y una diligencia extraordinaria, la Patrulla Fronteriza siguió identificando inmigrantes mexicanos no autorizados después de la Operación Mojado de 1954.

En los años posteriores a 1954, la concentración de personal y recursos de la Patrulla Fronteriza en la frontera con México permitía a la corporación policiaca nacional dedicar la mayor parte de su atención a los problemas de control migratorio propios del suroeste de Estados Unidos. Allí la idea de los agentes de que los inmigrantes ilegales eran personas de origen mexicano, aunada a las exigencias de alimentar los sistemas vigentes de deportación al interior de México, llevaron la discriminación racial del control migratorio estadunidense al periodo que siguió a la era del mojado. Sin embargo, al mismo tiempo los funcionarios de Observancia advirtieron a los agentes de la patrulla que no debían aprehender un número excesivo de mujeres y ni-

---

[29] "Monthly Activity Report Resume–Southwest Region–April 1957, Section 3", NARA 2, RG 85, Acc 67A2033, caja 13, archivo 660.4, parte 2.

[30] Comisión del Senado sobre Asignaciones, *State, Justice, Commerce, the Judiciary, and Related Agencies Appropriations: Hearings before the Committee on Appropriations on H.R. 15404*, 93 Congreso, 2a. sesión, 1975, p. 613.

ños mexicanos indocumentados, los cuales habrían engrosado fácilmente las filas de los deportados y puesto fin a la impresión de victoria en la frontera con México.

DE MOJADOS A DELINCUENTES

Aparte de la búsqueda explícita de ciudadanos falsos y la desmovilización de las brigadas especiales, la mayoría de las prácticas de la Patrulla Fronteriza después de la era del mojado eran versiones a escala de lo que los agentes habían hecho durante muchos años en la frontera. La vigilancia de la línea, complementada con controles de carretera, patrullaje de ciudades y traslados forzosos al interior de México eran tácticas familiares. No obstante, desde los primeros días que siguieron al fin de la Operación Mojado de 1954, los funcionarios de la patrulla empezaron a dar un nuevo sentido a las prácticas familiares de control migratorio. Los funcionarios adoptaron, en particular, las políticas y prácticas del control de la delincuencia en la frontera con México. Vincular el mandato de control migratorio de la patrulla con un objetivo más general de control de la delincuencia imbuyó de una urgencia renovada las prácticas de discriminación racial y regionalización de la patrulla, pese al aparente fin de la crisis de control en la frontera con México.

Hasta antes de la Operación Mojado de 1954, los agentes de la Patrulla Fronteriza habían creado relatos sobre el inmigrante mexicano indocumentado que mostraban comprensión hacia él. José García, un personaje pobre y digno de lástima, era el arquetipo del llamado mojado mexicano. Contra las acusaciones de los agricultores de que fomentaban el comunismo, los agentes de la patrulla reunieron pruebas de las condiciones de vida y trabajo de los inmigrantes mexicanos indocumentados para demostrar que las condiciones de las plantaciones del suroeste se parecían a las del esclavismo. En consecuencia, el control migratorio agresivo constituía un movimiento de liberación que, en lugar de deportar trabajadores, liberaba a las víctimas de la esclavitud. En 1954, la patrulla prevaleció sobre el problema de la esclavitud en las plantaciones al deportar a los esclavos virtuales de la región fronteriza, legalizar como braceros a los inmigrantes ilegales que quedaron y asegurar la frontera con México contra las legiones de trabajadores no autorizados que antes inundaban el suroeste. Los que se atrevían a regresar, afirmaron los funcionarios de la Patrulla Fronteriza, eran miembros de una nueva clase.

En noviembre de 1956, el agente jefe de Observancia de la Región Suroeste ordenó a los agentes de la región: "La palabra 'mojado' debe ser eliminada del vocabulario de todos los agentes de Inmigración". Y explicaba:

> Sabemos desde hace tiempo que el nombre "mojado" evoca en el público y en los tribunales la imagen de un trabajador mexicano pobre y consumido que entra ilegalmente a Estados Unidos para dar de comer a su familia, que padece hambre en su país [...] Quizás esta idea se justificara hace algunos años, cuando estuvimos invadidos por legiones de personas precisamente como ésa, pero hoy ya no es exacta [...] Las personas que ahora aprehendemos son en su mayoría delincuentes, con frecuencia violentos, y reincidentes habituales y rebeldes.

Para acabar con la actitud comprensiva que el término *mojado* suscitaba, el agente proponía "usar en su lugar una designación cierta, tanto verbalmente como por escrito, en las comunicaciones con otros agentes, con el público y con la prensa". Aconsejaba: "Siempre que hay antecedentes penales, usamos las palabras 'delincuente extranjero', y si no los hay, 'extranjero deportable'. Creo que este cambio tendrá en el público y los tribunales un efecto psicológico que beneficiará al Servicio". Otros funcionarios nacionales y locales coincidieron con esta evaluación, pero cambiaron *extranjero deportable* por *violador de la frontera*.[31]

---

[31] Mensaje del 2 de noviembre de 1956 del agente jefe de Observancia, Región Suroeste, San Pedro, California, al subcomisionado, División de Observancia, Washington, D. C., "Nomenclature with Respect to Aliens", y mensaje del 15 de noviembre de 1956 de E. J. Wildblood al general Partridge, "Nomenclature with Respect to Aliens", NARA 56364/43.3, 94, 59A2038.

Los términos *delincuente extranjero* y *violador de la frontera* indicaban que la Patrulla Fronteriza estaba asumiendo nuevas responsabilidades. Por más que el mandato de la institución fuese el control migratorio, su misión era controlar la delincuencia en general impidiendo la entrada de delincuentes extranjeros y deportando a quienes violaban la frontera. La Patrulla Fronteriza difundió la nueva terminología entre la ciudadanía mediante una red de agentes de información pública enviados a determinadas estaciones a partir de 1955. Mientras los agentes de información pública de todos los rincones del país recopilaban noticias y rumores sobre los logros de la patrulla (insistiendo en el combate del contrabando y del narcotráfico) para la prensa local, Robert J. Seitz, de la Oficina Central, concibió una idea para "dar a los jóvenes estadunidenses un nuevo héroe nacional: la Patrulla Fronteriza".[32] Seitz propuso: "Un medio para dar publicidad a la Patrulla Fronteriza y granjearle la buena voluntad del país podrían ser las grandes promociones de los fabricantes de cereales". Pensaba que a la General Mills podría interesarle promocionar a la patrulla Fronteriza "haciendo que los niños envíen las tapas de las cajas de cereal para recibir una 'placa de agente juvenil de la patrulla' y demás juguetes o artículos convenientes". Emocionado con lo que podía hacerse, Seitz agregó: "Las posibilidades de un programa así son ilimitadas". Por ejemplo, "un niño que recibe su placa de agente juvenil podría, si organiza un grupo de otros cinco o seis, hacerse acreedor a recibir una placa de agente superior a cambio de otras dos tapas y, después de organizar dos o tres grupos más, tener derecho a una 'placa de jefe de sector'".[33]

Con miras a cultivar la admiración y la buena voluntad de la nueva generación, el INS propuso la idea de Seitz a la General Mills, pero la empresa declinó incluir a la Patrulla Fronteriza en sus programas promocionales con tapas de cereal. "La negativa no nos desanimó en absoluto", escribió Richard A. Golling, un comisionado regional del INS. "Hay muchos otros medios para atraer la atención hacia los objetivos de la Patrulla Fronteriza y

---

[32] "Border Patrol Publicity", 20 de octubre de 1955, NARA 56364/43.3, 94, 59A2038.
[33] *Idem.*

su gran historial de logros".[34] Uno de los medios consistió en establecer clubes juveniles de la patrulla para niños de las localidades donde había estaciones de la corporación. El objetivo básico de los clubes juveniles era promover a la Patrulla Fronteriza y sus múltiples actividades de control de la delincuencia, y conservar así la buena voluntad de las comunidades en que trabajaban y vivían los agentes. Según sus documentos de reclutamiento, la Patrulla Fronteriza era la primera línea de defensa contra el crimen en Estados Unidos porque "el extranjero que viola nuestra frontera quebranta las leyes de este país y del suyo. Como ya infringió una ley, es más fácil que infrinja otra".[35]

La nueva imagen de observancia de la ley de la Patrulla Fronteriza se acompañó de un cambio drástico en sus actividades con la adopción de un programa más general de control de la delincuencia en la frontera con México. En agosto de 1956 la Región Suroeste puso en marcha el programa Criminal, Inmoral y Narcóticos (CIN, por sus siglas en inglés), cuyo objetivo principal era "identificar y localizar personas excluibles de Estados Unidos conforme a los capítulos de la Ley de Inmigración y Nacionalidad que se referían a las clases implicadas en delitos, inmoralidad y violación de las leyes sobre narcóticos".[36] Las personas contra las cuales se dirigía el programa eran inmigrantes, concretamente mexicanos, que ya vivían en Estados Unidos, así como "los habitantes de un territorio contiguo con probabilidad de solicitar la entrada al país".[37] La adopción del programa CIN alteró los objetivos y las operaciones de la Patrulla Fronteriza en la región de la frontera con México.

---

[34] Mensaje del 13 de enero de 1956 de Richard A Golling, comisionado regional, Saint Paul, Minnesota, al comisionado, Washington, D. C., NARA 56364/43.3, 94, 59A2038.

[35] "The United States Border Patrol", informe s. f., NARA 56364/43.3, 94, 59A2038.

[36] Comunicado del 3 de noviembre de 1958 del subcomisionado regional de Investigaciones Oshwaldt, Región Suroeste, a directores de distrito, agentes encargados y agentes jefes de la Región Suroeste, "Re: Criminal—Immoral—Narcotic Border Program at El Paso, Texas", NARA 2, RG 60, Acc 67A0233, caja 13, archivo 659.4, parte 1.

[37] "Investigations Division, Southern Border Criminal—Immoral—Narcotic Program, Justification for Program", NARA 2, RG 60, Acc 67A0233, caja 13, archivo 659.4, parte 1.

En el fondo, el programa CIN era un sistema para reunir y compartir información. Había investigadores de Inmigración y agentes de la Patrulla Fronteriza encargados de vigilar las actividades delictivas de personas que vivían en México y que se pensaba que solicitarían la entrada a Estados Unidos. Los agentes de la patrulla colaboraban con agentes de policía y funcionarios judiciales mexicanos para obtener los antecedentes penales de esas personas sospechosas; revisaban periódicos mexicanos en busca de noticias de delitos, y vigilaban a las prostitutas que trabajaban en burdeles de las poblaciones fronterizas. Sobre todo, los agentes de la patrulla contaban con un equipo de inmigrantes dedicados a proporcionar información sobre la actividad y el paradero de posibles inmigrantes implicados en hechos delictivos al sur de la frontera. A cambio de la información, la patrulla pagaba a los informantes o, como decía un reporte, les ofrecía "la entrada a Estados Unidos bajo libertad condicional [...] como incentivo para conseguir y asegurar la cooperación continua de algunos informantes a los que de otro modo no se permitiría entrar a Estados Unidos".[38]

Entre los principales blancos de los agentes del programa CIN se contaban traficantes de drogas y personas condenadas por delitos violentos, aunque los agentes parecían dedicar la mayor parte de su tiempo a reunir información sobre prostitutas que trabajaban al sur de la frontera. "Por lo común", explicó un agente, "cada mes los dueños de prostíbulos entregaban a la Patrulla Fronteriza una lista actualizada de las mujeres a las que empleaban, y enteraban a los agentes de sus actividades (planes de irse, durante cuánto tiempo, a dónde y si había nuevas prostitutas)".[39] En Naco, Sonora, los dueños de burdeles cooperaban con el jefe de policía local para "tomar las huellas dactilares de las mujeres, identificarlas y fotografiarlas". Se entregaban fotografías y copias de las huellas dactilares a la oficina de la Patrulla Fronteriza de Estados Unidos en Douglas, Arizona. Al

[38] Comunicado del 3 de noviembre de 1958, "Criminal—Immoral—Narcotic Border Program at El Paso, Texas", p. 4.
[39] "CIN Program, Douglas, Arizona", s. f., NARA 2, RG 60, Acc 67A3254, caja 9, archivo 659, parte 2.

norte de la frontera, los agentes se mantenían atentos a las mujeres identificadas como prostitutas por los inmigrantes que les daban informes, los dueños de prostíbulos y los agentes de policía mexicanos. El programa CIN demuestra que la discrecionalidad de género de las prácticas de la Patrulla Fronteriza era negociable según la diversa moralidad del trabajo de las mujeres en la frontera con México. Aunque no todos los agentes de la patrulla se ocupaban de investigaciones del CIN, el establecimiento del programa reorientó las operaciones de la corporación hacia el arresto de delincuentes extranjeros antes que el de inmigrantes indocumentados. En 1958, tan sólo la unidad del CIN de El Centro, California, tenía "10 000 fichas con los nombres, alias y, por lo general, fotografías de personas de las clases inmorales de México [...] unas 1 000 de delincuentes conocidos y 1 300 de sujetos que se sabía o se sospechaba que eran infractores de las leyes sobre narcóticos en México".[40]

Cambiar la búsqueda de migrantes por la de delincuentes tuvo consecuencias en una amplia gama de prácticas y políticas. Cuando estaban de servicio, los agentes asignados al programa CIN buscaban delincuentes extranjeros en vez de trabajadores indocumentados. Aunque los centros de detención del INS en la frontera con México se habían establecido como paradas intermedias a fin de preparar a los detenidos para el regreso voluntario o la deportación, la adopción del control de la delincuencia dio lugar a la invención de nuevas tácticas para manejar delincuentes en lugar de migrantes. En abril de 1956, el INS instituyó una nueva política de hacer desnudarse y registrar a todos los detenidos en el momento de su ingreso a los centros de detención de inmigrantes porque, como el agente Don Coppock advirtió a los agentes jefes de la patrulla, "no estaban tratando con extranjeros dóciles como antes, sino con un número cada vez mayor de delincuentes desesperados".[41] Por otra parte, las instalaciones del INS, en vez de sólo preparar a los migrantes para partir, empezaron a servir

[40] Comunicado del 3 de noviembre de 1958, "Criminal—Immoral—Narcotic Border Program at El Paso, Texas", p. 1.

[41] Mensaje del 23 de abril de 1956 de Don Coppock, jefe interino de la Patrulla Fronteriza, "Searching of Aliens", NARA 56364/43.39, 98, 59A2038.

como centros de confinamiento donde se los mantenía hasta terminar las investigaciones de sus posibles antecedentes penales. A fines de la década de 1950, el INS empezó a tomar las huellas dactilares de los detenidos que habían reincidido en infracciones de inmigración. Las huellas se enviaban al FBI.[42] Si en el lapso de 15 días el INS no recibía una respuesta positiva sobre los antecedentes penales del inmigrante, agentes del servicio y de la patrulla en el centro de detención iniciaban una causa penal contra él. Esta práctica vinculó los esfuerzos relativamente marginales y mal financiados de control federal de la inmigración con el corazón institucional de la observancia de las leyes federales: el FBI. La colaboración con el FBI para identificar delincuentes e infractores entre los indocumentados no sólo subrayaba la importancia del control migratorio en el periodo de calma que siguió a la era del mojado, sino que integraba aún más a la Patrulla Fronteriza a una red más amplia de iniciativas de observancia de leyes federales. En enero de 1965, el proceso de búsqueda de delincuentes entre los detenidos se intensificó cuando el subcomisionado regional adjunto de Operaciones de la Región Suroeste hizo extensiva la política a quienes infringían por primera vez la ley de inmigración en la frontera con México.[43] Los cambios de las prácticas y políticas de detención del INS suponían que los agentes de la Patrulla Fronteriza dedicaran cada vez más tiempo a causas penales porque, como explicó el comisionado Swing, desde el fin de la Operación Mojado el INS cumplía un papel importante en la identificación de los migrantes no autorizados que tenían antecedentes penales, "de manera que se pueda mejorar aún más la disciplinada y enérgica campaña de observancia de la ley en la frontera".[44]

[42] Memorando de abril de 1961 de L. W. Gilman, subcomisionado regional adjunto de Operaciones de la Región Suroeste, al subcomisionado de Observancia, Oficina Central, NARA 2, RG 85, Acc 67A2033, caja 13, archivo 659.4, parte 1. Véase también memorando de marzo de 1961 de la oficina de Del Río, NARA 2, RG 85, Acc 67A2033, caja 13, archivo 659.4. parte 1.

[43] Mensaje del 22 de enero de 1965 de L. W. Gilman, subcomisionado regional adjunto de Operaciones, Región Suroeste, al director del distrito de El Paso, "Prosecution of Illegal Entrants", NARA 2, RG 85, Acc 71A2917, caja 296, archivo 809, parte 2.

[44] Memorando del 4 de agosto de 1955 del comisionado Swing al señor Rutherford, NARA 56364/43, 91, 59A2038.

El INS identificaba a pocas personas con antecedentes penales entre los detenidos en la zona fronteriza. Un informe interno de 1957 indicaba que sólo tres personas al día merecían causa penal.[45] Sin embargo, en su solicitud de presupuesto para el año fiscal de 1958, el comisionado del INS Joseph Swing afirmaba que la amenaza de la delincuencia en la comunidad de mexicanos indocumentados exigía que los esfuerzos de la Patrulla Fronteriza en la frontera con México se financiaran adecuadamente como una forma de control de la delincuencia. "Quisiera leer con cuidado el siguiente párrafo. Sigo hablando sobre los mexicanos, señor presidente", comenzó Swing su testimonio ante la Subcomisión de la Comisión sobre Asignaciones Presupuestales en la Cámara de Representantes (presidida por el representante de Nueva York John J. Rooney). Entonces, leyendo de un estudio que no constaba en los archivos, continuó:

De los extranjeros actualmente aprehendidos, más de 50% han sido arrestados con anterioridad por diversos delitos. Por ejemplo, un estudio sobre los resultados obtenidos en archivos de huellas dactilares de extranjeros detenidos entre el 8 de julio y el 31 de octubre de 1956 reveló que, de 14 980 registros examinados, había arrestos anteriores como sigue: 1 022 por delitos que implicaban depravación moral —y los cuales iban desde violación hasta abuso sexual de niñas pequeñas—; 136 por violaciones de las leyes sobre narcóticos; 16 por prostitución; 50 por contrabando de extranjeros; 91 por declaración falsa de ciudadanía; 6 131 por expulsión anterior, y 1 278 por otros delitos.[46]

Dejando a un lado la tendencia imperante en el periodo de Swing a inflar las estadísticas de la Patrulla Fronteriza, en su testimonio ante la subcomisión de asignaciones sostuvo que el tra-

---

[45] Comisión de la Cámara de Representantes sobre Asignaciones, *Departments of State, Justice and Commerce Appropriations for 1958: Hearings before the Subcommittee of the Committee of Appropriations,* testimonio del comisionado Joseph Swing, 85 Congreso, 1a. sesión, 1957, p. 170.

[46] Memorando del 9 de enero de 1957 de E. DeWitt Marshall, "Prosecutions", NARA 2, RG 85, Acc 71A291, caja 296, archivo 809, parte 2.

bajo de la corporación debía considerarse un ámbito de control de la delincuencia. Si se suman a los procedimientos adoptados en los centros de detención del INS, las prácticas de los agentes de la Patrulla Fronteriza, las prioridades emergentes como el programa CIN y los diversos destacamentos a Florida y otros estados del sur evidenciaban que, después de la era del mojado, la patrulla había abandonado su limitado mandato de control migratorio en los límites territoriales del país y se había transformado en pleno participante del control de la delincuencia y la observancia de las leyes federales.

Para los agentes de la Patrulla Fronteriza, el aumento de los discursos y las iniciativas de control de la delincuencia ofrecía una nueva manera de analizar lo que algunos explicaban como las tensiones morales de su trabajo. "Si consideramos los aspectos humanitarios, estamos impidiendo que venga a trabajar gente que padece hambre, [y] no es algo agradable de considerar", explicó el agente Joe Aubin, quien calificó su trabajo como "no gran cosa" porque "en realidad soy el intermediario que prohíbe a estos pobres hombres encontrar trabajo para llevar comida a su casa".[47] Como muchos agentes, Aubin seguía entendiendo el problema de la inmigración mexicana no autorizada como algo económico, y subrayó: "Si yo tuviera esposa y cinco o seis, siete, ocho, nueve, 12, 15 hijos que mantener, y ganara sólo un dólar en mi país, haría lo mismo. En realidad lo único que quieren es venir y ganar lo suficiente para dar de comer a sus familias".[48] En el frente de batalla entre los trabajadores mexicanos desempleados y los empleos en Estados Unidos, los agentes de la Patrulla Fronteriza a menudo se resistían a ser los encargados de vigilar trabajadores y familias cuyo delito de migración no autorizada estaba motivado por la pobreza y la necesidad. En la línea, Aubin reconoció que "simpatiz[aba] […] con el hombre pobre […] que sólo [quiere] venir aquí a recoger algodón y mantener a su familia". Sin embargo, explicó: "Tenemos un trabajo que hacer. Me pagan por desempeñar un empleo en Estados Unidos". Su propia subsistencia dependía de parar la migración no autoriza-

---

[47] Entrevista de Aubin, p. 19.
[48] *Ibid.*, p. 11.

da a Estados Unidos, sin importar lo desesperada que fuera la situación de los migrantes de México. Con todo, si era difícil impedir que un migrante con hambre consiguiera un empleo y un salario al norte de la frontera, la confluencia de control migratorio y control de la delincuencia cambió el modo en que los agentes entendían su trabajo. En comparaciones sistemáticas entre la era del mojado y el periodo que la siguió, los agentes comentaban que en la primera el inmigrante mexicano no autorizado era "un tipo honesto y de trato fácil (abundaban las personas así en los viejos tiempos), [pero] después nos encontrábamos con gente más combativa".[49]

Para los agentes que trabajaban sobre el terreno, el nuevo carácter combativo de los inmigrantes mexicanos no autorizados se manifestaba en su creciente hostilidad hacia ellos. "Se fueron volviendo más desafiantes y difíciles de controlar", explicó el agente Walter Bradley al hablar de su trabajo en Chula Vista, California. Los trabajadores pobres seguían cruzando la frontera, y como venían haciéndolo cada vez más desde principios de la década de 1950, corrían para evitar el arresto; pero en medio de los jornaleros tranquilos, explicó, llegaban cada vez más tipos agresivos y delincuentes que invirtieron la dinámica de la frontera hostigando a los agentes.[50] Aubin relató:

> Aquí en El Paso, me ha tocado gente que me dispara piedras y ladrillos desde el lado mexicano. Hace unos dos años me dieron en la cabeza. Todo comenzó cuando le quitaron las hondas a la Patrulla Fronteriza. Las declararon un arma no profesional [...] Ahora ellos tienen las hondas, como David y Goliat, y todos los días nos bombardean con piedras y ladrillos.

Aubin equiparó las guardias nocturnas junto a la línea con "recibir tundas. Si hay 20 o 30 mexicanos disparándote piedras con resorteras, ya es bastante con salir de ahí".[51] Para Aubin, la presencia de mexicanos que tiraban piedras confirmaba la llegada

---

[49] *Ibid.*, p. 8.
[50] Walter Bradley (seudónimo), entrevista, mayo de 1988, NBPM, p. 14.
[51] Entrevista de Aubin, p. 8.

de una nueva generación de gente que cruzaba ilegalmente la frontera. Entre los trabajadores que caminaban por el desierto, escalaban vallas y vadeaban el río Nuevo, cada vez más contaminado, iba una clase de individuos peligrosos. Eran los delincuentes extranjeros contra quienes lo habían prevenido sus superiores.

El ascenso del delincuente extranjero en la retórica de la Patrulla Fronteriza, la búsqueda expresa de migrantes no autorizados implicados en actividades ilícitas y la adopción de procedimientos de seguridad pensados para manejar delincuentes en las instalaciones de detención del INS, todo ello indica que el control migratorio estadunidense estaba evolucionando hacia un programa más general de control de la delincuencia en la región de la frontera con México. Sin duda, los esfuerzos de la Patrulla Fronteriza y el INS para transformar el control migratorio en un medio de prevención de delitos distintos a la migración no autorizada era una estrategia concebida para defender la importancia de la abultada burocracia de la patrulla tras la era del mojado. El presupuesto de la corporación había saltado de 7 114 147 dólares en 1954 a 11 530 947 dólares en 1955, y en 1956 volvió a aumentar, a 12 168 698 dólares. Las estrategias y prioridades más generales del control migratorio surgieron del seno de la patrulla como medida de autoconservación después de la declaración triunfalista de Swing de victoria en la frontera con México. Sin embargo, la adopción por parte de la patrulla del control de la delincuencia en la frontera era un complemento y parte integral del contexto de creciente urgencia de control de las drogas.[52]

CONTROL DE LAS DROGAS, CONTROL MIGRATORIO

Desde la década de 1930, Harry Anslinger encabezaba la entidad antidroga, la Oficina Federal de Narcóticos, y dirigía una

---

[52] Lawrence M. Friedman, *Crime and Punishment in American History,* pp. 273-276; Christian Parenti, *Lockdown America: Police and Prisons in the Age of Crisis,* pp. 3-28; Jonathan Simon, *Governing Through Crime: How the War on Crime Transformed American Democracy and Created a Culture of Fear.*

poderosa campaña de publicidad sobre las muchas amenazas del narcotráfico nacional e internacional. En la década de 1930, fue más allá de los argumentos de salud pública y los peligros del consumo individual y resaltó el papel del crimen organizado en el narcotráfico. El control de las drogas, afirmó, era un componente decisivo de la vigilancia de los mafiosos y el crimen organizado.[53] Su campaña cumplió una función esencial en la conformación de la Ley del Impuesto sobre la Mariguana de 1937, que impuso el primer gravamen a la venta de cannabis, cáñamo índico o mariguana. En los primeros años de la Guerra Fría, Anslinger consolidó su campaña en un proyecto de amplia aceptación social. Esa época representa, como ha dicho David F. Musto, "el punto culminante de la acción punitiva federal contra los narcóticos".[54] En particular, el Congreso asumió enérgicamente el proyecto de castigar a los consumidores y proveedores de drogas. Por ejemplo, entre 1947 y 1950, reformas a las Leyes Uniformes sobre Drogas Narcóticas establecieron penas mínimas obligatorias para los infractores condenados. En 1951, la Ley Boggs impuso una pena mínima obligatoria de dos años de cárcel a quienes infringían las leyes sobre drogas por primera vez. El aumento del control de las drogas alcanzó el momento álgido con la aprobación de la Ley de Control de Narcóticos de 1956, que imponía la cadena perpetua o aun la pena de muerte a ciertos delitos que afectaban a menores de edad.[55] Además, la Ley de Control de Narcóticos de 1956 trasladó las crecientes dimensiones punitivas del control de las drogas al control migratorio al disponer que la adicción a las drogas y las infracciones de las leyes sobre drogas eran motivo de deportación. El control de las drogas aplicaba las máximas sanciones del Estado —cadena perpetua, pena de muerte o deportación— a las infracciones de las leyes sobre drogas.

---

[53] John C. McWilliams, *The Protectors...*, pp. 127-148.
[54] David Musto, *The American Disease...*, p. 231.
[55] Rufus King, "Narcotic Drug Laws and Enforcement Policies", *Law and Contemporary Problems*, vol. 22, núm. 1, 1957, pp. 113-131; David Musto, *The American Disease...*, pp. 245-247.

El ascenso del control de las drogas al rango de iniciativa de observancia de leyes federales afectó profundamente a la Patrulla Fronteriza. Aunque el Servicio de Aduanas de Estados Unidos llevaba largo tiempo dirigiendo los esfuerzos de intercepción en las fronteras terrestres y los litorales del país, en 1955 todos los agentes de la Patrulla Fronteriza fueron nombrados, además, inspectores de aduanas.[56] Como tales, se les conferían facultades para hacer de la intercepción de drogas una de sus prioridades al tiempo que perseguían el delito de entrada no autorizada al país.[57] A mediados de la década de 1950, el control de las drogas ya no era un problema secundario en el control migratorio. Por tanto, en 1958 la Patrulla Fronteriza empezó a llevar registros detallados del volumen y el valor de los narcóticos confiscados por sus agentes. La participación oficial de la patrulla en el decomiso de drogas ahondó sus raíces en la región de la frontera con México en la medida que el narcotráfico, a partir de la segunda Guerra Mundial, se acercaba cada vez más a la frontera.

EL DECOMISO DE DROGAS EN LA FRONTERA CON MÉXICO

Antes de la segunda Guerra Mundial, la mayor parte del opio y la heroína que se consumían en Estados Unidos procedía de Italia, Francia y el Oriente Medio. Cuando la segunda Guerra Mundial interrumpió las rutas de comercio lícito e ilícito entre Europa y Estados Unidos, México se perfiló como uno de los principales productores de opio y heroína. El aumento del cultivo de la adormidera en México fue una reacción al vacío dejado en el mercado ilícito internacional, pero también se debió a que el gobierno de Estados Unidos alentó la producción de opio y

[56] *Annual Report of the Immigration and Naturalization Service for Fiscal Year Ending June 30, 1956,* Washington, D. C., GPO, 1956, p. 9; Prince y Keller, *The U. S. Customs Service,* pp. 229-233. Véase también el relato oral de Earl Fallis, transcrito por Teresa Whittington el 27 de agosto de 1976 en Alpine, Texas, entrevista núm. 11, Archivos del Big Bend, Universidad Estatal Sul Ross, p. 11.

[57] Charles W. Mapel, subjefe, Oficina Central de la Patrulla Fronteriza, "INS Efforts in Narcotics Enforcement", *I and N Report,* vol. 24, núm. 2, 1975, pp. 23-26.

cáñamo en México para el esfuerzo de guerra. Estados Unidos quería opio a fin de fabricar morfina para usos medicinales, y cáñamo para elaborar fibras y cuerdas resistentes. La producción aumentó con rapidez: en 1943, el opio se había convertido en el principal producto agrícola industrial del estado mexicano de Sinaloa, en el norte del país. Después de la guerra, Estados Unidos exigió que terminara la producción de opio y cáñamo en México, y el gobierno mexicano se plegó a estas exigencias. En 1948, el ejército de México empezó a destruir los plantíos de adormidera y mariguana en el "triángulo crítico" de Sinaloa, Sonora y Durango, los tres estados del norte donde la producción de heroína y mariguana era más intensa. La campaña de erradicación era lenta y limitada porque los soldados tenían que destruir con machete miles de hectáreas de cultivos ilícitos, pero Estados Unidos estaba satisfecho con el avance de México, dado que su proporción en el mercado estadunidense de heroína permaneció entre 10 y 15% durante las décadas de 1950 y 1960. Aun así, México siguió siendo una fuente importante de la mariguana destinada a Estados Unidos, y su territorio se convirtió en la principal ruta del narcotráfico entre Estados Unidos —el mayor consumidor de drogas del mundo— y los florecientes carteles de la droga de América del Sur.[58] El desplazamiento del tráfico de drogas a la frontera entre México y Estados Unidos (fenómeno que se acentuaría con el tiempo), el ascenso del control de las drogas al rango de prioridad del control federal de la delincuencia y el nombramiento oficial de los agentes de la Patrulla Fronteriza como inspectores federales de aduanas reforzaron la concentración de la corporación en la zona de la frontera con México.

A fines de la década de 1960, Richard Nixon llevó a mayor altura aún el control federal de las drogas. Aunque el control de la delincuencia todavía no ocupaba un lugar central en la política nacional, la campaña presidencial de Nixon en 1968 se centró en cuestiones de "ley y orden", y prometió aumentar la partici-

---

[58] Guadalupe González y Marta Tienda (eds.), *The Drug Connection in U. S.-Mexican Relations;* María Celia Toro, *Mexico's "War" on Drugs: Causes and Consequences,* Boulder; Peter Smith (ed.), *Drug Policy in the Americas.*

pación del gobierno federal en el control de la delincuencia. Una vez que entró en funciones, Nixon centró su lucha contra la delincuencia en el tráfico de drogas en la frontera con México. Para reducir en particular la cantidad de mariguana disponible en el mercado estadunidense y obligar a México a hacer más esfuerzos para erradicar los sembradíos de la planta, el 21 de septiembre de 1969 el presidente Nixon puso en marcha la Operación Intercepción, durante la cual los agentes de Estados Unidos detuvieron todo el tráfico peatonal y vehicular en la frontera con México para registrarlo en busca de drogas de contrabando. La Patrulla Fronteriza confiscó apenas 3 130 kilogramos de mariguana, 350 000 píldoras peligrosas y 14 gramos de heroína, pero la campaña, que duró siete semanas, confirmó la condición de la frontera méxico-estadunidense como el escenario principal de la guerra contra las drogas y reafirmó la ampliación general de las operaciones de la Patrulla Fronteriza y la inclusión en ellas del control de la delincuencia tras la era del mojado.[59]

A principios de la década de 1970, los agentes de la Patrulla Fronteriza informaron que la línea entre la intercepción de drogas y el control migratorio se había vuelto muy difusa en la medida que se dificultaba cada vez más distinguir entre inmigrantes ilegales y traficantes de drogas. Por ejemplo, los agentes con frecuencia descubrían personas que cruzaban ilegalmente la frontera "llevando grandes costales de mariguana".[60] Los hombres que pasaban costales de droga por la frontera correspondían a la definición oficial de contrabandistas de droga, pero, como explicó el agente Mario Chamberlain: "Sólo son lo que nosotros llamamos mulas. Por lo general el traficante no son ellos, por decirlo así".[61] Los contrabandistas arreglaban las ventas al norte y al sur de la frontera, explicó, mientras que la persona que pasaba la droga era "sólo un trabajador, en realidad, que tra-

---

[59] "Report on the Commissioner of Immigration and Naturalization", en *Annual Report of the Immigration and Naturalization Service for Fiscal Year Ending June 30, 1970*, Washington, D. C., GPO, 1970, p. 16.

[60] Mario Chamberlain, entrevistado por Óscar J. Martínez, 18 de junio de 1979, entrevista núm. 608, Instituto de Historia Oral, Universidad de Texas en El Paso, p. 7.

[61] *Idem.*

ta de ganarse unos cuantos dólares".[62] Sin embargo, cumpliendo con su deber, Chamberlain arrestaba a los trabajadores tanto por inmigración no autorizada como por contrabando de droga.

El control de la delincuencia y en particular el control de las drogas fueron, pues, dimensiones críticas en la elaboración de las políticas y las prácticas de la Patrulla Fronteriza después de la Operación Mojado de 1954. El Programa Bracero y la participación de la patrulla en la mala administración de la migración de mano de obra mexicana a Estados Unidos seguían siendo factores importantes, pero en una época en que el Programa Bracero atraía un número creciente de trabajadores migrantes de México a las corrientes de migración legal, los funcionarios de la Patrulla Fronteriza se vieron obligados a repensar sus esfuerzos en la región de la frontera con México. Aunque los agentes de la corporación no se ocuparon de hacer cumplir los acuerdos de trabajo internacionales ni la ley de trabajo nacional, ampliaron sus prácticas, políticas y prioridades para participar en proyectos de observancia de leyes federales y control de la delincuencia, en particular control de las drogas. El periodo que siguió a la era del mojado fue un lapso de transformación tranquila, pero drástica, en que los funcionarios de la Patrulla Fronteriza y los dictados de la naciente guerra contra las drogas reorientaron la observancia de la ley de inmigración estadunidense hacia un programa más amplio de control de la delincuencia. En esta época, la Patrulla Fronteriza ideó nuevas políticas y prácticas para vigilar la migración no autorizada como delito que cometían contrabandistas de drogas, prostitutas y ciudadanos falsos. En otras palabras, el periodo consecutivo a la era del mojado fue un lapso de regeneración durante el cual la fusión del control migratorio y el control de la delincuencia alteró la mecánica y el sentido fundamentales del trabajo de la Patrulla Fronteriza, pero la discriminación racial y la regionalización del control migratorio estadunidense permanecieron sin cambio.

[62] *Idem.*

EL FIN DEL PERIODO QUE SIGUIÓ A LA ERA DEL MOJADO

Muchos funcionarios del INS creían que los tranquilos años que siguieron a la era del mojado terminarían con el fin del Programa Bracero el 31 de diciembre de 1964. La Patrulla Fronteriza se preparó para una invasión de migrantes mexicanos no autorizados en los meses siguientes al cierre de las puertas de los centros de reclutamiento de braceros al sur de la frontera. Anticipándose a una vuelta rápida y drástica a los días del mojado, la oficina central de la Región Suroeste, en San Pedro, California, distribuyó un documento titulado "Plan para reforzar la frontera" a todas las oficinas de la corporación en la frontera con México. En él se exponía un programa para destacar a 216 agentes adicionales en la zona fronteriza de California en caso de emergencia. Sin embargo, cuando terminó el Programa Bracero los cruces fronterizos no autorizados registraron sólo leves aumentos. Los funcionarios del Departamento de Estado estadunidense en Baja California enviaron memorandos sobre un gran número de ex braceros que esperaban con sus familias recibir contratos nuevos, y algunos cruzaron ilegalmente la frontera hacia Estados Unidos.[63] Sin embargo, las aprehensiones de mexicanos no se dispararon como se esperaba. A falta de señales de crisis, la oficina regional no envió el destacamento especial de agentes. El periodo que siguió a la era del mojado no empezó a decaer sino hasta fines de la década de 1960, cuando la economía mexicana se dirigía a un desastre y la Patrulla Fronteriza de Estados Unidos volvía a emplear tácticas agresivas de control migratorio.

El lado desfavorable del programa mexicano de industrialización de la posguerra empezó a notarse a fines de la década de 1960. Aunque la economía mexicana había crecido 3.2 veces entre 1940 y 1960, y creció 2.7 veces más entre 1960 y 1978, la distribución de la riqueza fue muy desigual.[64] La participación en el ingreso de la mitad más pobre de la sociedad cayó de 19% en 1950

---

[63] Memorando del 11 de febrero de 1965 del Consulado de Estados Unidos en Mexicali al Departamento de Estado, NARA 2, RG 59, "Pol-Mexico", caja 2470.

[64] Héctor Aguilar Camín y Lorenzo Meyer, *In the Shadow of the Mexican Revolution...*, p. 162.

a 16% en 1957. Volvió a caer a 15% en 1963 y a 13% en 1975. En cambio, el 20% más rico de la sociedad mexicana tuvo una participación casi constante de 60% en el ingreso.[65] Lo que se había dado en llamar el "milagro mexicano" de crecimiento económico después de la segunda Guerra Mundial no fue un milagro para todos. Cuando las recesiones mundiales y los pánicos de mediados de la década de 1970 golpearon la economía mexicana, los pobres de México sufrieron enormes pérdidas. En 1975, la economía mexicana no registró crecimiento, los salarios reales cayeron y el subempleo tocó a 45% de la población económicamente activa.[66] Al mismo tiempo, el país experimentaba una nueva explosión demográfica. Desde 1940, la población mexicana había crecido a un ritmo anual de 3%. Mientras que en 1940 la población era sólo de 19 600 000, en 1977 alcanzó los 67 millones, y en 1980 los 70 millones.[67] Así, la economía se contrajo justamente cuando más mexicanos se integraban a la población económicamente activa.

Para muchos de los pobres de México, la migración era una estrategia de supervivencia, pero al caer por tierra el milagro mexicano las reformas a la ley de inmigración estadunidense cerraron más opciones a la inmigración mexicana legal. En 1965, el Congreso de Estados Unidos aprobó la Ley de Inmigración y Nacionalidad, que terminó con la era de cuotas nacionales racialmente discriminatorias iniciada por la Ley de Orígenes Nacionales de 1924 e impuso por primera vez un límite numérico a la inmigración legal de México a Estados Unidos. La Ley de Inmigración y Nacionalidad de 1965 fijó para la inmigración del hemisferio occidental, incluido México, un límite de 120 000 personas al año, excluyendo las exenciones de la cuota. El límite de 120 000 era demasiado pequeño para el volumen de la migración de mano de obra mexicana a Estados Unidos.[68] En el año fiscal de 1967 se admitió legal-

---

[65] *Ibid.*, p. 164.
[66] *Ibid.*, p. 203.
[67] *Ibid.*, p. 162.
[68] Nicholas De Genova, "The Legal Production of Mexican/Migrant 'Illegality'", pp. 169-170.

mente en Estados Unidos a 43 034 inmigrantes mexicanos, la Patrulla Fronteriza aprehendió a 86 845 y se repatrió forzosamente a un total de 108 327.[69] La Ley de Inmigración y Nacionalidad de 1965 entró en vigor el 1° de julio de 1968, lo cual implicaba que mientras el fin del milagro económico de México avanzaba por el campo y las ciudades, las oportunidades de que los mexicanos entraran legalmente a Estados Unidos se reducían por las limitaciones de la cuota. Los mexicanos que huían del colapso del milagro económico cruzaban la frontera sin inspección o con documentos falsos. En consecuencia, los índices de aprehensión de la Patrulla Fronteriza en la frontera con México empezaron a despegar desde los mínimos registrados en el periodo inmediatamente sucesivo a la era del mojado. El número de mexicanos aprehendidos por la Patrulla Fronteriza de Estados Unidos superó la marca de los 100 000 en 1968, y se acercó a los 500 000 en 1973.

Sin embargo, como siempre, el índice creciente de aprehensiones en la frontera méxico-estadunidense era resultado tanto de las tendencias de la migración mexicana no autorizada como de los cambios de prácticas de la Patrulla Fronteriza. Por desgracia, lo que ocurría en cuanto a prácticas de la patrulla no está tan claro. Muchos archivos de correspondencia de la corporación posteriores a 1965 permanecen cerrados a la consulta pública; pero los documentos públicos —como informes anuales del INS, audiencias congresuales de asignaciones presupuestales al Departamento de Justicia y etnografías publicadas que se realizaron con la colaboración de la patrulla— indican que a fines de la década de 1960 se reanudaron las tácticas agresivas de control migratorio orientadas a descubrir y deportar inmigrantes no autorizados de origen mexicano.

En 1967, el INS amplió sus capacidades para deportaciones al interior de México complementando los traslados forzosos vigentes en tren a la ciudad de Chihuahua y en avión a León, Guanajuato, con traslados en autobús de Ciudad Juárez a Jiménez, Chi-

---

[69] *Annual Report of the Immigration and Naturalization Service for Fiscal Year Ending June 30, 1967*, Washington, D. C., GPO, 1967, p. 11.

huahua.[70] Dos años después el INS abrió en la frontera con México
centros nuevos de parada intermedia para deportaciones. Los
nuevos traslados forzosos y centros de parada intermedia permitían al INS tramitar y realizar la deportación de más inmigrantes
mexicanos no autorizados, y la Patrulla Fronteriza reanudó las redadas sistemáticas que, una vez más, tenían el singular objetivo de
aprehender inmigrantes mexicanos no autorizados. A principios
de la década de 1970, la patrulla volvió a adoptar las redadas masivas en plantaciones y ranchos de todo el suroeste, y los funcionarios de la corporación también intensificaron la búsqueda de
ciudadanos falsos que se presumían escondidos en zonas urbanas
en las que había grandes comunidades de origen mexicano, como
Los Ángeles, California, y San Antonio, Texas.[71] En 1972, las redadas en ciudades produjeron por lo menos una cuarta parte de las
aprehensiones hechas ese año en la región sur de California.[72] El
año siguiente el informe anual del INS alardeaba: "En una sola
operación de 20 días hábiles en la zona de Los Ángeles, una fuerza
especial de 75 agentes del servicio localizó a 11 500 extranjeros
deportables y tramitó su expulsión".[73] En 1973, las redadas en la
zona de Los Ángeles se intensificaron cuando investigadores de
Inmigración y agentes de la Patrulla Fronteriza irrumpieron en
fábricas y localidades residenciales con poblaciones de origen
mexicano.[74] El salto de las aprehensiones de mexicanos de sólo
44 161 en 1965 a 616 630 en 1974 se debía, pues, en gran medida a

[70] "Report of the Commissioner of Immigration and Naturalization", en *Annual Report of the Immigration and Naturalization Service for Fiscal Year Ending June 30, 1968*, Washington, D. C., GPO, 1968, p. 14. Véase también *Annual Report of the Immigration and Naturalization Service for Fiscal Year Ending June 30, 1955*, Washington, D. C., GPO, 1955, pp. 18-20.

[71] "Report of the Commissioner of Immigration and Naturalization", en *Annual Report of the Immigration and Naturalization Service for Fiscal Year Ending June 30, 1969*, Washington, D. C., GPO, 1969, p. 12. Sobre las campañas contra inmigrantes mexicanos no autorizados, véase también Samora, *Los Mojados...*, p. 55, nota.

[72] "Report of the Commissioner of Immigration and Naturalization", en *Annual Report of the Immigration and Naturalization Service for Fiscal Year Ending June 30, 1973*, Washington, D. C., GPO, 1973, p. 9.

[73] *Idem*. Véase también Mike Castro, "Dispute Ebbs over Alien Pursuit around Church", *Los Angeles Times*, 5 de octubre de 1975.

[74] Frank del Olmo, "600 Arrested in Roundup of Illegal Aliens", *Los Angeles Times*, 24 de mayo de 1973, y "Alien Roundup Continues; 600 More Arrested", *Los Angeles*

CUADRO IX.2. *Principales actividades y logros*
de la Patrulla Fronteriza de Estados Unidos, 1965-1974

	1965	1966	1967	1968
Número total de personas aprehendidas	53 279	80 701	96 021	124 908
Número de extranjeros deportables localizados	52 422	79 610	94 778	123 519
Número de mexicanos aprehendidos	44 161	71 233	86 845	113 304
Número de personas interrogadas	5 285 157	5 582 551	5 606 549	5 281 193
Valor de narcóticos confiscados (en dólares)	$393 474	$382 185	$1 718 937	$688 205

	1969	1970	1971	1972	1973	1974
Número total de personas aprehendidas	174 332	233 862	305 902	373 896	503 936	640 913
Número de extranjeros deportables localizados	172 391	231 116	302 517	369 495	498 123	634 777
Número de mexicanos aprehendidos	159 376	219 254	290 152	355 099	480 588	616 630
Número de personas interrogadas	6 086 775	6 805 260	7 663 759	9 023 631	9 506 719	10 201 915
Valor de narcóticos confiscados (en dólares)	$1 208 040	$3 864 903	$5 379 189	$11 708 554	$23 464 030	$45 056 331

FUENTE: Datos recopilados de las principales actividades y logros de la Patrulla Fronteriza de Estados Unidos, *Annual Reports of the Immigration and Naturalization Service, Fiscal Years Ending June 30, 1965-1974*, Washington, D. C., GPO.

la ola de trabajadores mexicanos desempleados que iban a buscar empleo al norte de la frontera, pero también es señal del aumento de las capacidades del INS en la frontera, la reanudación de las prácticas agresivas de control migratorio por parte de la Patrulla Fronteriza y la adopción de las redadas urbanas como método básico para aumentar el índice de aprehensiones. Fue por entonces cuando Jorge Lerma cantó la canción *Superman es ilegal,* en protesta por la agresiva observancia de las restricciones de inmigración estadunidenses contra las personas de origen mexicano en la frontera común.

Después de 20 años de relativa calma en la frontera méxico-estadunidense, el constante aumento de las aprehensiones de inmigrantes mexicanos no autorizados motivó al nuevo comisionado del INS, Leonard F. Chapman, a declarar que 1974 era el año en que se terminaba oficialmente el periodo de calma consecutivo a la era del mojado. Chapman confesó que había vuelto "la virtual inundación de entradas ilegales por la frontera sur", y que la crisis de control era peor que nunca. Según sus cálculos, en Estados Unidos vivían entre 6 millones y 12 millones de inmigrantes ilegales, de los cuales más de 90% eran mexicanos.[75] Otras fuentes ponían en duda esta afirmación. La Oficina del Censo de Estados Unidos calculaba que a fines de la década de 1970 sólo 5 millones de inmigrantes indocumentados vivían en Estados Unidos, y que los mexicanos constituían menos de la mitad.[76] Aun así, Chapman sostenía que la inmigración ilegal había vuelto a alcanzar un grado crítico, y que esta vez los inmigrantes eran delincuentes, prostitutas y contrabandistas de drogas en vez de los sencillos y afables "mojados" de antaño.[77]

Times, 30 de mayo de 1973; reverendo Mark Day, "Dragnet Raids", editorial, *Los Angeles Times,* 11 de julio de 1973.

[75] "Report of the Commissioner of Immigration and Naturalization", en *Annual Report of the Immigration and Naturalization Service for Fiscal Year Ending June 30, 1974,* Washington, D. C., GPO, 1974, p. 9. Véase también comisionado Leonard F. Chapman, "Illegal Aliens—A Growing Problem", *I and N Reporter,* vol. 24, núm. 2, 1975, pp. 15-18.

[76] Donnel Nunes, "U.S. Puts Number of Illegal Aliens Under 5 Million", *Washington Post,* 31 de enero de 1980.

[77] Tales afirmaciones contrastan marcadamente con estudios como el de Vic Villalpando, *A Study of the Impact of Illegal Aliens on the County of San Diego on Specific Socioeconomic Areas.* Villalpando averiguó que en un estudio de 20 meses de duración de

Al final del periodo consecutivo a la era del mojado, los principales blancos del control migratorio estadunidense seguían siendo los mismos. Lo que había cambiado era la expansión del mandato de control migratorio de la Patrulla Fronteriza, que ahora incluía el objetivo más amplio del control de la delincuencia. De este proceso de transformación, la Patrulla Fronteriza resultó más estrechamente interrelacionada con las instituciones e iniciativas de observancia de leyes federales. Ya no era una corporación periférica con una agenda estrecha en las fronteras del país; sus nuevos objetivos de control de las drogas y de la delincuencia la incorporaban a los crecientes sistemas de observancia de las leyes federales. En los años sucesivos a que Richard Nixon inició una era de consolidación estratégica de las operaciones de observancia de las leyes federales, el trabajo de la Patrulla Fronteriza comprendía sistemáticamente la vigilancia y el control de inmigrantes, delincuentes y drogas. Los agentes experimentaban disonancia entre sus esfuerzos simultáneos de vigilar la frontera con México en cuanto ruta de migrantes ilegales que escapaban de la pobreza que vivían en su país y en cuanto escenario de intercepción de drogas en Estados Unidos. Sin embargo, la caótica confluencia entre el control migratorio y el control de las drogas en la frontera estructuraría cada vez más la elaboración y el sentido del trabajo de la Patrulla Fronteriza en las últimas décadas del siglo XX.

---

las personas recluidas por los *sheriffs* de San Diego en la cárcel del condado, sólo 0.005% eran inmigrantes indocumentados.

Epílogo

El 28 de mayo de 1974, la Patrulla Fronteriza de Estados Unidos celebró su aniversario de oro. Creada hacía 50 años como una pequeña agrupación de agentes, la corporación había visto muchos cambios desde esos primeros días. En medio del caos producido por el regreso del mojado y la constante escalada de la guerra estadunidense en contra de las drogas, los funcionarios de la institución hicieron una pausa para conmemorar festivamente su pasado. En incontables discursos, presentaciones y publicaciones, los funcionarios hicieron relatos épicos de cómo la corporación se erigió desde la oscuridad en defensora de la nación haciendo cumplir agresivamente sus leyes de inmigración.

Exceptuando un breve lapso durante la segunda Guerra Mundial, la seguridad nacional era un lenguaje nuevo para la Patrulla Fronteriza, pero en una década marcada por la estanflación y varios desafíos a la supremacía mundial de Estados Unidos en la posguerra, abundaban las versiones nacionalistas de observancia de la frontera y control de la inmigración. "Compuesta desde el principio por agentes trabajadores y dedicados que hacen cumplir leyes impopulares", explicó el agente de información pública Samuel Tidwell, "la Patrulla Fronteriza ha peleado siempre una batalla cuesta arriba para garantizar a todo ciudadano estadunidense y a todo extranjero que reside legalmente en el país el derecho a la seguridad económica y el derecho a ser libre de fuerzas indeseables del exterior, que borrarían las fronteras que delimitan la nación más grande de la Tierra".[1]

En el verano de 1974, *I and N Reporter* reunió los muchos relatos que los agentes habían contado durante el año y publicó una breve historia de la Patrulla Fronteriza. Bajo el sencillo título de "The First Fifty Years" [Los primeros 50 años], esta historia oficial era un extenso documento que trataba los momentos más importantes en el desarrollo de la institución, pero suprimía muchos de los aspectos sociales y políticos que tanto determinaron el modo en que la patrulla tradujo la ley de inmigración estadunidense en la realidad social de vigilar personas de origen mexicano en la frontera entre ambos países.

Para empezar, "The First Fifty Years" decía que la primera generación de agentes de la patrulla habían sido "antiguos guardias montados, policías, *sheriffs*, pistoleros de diversa índole y hombres procedentes del Registro del Servicio Público de Empleados del Correo Ferroviario e Inspectores de Inmigración", y presentaba a E. A. "Dogie" Wright como el hombre típico al que se contrataba en los primeros años. Según "The First Fifty Years", antes de incorporarse a la Patrulla Fronteriza, Dogie había sido ejecutor judicial federal suplente y miembro de los *rangers* de Texas, pero no se hizo mención alguna de los otros empleos que había desempeñado. En la decisión de presentar a Dogie como un simple agente de la ley y no como un hombre con un pasado ecléctico —oficinista, chofer, albañil y taquillero de un cine—, los funcionarios de la Patrulla Fronteriza se negaban a reconocer que sus predecesores habían sido hombres y trabajadores con un amplio abanico de relaciones sociales complejas que influían en su observancia de las restricciones de inmigración de Estados Unidos. Desconocer estas ataduras hizo que la concentración de la patrulla en la vigilancia de mexicanos en la región de la frontera con México pareciera ser consecuencia inevitable de la observancia imparcial de la ley, y no el desagradable resultado de las políticas, posibilidades y limitaciones inconstantes de la vigilancia de la inmigración ilegal en las décadas de

[1] "Fifty Years on the Line", ensayo de Samuel Tidwell, agente de la Patrulla Fronteriza/agente de información pública del sector de Marfa, NBPM.

1920 y 1930. Por otra parte, borrar los vínculos entre la vida y el trabajo de los agentes soterraba la historia social de violencia de la Patrulla Fronteriza, que oscilaba casi de manera indescifrable entre la observancia de las restricciones de inmigración por parte de los agentes y su vida como hombres, hermanos y miembros de una comunidad. Según "The First Fifty Years", toda la violencia relacionada con la observancia de las restricciones de inmigración por parte de la Patrulla Fronteriza estaba arraigada en el mandato de los agentes de hacer cumplir una ley federal; es decir, en los "tiroteos nocturnos" de la era de la prohibición. En ninguna parte se mencionaban los nombres de Samuel Askins, quien "estaba definitivamente a favor de pegarle al sospechoso un revólver en la sien", ni de Jack Cottingham, quien disparó al azar hacia el lado mexicano de la frontera para vengar las heridas causadas a su hermano. Tampoco se hacía mención de Harlon B. Carter, que dirigió la Operación Mojado de 1954 y había matado de un tiro a Ramón Casiano en las calles de Laredo antes de incorporarse a la Patrulla Fronteriza. Por tanto, la corporación de mediados de la década de 1970 se negaba a reconocer que la historia de violencia racista de la región fronteriza vivía en su seno, y que su propia historia estaba inserta en la violencia de la frontera.[2]

"The First Fifty Years" también oscurecía la adopción de innovaciones estratégicas decisivas por parte de los encargados de la observancia de la ley de inmigración estadunidense al ocultar la participación de funcionarios mexicanos en la acumulación de fuerzas de observancia de las leyes migratorias estadunidenses en las regiones fronterizas de ambos países, y al negar la importancia de la discriminación de género en la erección de la valla fronteriza como método de control migratorio. Sin embargo, en los archivos de correspondencia y los informes mensuales de aprehensiones de mediados del siglo XX había pruebas documentales tanto de los funcionarios mexicanos que defendían la vigilancia de inmigrantes connacionales no autorizados, como de la fuerte presencia de mujeres y niños mexicanos que

---

[2] "First Fifty Years", *I and N Reporter*, vol. 23, núm. 1, 1974, pp. 2-17.

desafiaban el régimen de control migratorio cada vez más restrictivo de la frontera méxico-estadunidense. Las autoridades mexicanas alentaron el viraje nacional de la Patrulla Fronteriza de Estados Unidos hacia la frontera común y ampliaron el ámbito de observancia de la ley dando nuevas oportunidades de control migratorio en el lado mexicano de la frontera, y la férrea resistencia de mujeres, niños y familias aumentó la urgencia de construir vallas porque los incómodos encuentros que los agentes de la patrulla tenían con mujeres y niños mexicanos indocumentados los llevaron a evitar los actos de coacción física necesarios para detener los cruces fronterizos ilegales. Por tanto, el desarrollo de las estrategias de observancia de la ley que empujaron a los inmigrantes mexicanos no autorizados a los peligrosos territorios deshabitados de la zona fronteriza surgió en parte como un proceso de solución de problemas de género planteados por el uso de la violencia cuando mujeres, niños y familias cruzaban ilegalmente la frontera.

Escrita durante una época de "regreso del mojado", "The First Fifty Years" recordaba 1954 como un año de triunfo en la frontera méxico-estadunidense. Elogiando la campaña del comisionado Swing ese año como la acción innovadora que restableció el "control de la frontera", "The First Fifty Years" destacaba la Operación Mojado como un momento decisivo en la vigilancia de la inmigración mexicana no autorizada. Antes y después del triunfo de 1954, muchos cambios de las prácticas de la Patrulla Fronteriza contribuyeron al aumento y la disminución del problema de la migración mexicana no autorizada, pero "The First Fifty Years" callaba el incremento y la reducción del uso durante un decenio de tácticas agresivas de control migratorio que determinaron la victoria de la Patrulla Fronteriza en 1954. Con su añoranza de ese triunfo ya tan lejano, los funcionarios de la corporación de mediados de la década de 1970 negaban la reciente intensificación de la observancia de la ley de inmigración estadunidense en la región de la frontera con México. La adopción de redadas urbanas en comunidades de origen mexicano muy bien habría podido llamarse Operación Mojado II, pero la Patrulla Fronteriza rehusó ponerle nombre; antes bien, enterró el control migratorio de los años recientes bajo la nostalgia de la conquista de Swing en 1954.

En todo lo que callaba, "The First Fifty Years" soterró las muchas historias contenidas en el ascenso de la Patrulla Fronteriza en la región de la frontera con México. Desde luego, el texto nunca se concibió para otro fin que el de propaganda de la patrulla, pero mientras los debates sobre el control migratorio estadunidense y el "problema del mojado" surgían en la década de 1970, una versión tan estrecha del pasado de la Patrulla Fronteriza implicaba que pocas personas entendían cabalmente el proyecto de la corporación en la zona de la frontera con México. Aun así, en las prácticas cotidianas de la patrulla resonaban con claridad historias tácitas.

HISTORIAS TÁCITAS

La tarde del 11 de junio de 1973, dos agentes de la Patrulla Fronteriza ocupaban un auto estacionado a la orilla de la carretera 5, en el sur de California. Poco después de oscurecer, vieron pasar a la luz de los faros un coche en el que viajaba Felix Humberto Brignoni-Ponce con dos amigos, y vieron también las pruebas de delitos que habían pasado inadvertidos. Según los agentes, los tres hombres parecían de "ascendencia mexicana", lo que constituyó indicio suficiente para sospechar que habían cruzado ilícitamente la frontera desde México. Tras una corta persecución, los agentes detuvieron el auto y les preguntaron su ciudadanía. Brignoni-Ponce era ciudadano estadunidense, pero los dos acompañantes reconocieron que habían entrado ilegalmente al país. Los agentes arrestaron a los tres: a los dos acompañantes por entrada ilegal y a Brignoni-Ponce por "transportar inmigrantes ilegales a sabiendas", delito que merecía una multa de 5 000 dólares y una pena de hasta cinco años de cárcel por cada inmigrante.[3]

En gran medida como habían hecho Mariano Martínez y Jesús Jaso después de ser arrestados por los agentes Pete Torres

[3] *Immigration and Nationality Act* (66 Ley 228, Sección 274 [a] [2]; 8 *U.S.C.* 1324 [a] [2]).

y George W. Parker hijo en marzo de 1927, Brignoni-Ponce impugnó su arresto con base en que los agentes de la Patrulla Fronteriza no tenían motivos para suponer que había violado las restricciones de inmigración de Estados Unidos. Según Brignoni-Ponce y sus abogados, la "ascendencia mexicana" era una prueba insuficiente del delito de entrada ilegal al país y, por lo mismo, los agentes habían violado las garantías de Brignoni-Ponce, conforme a la Cuarta Enmienda constitucional, contra actos poco razonables de registro y detención. Esta vez, a 10 años de que las victorias legislativas del movimiento de los derechos civiles habían prohibido la distribución abiertamente racista de derechos, recursos y garantías en la vida pública del país, el litigio pasó a la Corte Suprema de Estados Unidos.

El alto tribunal reconocía la gran trascendencia social de la causa de Brignoni-Ponce. Si el interrogatorio, la detención y la condena de Brignoni-Ponce procedían de criterios discriminatorios en las prácticas de la Patrulla Fronteriza, entonces los agentes eran culpables de someter a Brignoni-Ponce y sus dos acompañantes a sospechas, vigilancia y violencia de Estado indebidas. Si se multiplicaban por los millones de interrogatorios que los agentes de la institución hacían cada año, las prácticas de la Patrulla Fronteriza podían representar el ejercicio masivo de una acción policiaca indebida, desigual e injusta contra las personas de "aspecto mexicano". En consecuencia, la causa de Brignoni-Ponce planteaba serias interrogantes sobre la persistencia de prácticas de gobierno racistas después del movimiento de los derechos civiles. La causa de Brignoni-Ponce hacía pensar, sobre todo, que la raza seguía determinando los grados de libertad que los gobernantes concedían a los ciudadanos de Estados Unidos. Brignoni-Ponce y sus acompañantes habían sido detenidos, interrogados, arrestados y amenazados con la cárcel o la deportación (además de todas las consecuencias colaterales pecuniarias, sociales, personales y políticas que cada castigo acarrea). La cuestión que la Corte Suprema debía decidir no era si Brignoni-Ponce y sus acompañantes habían infringido la ley, sino si la raza era una herramienta legítima para ejercer el criterio en la vigilancia del delito de inmigración ilegal.

Pese a las consecuencias sociales de someter a personas de apariencia mexicana a un alto grado de vigilancia y fuerza del Estado, la Corte Suprema consideró convincentes las estadísticas de la Patrulla Fronteriza. En 1973, 85% de las personas arrestadas por el delito de entrada ilegal al país eran de origen mexicano. La Corte Suprema explicó que, suponiendo que las estadísticas de la patrulla reflejaran con precisión las tendencias del delito de inmigración ilegal, "85% de los extranjeros que están ilegalmente en el país son de México".[4] Los magistrados tradujeron las estadísticas de la Patrulla Fronteriza en un perfil del inmigrante ilegal y concluyeron que el uso de la apariencia mexicana por parte de los agentes de la corporación como indicador del delito de entrada ilegal al país era no sólo razonable, sino legítimo. Según la decisión de la Corte en la causa de Estados Unidos contra Brignoni-Ponce, las personas de origen mexicano eran, por desgracia pero inequívocamente, sospechosas del delito de inmigración ilegal, y sujetos legítimos de un grado desigual de violencia de Estado en aras del control de la inmigración.

Sin duda, cientos de miles de mexicanos cruzaron ilegalmente la frontera entre México y Estados Unidos en el siglo xx y siguen haciéndolo en el xxi. Académicos, políticos y activistas discuten el volumen real de la inmigración mexicana no autorizada, pero los cuerpos recuperados en el río Bravo y en los desiertos revelan desde hace mucho, aunque sólo sea eso, la realidad de esa inmigración. No hay duda de que su gran volumen influyó en la concentración de la Patrulla Fronteriza en la frontera sur. De manera más específica, la política de control de la migración de ida y vuelta de trabajadores mexicanos a través de la frontera conformó, tampoco hay duda, la creación de la Patrulla Fronteriza. Sin embargo, la historia de la corporación es mucho más que un capítulo en la historia de la migración de mano de obra mexicana a Estados Unidos.

En los primeros años, los agentes interpretaron su mandato de observancia de la ley de inmigración federal conforme a las historias de sus localidades y su interés en administrar la mano

[4] *United States v. Brignoni-Ponce,* 422 U.S. 873, 1975.

de obra inmigrante mexicana. Por entonces, la violencia de la
Patrulla Fronteriza no era poco común en una región dominada
por rancheros y agricultores armados. Sin embargo, la violencia
de la corporación dependía de la categoría del inmigrante ilegal,
lo que imprimía nuevos significados a actos conocidos. La violencia de la patrulla introdujo un nuevo modo de hacer distinciones de raza en la región de la frontera con México. En particular, mientras los discursos sobre las diferencias entre blancos
y negros seguían impregnando la lógica de la desigualdad racial
de Estados Unidos, el peligro, los desplazamientos, los daños y
la muerte que trastocaban las vidas y las comunidades de origen
mexicano en la región fronteriza en medio de la observancia de
las leyes de inmigración estadunidenses vincularon a esas comunidades con el delito de ser ilegal en Estados Unidos y sus
consecuencias. Así, el hecho de que la Patrulla Fronteriza focali-
zara la atención en la vigilancia de la inmigración mexicana no
autorizada trazó una línea de color muy particular en torno a la
condición política de ser ilegal. Dicho de otro modo, la práctica
de la patrulla introdujo las arraigadas divisiones raciales de la
región fronteriza, derivadas de la conquista y el desarrollo económico capitalista, en el diseño de la observancia de las leyes de
inmigración estadunidenses, y transformó a su vez la división
entre legales e ilegales en un problema de raza.

Este problema de raza comenzó como una interpretación
local de las leyes de inmigración federales, pero evolucionó sobre la base de la colaboración transfronteriza entre México y Estados Unidos en la década de 1940. A fines de la década de 1960,
se había arraigado en las iniciativas nacionales de control de la
delincuencia y prohibición de las drogas en la frontera común.
Esta historia de la dedicación cambiante de la Patrulla Fronteriza al proyecto de vigilar la inmigración mexicana no autorizada
complica toda equiparación simple entre la población de origen
mexicano y el delito de inmigración ilegal porque ofrece un examen detallado de las rupturas sociales y políticas que subyacen a
la atención aparentemente ininterrumpida de la Patrulla Fronteriza a la vigilancia de la inmigración mexicana no autorizada.
Sin embargo, la Corte Suprema de Estados Unidos hizo a un

lado las complejidades intrínsecas e históricamente arraigadas de la observancia desigual de las restricciones de inmigración estadunidenses por parte de la patrulla, y legitimó las prácticas de la corporación como ámbito de la violencia de Estado, en el cual se podían vigilar de manera legítima las diferencias entre ser legal y ser ilegal actuando contra las personas de origen mexicano, es decir, los *Mexican Browns,* en Estados Unidos.

Santificada por la Corte Suprema, la Patrulla Fronteriza llegó a la última parte del siglo xx sin interrumpir de ninguna manera su proyecto de vigilar mexicanos en la región de la frontera entre México y Estados Unidos. Aun así, los arrestos masivos y la observancia dirigida contra personas de origen mexicano no persistieron sin oposición. Los migrantes no autorizados de México siguieron arrojando ladrillos, evadiendo el arresto y burlándose de los agentes de la Patrulla Fronteriza desde el otro lado de la línea, mientras que una nueva generación de defensores de los derechos de los inmigrantes y grupos de protección de las libertades civiles protestaban enérgicamente contra la nueva ola de control migratorio agresivo y sus repercusiones sobre las comunidades de origen mexicano en Estados Unidos. Estos grupos protestaban contra la práctica de la Patrulla Fronteriza de buscar ciudadanos falsos haciendo redadas en comunidades mexicano-estadunidenses. Por ejemplo, en 1973, durante la intensificación de las redadas en la zona de Los Ángeles, la rama angelina de la Unión Estadunidense de las Libertades Civiles solicitó una orden judicial de restricción contra las redadas que el INS hacía en los barrios "hispanos", denunciando que entre los aprehendidos para deportación había ciudadanos de Estados Unidos.[5] Mientras las redadas penetraban más en las comunidades residenciales, sacerdotes y dirigentes del clero defendían a su feligresía. "No debería ser delito tener la piel morena", denunció el reverendo Mark Day, de la iglesia de San José.[6] El año siguiente líderes de la comunidad mexicano-estadunidense em-

[5] Donald J. Marby y Robert J. Shafer, *Neighbors, Mexico, and the United States: Wetbacks and Oil,* p. 108.
[6] Reverendo Mark Day, "Dragnet Raids", carta al director, *Los Angeles Times,* 11 de junio de 1973.

prendieron una campaña contra las redadas de la Patrulla Fronteriza y obligaron al INS a establecer el Comité de Ciudadanos Preocupados por la Inmigración para atender las acusaciones de hostigamiento y vigilancia indebida.[7] Pero las tensiones entre la Patrulla Fronteriza y las comunidades de origen mexicano en el suroeste de Estados Unidos no hicieron sino aumentar. En 1978, la Comisión Estadunidense de los Derechos Civiles inició una investigación sobre las repercusiones de la observancia de las leyes de inmigración en los derechos civiles de ciudadanos e inmigrantes.[8] La comisión puso al descubierto actos de corrupción en el INS y confirmó las denuncias de los críticos de discriminación y uso excesivo de la fuerza por parte de la Patrulla Fronteriza. Sobre todo, confirmó el hostigamiento de comunidades de origen mexicano en el suroeste de Estados Unidos. El informe de la comisión y sus revelaciones sobre una brigada especial deshonesta y brutal compuesta por agentes de la Policía de San Diego y la Patrulla Fronteriza que trabajaban en secreto en la frontera entre San Diego y Tijuana dirigieron la atención pública hacia la crítica de la observancia de las leyes de inmigración. Señalando una nueva era de desencanto público, los Estudios Universal produjeron *La frontera* (1982), que pintaba una Patrulla Fronteriza hundida en la corrupción y la violencia.

Aunque el desprecio del público aumentó, fue la generación emergente de activistas chicanos la que formó el núcleo de la resistencia contra las prácticas de la Patrulla Fronteriza. El activismo chicano de fines de la década de 1960 transformó de modo radical la política de control migratorio en la región de la frontera con México. A diferencia de los activistas mexicano-estadunidenses de clase media de la generación de sus padres, los activistas chicanos abrazaban la inmigración mexicana, y por lo mismo repensaron los intereses de su comunidad en la observancia de las leyes de inmigración. Lejos de rechazar la migra-

---

[7] *Annual Report of the Immigration and Naturalization Service, Fiscal Year 1974*, Washington, D. C., GPO, 1974, p. 12.

[8] Comisión de los Derechos Civiles de Estados Unidos, *The Tarnished Golden Door: Civil Rights Issues in Immigration; A Report of the United States Commission on Civil Rights*, Washington, D. C., GPO, 1980.

ción de mano de obra de México y exigir mayor control migratorio, los activistas chicanos tendían a movilizarse en defensa de los migrantes —fueran legales o ilegales—, al tiempo que cuestionaban los sistemas estatales que seguían marginando a la comunidad de origen mexicano en Estados Unidos.[9] En las calles, los activistas chicanos obligaban a los agentes de la Patrulla Fronteriza a operar bajo una intensa "contravigilancia" que fiscalizaba sus actividades. "Me he visto rodeado de observadores mexicanos [...] que me vigilaban para ver si yo vigilaba a todo el mundo", contó el agente Joe Aubin en 1978.[10]

En 1987, el American Friends Service Committee patrocinó la consolidación e institucionalización de la "contravigilancia" de los agentes encargados de la observancia de las leyes de inmigración estableciendo el Proyecto de Vigilancia de la Aplicación de las Leyes de Inmigración (ILEMP, por sus siglas en inglés). Dirigido por los experimentados activistas María Jiménez (Houston, Texas) y Roberto Martínez (San Diego, California), el ILEMP se dedicó a solicitar, recibir e investigar quejas de inmigrantes y ciudadanos sobre la violencia y el maltrato por parte de agentes de Inmigración de Estados Unidos. Entre 1987 y 1990, el ILEMP documentó más de 380 casos de uso excesivo de la fuerza, hostigamiento racial y ataque sexual, la mayoría de los cuales atribuyeron a los agentes de la Patrulla Fronteriza.[11] En 1990, la labor del ILEMP alentó a la Comisión de la Cámara de Representantes sobre Asuntos Exteriores a celebrar audiencias sobre las acusa-

[9] David Gutiérrez, *Walls and Mirrors...*, pp. 177-187; Ian Haney López, *Racism on Trial: The Chicano Fight for Justice* y Ernesto Chávez, *Mi Raza Primero!: Nationalism, Identity, and Insurgency in the Chicano Movement in Los Angeles, 1966-1978*. Véanse también American Friends Service Committee, "Human and Civil Rights Violations on the U.S.-Mexico Border, 1995-1997, San Diego, California", publicación del American Friends Service Committee, U.S.-Mexico Border Program, Immigration Law Enforcement Monitoring Project, y Stanley Bailey, "Migrant Deaths at the Texas-Mexico Border, 1985-1994: A Preliminary Report", Houston, Texas, Centro de Investigación de la Inmigración de la Universidad de Houston, febrero de 1996.

[10] Entrevista de Aubin, p. 4. Véase también "The New Wetback Infiltration: A Preliminary Report", Colección de Paul Schuster Taylor, cartón 44, carpeta 14, "Wetback PROBLEM".

[11] "Human Rights at the Mexico-U.S. Border: Second Annual Report", Houston, Texas, Immigration Law Enforcement Monitoring Project, American Friends Service Committee, 1990.

ciones de violencia en la frontera con México, en las cuales Jiménez protestó contra la discriminación racial de los encargados de la observancia de las leyes de inmigración de Estados Unidos. La activista testificó:

> A residentes de la frontera sur, entre ellos ciudadanos estadunidenses, cuya lengua, cultura y color de piel los hacen parecer "extranjeros" se les considera sospechosos. Con frecuencia se denuncian incidentes de exclusión, arresto ilegal y deportación ilegal de ciudadanos e inmigrantes que se encuentran legalmente en el país.[12]

Convencidos de que el trabajo de la Patrulla Fronteriza es un ámbito de violencia de Estado racialmente discriminatoria, Jiménez y un creciente círculo de académicos y activistas redactaron persuasivas crónicas de la vigilancia de personas de origen mexicano en la región de la frontera con México. Por ejemplo, Jiménez comparó a la Patrulla Fronteriza con las patrullas esclavistas del sur de Estados Unidos.[13] El historiador David Montejano afirmó que la violencia racial de la observancia de las leyes de inmigración procedía de la historia de conquista de la zona de la frontera méxico-estadunidense.[14] En marcado contraste con los esfuerzos de la Patrulla Fronteriza por borrar el pasado del control de la inmigración en Estados Unidos, estos académicos y activistas destacaron la estrecha relación entre las prácticas de la corporación y las historias de racismo, control de los trabajadores y conquista durante cuatro siglos de historia estadunidense. Jiménez y Montejano estaban en lo correcto al insistir en que

[12] Comisión de la Cámara de Representantes sobre Asuntos Exteriores, *Allegations of Violence along the United States-Mexico Border: Hearing before the Subcommittee on Human Rights and International Orgnizations of the Committee on Foreign Affairs,* 101 Congreso, 2a. sesión, 18 de abril de 1990, p. 15.

[13] "The Militarization of the U.S.-Mexico Border: Border Communities Respond to Militarization from Slave Patrol to Border Patrol: An Interview with María Jiménez", *In Motion Magazine,* 2 de febrero de 1998, accesible en línea en www.inmotionmagazine. com/mj1.html (consultado el 14 de noviembre de 2013); María Jiménez, "War in the Borderlands", *Report on the Americas,* vol. 26, núm. 1, 1992, pp. 29-33.

[14] David Montejano, "On the Future of Anglo-Mexican Relations in the United States", pp. 234-257. Véase también Gilberto Rosas, "The Thickening of the Borderlands..."

la vigilancia de los mexicanos era consecuencia de estas historias más profundas, pero también simplificaban demasiado el ascenso de la Patrulla Fronteriza en la región de la frontera con México. Las élites mexicanas habían desempeñado un importante papel en la creación de las prácticas de control migratorio de Estados Unidos; los dirigentes mexicano-estadunidenses habían defendido el proyecto de vigilar a los inmigrantes mexicanos no autorizados, y una expansión de la observancia de las leyes federales determinó el espectacular crecimiento de la Patrulla Fronteriza en el periodo que siguió a la era del mojado. En consecuencia, los funcionarios de la corporación, la Corte Suprema de Estados Unidos y los críticos de la observancia de las leyes de inmigración federales, cada cual a su manera, tenían un entendimiento parcial del proyecto de la patrulla de vigilar mexicanos en la región de la frontera con México.

LOS HOMBRES Y LAS MUJERES
DE LA PATRULLA

Contra los muchos esfuerzos para promover una historia simplista de la Patrulla Fronteriza de Estados Unidos, nadie más aferrado a las complejidades tácitas de la observancia de las leyes de inmigración federales que los miembros de la Fraternidad de Agentes de la Patrulla Fronteriza Retirados (FORBO, por sus siglas en inglés). Establecida el 25 de octubre de 1978, la FORBO cobró forma durante otra época de importante transición de la corporación. Después de casi dos décadas de haber caído en un olvido político casi total, la observancia de las leyes de inmigración reapareció en el panorama político en la década de 1970. Aunque muchos propugnaban aumentar el control de la frontera y la observancia de las leyes de inmigración, los activistas defensores de los inmigrantes tachaban cada vez más la observancia de tales leyes de actos de discriminación racial contra las personas de origen mexicano en la región fronteriza. A otros les preocupaban poco las políticas de inmigración, pero denunciaban lo que parecía ser una ineptitud y una corrupción endémicas en el INS.[15] En 1977, el control de la inmigración ocupaba el centro del escenario político estadunidense. Ese año, el presidente Jimmy Carter propuso una extensa reforma migratoria para atender el problema de la inmigración ilegal y nombró a Leonel Castillo para que encabezara el Servicio de Inmigración y Naturalización en esa ardua y controvertida fase.[16] Como comisionado del INS, Castillo intentó construir una institución más eficiente y menos corrupta, que hiciera cumplir con igualdad las restricciones de inmigración estadunidenses. Entre los múltiples cambios que supervisó, se cuenta una sustitución masiva del personal de la Patrulla Fronteriza cuando la nueva reglamentación federal dispuso el retiro de todos los agentes de la corporación a los 55 años de edad.[17] Los miembros de la FORBO recuerdan esa época como el "éxodo obligatorio del primero de enero de 1978".[18]

La marea de agentes que salió de la corporación entendía que "como el número de retirados seguía creciendo y propagándose por el país, se hizo evidente que las amistades y experiencias comunes de un cuarto de siglo corrían peligro". Para "conservar las amistades y relaciones que de otro modo se perderían en el retiro, sin ningún compromiso comercial, político ni de otra índole que empañara la causa", 34 retirados celebraron una reunión en Denver, Colorado, y establecieron la FORBO el 25 de octubre de 1978. Desde entonces la fraternidad organiza reuniones anuales para que los retirados rememoren el pasado y cultiven viejas amistades.[19]

En 1981, la FORBO inició la construcción del Museo Nacional de la Patrulla Fronteriza en El Paso, Texas. Concebido como

[15] James D. Cockroft, *Outlaws in the Promised Land: Mexican Immigrant Workers and America's Future.*

[16] "Meet Leonel J. Castillo: Our New Commissioner", *INS Reporter,* vol. 26, núm. 2, 1977, pp. 24-27.

[17] Gracias a Timothy Waller, de la National Association of Former Border Patrol Officers, quien dio una definición de "éxodo obligatorio" por correo electrónico el 11 de abril de 2008.

[18] Declaración de la misión de la Fraternal Order of Retired Border Patrol Officers, accesible en línea en www.forbpo.org/id3.html (consultado el 14 de noviembre de 2013).

[19] Declaración de la misión de la Fraternal Order of Retired Border Patrol Officers.

un lugar para "presentar nuestros recuerdos […], contar nuestra historia y hacerlo a nuestro modo", era el espacio propio que estaban buscando los retirados de la corporación.[20] Los documentos que depositaron en el NBPM y las historias orales que han reunido en sus conversaciones preservan las experiencias diarias de los agentes con la aplicación del control migratorio estadunidense, y por lo mismo resaltan la vida social y política de la observancia de las leyes de inmigración de Estados Unidos. Se trata de una historia que "The First Fifty Years" no quiso contar, que la Corte Suprema de Estados Unidos se negó a reconocer, y que los críticos de la Patrulla Fronteriza desestiman; pero es la historia que los agentes retirados de la corporación conservaron creando un espacio donde el mundo social de la observancia de las leyes de inmigración estadunidenses no está olvidado, suprimido ni ignorado.

En 1987, el agente retirado David Burnett escribió una historia propia, de 53 páginas, para depositarla en el NBPM. Apartándose del modelo vanaglorioso de muchos relatos personales, Burnett tuvo el valor de contar todo lo que sabía de la patrulla y, en particular, relatos perturbadores de las acciones de los veteranos. Por ejemplo, fue Burnett a quien Jim Cottingham reprendió por no haber matado a un inmigrante que opuso resistencia al arresto. Burnett terminó su narración haciendo una petición. "Siempre he tenido esta única reserva sobre el museo: espero que en el futuro, dentro de cinco o 25 años, cuandoquiera que sea, la gente venga a leer informes, escuchar cintas o investigar el pasado […] [y] no juzgue a la Patrulla Fronteriza ni a sus agentes según los criterios futuros". Y explicó:

> Es fácil leer cosas que pasaron y concluir simplemente [que] las acciones de los agentes no fueron razonables, pero muchas de esas cosas fueron razonables para las circunstancias y los lineamientos y las políticas de la época. Espero que quienquiera que investigue estos hechos lo tenga en cuenta.[21]

[20] Buck Brandemuhl, *The Border Line,* vol. 16, primavera de 1992, p. 21.
[21] David Burnett, relato personal presentado el 16 de mayo de 1987, NBPM, p. 53.

Este libro no es indulgente con los veteranos ni, como añade Burnett, con "las cosas que sucedieron, tiroteos por ejemplo, o palizas, o muchas otras cosas que pasaron";[22] sino que sitúa a los veteranos y sus acciones en el contexto de su tiempo al hacer la crónica de la historia social de la aplicación de las leyes de inmigración estadunidenses en la región de la frontera con México. Como bien sabía Burnett, "ellos [los veteranos] construyeron la Patrulla Fronteriza; ellos la hicieron lo que era".[23]

En los años que siguieron al éxodo de 1978, una nueva generación de agentes de la Patrulla Fronteriza ocupó sus puestos para hacer cumplir las leyes de inmigración de Estados Unidos. Entre ellos se contaban mujeres y negros, grupos a los que antes se excluía del servicio en la corporación.[24] Los veteranos observaron los cambios desde fuera y pusieron el reparo de que el trabajo de la Patrulla Fronteriza era "un oficio estrictamente masculino".[25] Hombres a quienes se había contratado ya avanzada la década de 1990 comentaban que no les "gustaba, pero que ésa era la nueva manera, la manera aceptada. Era la ley".[26] Aun así, la presión por la equidad entre los sexos en el empleo del gobierno federal no trajo la igualdad al personal de la Patrulla Fronteriza. A mediados de la década de 1980, 84 mujeres representaban apenas 3.1% de los agentes de la corporación y en 2007 la proporción había crecido nominalmente a 5.4 por ciento.[27]

Aunque se había excluido categóricamente a las mujeres del empleo como agentes de la Patrulla Fronteriza, se impidió con más empeño que los negros se integraran a la corporación hasta

[22] *Idem.*

[23] *Idem.*

[24] "Women in Law Enforcement", *Women in Action: An Information Summary for Federal Women's Program*, vol. 9, núm. 2, 1979. Véase también "Minorities and Women in INS", *INS Reporter*, vol. 26, núm. 7, 1977, pp. 2-6.

[25] Earl Fallis, relato oral transcrito por Teresa Whittington el 27 de agosto de 1976 en Alpine, Texas, entrevista núm. 11, Archivos del Big Bend, Universidad Estatal Sul Ross, p. 13.

[26] Citado en Robert Lee Maril, *Patrolling Chaos: The U.S. Border Patrol in Deep South Texas*, p. 71.

[27] Elizabeth Newell, "Border Patrol looks to hire more women, minorities", *Government Executive*, 27 de junio de 2007, accesible en línea en www.govexec.com/dailyfed/0607/062707e1.htm (consultado el 14 de noviembre de 2013).

la década de 1970. Como recordó un agente retirado sobre un viaje de reclutamiento que había hecho al sur en la década de 1920: "Las personas de color trataban de hacer entrar estudiantes de su comunidad para romper la barrera", pero los reclutadores tenían "la gran suerte" de contar con la ayuda de un "servidor público en el sur".[28] El funcionario "distinguía a los hombres de color por la solicitud, casi siempre por el nombre o las escuelas a las que había asistido", y ayudaba al agente de reclutamiento a descartar a los candidatos afroestadunidenses.[29] Cuando se le preguntó al agente si en aquel entonces no quería contratar personas de color, respondió: "Nada de eso. Nos podrían haber acusado de discriminación, desde luego".[30]

El movimiento de defensa de la equidad en el servicio público federal produjo un grupo pequeño pero estable de agentes negros a mediados de la década de 1970. El carácter de la acogida que se les dio puede suponerse por la respuesta que recibió Kellogg Whittick cuando lo ascendieron y fue el primer negro en ocupar un alto cargo en el INS: algunos empleados le untaron el coche de excremento.[31] Tras retirarse, en 1983, Whittick recordó incidentes en que "jefes del INS llama[ba]n a los negros 'monos' o sus compañeros [hacían] bromas desagradables sobre deportarlos a África".[32] En vista de tal hostilidad interna hacia los agentes negros en el INS, no es de extrañar que su número en la Patrulla Fronteriza aumentara de sólo 11 en 1977 a 28 en 1988 y a 44 en 1994.[33]

El cambio más importante del personal de la Patrulla Fronteriza ha sido el drástico aumento del número de agentes latinos. Ya en 1924 los mexicano-estadunidenses representaban una pequeña parte de los agentes de la corporación. En la década de 1960, en el contexto del activismo chicano y de los mexi-

---

[28] Eric Lynden (seudónimo), entrevistado por Bonnie Quint, febrero de 1989, NBPM, pp. 5-6.

[29] *Ibid.*, p. 5.

[30] *Ibid.*, p. 6.

[31] "Borders and Barriers—A Special Report; Black Officers in I.N.S. Push Racial Boundaries", *New York Times*, 30 de octubre de 1994.

[32] *Idem.*

[33] "Minorities and Women in INS"; "Borders and Barriers…"

canos que cruzaban ilegalmente la frontera lanzando piedras, a los agentes mexicano-estadunidenses con frecuencia se les ridiculizaba tildándolos de traidores a su comunidad, pero el número de agentes latinos siguió en aumento. En 1977, la Patrulla Fronteriza tenía 321 agentes de ese grupo, y en 2008, 51% del total eran hispanos, en su mayoría mexicano-estadunidenses.[34]

Según el historiador social Josiah C. Heyman, esta nueva generación de agentes latinos "[varía] en cuanto al grupo étnico [con que se identifica], pero con notable regularidad destacan su condición de ciudadanos de Estados Unidos, dotados de determinados derechos al empleo y las distribuciones públicas".[35] Los agentes latinos y su compromiso político con los derechos de los ciudadanos fueron precursores de cambios radicales de la estrategia de la Patrulla Fronteriza a fines del siglo xx. Entre los más influyentes de esta nueva generación de agentes estaba Silvestre Reyes. Nacido en 1944 en Canutillo, Texas, Reyes, el mayor de 10 hermanos, se crió en la granja de su familia a ocho kilómetros de El Paso, Texas.[36] Aunque era un mexicano-estadunidense de tercera generación, su lengua materna era el español, y aprendió el inglés cuando entró a la escuela.[37] De niño, uno de sus trabajos en la granja familiar era estar atento a la presencia de la Patrulla Fronteriza y dar la voz de alarma en caso de redada;[38] pero cuando tenía 10 años, la patrulla inició el retiro de la observancia agresiva de las leyes de inmigración consecutivo a 1954. Reyes conoció el periodo de calma que siguió a la era del

[34] Hernán Rozemberg, "Border Patrol Sets Out to Recruit More Blacks", *Express-News,* 10 de enero de 2008. Véase también "A Busy School for Border Patrol in New Mexico", *New York Times,* 24 de junio de 2006. De los reclutas, 62% son latinos, 35% blancos, y los negros y los asiáticos representan cada uno menos de 1 por ciento.

[35] Josiah C. Heyman, "U.S. Immigration Officers of Mexican Ancestry as Mexican Americans, Citizens, and Immigration Police", *Current Anthropology,* vol. 43, núm. 3, 2002, pp. 479-507.

[36] "Congressman Biography—Joined Immigration and Naturalization Service, Elected to Congress, Became Chair of the Congressional Hispanic Caucus", disponible en línea en http://biography.jrank.org/pages/3435/Reyes-Silvestre-1944-Congressman.html (consultado el 14 de noviembre de 2013).

[37] Suzanne Gamboa, "Rep. Reyes: 1st Hispanic Intel. Chairman", *Washington Post,* 2 de diciembre de 2006.

[38] Biografía del representante Silvestre Reyes (en línea; véase la nota 36).

mojado hasta que se enroló en el Ejército de Estados Unidos y dejó Texas para pelear en la guerra de Vietnam. A su regreso de Vietnam en 1969, se incorporó a la Patrulla Fronteriza. Como líder de la generación ascendente de mexicano-estadunidenses en la corporación, puso en marcha un cambio drástico de la estrategia de la patrulla en la región de la frontera con México.

A fines de la década de 1980, líderes de la comunidad mexicano-estadunidense de El Paso, Texas, empezaron a quejarse de que las prácticas de la Patrulla Fronteriza dañaban la vida de la ciudad. El hostigamiento de que eran objeto mexicano-estadunidenses e inmigrantes legales como parte de la búsqueda de inmigrantes indocumentados en zonas comerciales y residenciales había creado un sentimiento de vigilancia, caos y peligro que influía negativamente en la vida cívica, social y económica de El Paso. Por fin, en noviembre de 1991, las tensiones entre la Patrulla Fronteriza y los mexicano-estadunidenses de El Paso llegaron al colmo en la escuela Bowie.

Bowie era una escuela de enseñanza media superior con mayoría de alumnos mexicano-estadunidenses de clase obrera, situada en la frontera entre El Paso y Ciudad Juárez, Chihuahua. Los agentes de la Patrulla Fronteriza recorrían sistemáticamente los alrededores de la institución y entraban a su propiedad para interrogar a estudiantes, personal y visitantes. El 9 de noviembre de 1991, el entrenador de futbol americano, Benjamin Murillo, y dos jugadores del equipo escolar se dirigían en coche a un partido cuando los detuvieron agentes de la Patrulla Fronteriza. Un agente se acercó y le apuntó a Murillo a la cabeza con la pistola. Jaime Amezaga, el asistente del entrenador, pasó por ahí y estacionó el auto para informar a los agentes que el hombre al que habían detenido era el entrenador titular de futbol americano de la escuela Bowie. El agente apuntó con el arma a Amezaga, le dijo que eso no era asunto suyo y procedió a registrar a Murillo mientras su compañero registraba a los dos jugadores, Isaac Vallalva y Cesar Soto.

Murillo, Vallalva y otros seis estudiantes de la escuela Bowie solicitaron una orden judicial de restricción y protección contra la Patrulla Fronteriza. El juez resolvió a favor de los demandantes, y la orden de restricción y protección transformó la escuela en un refugio contra las actividades de la Patrulla Fronteriza. La causa de la escuela Bowie señaló el comienzo de una era de organización política entre los mexicano-estadunidenses de El Paso, que impondría cambios a la actividad de la Patrulla Fronteriza. La escuela Bowie quedó fuera del alcance de la corporación, que tendría que alcanzar acuerdos con la comunidad general de origen mexicano sobre el futuro de la observancia de las leyes de inmigración.

En 1993, el INS trasladó a Silvestre Reyes a El Paso, donde el funcionario atendió las preocupaciones de los mexicano-estadunidenses poniendo en marcha la Operación Hold the Line (Defender la Línea). Reflejando la política ciudadanizada de la generación emergente de agentes mexicano-estadunidenses de la Patrulla Fronteriza, Reyes puso fin a las redadas y el acoso que sufrían los mexicano-estadunidenses debido a la búsqueda de control migratorio de la corporación. En vez de asignar agentes a perseguir ciudadanos falsos, hacer redadas en comunidades de origen mayoritariamente mexicano y hostigar sospechosos en las calles, Reyes los trasladó a la frontera internacional. Situados a cada 100 metros en la línea fronteriza, los agentes de la Operación Hold the Line formaron un muro humano entre El Paso y Ciudad Juárez.[39] Reyes procuró proteger los derechos ciudadanos de los mexicano-estadunidenses concentrando los recursos de la Patrulla Fronteriza en el límite territorial entre Estados Unidos y México. Como resultado directo de la nueva estrategia disminuyeron las quejas de los mexicano-estadunidenses, y Reyes fue reconocido por las principales organizaciones de esa comunidad por sus contribuciones a la protección de los derechos ciudadanos y la vida comunitaria de los mexicano-estadunidenses.[40]

En la Operación Hold the Line, los supervisores del INS vieron el futuro de la observancia de las leyes de inmigración en la región de la frontera con México. Además de mejorar las relaciones de la comunidad, la Operación Hold the Line redujo 76%

[39] Wayne Cornelius, "Death at the Border...", p. 662.
[40] En 1997, Reyes recibió el premio "Moving Forward Award" de la Cámara de Comercio Hispana de El Paso.

durante el año fiscal de 1994 las aprehensiones en la zona de El Paso, históricamente muy transitada por migrantes ilegales.[41] En vista de que reducía el volumen total de migración no autorizada, la estrategia local de Reyes obtuvo reconocimiento nacional y se aplicó en otras zonas de intensa inmigración ilegal a lo largo de la frontera con México. El 1° de octubre de 1994, el sector de San Diego de la Patrulla Fronteriza puso en marcha la Operación Gatekeeper (Guardián). En 1999, el patrullaje de la línea se había extendido al sur de Texas y desde el Pacífico hasta Yuma, Arizona.[42]

Muchos académicos han examinado las repercusiones de esta estrategia.[43] En particular, critican la apreciación de la Patrulla Fronteriza de que la reducción de las aprehensiones en zonas donde históricamente ocurría una intensa inmigración indicaba una reducción del volumen de la migración no autorizada. Antes bien, muchos académicos afirman que las estrategias de control fronterizo no hicieron sino desviar a los inmigrantes no autorizados de las zonas bloqueadas a los desiertos, lo que acarreó un aumento del total de muertes de migrantes en los inclementes desiertos de la región de la frontera. El consulado de México registró casi 1 700 muertes de migrantes en la zona fronteriza entre 1994 y mediados de la década de 2000. Algunos se ahogaron en el río Bravo, el canal All-American o el tóxico río Nuevo, pero la mayoría murieron de deshidratación, hipotermia o golpe de calor mientras intentaban atravesar los desolados desiertos de Arizona.[44]

Duramente criticada por los efectos de la estrategia Hold the Line sobre quienes cruzaban la frontera sin autorización, la comisionada del INS, Doris Meisner, defendió el control fronterizo estratégico como método legítimo de disuasión. "De hecho

[41] Wayne Cornelius, "Death at the Border…", p. 662.

[42] Peter Andreas, *Border Games…*; Joseph Nevins, *Operation Gatekeeper…*

[43] Peter Andreas, *Border Games…*; Wayne Cornelius, "Death at the Border…", Joseph Nevins, *Operation Gatekeeper…*; Karl Eschbach, Jacqueline Hagan y Néstor Rodríguez, "Causes and Trends in Migrant Deaths along the U.S.-Mexico Border, 1985-1998", Houston, Texas, Centro de Investigación de la Inmigración de la Universidad de Houston, 2001.

[44] Wayne Cornelius, "Death at the Border…", p. 671.

pensábamos que la geografía sería nuestra aliada", afirmó;[45] pero se equivocaba. Más de 100 años de integración económica y social entre Estados Unidos y México vinculaban a los trabajadores mexicanos desplazados con empleos en Estados Unidos. Los trabajadores de México seguían rutas forjadas por procesos que trascendían con mucho la frontera. La geografía no bastaría para detener una migración que violaba las leyes de inmigración estadunidenses, pero se ajustaba a las restricciones de la integración entre México y Estados Unidos.

Mientras la Patrulla Fronteriza ampliaba la Operación Hold the Line a lo largo de la frontera común, la integración económica entre los dos países se profundizaba con la entrada en vigor del Tratado de Libre Comercio de América del Norte (TLCAN), el 1° de enero de 1994. El TLCAN eliminó muchas barreras comerciales entre Estados Unidos, México y Canadá al crear una zona norteamericana de libre comercio que alentó la movilidad del capital, la producción y la manufactura por toda la región. No tardó en haber una afluencia de empresas de capital estadunidense a México. La competencia entre corporaciones trasnacionales por tierra, utilidades y participación en el mercado atrajo un número cada vez mayor de campesinos mexicanos a ciclos migratorios o a empleos en la industria manufacturera de la región fronteriza del norte de México. Los salarios en estos empleos eran mayores que en cualquier otra parte del país y atrajeron migrantes a la zona fronteriza. Aun así, muchas de las trasnacionales, que situaban sus fábricas en México para aprovechar la mano de obra barata y las barreras comerciales mínimas, no pagaban un salario suficiente para vivir, y las condiciones de trabajo de la mayoría de las obreras jóvenes de las fábricas solían ser peligrosas e incluso mortales. Campesinos desplazados, obreros fabriles y sus familias con frecuencia sopesaban los riesgos de sus opciones de empleo y desempleo en México y los peligros de emigrar a Estados Unidos, donde los salarios diarios seguían empequeñeciendo a los que se ganaban en México. En algún momento de su vida, sobre todo en su juventud, un

---

[45] Doris Meisner, citada en Mike Davis y Justin Akers Chacón, *No One Is Illegal: Fighting Racism and State Violence on the U.S.-Mexico Border,* p. 208.

buen número de los pobres de México, tanto hombres como mujeres, emprendían el camino al norte a fin de ganar lo suficiente para vivir en México.

Desde 1994, el éxodo de mexicanos pobres por las rutas de migración a Estados Unidos se ha encontrado con una frontera cada vez más llena de barricadas. Las barricadas comenzaron como un proyecto en un sector para atender las preocupaciones de la población mexicano-estadunidense de El Paso, Texas, pero también como complemento de la búsqueda política de una apariencia de orden y autoridad nacionales en una época de globalización, y obtuvieron recursos de fondos destinados a la interceptación de drogas, tarea que a fines de la década de 1970 estaba inextricablemente unida al proyecto de control migratorio. La mezcla de control migratorio e interceptación de drogas transformó radicalmente la vida de trabajo de los agentes de la Patrulla Fronteriza. Mientras que muchos de ellos decían que incorporarse a la patrulla les permitía saldar viejas deudas, comprar casa, mantener a su familia y, sobre todo, llegar a un punto en que sus "problemas no eran de dinero", el control de las drogas transformó la frontera méxico-estadunidense en un lugar de trabajo cada vez más imprevisible, militarizado y violento.[46] "Recuerda: eres un blanco", dice un cartel en la estación de la Patrulla Fronteriza en McAllen, Texas, previniendo a los agentes contra los bien armados contrabandistas de drogas con los que pueden encontrarse en sus turnos de guardia.[47] En este enfrentamiento entre agentes y contrabandistas, ambos muy armados y alertas a la aparición del enemigo, los incidentes de mayor violencia de la Patrulla Fronteriza se dan —como en la era de la prohibición— en la confluencia entre el control de las drogas y el control migratorio.

Los migrantes no autorizados llevan mucho tiempo huyendo de los agentes de la patrulla, pero según Timothy Dunn en *Militarization of the U.S.-Mexico Border,* "los agentes experimentados" de la década de 1990 "dicen que cuando en la frontera un sospechoso huye de los agentes, es probable que sea un

---

[46] Robert Lee Maril, *Patrolling Chaos...*, p. 31.
[47] *Ibid.,* p. 22.

contrabandista de drogas".[48] El 18 de marzo de 1992, este modo
de pensar resultó equivocado cuando un agente de la Patrulla
Fronteriza abrió fuego contra un grupo de entre 25 y 30 inmigrantes indocumentados y desarmados que caminaban cerca de
la frontera de Nogales, Arizona. Tres meses después, el agente
de la patrulla Michael Elmer le disparó dos veces por la espalda,
con un fusil AR-15, a un mexicano desarmado de Nogales, Sonora, y lo mató. Hizo los disparos durante una operación de intercepción de drogas, y trató de ocultar lo ocurrido enterrando
el cuerpo, pero otro agente, pese a las amenazas de Elmer, dio
parte del crimen varias horas después. Sin embargo, Elmer se
defendió con éxito del cargo de homicidio culposo implorando
a los jurados que comprendieran las presiones, el peligro y la
confusión del trabajo de la Patrulla Fronteriza en la época de
la guerra contra las drogas. Así, la guerra contra las drogas creó
un lugar de trabajo cada vez más peligroso y estresante para los
agentes de la patrulla, y al mismo tiempo les proporcionó una
nueva lógica de impunidad que justificaba incluso sus actos de
violencia más atroces.

La expansión de la guerra contra las drogas también afectó a
la Patrulla Fronteriza al fomentar una cultura nacional que invertía en policías y prisiones como mecanismos centrales de control
social. Por ejemplo, cuando el Congreso hizo frente al problema
de la inmigración ilegal aprobando la Ley de Reforma y Control de
la Inmigración (IRCA, por sus siglas en inglés) de 1986, la vigilancia de la inmigración sirvió como eje de futuros esfuerzos para
controlar la migración no autorizada. La IRCA otorgó amnistía a
los inmigrantes indocumentados que habían vivido de manera
ininterrumpida en Estados Unidos desde el 1° de enero de 1982,
penalizaba a quienes empleaban trabajadores no autorizados y expandía drásticamente la Patrulla Fronteriza. La amnistía permitió
a más de tres millones de inmigrantes indocumentados legalizar
su situación, pero no se estableció ningún sistema para gestionar
cambios de la situación migratoria de futuras generaciones de inmigrantes no autorizados, y la aplicación de sanciones a los patro-

---

[48] Timothy Dunn, *The Militarization of the U.S.-Mexico Border...*, p. 87.

nes era un proyecto muy mal financiado, por lo que la expansión de la Patrulla Fronteriza resultó el único principio sólido de los esfuerzos de control de la inmigración. En otras palabras, la reforma de la inmigración dependía de la vigilancia de la inmigración. Pese al aumento de los esfuerzos policiacos, la migración no autorizada continuó. El Congreso volvió a atender el asunto de la reforma inmigratoria a mediados de la década de 1990. La aprobación de la Ley de Reforma de la Inmigración Ilegal y Responsabilidad de los Inmigrantes (IIRIRA) de 1996 disponía la contratación de 5000 agentes más para la Patrulla Fronteriza. La IIRIRA también aumentó las penas por infringir las leyes de inmigración, redujo la tolerancia de delitos castigados con la deportación de inmigrantes legales, aplicó de manera retroactiva las causales de deportación e impuso el encarcelamiento o detención de inmigrantes que esperaban audiencias de deportación. Una vez más, el Congreso enfocaba el control de la inmigración como un asunto de crimen y castigo. El 11 de septiembre de 2001, los ataques a las Torres Gemelas y el Pentágono prometieron una transformación y expansión radicales de la observancia de las leyes de inmigración y el control de las fronteras. Inmediatamente después de los ataques, las autoridades federales reconsideraron su tenaz concentración en la vigilancia de la inmigración mexicana no autorizada en la frontera con México. Se encontraron nuevos blancos en las personas de "aspecto musulmán", y las responsabilidades del control de la inmigración se dispersaron en una red más amplia de entidades de observancia de la ley.[49] Sin embargo, la ampliación de los blancos no sacó a la Patrulla Fronteriza de su insistencia en la vigilancia de la inmigración mexicana no autorizada en la región de la frontera con México, mientras que la urgencia del antiterrorismo fomentó que se dedicaran más recursos fiscales y políticos al control de la inmigración y la observancia de las fronteras. El 1° de marzo de 2003 se transfirió la Patrulla Fronteriza al recién creado Departamento de Seguridad Nacional.

[49] Las entidades federales y locales participan cada vez más en la observancia de las leyes de inmigración. Véase Lisa M. Seghetti, Stephen R. Viña y Karma Ester, "Enforcing Immigration Law: The Role of State and Local Law Enforcement", CRS Report for Congress, 11 de marzo de 2004.

El 15 de mayo de 2006, el presidente George W. Bush prometió militarizar aún más el control de la inmigración desplegando 6 000 efectivos de la Guardia Nacional en la frontera con México. Y aunque la Patrulla Fronteriza empezó el siglo XXI con poco más de 4 000 agentes de servicio, en 2006 ya contaba con más de 12 000, y el presidente Bush decretó que aumentara sus efectivos a 18 319 al terminar 2008.[50]

VIGILANCIA DE LOS MEXICANOS EN LA ERA CARCELARIA

En sus dos décadas de expansión, la Patrulla Fronteriza no ha podido detener ni siquiera reducir de manera importante la inmigración no autorizada. Lo que el mayor número de agentes, vallas, armas y tecnología ha producido en realidad es un flujo constante de aprehensiones. Sin suficiente espacio para confinar a todas las personas detenidas por infringir las leyes de inmigración, con frecuencia se transfiere a los inmigrantes presos a alguna de las muchas cárceles o prisiones nacionales para que allí esperen el juicio o cumplan su condena. La Patrulla Fronteriza no es la única entidad que entrega inmigrantes a las instituciones de reclusión de Estados Unidos, pero su ascenso como proceso histórico de racismo y desigualdad se manifiesta claramente en el creciente número de inmigrantes indocumentados que ingresan junto con negros a cárceles y prisiones de todo el país.

Los negros constituyen 7% de la población estadunidense, pero representan más de la mitad de la población de prisiones y cárceles. La representación excesiva de los afroestadunidenses en la creciente población carcelaria de Estados Unidos hizo que el novelista Edgar Wideman se refiriera a las prisiones como "los lugares oscuros donde viven sólo negros".[51] El número de

[50] Dannielle Blumenthal, "President Bush to accelerate Border Patrol strategy with National Guard", *Customs and Border Protection Today*, vol. 4, núm. 5, mayo de 2006, accesible en línea en cbp.gov/xp/CustomsToday/2006/may/president_bush.xml (consultado el 14 de noviembre de 2013).

[51] Edgar Wideman, "The Politics of Prison: Doing Time, Marking Race", *The Nation*, 30 de octubre de 1995, p. 503.

hombres y mujeres negros que están en prisión le ha acarreado graves consecuencias a la comunidad afroestadunidense.[52] El encarcelamiento no sólo aparta a las personas de su familia, sino que impone una serie de "castigos invisibles" que priva de sus derechos fundamentales a los sujetos de libertad condicional y a los ex presidiarios.[53] Por ejemplo, la Ley contra el Abuso de Drogas de 1988 prohíbe a los inquilinos de viviendas subvencionadas (y a sus invitados) participar en "actividades delictivas, incluidas las relacionadas con drogas, en viviendas subvencionadas o sus cercanías". Conforme a esta ley de 1988, la condena de una persona por un delito relacionado con las drogas podría ocasionar el desalojo de toda una familia. Por otra parte, la Personal Responsibility and Work Opportunity Reconciliation Act de 1996 dispuso la privación vitalicia de los beneficios de la asistencia social para las personas condenadas por infracciones de las leyes sobre drogas. Así, las condenas por delitos relacionados con las drogas entrañan el peligro de dejar a familias sin hogar y desestabilizar comunidades. Las leyes de privación del sufragio, que niegan el derecho al voto a presos y ex convictos, agravan los trastornos sociales acarreados por los castigos invisibles. Según la organización Sentencing Project, 13% de los afroestadunidenses varones no tienen derecho a votar debido a las leyes de privación del sufragio por delincuencia de varios estados, y si se mantienen las actuales tendencias de encarcelamiento, 30% de "la próxima generación de hombres negros quedarán privados del derecho al voto en algún momento de su vida".[54] El efecto del sistema de prisiones ha sido, pues, quitar sus derechos fundamentales a una creciente proporción de la población afroestadunidense y restringir su acceso a satisfactores básicos como vivienda, asistencia social, familia y empleo.

---

[52] Véanse Marc Mauer, *Race to Incarcerate*; Don Sabo, Terry A. Kupers y Willie London (eds.), *Prison Masculinities*, y Michael Tonry y Joan Petersilia (eds.), *Prisons*.

[53] Marc Mauer y Meda Chesney-Lind (eds.), *Invisible Punishment. The Collateral Consequences of Mass Imprisonment*; Joan Petersilia, *When Prisoners Come Home: Parole and Prisoner Reentry*.

[54] *Idem*.

Las vidas de los negros tras las rejas y las diversas penas que los ex presidiarios y sus familias pagan a la larga por sus delitos son la prueba material de que crimen y castigo funcionan como un amplio sistema de organización social racista en Estados Unidos.[55] Loïc Wacquant afirma que el apresamiento masivo en la era carcelaria funciona como una "institución peculiar" que prolonga la historia de la esclavitud negra y el segregacionismo en Estados Unidos al retirarles la ciudadanía plena a los presos y ex convictos, pese a los muchos logros del movimiento de defensa de los derechos civiles.[56]

Lo que muchos estudiosos del racismo y la desigualdad en la era carcelaria examinan ahora es el acelerado crecimiento del número de inmigrantes (en su inmensa mayoría mexicanos) que cumplen condenas de cárcel por infracciones de las leyes de inmigración y drogas, antes de ser deportados.[57] Entre 1985 y 2000, la proporción de no ciudadanos recluidos en prisiones federales aumentó de 15 a 29%, lo que hace de los inmigrantes (junto con las mujeres negras) uno de los sectores de más rápido crecimiento de la población de esas prisiones.[58] Además del creciente número de inmigrantes presos en cárceles de Estados Unidos, cada

[55] Bruce Western, *Punishment and Inequality in America*; Marc Mauer y Meda Chesney-Lind, *Invisible Punishment*...

[56] Loïc Wacquant, "From Slavery to Mass Incarceration: Rethinking the 'Race Question' in the U.S.", *New Left Review*, vol. 13, núm. 1, enero-febrero de 2002, pp. 41-60. Véanse también Loïc Wacquant, "Race as Civic Felony", *International Social Science Journal*, vol. 57, núm. 183, 2005, pp. 127-142, y Jeff Manza y Christopher Uggen, "The Civic Reintegration of Criminal Offenders", *Annals of the American Academy of Political and Social Science*, vol. 605, núm. 1, 2006, pp. 281-310.

[57] Entre las excepciones se cuentan Mark Dow, *American Gulag: Inside U.S. Immigration Prisons*; Hernández, "Undue Process: Immigrant Detention, Due Process, and Lesser Citizenship", documento de trabajo del Institute for the Study of Social Change, Universidad de California en Berkeley, 3 de noviembre de 2005; Robert S. Kahn, *Other People's Blood: U.S. Immigration Prisons in the Reagan Decade*; Jonathan Simon, "Refugees in a Carceral Age: The Rebirth of Immigration Prisons in the United States", *Public Culture*, vol. 10, núm. 3, 1998, pp. 577-606.

[58] John Scalia y Marika Litras, "Immigration Offenders in the Federal Criminal Justice System, 2000", Washington, D. C., Departamento de Justicia de Estados Unidos, Oficina de Programas de Justicia, Oficina de Estadística de Justicia, informe especial, agosto de 2002. Véase también Alison Siskin y Margaret Mikyung Lee, *Detention of Noncitizens in the United States*, informe RL31606, Washington, D. C., Servicio de Investigación del Congreso, 15 de octubre de 2003.

vez más personas son recluidas en centros de detención del INS, hoy conocido como Entidad Ejecutora de las Leyes de Inmigración y Aduanas (ICE, por sus siglas en inglés). Si se suman al más de un millón de personas detenidas cada año en estaciones de la Patrulla Fronteriza, los inmigrantes representan parte importante de la población carcelaria de Estados Unidos y, por lo mismo, las prisiones son una dimensión cada vez más importante del control inmigratorio estadunidense. El número creciente de inmigrantes indocumentados recluidos en cárceles y prisiones de Estados Unidos explica la historia de racismo que ha sido componente esencial de la vigilancia de los mexicanos en la región de la frontera entre Estados Unidos y México. Para los afroestadunidenses, la llegada de inmigrantes indocumentados al sistema de prisiones exagera y fortalece la función de la cárcel como reserva especial para quienes carecen de derechos plenos de ciudadanía en Estados Unidos. Para la casta de los ilegales, su llegada a las cárceles y prisiones estadunidenses —"los lugares oscuros donde viven sólo negros"— confirma que los sistemas federales de control migratorio no sólo se ocupan de repatriar mexicanos, sino de enviar a los pobres de México a instituciones peculiares, al norte de la frontera, donde inequidades sociales, políticas y económicas generalizadas y racistas se inscriben ahora en Estados Unidos. Así, la crónica del ascenso de la Patrulla Fronteriza en la región de la frontera méxico-estadunidense en cuanto historia de vigilancia policial en los Estados Unidos modernos revela cómo los caminos de los *Mexican Browns* y los negros estadunidenses se cruzan en la era carcelaria.

Cuando Jorge Lerma cantó una canción sobre Superman como el inmigrante ilegal olvidado de Estados Unidos, difícilmente podía saber que el advenimiento de la era carcelaria lo obligaría a escarbar más para entender la vigilancia de los mexicanos por parte de la Patrulla Fronteriza. Sin embargo, al evocar la imagen de Superman, Lerma daba un ejemplo propio siguiendo el llamado de Gramsci a hacer un "inventario" de los muchos pasados enterrados en el presente.[59] A fin de cuentas, Superman

[59] Antonio Gramsci, *Selections from Prison Notebooks*, p. 324.

fue creado por historietistas de ideas comunistas que basaron su nuevo héroe estadunidense en la vida y la leyenda de John Henry. Presidiario negro alquilado como obrero al ferrocarril Chesapeake & Ohio en Virginia Occidental en la década de 1870, John Henry era un hombre corpulento, fornido y orgulloso. Cuando la empresa llevó una perforadora de vapor al frente de las vías férreas, Henry retó a la máquina a competir con él en barrenar la roca. Resultó que él metía el barreno más rápido y más adentro que la perforadora de vapor. Su triunfo inspiró a generaciones de obreros que lucharon contra la deshumanización del trabajo durante la industrialización de Estados Unidos. Conservaron su leyenda en canciones. Como señala el biógrafo más reciente de la leyenda, en la década de 1930 comunistas e historietistas habían transformado al hombre que incrustaba el acero en la roca en el hombre de acero.[60] Sepultados en lo profundo de la figura de Superman estaban juntos, pues, el inmigrante ilegal y el presidiario negro. Al evocar la historia de un obrero convicto negro convertido en superhéroe de Estados Unidos que, a pesar de todo, era un inmigrante ilegal, Jorge Lerma aprovechaba e introducía de contrabando un inventario sociohistórico crítico del ascenso de la Patrulla Fronteriza en la región de la frontera con México. Como hace pensar su canción, la vigilancia de mexicanos en el afán de control migratorio está estrechamente vinculada con proyectos que definen el significado de ser blanco y ser negro en la vida estadunidense. En las prisiones y cárceles de Estados Unidos, los caminos de los pobres de México se encuentran con los caminos de los afroestadunidenses pobres y dejan claro que, para los *Mexican Browns,* la historia de la raza se ha desviado de los blancos a los negros en parte debido a la vigilancia desigual de la división entre legales e ilegales por parte de la Patrulla Fronteriza.

La importancia de ambas razas, la blanca y la negra, en la evolución de la vigilancia de los mexicanos es sin duda una historia oculta, pero, como lo evidencian archivos dispersos al norte y al sur de la frontera, la Patrulla Fronteriza tomó muchos ca-

---

[60] Scott Reynolds Nelson, *Steel Drivin' Man—John Henry—The Untold Story of an American Legend*, p. 161.

minos peculiares y olvidados para llegar a su hoy conocida concentración en la zona de la frontera con México. Los esfuerzos para administrar la movilidad de los trabajadores mexicanos siempre fueron esenciales y, con el tiempo, la preocupación por la seguridad de la frontera dominó cada vez más las prácticas de la corporación, pero su ascenso comenzó con los veteranos que construyeron una hermandad de control de la inmigración. Su historia se desarrolló sobre la base de las esperanzas de modernidad de los mexicanos y la búsqueda de incorporación de los mexicano-estadunidenses y, en los albores de la era carcelaria, un giro sutil hacia el control de la delincuencia se sumó a la naciente preocupación por la intercepción de drogas para concentrar aún más el control migratorio estadunidense en la región de la frontera con México. De principio a fin, ya sea que se consideren las armas de los veteranos, las vallas de los reclutas o las barricadas de la época neoliberal, el sexismo fue un factor decisivo en la formación de la violencia de Estado, mientras que, desde las leyes de segregación hasta el sistema carcelario, la discriminación racial de la casta de los ilegales por parte de la Patrulla Fronteriza se desarrolló a la par que la evolución de las razas blanca y negra en la vida estadunidense. Hace mucho que estas dimensiones tácitas del pasado de la Patrulla Fronteriza se guardaron en cajas y se sumergieron bajo narraciones más simples, pero no dejaron de definir el ascenso de la Patrulla Fronteriza en la región de la frontera con México.

Bibliografía selecta

COLECCIONES DE ARCHIVOS

Estados Unidos

American Friends Service Committee, United States-Mexico Border Program Records, Mandeville Special Collections Library, Geisel Library, Universidad de California en San Diego.

Archives of the Big Bend, Bryan Wildenthal Memorial Library, Sul Ross State University, Alpine, Texas.

Border Patrol Scrapbooks and Oral Histories, National Border Patrol Museum (NBPM), El Paso, Texas.

Center for American History, Universidad de Texas en Austin (citado como CAH).

Citizen and Immigration Services, Historical Reference Library, Washington, D. C. (citado como CIS/HRL).

Ernesto Galarza Papers, Green Library Special Collections, Universidad de Stanford, Palo Alto, California.

Instituto de Historia Oral, Universidad de Texas en El Paso.

Lyndon Baines Johnson Memorial Library, Universidad de Texas en Austin.

National Archives and Records Administration (Archivos Nacionales y Administración de Documentos), Washington, D. C. (citada como NARA).

Records of the U.S. Immigration and Naturalization Service, Record Group 85.

National Archives and Records Administration, College Park, Maryland (citada como NARA 2).

    Records of the U.S. Department of State, Record Group 59.

    Records of the Department of Justice, Record Group 60.

    Records of the U.S. Immigration and Naturalization Service, Record Group 85.

National Archives and Records Administration, Fort Worth, Texas (citada como NARA Fort Worth).

    Records of the U.S. District Court, Sothern District of Texas, Laredo Division (Documentos del Tribunal de Distrito de Estados Unidos, Distrito Sur de Texas, División de Laredo), Record Group 21.

National Archives and Records Administration, Laguna Niguel, California (citada como NARA Laguna Niguel).

    Records of District Courts of the U.S., Sothern California Division, Record Group 21.

Oral History Collection, Southwest Collection, Universidad Texas Tech, Lubbock, Texas.

Paul Schuster Taylor Collection, Bancroft Library, Universidad de California en Berkeley.

San Diego Historical Society (Sociedad Histórica de San Diego), San Diego, California.

México

Archivo de Concentraciones (citado como AHSRE).

Archivo General de la Nación, ciudad de México (citado como AGN).

Archivo Histórico del Instituto Nacional de Migración, ciudad de México (citado como AHINM).

Archivo Histórico de la Secretaría de Relaciones Exteriores, ciudad de México.

Fondo Adolfo López Mateos (FALM).

Fondo Adolfo Ruiz Cortines (FARC).

Fondo Manuel Ávila Camacho (FMAC).

Fondo Miguel Alemán Valdés (FMAV).

Artículos, libros y tesis

Aguila, Jaime, *Protecting "México de Afuera": Mexican Emigration Policy, 1876-1928*, tesis doctoral, Universidad Estatal de Arizona, 2000.

Aguilar Camín, Héctor, y Lorenzo Meyer, *In the Shadow of the Mexican Revolution: Contemporary Mexican History, 1910-1989*, Austin, University of Texas Press, 1993. [Versión original en español: *A la sombra de la Revolución mexicana*, México, Cal y Arena, 1989.]

Alanís Enciso, Fernando Saúl, "La Constitución de 1917 y la emigración de trabajadores mexicanos a Estados Unidos", *Relaciones*, vol. 22, núm. 87, 2001, pp. 205-230.

————, *El primer programa bracero y el gobierno de México*, San Luis Potosí, El Colegio de San Luis, 1999.

————, *El valle bajo del Río Bravo, Tamaulipas, en la década de 1930. El desarrollo regional en la posrevolución a partir de la irrigación, la migración interna y los repatriados de Estados Unidos*, Ciudad Victoria y San Luis Potosí, El Colegio de Tamaulipas y El Colegio de San Luis, 2004.

Aleinikoff, T. Alexander, *Semblances of Sovereignty: The Constitution, the State, and American Citizenship*, Cambridge, Massachusetts, Harvard University Press, 2002.

Alfaro-Velcamp, Theresa, *So Far from Allah, So Close to Mexico: Middle Eastern Immigrants in Modern Mexico*, Austin, University of Texas Press, 2007.

Anderson, Malcolm, *Policing the World: Interpol and the Politics of International Police Co-operation*, Nueva York, Oxford University Press, 1989.

Andreas, Peter, *Border Games: Policing the U.S.-Mexico Divide*, Ithaca, Nueva York, Cornell University Press, 2000.

Andres hijo, Benny Joseph, *Power and Control in Imperial Valley, California: Nature, Agribusiness, Labor, and Race Relations, 1900-1940*, tesis doctoral, Universidad de Nuevo México, 2003.

Askins, Charles, *Unrepentant Sinner: The Autobiography of Colonel Charles Askins*, Boulder, Colorado, Paladin Press, 1984.

Bailey, Stanley, Karl Eschbach, Jacqueline Hagan y Néstor Rodríguez, "Migrant Deaths at the Texas-Mexico Border, 1985-1994: A Preliminary Report", Houston, Texas, Centro de Investigación de la Inmigración de la Universidad de Houston, febrero de 1996.

Balderrama, Francisco E., y Raymond Rodríguez, *Decade of Betrayal: Mexican Repatriation in the 1930s*, Albuquerque, University of New Mexico Press, 1995.

Barrett, James, y David Roediger, "Inbetween Peoples: Race, Nationality, and the New Immigrant Working Class", *Journal of American Ethnic History*, vol. 16, núm. 3, primavera de 1997, pp. 3-44.

Barry, Tom, Harry Browne y Beth Sims, *Crossing the Line: Immigrants, Economic Integration, and Drug Enforcement on the U.S.-Mexico Border*, Albuquerque, Nuevo México, Resource Center Press, 1994.

Bayley, David, *Patterns of Policing: A Comparative International Analysis*, New Brunswick, Nueva Jersey, Rutgers University Press, 1985.

Bender, Thomas (ed.), *Rethinking American History in a Global Age*, Berkeley y Los Ángeles, University of California Press, 2002.

Bibler Coutin, Susan, *Legalizing Moves: Salvadoran Immigrants' Struggle for U.S. Residency*, Ann Arbor, University of Michigan Press, 2000.

Bittner, Egon, "Florence Nightingale in Pursuit of Willie Sutton: A Theory of the Police", en Herbert Jacob (ed.), *The Potential for Reform of Criminal Justice*, Beverly Hills, California, Sage, 1974, pp. 17-44.

————, *The Functions of Police in Modern Society*, Washington, D. C., GPO, 1970.

Borstelmann, Thomas, *The Cold War and the Color Line: American Race Relations in the Global Arena*, Cambridge, Massachusetts, Harvard University Press, 2001.

Bustamante, Jorge, "Commodity Migrants: Structural Analysis of Mexican Immigration to the United States", en Stanley P. Ross (ed.), *Views across the Border: The United States and*

Mexico, Albuquerque, University of New Mexico Press, 1978, pp. 183-203.

Bustamante, Jorge, "Measuring the Flow of Undocumented Immigrants", en Wayne Cornelius y Jorge Bustamante (eds.), *Mexican Migration to the United States: Origins, Consequences, and Policy Options,* La Jolla, Centro de Estudios México-Estados Unidos de la Universidad de California en San Diego, 1989, pp. 95-108.

Calavita, Kitty, *Inside the State: The Bracero Program, Immigration, and the I.N.S.,* Nueva York, Routledge, 1992.

————, *U.S. Immigration Law and the Control of Labor, 1820-1924,* Londres, Academic Press, 1984.

Cardoso, Lawrence, *Mexican Emigration to the United States: 1897-1931,* Tucson, University of Arizona Press, 1980.

Carreras de Velasco, Mercedes, *Los mexicanos que devolvió la crisis, 1929-1932,* ciudad de México, Secretaría de Relaciones Exteriores, 1974.

Chan, Sucheng, *This Bittersweet Soil: The Chinese in California Agriculture, 1860-1910,* Berkeley y Los Ángeles, University of California Press, 1986.

Chao Romero, Robert, "Transnational Chinese Immigrant Smuggling to the United States via Mexico and Cuba, 1882-1916", *Amerasia Journal,* vol. 30, núm. 3, 2004-2005, pp. 1-16.

Chavez, Leo, *Shadowed Lives: Undocumented Immigrants in American Society,* Fort Worth, Texas, Harcourt Brace College Publishers, 1998.

Cleveland, Jeffrey Kirk, *Fight Like a Devil: Images of the Texas Rangers and the Strange Career of Jesse Perez,* tesis de maestría, Universidad de Texas, 1992.

Coatsworth, John, *Growth against Development: The Economic Impact of Railroads in Porfirian Mexico,* DeKalb, Illinois, Northern Illinois University Press, 1981.

Cockroft, James D., *Outlaws in the Promised Land: Mexican Immigrant Workers and America's Future,* Nueva York, Grove Press, 1986.

Cohen, Deborah, "Caught in the Middle: The Mexican State's Relationship with the U.S. and Its Own Citizen-Workers,

1942-1958", *Journal of American Ethnic History*, vol. 20, núm. 3, 2001, pp. 110-132.

Cohen, Deborah, "From Peasant to Worker: Migration, Masculinity, and the Making of Mexican Workers in the U.S.", *International Labor and Working Class History*, vol. 69, núm. 1, primavera de 2006, pp. 81-103.

Cohen, Lizabeth, *Making a New Deal: Industrial Workers in Chicago, 1919-1939*, Nueva York, Cambridge University Press, 1990.

Copp, Nelson Gage, *"Wetbacks" and Braceros: Mexican Migrant Laborers and American Immigration Policy, 1930-1960*, San Francisco, R and E Research Associates, 1971.

Cornelius, Wayne, "Death at the Border: Efficacy and Unintended Consequences of U.S. Immigration Control Policy", *Population and Development Review*, vol. 27, núm. 4, 2001, pp. 661-685.

―――――, *Mexican Migration to the United States: Causes, Consequences, and U.S. Responses*, Cambridge, Massachusetts, Migration and Development Study Group, Center for International Studies, Instituto Tecnológico de Massachusetts, 1978.

Craig, Richard B., *The Bracero Program: Interest Groups and Foreign Policy*, Austin, University of Texas Press, 1971.

Cresswell, Stephen, *Mormons and Cowboys, Moonshiners and Klansmen*, Tuscaloosa, University of Alabama Press, 1991.

Daniel, Cletus, *Bitter Harvest: A History of California Farm Workers, 1870-1941*, Ithaca, Nueva York, Cornell University Press, 1981.

Daniels, Roger, *Coming to America: A History of Immigration and Ethnicity in American Life*, 2a. ed., Nueva York, Perennial, 2002.

―――――, *Guarding the Golden Door: American Immigration Policy and Immigrants since 1882*, Nueva York, Hill and Wang, 2004.

―――――, *The Politics of Prejudice: The Anti-Japanese Movement in California and the Struggle for Japanese Exclusion*, Berkeley y Los Ángeles, University of California Press, 1977.

Davis, Mike, y Justin Akers Chacón, *No One Is Illegal: Fighting Racism and State Violence on the U.S.-Mexico Border*, Chicago, Haymarket Books, 2006.

De Genova, Nicholas, "The Legal Production of Mexican/Migrant 'Illegality'", *Latino Studies,* vol. 2, núm. 2, julio de 2004, pp. 160-185.

————, "Migrant 'Illegality' and Deportability in Everyday Life", *Annual Review of Anthropology,* núm. 31, octubre de 2002, pp. 419-447.

————, *Working the Boundaries: Race, Space, and "Illegality" in Mexican Chicago,* Durham, Carolina del Norte, Duke University Press, 2005.

Delgado, Grace, *In the Age of Exclusion: Race, Religion, and Chinese Identity in the Making of the Arizona-Sonora Borderlands, 1863-1943,* tesis doctoral, Universidad de California en Los Ángeles, 2000.

Dow, Mark, *American Gulag: Inside U.S. Immigration Prisons,* Berkeley y Los Ángeles, University of California Press, 2004.

Dudziak, Mary, *Cold War Civil Rights: Race and the Image of American Democracy,* Princeton, Nueva Jersey, Princeton University Press, 2000.

Dunn, Timothy, *The Militarization of the U.S.-Mexico Border, 1978-1992: Low-Intensity Conflict Doctrine Comes Home,* Austin, Centro de Estudios México-Estados Unidos, Universidad de Texas en Austin, 1996.

Escobar, Edward J., *Race, Police, and the Making of a Political Identity: Mexican Americans and the Los Angeles Police Department, 1900-1945,* Berkeley y Los Ángeles, University of California Press, 1999.

Espenshade, Thomas J., "Using INS Border Apprehension Data to Measure the Flow of Undocumented Migrants Crossing the U.S.-Mexico Frontier", *International Migration Review,* vol. 29, núm. 2, 1995, pp. 545-565.

Fellner, Jamie, *Losing the Vote: The Impact of Felony Disenfranchisement Law in the United States,* Washington, D. C., Sentencing Project, 1998.

Fields, Barbara I., "Ideology and Race in American History", en J. Morgan Kousser y James M. McPherson (eds.), *Region, Race, and Reconstruction: Essays in Honor of C. Vann Woodward,* Oxford, Oxford University Press, 1982, pp. 143-177.

Fitzgerald, David, *A Nation of Emigrants: How Mexico Manages Its Migration,* Berkeley y Los Ángeles, University of California Press, 2009.

Foley, Douglas E., Clarice Mota, Donald E. Post e Ignacio Lozano, *From Peones to Politicos: Class and Ethnicity in a South Texas Town, 1900-1987,* Austin, University of Texas Press, 1988.

Foley, Neil, "Becoming Hispanic: Mexican Americans and the Faustian Pact with Whiteness", en *Reflexiones 1997,* Austin, University of Texas Press, 1998, pp. 53-70.

————, "Partly Colored or Other White: Mexican Americans and Their Problem with the Color Line", en Vicki L. Ruiz y Donna R. Gabaccia (eds.), *American Dreaming, Global Realities: Rethinking U.S. Immigration History,* Champaign, University of Illinois Press, 2006, pp. 361-378.

————, *The White Scourge: Mexicans, Blacks, and Poor Whites in Texas Cotton Culture,* Berkeley y Los Ángeles, University of California Press, 1997.

Friedman, Lawrence M., *Crime and Punishment in American History,* Nueva York, Basic Books, 1993.

Galarza, Ernesto, *Merchants of Labor: The Mexican Bracero Story, An Account of the Managed Migration of Mexican Farm Workers in California, 1942-1960,* Santa Bárbara, California, McNally and Loftin, 1964.

Gamio, Manuel, *The Life Story of the Mexican Immigrant: Autobiographical Documents,* Nueva York, Dover, 1971.

————, *Mexican Immigration to the United States: A Study of Human Migration and Adjustment,* Chicago, University of Chicago Press, 1930.

García, Juan Ramón, *Operation Wetback: The Mass Deportation of Mexican Undocumented Workers in 1954,* Westport, Connecticut, Greenwood Press, 1980.

García, Mario T., *Desert Immigrants: The Mexicans of El Paso, 1880-1920,* New Haven, Connecticut, Yale University Press, 1981.

García, Matt, *A World of Its Own: Race, Labor, and Citrus in the Making of Greater Los Angeles, 1900-1970,* Chapel Hill, University of North Carolina Press, 2001.

García y Griego, Manuel, *The Importation of Mexican Contract*

Laborers to the United States, 1942-1964: Antecedents, Operation, and Legacy, documentos de trabajo del Centro de Estudios México-Estados Unidos, núm. 11, La Jolla, Universidad de California en San Diego, 1980.

Garland, David, *The Culture of Control: Crime and Social Order in a Contemporary Society,* Chicago, University of Chicago Press, 2001.

——— (ed.), *Mass Imprisonment: Social Causes and Consequences,* Nueva York, Russell Sage Foundation, 2001.

———, *Punishment and Modern Society: A Study in Social Theory,* Chicago, University of Chicago Press, 1990.

Gilliland, Maude T., *Horsebackers of the Brushcountry: A Story of the Texas Rangers and Mexican Liquor Smugglers,* Brownsville, Texas, Springman-King, 1968.

Gilmore, Ruth Wilson, *Golden Gulag: Prisons, Surplus, Crisis, and Opposition in Globalizing California,* Berkeley y Los Ángeles, University of California Press, 2006.

González, Gilbert G., *Guest Workers or Colonized Labor: Mexican Labor Migration to the United States,* Boulder Colorado, Paradigm, 2006.

———, *Mexican Consuls and Labor Organizing: Imperial Politics in the American Southwest,* Austin, University of Texas Press, 1999.

———, y Raúl A. Fernández, *A Century of Chicano History: Empire, Nations, and Migration,* Nueva York, Routledge, 2003.

González, Guadalupe, y Marta Tienda (eds.), *The Drug Connection in U.S.-Mexican Relations,* La Jolla, Centro de Estudios México-Estados Unidos de la Universidad de California en San Diego, 1989.

González Marín, María Luisa, *La industrialización en México,* ciudad de México, Instituto de Investigaciones Económicas, UNAM/Porrúa, 2002.

González Navarro, Moisés, *La colonización en México, 1877-1910,* México, Talleres de Impresión de Estampillas y Valores, 1960.

———, *Los extranjeros en México y los mexicanos en el extranjero, 1821-1970,* vol. 3, ciudad de México, El Colegio de México, 1994.

González Navarro, Moisés, *Sociedad y cultura en el porfiriato,* México, Consejo Nacional para la Cultura y las Artes, 1994.

Gottschalk, Marie, *The Prison and the Gallows: The Politics of Mass Incarceration in America,* Cambridge, Cambridge University Press, 2006.

Gramsci, Antonio, *Selections from Prison Notebooks,* Quinten Hoare y Geoffrey Nowell Smith (eds.), Nueva York, International Publishers, 1985.

Guerin-Gonzales, Camille, *Mexican Workers and American Dreams: Immigration, Repatriation, and California Farm Labor, 1900-1939,* New Brunswick, Nueva Jersey, Rutgers University Press, 1994.

Guglielmo, Thomas A., "Fighting for Caucasian Rights: Mexicans, Mexican-Americans, and the Transnational Fight for Civil Rights in World War II Texas", *Journal of American History,* vol. 92, núm. 4, marzo de 2006, pp. 1212-1237.

————, *White on Arrival: Italians, Race, Color, and Power in Chicago, 1890-1945,* Nueva York, Oxford University Press, 2003.

Gutiérrez, David, *Walls and Mirrors: Mexican Americans, Mexican Immigrants, and the Politics of Ethnicity,* Berkeley y Los Ángeles, University of California Press, 1995.

Hadden, Sally, *Slave Patrols: Law and Violence in Virginia and the Carolinas,* Cambridge, Massachusetts, Harvard University Press, 2001.

Hall, Stuart, Charles Crichter, Tony Jefferson, John Clarke y Brian Robert, *Policing the Crisis: Mugging, the State, and Law and Order,* Londres, Macmillan, 1978.

Harring, Sidney L., *Policing a Class Society: The Experience of American Cities, 1865-1915,* New Brunswick, Nueva Jersey, Rutgers University Press, 1983.

Hart, John Mason, *Empire and Revolution: The Americans in Mexico since the Civil War,* Berkeley y Los Ángeles, University of California Press, 2002.

————, *Revolutionary Mexico: The Coming and Process of the Mexican Revolution,* Berkeley y Los Ángeles, University of California Press, 1997.

Hellyer, Clement David, *The U.S. Border Patrol*, Nueva York, Random House, 1963.

Hernández, David, "Pursuant to Deportation: Latinos and Immigrant Detention", *Latino Studies*, vol. 6, núms. 1 y 2, 2008, pp. 35-63.

⸻, "Undue Process: Immigrant Detention, Due Process, and Lesser Citizenship", documento de trabajo núm. 6 del Institute for the Study of Social Change, Universidad de California en Berkeley, 3 de noviembre de 2005. Disponible en escholarship.org/uc/item/15b1h07r

Hester, Torrie, *Deportation: Origins of a National and International Power*, tesis doctoral, Universidad de Oregon, 2008.

Heyman, Josia, "State Effects on Labor Exploitation: The INS and Undocumented Immigrants at the U.S.-Mexico Border", *Critique of Anthropology*, vol. 18, núm. 2, 1988, pp. 161-180.

⸻, "U.S. Immigration Officers of Mexican Ancestry as Mexican Americans, Citizens, and Immigration Police", *Current Anthropology*, vol. 43, núm. 3, 2002, pp. 479-507.

Higham, John, *Strangers in the Land: Patterns of American Nativism, 1860-1925* (ed. rev.), Nueva York, Rutgers University Press, 2002.

Hoffman, Abraham, *Unwanted Mexican Americans in the Great Depression: Repatriation Pressures, 1929-1939*, Tucson, University of Arizona Press, 1974.

Horne, Gerald, *Black and Brown: Africans and the Mexican Revolution, 1910-1920*, Nueva York, New York University Press, 2005.

Horsman, Reginald, *Race and Manifest Destiny: The Origins of American Racial Anglo-Saxonism*, Cambridge, Massachusetts, Harvard University Press, 1981.

Hu DeHart, Evelyn, *The Chinese Experience in Arizona and Northern Mexico*, Tucson, Arizona Historical Society, 1980.

⸻, "Immigrants to a Developing Society: The Chinese in Northern Mexico, 1875-1932", *Journal of Arizona History*, vol. 21, núm. 3, otoño de 1980, pp. 275-312.

Idar hijo, Ed, y Andrew McClellan, *What Price Wetbacks?*, Austin Texas, American G. I. Forum, 1953.

Jacobson, Matthew Frye, *Whiteness of a Different Color: European Immigrants and the Alchemy of Race,* Cambridge, Massachusetts, Harvard University Press, 1998.

James, Joy (ed.), *States of Confinement: Policing, Detention, and Prisons,* Nueva York, Palgrave, 2000.

Jarnagin, Richard Tait, *The Effect of Increased Illegal Mexican Migration upon the Organization and Operations of the United States Immigration Border Patrol, Southwest Region,* tesis de maestría, Universidad del Sur de California, 1957.

Jelinek, Lawrence J., *Harvest Empire: A History of California Agriculture,* 2a. ed., San Francisco, Boyd and Frasur, 1982.

Johnson, Benjamin Heber, *Revolution in Texas: How a Forgotten Rebellion and Its Bloody Suppression Turned Mexicans into Americans,* New Haven, Connecticut, Yale University Press, 2003.

Johnson, David K., *The Lavender Scare: The Cold War Persecution of Gays and Lesbians in the Federal Government,* Chicago, University of Chicago Press, 2004.

Johnson, David R., *American Law Enforcement: A History,* San Luis, Misuri, Forum Press, 1981.

————, *Illegal Tender: Counterfeiting and the Secret Service in Nineteenth-Century America,* Washington, D. C., Smithsonian Institution Press, 1995.

Johnson, Kevin R., "The Case against Race Profiling in Immigration Enforcement", *Washington University Law Quarterly,* vol. 78, núm. 3, 2000, pp. 675-736.

————, "The End of 'Civil Rights' as We Know It? Immigration and Civil Rights in the New Millennium", UCLA *Law Review,* vol. 49, núm. 5, junio de 2002, pp. 1481-1512.

————, *The "Huddled Masses" Myth: Immigration and Civil Rights,* Filadelfia, Temple University Press, 2004.

Jordan, Bill, *Tales of the Rio Grande,* El Paso, Texas, Museo Nacional de la Patrulla Fronteriza, 1995.

Jung, Moon-Ho, *Coolies and Cane: Race, Labor, and Sugar in the Age of Emancipation,* Baltimore, Johns Hopkins University Press, 2006.

Kahn, Robert S., *Other People's Blood: U.S. Immigration Prisons in the Reagan Decade*, Boulder, Colorado, Westview Press, 1996.

Kanstroom, Daniel, *Deportation Nation: Outsiders in American History*, Cambridge, Massachusetts, Harvard University Press, 2007.

King, Desmond, *Making Americans: Immigration, Race, and the Origins of the Diverse Democracy*, Cambridge, Massachusetts, Harvard University Press, 2000.

Klockars, Carl B., *The Idea of Police*, Beverly Hills, California, Sage, 1985.

Knight, Alan, *The Mexican Revolution*, 2 vols., Lincoln, University of Nebraska Press, 1986.

————, *U.S.-Mexican Relations, 1910-1940: An Interpretation*, La Jolla, Centro de Estudios México-Estados Unidos de la Universidad de California en San Diego, 1987.

Krauss, Eric, y Alex Pacheco, *On the Line: Inside the U.S. Border Patrol—Doing the Most Dangerous Job in America*, Nueva York, Citadel Press Books, 2004.

Kraut, Alan M., *The Huddled Masses: The Immigrant in American Society, 1880-1921*, Wheeling, Virginia Occidental, Harlan Davidson, 2001.

Landa y Piña, Andrés, *El Servicio de Migración en México*, ciudad de México, Talleres Gráficos de la Nación, 1930.

Lane, Roger, *Policing the City: Boston, 1822-1885*, Cambridge, Massachusetts, Harvard University Press, 1971.

Lee, Erika, *At America's Gates: Chinese Immigration During the Exclusion Era, 1882-1943*, Chapel Hill, University of North Carolina Press, 2004.

————, "Enforcing the Borders: Chinese Exclusion along the U.S. Borders with Canada and Mexico, 1882-1924", *Journal of American History*, vol. 89, núm. 1, 2002, pp. 54-86.

LeMay, Eric, *From Open Door to Dutch Door: An Analysis of U.S. Immigration Policy since 1920*, Nueva York, Praeger, 1987.

Lessard, David Richard, *Agrarianism and Nationalism: Mexico and the Bracero Program, 1942-1947*, tesis doctoral, Nueva Orleans, Universidad Tulane, 1984.

Luibhéid, Eithne, *Entry Denied: Controlling Sexuality at the Border,* Minneapolis, University of Minnesota Press, 2002.

Mabry, Donald J., y Robert J. Shafer, *Neighbors, Mexico, and the United States: Wetbacks and Oil,* Chicago, Nelson Hall, 1981.

MacCain, Johnny, *Contract Labor as a Factor in United States-Mexican Relations, 1942-1947,* tesis doctoral, Universidad de Texas en Austin, 1970.

Mackay, Reynolds, "The Federal Deportation Campaign in Texas: Mexican Deportation from the Lower Rio Grande Valley during the Great Depression", *Borderlands,* vol. 5, núm. 1, 1981, pp. 95-120.

Manza, Jeff, y Christopher Uggen, *Locked Out: Felon Disenfranchisement and American Democracy,* Oxford, Oxford University Press, 2006.

Maril, Robert Lee, *Patrolling Chaos: The U.S. Border Patrol in Deep South Texas,* Lubbock, Texas Tech University Press, 2006.

Markiewicz, Dana, *The Mexican Revolution and the Limits of Reform, 1915-1946,* Boulder, Colorado, Lynne Rienner, 1993.

Márquez, Benjamín, LULAC: *The Evolution of a Mexican American Political Organization,* Austin, University of Texas Press, 1993.

Martínez, John R., *Mexican Emigration to the United States, 1910-1930,* tesis doctoral, Universidad de California, 1957.

Massey, Douglas S., Jorge Durand y Nolan J. Malone, *Beyond Smoke and Mirrors: Mexican Immigration in an Era of Economic Integration,* Nueva York, Russell Sage Foundation, 2002.

Massey, Douglas S., Rafael Alarcón, Jorge Durand y Humberto González, *Return to Aztlan: The Social Process of International Migration from Western Mexico,* Berkeley y Los Ángeles, University of California Press, 1987.

Mauer, Marc, *Race to Incarcerate,* Nueva York, New Press, 1999.

Mauer, Marc, y Meda Chesney-Lind (eds.), *Invisible Punishment. The Collateral Consequences of Mass Imprisonment,* Nueva York, Free Press, 2002.

McWilliams, Carey, *Factories in the Field: The Story of Migratory Farm Labor in California,* reimpresión (1a. ed. 1939), Santa Bárbara, California, Peregrine Publishers, 1971.

McWilliams, John C., *The Protectors: Harry J. Anslinger and the Federal Bureau of Narcotics, 1930-1962*, Newark, University of Delaware Press, 1990.

Meade, Adalberto Walter, *El valle de Mexicali*, Mexicali, Universidad Autónoma de Baja California, 1996.

Menchaca, Martha, "Chicano Indianism: A Historical Account of Racial Repression in the United States", *American Ethnologist*, vol. 20, núm. 3, agosto de 1993, pp. 583-604.

————, *Recovering History, Constructing Race: The Indian, Black, and White Roots of Mexican Americans*, Austin, University of Texas Press, 2001.

Miller, Wilbur R., *Cops and Bobbies: Police Authority in New York and London, 1830-1870*, Columbus, Ohio State University Press, 1999.

————, *Revenuers and Moonshiners: Enforcing Federal Liquor Law in the Mountain South, 1865-1900*, Chapel Hill, University of North Carolina Press, 1991.

Monkkonen, Eric H., *Police in Urban America, 1860-1920*, Nueva York, Cambridge University Press, 1981.

Monroy, Douglas, *Rebirth: Mexican Los Angeles from the Great Migration to the Great Depression*, Berkeley y Los Ángeles, University of California Press, 1999.

————, *Thrown among Strangers: The Making of Mexican Culture in Frontier California*, Berkeley y Los Ángeles, University of California Press, 1990.

Montejano, David, *Anglos and Mexicans in the Making of Texas, 1836-1986*, Austin, University of Texas Press, 1987.

Moore, Alvin Edward, *The Border Patrol*, Santa Fe, Nuevo México, Sunstone Press, 1988.

Motomura, Hiroshi, *Americans in Waiting: The Lost Story of Immigration and Citizenship in the United States*, Nueva York, Oxford University Press, 2006.

Musto, David F., *The American Disease: Origins of Narcotics Control*, 3a. ed., Nueva York, Oxford University Press, 1999.

Myers, John Myers, *The Border Wardens*, Englewood Cliffs, Nueva Jersey, Prentice-Hall, 1971.

Nadelmann, Ethan A., *Cops Across Borders: The Internationalization of U.S. Criminal Law Enforcement*, University Park, Pensilvania, Pennsylvania State University Press, 1993.

Nash, Gerald D., *World War II and the West: Reshaping the Economy*, Lincoln, University of Nebraska Press, 1990.

Nelson, Scott Reynolds, *Steel Drivin' Man—John Henry—The Untold Story of an American Legend*, Oxford, Oxford University Press, 2007.

Neuman, Gerald L., *Strangers to the Constitution: Immigrants, Borders, and Fundamental Law*, Princeton, Nueva Jersey, Princeton University Press, 1996.

Nevins, Joseph, *Operation Gatekeeper: The Rise of the "Illegal Alien" and the Making of the U.S.-Mexico Boundary*, Nueva York, Routledge, 2002.

Ngai, Mae, *Impossible Subjects: Illegal Aliens and the Making of Modern America*, Princeton, Nueva Jersey, Princeton University Press, 2004.

Niblo, Stephen R., *The Impact of War: Mexico and World War II*, Melbourne, Instituto de Estudios Latinoamericanos de la Universidad La Trobe, serie Occasional Paper, núm. 10, 1988.

―――, *War, Diplomacy, and Development: The United States and Mexico, 1938-1954*, Wilmington, Delaware, Scholarly Resources, 1995.

Odens, Peter, *The Desert Trackers: Men of the Border Patrol*, Yuma, Arizona, impreso por el autor, 1975.

Omi, Michael, y Howard Winant, *Racial Formation in the United States: From the 1960s to the 1990s*, 2a. ed., Nueva York, Routledge, 1994.

Ota Mishima, María Elena (ed.), *Destino México: Un estudio de las migraciones asiáticas a México, siglos XIX y XX*, ciudad de México, El Colegio de México, 1997.

Paredes, Américo, *"With His Pistol in His Hand": A Border Ballad and Its Hero*, Austin, University of Texas Press, 1958.

Parenti, Christian, *Lockdown America: Police and Prisons in the Age of Crisis*, Nueva York, Verso, 1999.

Parker, Ed, *Prop Cops: The First Quarter Century Aloft*, El Paso, Texas, Border Patrol Foundation, 1983.

Perkins, Clifford Alan, *Border Patrol: With the U.S. Immigration Service on the Mexican Boundary, 1910-1954*, El Paso, Texas, Western Press, 1978.

Petersilia, Joan, *When Prisoners Come Home: Parole and Prisoner Reentry*, Oxford, Oxford University Press, 2003.

Pisani, Donald J., *From the Family Farm to Agribusiness: The Irrigation Crusade in California and the West, 1850-1931*, Berkeley y Los Ángeles, University of California Press, 1984.

Pitt, Leonard, *The Decline of the Californios: A Social History of the Spanish-Speaking Californians, 1846-1890*, Berkeley y Los Ángeles, University of California Press, 1998.

Prince, Carl E., y Mollie Keller, *The U.S. Customs Service: A Bicentennial History*, Washington, D. C., Departamento del Tesoro de Estados Unidos, 1989.

Raat, Dirk W., *Mexico and the United States: Ambivalent Vistas*, Athens, Georgia, University of Georgia Press, 2004.

Rak, Mary Kidder, *The Border Patrol*, Boston, Houghton Mifflin, 1938.

Reiner, Robert, *The Politics of the Police*, Nueva York, St. Martin's Press, 1985.

Reisler, Mark, *By the Sweat of Their Brow: Mexican Immigrant Labor in the United States, 1900-1940*, Westport, Connecticut, Greenwood Press, 1976.

Richardson, James F., *The New York Police Colonial Times to 1901*, Nueva York, Oxford University Press, 1970.

Roediger, David, *The Wages of Whiteness: Race and the Making of the American Working Class*, Nueva York, Verso, 1999.

————, *Working Toward Whiteness: How America's Immigrants Became White: The Strange Journey from Ellis Island to the Suburbs*, Nueva York, Basic Books, 2005.

Rosas, Ana, *Familias Flexibles (Flexible Families): Bracero Families' Lives across Cultures, Communities, and Countries, 1942-1964*, tesis doctoral, Universidad del Sur de California, 2006.

Rosas, Gilberto, "The Thickening of the Borderlands: Diffused Exceptionality and 'Immigrant Struggles' during the 'War on Terror'", *Cultural Dynamics*, vol. 18, núm. 3, 2006, pp. 335-349.

Rousey, Dennis, *Policing the Southern City: New Orleans, 1805-1889*, Baton Rouge, Louisiana State University Press, 1996.

Sabo, Don, Terry A. Kupers y Willie London (eds.), *Prison Masculinities*, Filadelfia, Temple University Press, 2001.

Sackman, Douglas, *Orange Empire: California and the Fruits of Eden*, Berkeley y Los Ángeles, University of California Press, 2001.

Saldaña Martínez, Tomás, *El costo social de un éxito político*, México, Universidad Autónoma Chapingo, Colegio de Postgraduados, 1980.

Salyer, Lucy E., *Laws Harsh as Tigers: Chinese Immigrants and the Shaping of Modern Immigration Law*, Chapel Hill, University of North Carolina Press, 1995.

Samora, Julian, *Los Mojados: The Wetback Story*, Notre Dame, Indiana, University of Notre Dame Press, 1971.

Samora, Julian, Joe Bernal y Albert Peña, *Gunpowder Justice: A Reassessment of the Texas Rangers*, Notre Dame, Indiana, University of Notre Dame Press, 1979.

Sánchez, George, *Becoming Mexican American: Ethnicity, Culture, and Identity in Chicano Los Angeles, 1900-1945*, Nueva York, Oxford University Press, 1993.

————, "Face the Nation: Race, Immigration, and the Rise of Nativism in Late Twentieth-Century America", *International Migration Review*, vol. 31, núm. 4, 1997, pp. 1009-1030.

Sandos, James A., *Rebellion in the Borderlands: Anarchism and the Plan of San Diego, 1904-1923*, Norman, University of Oklahoma Press, 1992.

Santibáñez, Enrique, *Ensayo acerca de la inmigración mexicana en Estados Unidos*, San Antonio, Texas, Clegg, 1930.

Saunders, Lyle, y Olen Leonard, *The Wetback in the Lower Rio Grande Valley of Texas*, Austin, University of Texas Press, 1951.

Saxton, Alexander, *The Indispensable Enemy: Labor and the Anti-Chinese Movement in California*, Berkeley y Los Ángeles, University of California Press, 1971.

Scalia, John, y Marika Litras, "Immigration Offenders in the Federal Criminal Justice System, 2000", Washington, D. C.,

Departamento de Justicia de Estados Unidos, Oficina de Programas de Justicia, Oficina de Estadística de Justicia, informe especial, agosto de 2002. Disponible en http://www.bjs.gov/content/pub/pdf/iofcjs00.pdf

Schmidt, Arthur, "Mexicans, Migrants and Indigenous Peoples: The Work of Manuel Gamio in the United States, 1925-1927", en Ingrid E. Fey y Karine Racine (eds.), *Strange Pilgrimages: Exile, Travel, and National Identity in Latin America, 1800-1990s,* Wilmington, Delaware, Scholarly Resources, 2000, pp. 163-178.

Schuck, Peter H., *Citizens, Strangers, and In-Betweens: Essays on Immigration and Citizenship,* Boulder, Colorado, Westview Press, 1998.

Secretaría de Gobernación, *Compilación histórica de la legislación migratoria en México: 1821-2000,* ciudad de México, Instituto Nacional de Migración, Secretaría de Gobernación, 2000.

Sheptycki, J. W., *In Search of Transnational Policing: Toward a Sociology of Global Policing,* Aldershot, Reino Unido, Ashgate, 2003.

——, *Issues in Transnational Policing,* Nueva York, Routledge, 2000.

——, "Transnational Policing and the Makings of a Postmodern State", *British Journal of Criminology,* vol. 35, núm. 4, 1995, pp. 613-635.

Simon, Jonathan, *Governing Through Crime: How the War on Crime Transformed American Democracy and Created a Culture of Fear,* Oxford, Oxford University Press, 2007.

——, "Refugees in a Carceral Age: The Rebirth of Immigration Prisons in the United States", *Public Culture,* vol. 10, núm. 3, 1998, pp. 577-606.

Siskin, Alison, y Margaret Mikyung Lee, *Detention of Noncitizens in the United States,* informe al Congreso RL31606, Washington, D. C., Servicio de Investigación del Congreso, noviembre de 2002. Disponible en crs.wikileaks-press.org/RL31606.pdf

Smith, Peter (ed.), *Drug Policy in the Americas,* Boulder, Colorado, Westview Press, 1992.

Steen, Murphy F., *Twenty-Five Years a U.S. Border Patrolman*, Dallas, Royal Publishing, 1958.

Stern, Alexandra Minna, "Buildings, Boundaries, and Blood", *Hispanic American Historical Review*, vol. 79, núm. 1, 1999, pp. 41-81.

———, "Nationalism on the Line: Masculinity, Race and the Creation of the U.S. Border Patrol, 1910-1940", en Samuel Truett y Elliott Young (eds.), *Continental Crossroads: Remapping U.S.-Mexico Borderlands History*, Durham, Carolina del Norte, Duke University Press, 2004, pp. 299-324.

Stolberg, Mary M., "Policing the Twilight Zone: Federalizing Crime Fighting during the New Deal", *Journal of Policy History*, vol. 7, núm. 4, 1995, pp. 393-415.

Taylor, Lawrence Douglas, "El contrabando de chinos a lo largo de la frontera entre México y Estados Unidos, 1882-1931", *Frontera Norte*, vol. 6, núm. 11, 1994, pp. 41-55.

Taylor, Paul Schuster, *An American-Mexican Frontier, Nueces County, Texas*, Nueva York, Russell and Russell, 1934.

———, *Mexican Labor in the United States: Dimmit County, Winter Garden District, South Texas*, Berkeley y Los Ángeles, University of California Press, 1930.

———, *Mexican Labor in the United States: Imperial Valley*, Berkeley y Los Ángeles, University of California Press, 1930.

Thelen, David, "Rethinking History and the Nation-State: Mexico and the United States", *Journal of American History*, vol. 86, núm. 2, especial, 1999, pp. 439-453.

Tichenor, Daniel J., *Dividing Lines: The Politics of Immigration Control in America*, Princeton, Nueva Jersey, Princeton University Press, 2002.

Tonry, Michael, y Joan Petersilia (eds.), *Prisons*, Chicago, University of Chicago Press, 1999.

Toro, María Celia, *Mexico's "War" on Drugs: Causes and Consequences*, Boulder, Colorado, Rienner, 1995.

Truett, Samuel, y Elliott Young (eds.), *Continental Crossroads: Remapping U.S.-Mexico Borderlands History*, Durham, Carolina del Norte, Duke University Press, 2004.

Tumlinson, John, Robert Kuykendall, Nicholas Clopper y Moses Morrison, *Manuscripts, Documents and Letters of Early Texans*, Austin, Texas, The Steck Company, 1937.

Utley, Robert M., *Lone Star Justice: The First Century of the Texas Rangers*, Oxford, Oxford University Press, 2002.

————, *Lone Star Lawmen: The Second Century of the Texas Rangers*, Oxford, Oxford University Press, 2007.

Vargas, Zaragosa, *Labor Rights Are Civil Rights: Mexican American Workers in Twentieth-Century America*, Princeton, Nueva Jersey, Princeton University Press, 2005.

Von Eschen, Penny, *Race Against Empire: Black Americans and Anticolonialism, 1937-1957*, Ithaca, Nueva York, Cornell University Press, 1997.

————, *Race and Empire During the Cold War*, Cambridge, Massachusetts, Harvard University Press, 2004.

Wacquant, Loïc, "From Slavery to Mass Incarceration: Rethinking the 'Race Question' in the U.S.", *New Left Review*, vol. 13, núm. 1, enero-febrero de 2002, pp. 41-60.

————, "Race as Civic Felony", *International Social Science Journal*, vol. 57, núm. 183, 2005, pp. 127-142.

Walker, Neil, "The Pattern of Transnational Policing", en Tim Newburn (ed.), *Handbook of Policing*, Cullompton, Reino Unido, Willan Publishing, 2003, pp. 111-135.

Walker, Samuel, *Popular Justice: A History of American Criminal Justice*, Oxford, Oxford University Press, 1997.

Walker, William O., *Drug Control in the Americas*, Albuquerque, University of New Mexico Press, 1997.

Walsh, Casey, "Demobilizing the Revolution: Migration, Repatriation, and Colonization in Mexico, 1911-1940", documento de trabajo núm. 26, La Jolla, Centro de Estudios Comparados de la Inmigración de la Universidad de California en San Diego, 2000. Disponible en escolarship.org/uc/item/5ts1j5dd#page-1

————, *Development in the Borderlands: Cotton Capitalism, State Formation, and Regional Political Culture in Northern Mexico*, tesis doctoral, New School University, 2001.

————, "Eugenic Acculturation: Manuel Gamio, Migration

Studies, and the Anthropology of Development in Mexico, 1910-1940", *Latin American Perspectives,* vol. 31, núm. 5, 2004, pp. 118-145.

Webb, Walter Prescott, *The Texas Rangers: A Century of Frontier Defense,* Austin, University of Texas Press, 1965.

Weber, Devra, *Dark Sweat, White Gold: California Farm Workers, Cotton, and the New Deal,* Berkeley y Los Ángeles, University of California Press, 1994.

Weber, Devra, Roberto Melville y Juan Vicente Palerm (comps.), *El inmigrante mexicano: La historia de su vida, entrevistas completas, 1926-1927: Manuel Gamio,* ciudad de México, Universidad de California, Institute for Mexico and the United States, Centro de Investigaciones y Estudios Superiores en Antropología Social (CIESAS), 2002.

Western, Bruce, *Punishment and Inequality in America,* Nueva York, Russell Sage Foundation, 2006.

Westley, William, *Violence and the Police: A Sociological Study of Law, Custom, and Morality,* Cambridge, Massachusetts, MIT Press, 1970.

Wideman, John Edgar, "The Politics of Prison: Doing Time, Marking Race", *The Nation,* 30 de octubre de 1995.

Índice analítico

Los números de página en cursiva se refieren al material gráfico o a los pies de ilustración. Una "c" a continuación de un número de página remite a un cuadro, y una "n", a una nota a pie de página.

activismo chicano: 46, 412, 413, 419
activismo por los derechos de los inmigrantes: 411
Act of March 20, 1952: 309n78
Acuerdo de Caballeros (tratado de 1907 entre Estados Unidos y Japón): 61
Adams, Arthur: 249
afroestadunidenses: activismo obrero de los: 240; colaboración de personas de origen mexicano con: 240-241; como agentes de la Patrulla Fronteriza: 240; como trabajadores migrantes: 63n29; distanciamiento de los mexicano-estadunidenses con respecto a los: 98; en la jerarquía racial de California: 75; encarcelamiento de: 428, 429; migración al norte de: 63; resistencia en el sur al activismo de los: 79, 302
agentes de la Patrulla Fronteriza de Estados Unidos: 50; capacitación de los (véase también Escuela de Capacitación de la Patrulla Fronteriza); afroestadunidenses como: 62-67, 303; amenazas de muerte contra los: 307, 308; ayuda de los mexicano-estadunidenses a los: 322-324; desigualdades encarnadas por los: 40; elaboración de perfiles delictivos por parte de los: 40, 105, 109-111, 118, 307, 303-304; equipos de dos hombres: 351-352; esposas de: 230; extracción socioeconómica de los: 28, 55-56; frustraciones de los: 253; métodos de rastreo de los: 109-118; mexicano-estadunidenses como: 96, 100, 127, 324, 419-421; mujeres como: 418; número de los: 208; observancia de las leyes de prohibición por parte de los: 106-107, 121n47, 122; prácticas cotidianas de observancia de las leyes por parte de los: 25, 26, 28, 29; primeros en ser contratados: 85-93, 403; puestos de liderazgo de los: 92-93, 145; rebelión de los empresarios agrícolas en la zona fronteriza de Texas con México y: 307-308; reclutas después de la segunda Guerra Mundial: 287, 288; reclutas durante la segunda Guerra Mundial: 207-210; relaciones de colaboración de los: 122-123; resistencia de las personas de origen mexicano a los: 113-114, 252-254, 259-260; retirados: 415, 416n17; salarios de los: 207; supervisión de los: 114-120; uniformes de los: 141-142. Véase también cada agente por su nombre.
agua: 59

Alanis, Gregorio: 127, 137
Alemán, Miguel: 239
alfabetismo: 64
algodón: 63n29, 64, 265, 329-330
Alice, Texas: 293
Alien Land Laws (California, 1913, 1920): 61
Allison, Bill: 297
American Friends Service Committee: 413
American G. I. Forum: 326, 353-357, 359
American Handgunner (revista): 133
Amezaga, Jaime: 421
anarquistas: 67, 68, 81
Andrade, California: 252
Andreas, Peter: 26
Anslinger, Harry: 388
antiterrorismo: 427
Archivo General de la Nación (AGN), de México: 33
Archivo Histórico de la Secretaría de Relaciones Exteriores (AHSRE): 33
Archivo Histórico del Instituto Nacional de Migración (AHINM): 34, 171
Archivos Nacionales y Administración de Documentos (NARA) (Estados Unidos): 29
Arizona, empresa agrícola en: 59
Armstrong, Ralph V.: 153
arresto, resistencia al: 252
Askins hijo, Charles: 134, 212
Askins, Samuel: 405
Asociación de Algodoneros del Valle de El Paso: 349
Asociación Nacional del Rifle: 145
ataques terroristas del 11 de septiembre de 2001: 427
atracadores: 256
Aubin, Joe: 369n16, 386
Austin, Stephen: 53
Ávila Camacho, Manuel: 217
aviones: 205

Baja California, México: 160, 248
Banco Nacional de Crédito Agrícola de México: 264
Bassham (agente de la Patrulla Fronteriza): 297-298
Bautista, Agustín: 194
Bayley, David: 96n118

beneficios de la asistencia social: 429
Bentsen, Lloyd: 273n94
Bisby, Fred: 75
Bitler, Don C: 332
Blaise, William: 210
Blundell, William A.: 106
Blythe, California: 230
Border Line, The (publicación de la FORBO): 334n41
Border Patrol, The (Rak): 129-132
Bosniak, Linda: 38
Box, John C.: 71
braceros: 189-190
Bradley, Walter: 387
Bravo Betancourt, José: 181
Breechen, J. R.: 201n2
Brewster, Texas, condado de: 114, 115
Brick, May: 86
brigadas especiales: 346
Brignoni-Ponce, Felix Humberto: 407-408
Brownell, Herbert: 332
Brownsville, Texas: 242, 260, 272, 299
Bryant, Cherry: 298
Bunton, Joe: 127
Burnett (agente a prueba): 211-212
Burnett, David: 201n1
Bush, George W.: 428

cabildeo: 308, 309
Cahuilla, lago: 59
Calavita, Kitty: 15, 27, 213n
Calexico, California: 247-248, 344
Calexico Chronicle: 150-152
California: campos de internamiento de japoneses en: 201; control migratorio de la Patrulla Fronteriza en: 330; deportaciones desde: 318n4; empresa agrícola y trabajadores migrantes en: 60, 61, 149-150, 155, 213; inmigrantes mexicanos encarcelados en: 185; jerarquías sociales y raciales en: 73-74; Leyes Agrarias para Extranjeros en (1913, 1920): 61; Operación Mojado en: 317; tensiones entre la empresa agrícola y la Patrulla Fronteriza en: 155
Cámara de Comercio del Valle Imperial: 155
Cameron, Texas, condado de: 119
campañas de venganza: 128

campos de internamiento: 201n2, 202
canal All-American: 248, 251, 423
Cantú Hernández, Francisca: 257
Cárdenas, Lázaro: 217
Cardoso, Lawrence: 34n12, 65
Carpenter, Taylor C.: 289n13
Carretera Panamericana: 219
carreteras: 219
Carrizo Springs, Texas: 120
Carter, Harlon B.: antecedentes socioeconó-
    micos de: 143, 144; como agente de la
    Patrulla Fronteriza: 144; como recluta
    de la BPTS: 142, 143; omitido por las his-
    torias de la Patrulla Fronteriza: 403;
    Operación Mojado dirigida por: 353,
    354, 358; Operación Tormenta dirigida
    por: 337; rebelión de la empresa agrícola
    de la zona fronteriza de Texas y: 346;
    trayectoria profesional de: 337; violencia
    ejercida por: 144, 145
Carter, Horace B.: 93, 141n106
Carter, Jimmy: 416
Casiano, Ramón: 145, 337, 405
casta de los ilegales: colaboración transfron-
    teriza para el control de la: 240, 278,
    283; definición: 38; discriminación ra-
    cial por parte de la Patrulla Fronteriza
    de la: 38, 40, 51, 145-146, 190, 369; en-
    carcelamiento de la: 428; mexicaniza-
    ción de la: 240, 280, 283
Castillo, Leonel: 416
Castro, Fidel: 363
censo: 154
Centro de Documentos Fraudulentos (Yuma,
    Arizona): 377
centros de detención para inmigrantes in-
    documentados: 243, 272, 307-308, 365,
    369-373, 383-385
Chamberlain, Mario: 352n70
Chapman, Leonard F.: 400
Charles, Gary: 165
Chicago: 69, 317, 411
Chihuahua, México: 243-244, 369
Chim, Yee Chu: 161
Chula Vista, California: 93
ciudadanía: 376-377, 431
Ciudad Juárez, México: 193, 373, 396
clase social: 41, 74, 94-96

Clint, Mary: 231
clubes juveniles de la Patrulla Fronteriza:
    380-381
Coahuila, México: 243
Cohen, Deborah: 214-215
colaboración México-Estados Unidos. *Véase*
    control migratorio transfronterizo
colonización angloamericana: 54-58
Colorado River Land Company (CRLC): 149
color de piel: 40-41, 74
Comisión de la Frontera Internacional y
    Aguas de Calexico, California: 247
Comisión del Benceno: 136
Comisión de los Derechos Civiles de Esta-
    dos Unidos: 412
Comisión México-Estados Unidos de Agri-
    cultura: 219
Comisión México-Estadunidense para la
    Cooperación en Tiempos de Guerra: 218
Comisión México-Estadunidense para la
    Cooperación Económica (MACEC): 219
Comisión Nacional para la Observancia y
    Aplicación de la Ley: 136
Comisión Wickersham: 136
comunismo: 378
condición de la raza blanca. *Véase también*
    división entre blancos y negros; raza
confiscación de pasaportes: 191
Congreso de Estados Unidos: asignaciones
    presupuestales para traslados forzosos
    paralizadas por el: 243; cabildeo de los
    empresarios agrícolas de Texas en el:
    308-309; Comisión de la Cámara de Re-
    presentantes sobre Asignaciones Presu-
    puestales: 385; controversias sobre la in-
    migración ilegal en el: 24, 411-412; Ley
    de Inmigración (1907): 23; Ley de Re-
    forma y Control de la Inmigración
    (IRCA, 1986): 426; poder pleno sobre el
    control de la inmigración: 32n9; pro-
    ducción agrícola en la segunda Guerra
    Mundial y: 213
Constitución de Estados Unidos: 80
Constitución mexicana: 170, 191, 192, 213
contrabandistas: 106, 123, 126, 137
contrabando de bebidas alcohólicas: 121-
    122, 127
contrabando de personas: cobertura perio-

dística del: 150-152; confluencia con el contrabando de bebidas alcohólicas: 106; coyotes: 182-183, 193, 268; de inmigrantes europeos: 151; observancia de las leyes de inmigración por parte de la Patrulla Fronteriza y: 103; persecución en México del: 171, 263, 264, 267

contratantes de trabajadores: 119, 183

control de bebidas alcohólicas: 79, 124

control de la delincuencia. *Véase* control de las drogas

control de las drogas: colaboración transfronteriza en el: 240, 241; familias inmigrantes y: 429; como programa nacional: 37, 77, 388; control de la inmigración como: 36, 44, 389, 400; en la zona de la frontera méxico-estadunidense: 217, 218; presupuestos de la Patrulla Fronteriza y: 38; relaciones México-Estados Unidos y: 360; violencia de la Patrulla Fronteriza en el: 425-426

control de los trabajadores: 25, 28

control de narcóticos. *Véase* control de las drogas

controles de carretera: 378

control migratorio: como control de la delincuencia: 378-384, 401; como control de las drogas: 389-391, 425-426; como liberación: 378; contexto binacional del: 33, 34, 95; discriminación racial en el: 378; durante el periodo sucesivo a la era del mojado: 363, 364, 365, 370-371c; poder congresual pleno sobre el: 32n9; versión negadora de la Patrulla Fronteriza. *Véase también* control migratorio transfronterizo

control migratorio transfronterizo: cooperación policiaca internacional: 33n10; deportaciones: 246-249, 372-374; métodos utilizados en el: 269-277; omitido en las historias de la Patrulla Fronteriza: 404-405; Operación Mojado: 325-332; Programa Bracero e inmigración ilegal: 261-264; raza y: 240-241, 408-409; traslados forzosos en barco: 273-275; vallas: 248-250; violencia y: 242, 249-251

Coppock, Don: 372n18

Corley (agente de la Patrulla Fronteriza): 162

corrupción: 136, 412; brutalidad policiaca y: 136

Corte Suprema de Estados Unidos: 408, 409, 410, 417

Cortez, Gregorio: 55

Cottingham, James P. ("Jim"): 124-126, 145, 199, 211, 417

Cottingham, John H. ("Jack"): 124-126, 128, 145, 199, 405

Cottingham, Mary: 125

Cottingham, Susie: 125

Courtney, Chester C.: 103-108, 368

Coutin, Susan Bibler: 39

coyotes (traficantes de personas): 182-183, 193-194, 251, 268

Crossett, Egbert: 163n50, 287, 291

cruce fronterizo por el desierto: 249-251

Crystal City, California, campo de internamiento para prisioneros de guerra de: 247-248

Cuadro de Honor de la Patrulla Fronteriza: 127

Cuba, inmigrantes de: 367

Culis: 67

Dakota del Norte: 227

D'Alibini, Fred ("Yaqui"): 102, 109, 131, 145, 287

Day, Mark: 397n74

DC Comics: 23

Decreto Ejecutivo 8802: 303

De Genova, Nicholas: 27

delincuentes: 67

delincuentes extranjeros: 380, 383-400

Del Río, Texas: 115, 118, 288

delta del Misisipi: 317

Departamento de Comercio y Trabajo de Estados Unidos: 67n42

Departamento de Estado de Estados Unidos: 32, 187, 225, 343

Departamento de Justicia de Estados Unidos: 203, 225, 396

Departamento del Tesoro de Estados Unidos: 80

Departamento del Trabajo de Estados Unidos: 136, 156, 203n5

Departamento de Población de México: 256

Departamento de Seguridad Nacional de Estados Unidos: 29n7, 427

deportación: aumento de la capacidad de: 68; como actividad central de la Patrulla Fronteriza: 322; como control de los trabajadores: 25, 27; como marginación: 38; de inmigrantes asiáticos: 162-164; de inmigrantes mexicanos: 323; después de la segunda Guerra Mundial: 395; en el periodo sucesivo a la era del mojado: 366, 369, 374; estadísticas de (1925-1975): 234-235c; estadísticas (1954): 318n4; fracaso de la: 272; políticas sexistas de la: 258, 369, 372; regreso voluntario y: 159; traslados forzosos en barco. *Véase también* Operación Mojado

destino manifiesto: 57

Díaz, Porfirio: 64, 148, 169

Di Giorgio Fruit Farm (California): 323

discriminación por razón de sexo: 256, 257; arrestos y: 301n59, 369, 373; inmigración ilegal y: 81-83, 406-407, 301n54; minimizada en las historias de la Patrulla Fronteriza: 219-220, 403-404; perfiles delictivos en función de la raza y: 118; Programa Bracero y: 213n30, 214, 256, 347-353; vigilancia de la Patrulla Fronteriza y: 40; violencia de Estado y: 425

distribución de la riqueza: 394

división entre blancos y negros: 425, 426

documentos falsos: 376-377, 396

Doria, Martin S.: 325

Dorn, Edwin: 127

Douglas, Arizona: 382

Dunn, Timothy: 26, 425

Durango, México: 391, 220

Edgell, Frank: 122

Eisenhower, Dwight D.: 339

El Centro, California, Patrulla Fronteriza de: 383; centros de detención de la: 272, 324; Partidas Especiales de Deportación de Mexicanos de la: 227, 230; primeras contrataciones de la: 153, 154, 207; unidad del programa CIN en la: 383

El Indio, Texas: 296-297

Ellis, Frank G.: 154

Elmer, Michael: 426

El Paso, Distrito de la Patrulla Fronteriza en: 102; capacitación de agentes en el: 139-143; aprehensiones en el: 104; destacamento de agentes del: 225-226; dificultades del Programa Bracero en el: 220-221; dificultades para la observancia de las leyes de inmigración en el: 156-157; historias del: 122; jurisdicción del: 87; mujeres y niños arrestados en el: 258; reclutamiento de agentes en el: 207-208; relaciones de la Patrulla Fronteriza con los agricultores en el. *Véase también* Escuela de Capacitación de la Patrulla Fronteriza

El Paso, Texas: 91, 93, 242, 263, 420-421

El Paso Times: 304

Elysian Park (Los Ángeles, California): 342

Emancipación (barco de vapor): 273

Empalme de González, México: 189

empresa agrícola: clase obrera blanca y: 94; desarrollo de la: 57-61; en California: 60,-61, 150, 154, 155; en México: 148; en Texas: 63, 65, 115, 118; mundo social de la: 72-73; necesidades de mano de obra en la segunda Guerra Mundial de la: 212; observancia de las leyes de inmigración como control de los trabajadores en la: 119-122; observancia de las leyes de inmigración influida por la: 24-25; Programa Bracero y: 225. *Véase también* zona fronteriza de Texas con México, rebelión de los empresarios agrícolas en la

empresa agrícola mexicana: 262, 265

enfermedades venéreas: 332

Enmienda a la Constitución de Estados Unidos, Decimoctava: 80

Entidad Ejecutora de las Leyes de Inmigración y Aduanas (Estados Unidos): 29n7, 431

epilépticos: 67

era carcelaria: 428-430

esclavitud: 326, 330, 414

Escuela de Capacitación de la Patrulla Fronteriza (El Paso, Texas): 120, 121, 139-142; falta de reclutas de apellido hispano en la: 325; necesidad de la: 136; primeras contrataciones en la: 134;

primeros asistentes de la: 134; reclutas durante la segunda Guerra Mundial de la: 208, 209, 224; ubicación permanente de la: 141
Escuela de Capacitación del Distrito de El Paso: 139-142
Estados Unidos: imperialismo de: 35-36, 217; inequidad racial en: 239, 240; legislación antiasiática en: 148, 149, 150; relaciones de México con: 217-219
estadunidenses de origen japonés: 201, 248
Estudios Universal: 412
exámenes de alfabetismo: 179, 178
exámenes de salud: 179, 188n52

Fabens, Texas: 231
Fallis, Earl: 113n31, 127, 229, 291n18
familias: 230-231, 253-257
Federación del Buró de Agricultores de California: 71
Félix, Fernando: 181n29
Fernández, Raúl: 27n3, 214
Ferrocarriles: 64, 218-219
"First Fifty Years, The" (historia de la Patrulla Fronteriza): 403-405, 417
fiscal general de Estados Unidos: 203n5
Fletcher, L. S.: 259n55, 268-270
Floresville, Texas: 93
Foley, Neil: 96
Fort Lincoln, Dakota del Norte: 201n2
Fort Missoula, Montana: 201n2
Fort Stanton, Nuevo México: 201n2
Foucault, Michel: 252
Fraser, Alan: 298
Fraternal Order of Retired Border Patrol Officers (FORBO) (Fraternidad de Agentes de la Patrulla Fronteriza Retirados): 415-416
Frisselle, S. Parker: 63n27
Fritz, M. K.: 239-241, 282
frontera de Arizona con México: 51, 162-163, 317,
frontera, La (película, 1982): 412

Galarza, Ernesto: 214, 324
Gamio, Manuel: 74, 173-178, 180, 187
García, Héctor: 359
García, Juanita: 324
García, Thomas: 325

García y Griego, Manuel: 368
Garrison, Earl: 333-336
Garza hijo, Ignacio: 257
Gatlin, Albert: 130, 162
General Mills: 379-380
genocidio: 58, 60
geología: 58-59
Gilliland, Don G.: 93
globalización: 425
Golling, Richard A.: 380
González, Drineo: 323
González, Gilbert: 15, 27, 214
Gramsci, Antonio: 43, 431
Gran Depresión: 157, 160-161, 166-167, 199, 212
Greene, James P.: 364, 374
Guadalajara, México: 243
Guanajuato, México: 177, 243
guardia contra submarinos (Estados Unidos): 202
Guardia Costera de Estados Unidos: 80
Guardia Montada de Aduanas de Estados Unidos: 125
Guardia Montada de Inspectores de Chinos: 86, 88, 154
Guardia Montada del Servicio de Inmigración de Estados Unidos: 125
Guardia Nacional de Estados Unidos: 428
guerra contra las drogas: 425-426, 389-390
Guerra Fría: 37, 303-304, 310
guerra hispano-estadunidense (1898): 61
guerra méxico-estadunidense (1846-1848): 57, 58

hambruna: 219, 226
Hart, John Mason: 35
Hathaway, Jim: 131
Hemeroteca Nacional de México: 33
Henry, John: 432
Hernández, José: 110
heroína: 46, 390
Heyman, Josiah C.: 420
Hidalgo, Texas: 299
Higham, John: 66n37
Hill, Benjamin T.: 126
Hill, Norma: 230
Holland, J. W.: 294n30
Holtville, California: 243

Honduras Británica: 367
Hood, Texas, condado de: 93
Hoover, Herbert: 136
Horsley, Herbert C.: 120n45, 126, 139
Hudspeth, Texas, Distrito de Conservación
y Recuperación número 1 del condado
de: 112
huelgas: 62; ferrocarrileras: 62
Huerta, Adolfo de la: 161

I and N Reporter: 404
Idar hijo, Ed: 323n6, 326-327
Ignatieff, Michael: 271
*Illustrated Version of the Wetback in the
Lower Rio Grande* (Garrison): 334-335
Immigration and Customs Enforcement
Agency (ICE) (Entidad Ejecutora de las
Leyes de Inmigración y Aduanas): 29n7,
431
Immigration Law Enforcement Monitoring
Project (ILEMP) (Proyecto de Vigilancia
de la Aplicación de las Leyes de Inmigración): 413
imperialismo: 35-36, 217
impuestos condicionantes del sufragio: 73
impuestos de entrada a Estados Unidos: 67,
152, 177, 183
indígenas de Estados Unidos: 53-60
Indio, California, Unidad de la Patrulla
Fronteriza en: 253
industrialización: 218-219, 262
informantes: 382
inmigración ilegal: cambio de pautas de la:
220-221, 225-226, 237, 261-264; como
amenaza social: 331-334; como casta
marginada: 268; como delito trasnacional: 268; composición en cuanto a sexo
de la: 256, 258-259; consecuencias
transfronterizas de la: 247, 248; controversias sobre la: 24; criminalización de
la: 185-186; cruces fronterizos por el desierto: 250-251, 423; discriminación racial de la: 309n78, 378, 428-429; durante
la segunda Guerra Mundial: 208, 209,
224; esclavitud como sinónimo histórico de la: 326n18, 317n2; infractores crónicos: 269; inmigrantes asiáticos y: 148-
149; mexicanización de la: 40, 41;

muertes: 423, 251n25; Partidas Especiales de Deportación de Mexicanos: 227-
229, 237; problemas de la: 179-184; Programa Bracero y: 220, 221; redes sociales
para la: 254; resistencia al arresto: 252-
254, 259-260. *Véase también* deportación; problema del mojado
inmigración legal: 395
inmigrantes: alemanes: 69, 150, 153, 201;
asiáticos: 148-149, 159, 201; chinos: 60-
61, 85-86, 148; coreanos: 148; de la India: 148; del este de Europa: 69n46; eslovacos: 69; filipinos: 62; irlandeses: 241;
italianos: 69, 151, 201; japoneses: 61;
polacos: 69; suizos: 150
inmigrantes mexicanos: 70; como blanco de
la Patrulla Fronteriza: 25, 28, 30, 40;
composición en cuanto a sexo de los: 256,
258-259; controversias sobre los: 24; dependencia de las empresas agrícolas hacia los: 63n28, 153, 155-156, 166, 203;
"deportabilidad" de los: 27; deportaciones de: 180, 181, 185, 234-235c; discriminación racial contra los: 239-240; en
California: 149, 150, 152; encarcelamiento de: 186; esfuerzos de repatriación de: 234-235c, 237; oposición de los
nativistas a los: 69-70; organización
obrera de los: 62; rastreo por parte de la
Patrulla Fronteriza de: 114-116; reclutamiento de: 64, 174; regreso voluntario:
159, 161, 165, 234-235c; resistencia al
arresto: 252-254, 259-260 restricción de
la movilidad de los: 105; vigilancia durante la segunda Guerra Mundial de los:
201, 202, 204; *Véase también* deportación; migración obrera mexicana
INS. Véase Servicio de Inmigración y Naturalización de Estados Unidos
Irapuato, México: 189
irrigación: 59, 250, 262
Isbell, Tom: 134

Jalisco, México: 219, 221, 242
Japón: 148, 217
Jaso, Jesús: 105, 106, 108, 407
Jiménez, María: 413
Jiménez, México: 243, 396

Johnson, Kevin: 38
Johnson, Lyndon B.: 323
Jones (general adjunto): 337
Jordan, Bill: 109
Jung, Moon-Ho: 66

Kane, Jim: 130
Karnes, Tom: 296
Kelly, W. F.: 212, 227-228, 357
Kelly, Willard: 307-308
King, Martin Luther: 364
Kinney, Texas, condado de: 115, 118
Knight, Alan: 173
Knight, Orville H.: 93

La Feria, Texas: 230
Landa y Piña, Andrés: 175-176, 188, 188n50
Laredo, Texas: 93, 143-145; Patrulla Fronte-
    riza en: 144-145
Leonard, Olen: 333
Leonard, William: 73
Lerma, Jorge: 9, 24, 25, 40, 42, 46, 400, 431-
    432
Ley Boggs (1951): 389
Ley contra el Abuso de Drogas (1988): 429
Ley de Ajuste Agrícola (1933): 166
Ley de Asignaciones Presupuestales del De-
    partamento del Trabajo (1924): 81
Ley de Control de Narcóticos (1956): 389
ley de equidad laboral (1950): 359
Ley de Exclusión de los Chinos (1882): 60,
    86, 88, 148, 164
Ley de Inmigración (1882): 67
Ley de Inmigración (1903): 67
Ley de Inmigración (1907): 23, 67
Ley de Inmigración (1917): 68, 148, 179,
    309n78
Ley de Inmigración (1929): 185
Ley de Inmigración y Nacionalidad (1965):
    395, 396
Ley del 27 de febrero de 1925: 309n78
Ley del Impuesto sobre la Mariguana
    (1937): 389
Ley de Migración (México, 1926): 192
Ley de Naturalización (1790): 368
Ley de Orígenes Nacionales (1924): 71, 149,
    150, 395
Ley de Recuperación de Tierras (1902): 59

Ley de Reforma de la Inmigración Ilegal y
    Responsabilidad de los Inmigrantes
    (1996): 427
Ley de Reforma y Control de la Inmigración
    (1986): 426
Ley de Reorganización (1939): 203n5
Leyes Agrarias para Extranjeros (California,
    1913, 1920): 61
leyes contra la vagancia: 119
leyes de inmigración de Estados Unidos:
    ayuda de los mexicano-estadunidenses
    para la observancia de las: 322-324; des-
    igualdad formalizada por las: 38; dificul-
    tades en California y Arizona para la
    observancia de las: 159-160; discrimina-
    ción racial de las: 25-26, 38-39, 46-47;
    influencia de las empresas agrícolas en
    las: 27, 28; medidas restrictivas de las:
    66-67, 82; observancia de las: 24, 25, 28-
    29, 79-82, 100; observancia por parte de
    México de las: 188-190; regionalización
    de las: 25, 44, 99; transformación en la
    segunda Guerra Mundial de las: 202;
    transición de la observancia: 199-200,
    319-328; violencia y: 30, 51
leyes de prohibición: 106, 107
Leyes Uniformes sobre Drogas Narcóticas:
    389
Ley Harrison (1914): 79
Ley Nacional de Prohibición (1919): 107
Ley para Prohibir el Tráfico de Culis: 66
Ley Tydings-McDuffie (1934): 62
Ley Volstead (1919): 80
Liga de Ciudadanos Latinoamericanos Uni-
    dos (LULAC): 98-99, 354-355
linchamientos: 79, 132
Los Ángeles, California: 342, 345; condado
    de: 62; Distrito de la Patrulla Fronte-
    riza de: 87, 147, 156
Los Angeles Times: 250
LULAC News: 357

magnates agrícolas: 58-59
Marfa, Texas: 93, 297, 298n43, 299
mariguana: 146, 389, 392
Martens, Hans: 150
Martínez, Héctor: 257
Martínez, José: 194

Martínez, Mariano: 105, 407
Martínez, Roberto: 413
masculinidad: 132-133
Matamoros, México: 193, 189, 221, 262, 264, 265
McAllen, Texas: 227
McBee, Griffith: 209, 222-225, 290
McCaslin, Frank P.: 153
McClellan, Andrew: 326
McCraw, James: 127
McWilliams, Carey: 59
Meiers, Conrad: 150
Meisner, Doris: 423
mendigos: 67
Mercurio (barco de vapor): 273
Meredith, James: 365
Mexicali, valle de: 61, 149, 221, 262
Mexican Browns: agricultores de Texas y: 286, 287; casta de los ilegales y: 145-146; como blanco de la Patrulla Fronteriza: 287, 336, 408; composición racial de la Patrulla Fronteriza y: 126, 240; deportación de: 227-229, 237; encarcelamiento de: 428-429; perfiles delictivos raciales de los: 331, 332; uso del término: 46
Mexican Immigration to the United States (Gamio): 174
mexicano-estadunidenses: activismo por los derechos civiles de los: 323, 411; clase media como apoyo de la Patrulla Fronteriza: 323-325; como agentes de la Patrulla Fronteriza: 418, 420; división entre blancos y negros y: 96, 239, 240; élite política de los: 144; esfuerzos de repatriación: 167; organizaciones de veteranos: 416-418; perfiles delictivos raciales de los: 304-305, 411-414; uso del término: 28n5
México: desincentivación de la inmigración ilegal por parte de: 222-223; distribución de la riqueza en: 394n64; economía de: 175; empresas agrícolas en: 262-263; empresas agrícolas estadunidenses en: 149; esfuerzos de movilización para la segunda Guerra Mundial de: 217-218; esfuerzos de repatriación de inmigrantes de: 180-182, 234-235c; hambre en: 220, 226; imperialismo estadunidense en: 35, 217; industrialización de: 218, 262, 394; migración obrera asiática en: 60, 61, 148; modernización de: 64, 177, 178; nacionalización de la industria petrolera en: 218; políticas antiasiáticas en: 159; reclutamiento de trabajadores estadunidenses en: 64; relaciones de Estados Unidos con: 217-219; tratados sobre la inmigración asiática en: 148
Michoacán, México: 176
migración obrera mexicana: administración durante la segunda Guerra Mundial de la: 212-220; beneficios políticos y económicos de la: 173-176; composición en cuanto a sexo de la: 256; Constitución mexicana (1917) y: 170-171; control inmigratorio estadunidense y: 171, 178-183, 206-207; control interno de la: 170-171, 180-182, 185-189; dependencia de las empresas agrícolas hacia la: 213-214; después de la segunda Guerra Mundial: 395-398; escasez de mano de obra a causa de la: 262-265; esfuerzos de reclutamiento durante la segunda Guerra Mundial; estadísticas de la (década de 1920): 169-171, 63n29; oposición pública a la: 170, 268. *Véase también* Programa Bracero; inmigración ilegal; inmigrantes mexicanos
Militarization of the U.S.-Mexico Border (Dunn): 425
Milton, Jefferson Davis: 88-90, 285-286
Minnesota: 227
Mission, Texas: 288; estación de control fronterizo de: 269-270
Montejano, David: 27, 281, 414
Monterrey, México: 189, 191, 243
Montgomery, Alabama: 364
Moore, Alvin Edward: 129-131
Moore, C. B.: 155
Moreno, Alberto: 266, 268
Moss, Robert: 131
movimiento de los derechos civiles: 36, 239, 364, 408
Movimiento Indígena de Estados Unidos: 365
mujeres: como agentes de la Patrulla Fronteriza: 418; como esposas de agentes de

la Patrulla Fronteriza: 230, 231; como inmigrantes ilegales: 257, 258n54, 259; condiciones de trabajo a raíz del TLCAN de las: 424; deportación de: 372-373; violencia de la Patrulla Fronteriza y: 406
mulas (contrabandistas de drogas): 392
multas: 192
Murillo, Benjamin: 421
Museo Nacional de la Patrulla Fronteriza (NBPM): 29, 416, 417, 334n41
musulmanes, perfil delictivo de los: 147
Musto, David F.: 389

Naco, México: 382
Nadelmann, Ethan: 268
National Farm Labor Union (NFLU) (Sindicato Nacional de Trabajadores Agrícolas): 323-324
nativismo angloamericano: 25-26, 69-72, 74, 76
Navarro, Miguel: 137-138, 211
Nayarit, México: 219
Nevins, Joseph: 26
Newton, D. C.: 300-303
Ngai, Mae: 15, 27, 39, 70
Nichols (agente de la Patrulla Fronteriza): 162
Niehbur, Edgar C.: 375
Nielsen (jefe del Servicio de Inmigración de Estados Unidos): 152
niños: 257-259, 372-373, 405, 258n54
Nixon, Richard M.: 391, 392, 401
Nogales, Arizona: 242, 230, 342-344, 426
Nogales, México: 162, 343, 426
Nueva York, inmigración de Europa oriental a: 69
Nuevo Laredo, México: 189-190
Nuevo León, México: 219, 243
Nuevo México, empresas agrícolas en: 59, 60
Nuevo Trato: 37
Nuncio, Concepción: 288

observancia de leyes federales estadunidenses: 364-365
Ochoa, Domitilo: 130
Ochoa, Narciso: 129, 130
Odens, Peter: 109
oficina central de la Región Suroeste (San

Pedro, California) de la Patrulla Fronteriza de Estados Unidos: 394
Oficina de Inmigración de Estados Unidos: 67, 78-79, 106-107, 203n5
Oficina del Censo de Estados Unidos: 92n107, 400
Oficina de Naturalización de Estados Unidos: 203n5
Oficina de Rentas Públicas de Estados Unidos: 80
Ojinaga, México: 244
Operación Gatekeeper (1994): 251n25, 423
Operación Hold the Line (1993): 251n25, 422
Operación Intercepción (1969): 392
Operación Mojado (1954): apoyo mexicano-estadunidense para la: 353-357; aprehensiones en la: 296, 169, 322, 342-345, 349-350; cobertura de prensa de la: 345; colaboración transfronteriza para la: 293-294, 340, 342; deportaciones en la: 342; inicio de la: 317, 340; elaboración de perfiles delictivos antes de la: 377; importancia de la: 318; instalaciones de detención en la: 341, 342; liderazgo de la: 403; modelo de brigada especial usado en la: 342, 350; precursor de la: 293-294; rebelión de los empresarios agrícolas de la zona fronteriza de Texas y: 346-348; redadas en la: 345-346; retiro de la Patrulla Fronteriza a raíz de la: 353; solución de las crisis de control y aceptación por medio de la: 315; término de la: 378, 384-385
Operación Tormenta (1953): 337-339, 353, 354
opio: 390-391
organización de los trabajadores: 62, 81, 240n6
Oxnard, California: 62

Parker, Ben: 250
Parker hijo, George W.: 105, 129, 134, 408
Parker, Lon: 129-133, 287
Partidas Especiales de Deportación de Mexicanos: 227; agentes de la Patrulla Fronteriza asignados a: 227-229; aprehensiones por: 236-239; modelo de brigada

especial usada en las: 350-351; puesta en marcha de las: 227; rebelión de los empresarios agrícolas de la zona fronteriza de Texas y: 319; repercusiones en la migración no autorizada: 242

Patrulla Fronteriza de Estados Unidos: actividades y logros de la (1925-1934): 112, 114, 115, 116c, 180; actividades y logros de la (1935-1944): 232c, 236, 237; actividades y logros de la (1945-1954): 317, 318n4, 319, 320-321c; actividades y logros de la (1955-1964): 367, 370-371c; actividades y logros de la (1965-1974): 395, 396, 397, 398-399; activismo de los derechos civiles contra la: 411, 412; apoyo de los mexicano-estadunidenses a la: 322-324; archivos de correspondencia de la: 29-30, 32, 98, 147; aumento de las fuerzas de la: 431; autoridad de la: 82, 83, 270, 271, 291-295; avances tecnológicos: 204, 205; Brigada de Pistolas de la: 135; centralización de la: 202, 203; colaboración transfronteriza de la (véase también control migratorio transfronterizo): 240, 241; como ámbito de conflicto: 28; creación de la: 24, 51, 66, 79-83; creación del cargo de supervisor jefe en la: 203; Cuadro de Honor de la: 135; deslocalización de la: 288, 289; documentos de reclutamiento: 381; durante la segunda Guerra Mundial: 208-209, 224; flota de transporte de la: 198, 205; función policiaca de la: 51; influencia de las empresas agrícolas en la 27, 28, 118-121; influencias transfronterizas en la: 35-37; inmigrantes mexicanos como blanco de la: 24, 34, 36, 227-229; jurisdicción de la: 87n92; listas de empleados de la: 92n107; mal financiamiento de la: 158-160; mandato de la: 80-81; militarización de la: 340; "padre" de la: 88-89; prácticas de la: 36, 100, 203; prácticas después de la era del mojado: 366, 369-374; presupuestos de la: 38, 78-79, 203, 225; Programa Bracero y: 213n30, 214, 256, 347-353; profesionalización de la: 139-143; publicaciones del 50 aniversario de la: 403-405; raza

y: 25, 107, 111; reorganización administrativa de la 203n5, 204, 427; reorientación de la misión de la: 46-47; representaciones cinematográficas de la: 412. Véase también Escuela de Capacitación de la Patrulla Fronteriza (El Paso, Texas)

patrullaje de la línea: 103, 118

Pearl Harbor, ataque a (1941): 202

Peavey, John: 125

Peña, Salvador: 145

peonaje por deudas: 64

Pérez, Jesse: 97

Perkins, Clifford Alan: 85-87, 91-92, 143

Pershing, John: 340

Piñedo, Frank: 357

periodo sucesivo a la era del mojado: blanco del control migratorio después del: 401; capacidades de detención y deportación durante el: 369, 372, 373; comienzo del: 362; control migratorio como control de la delincuencia durante el: 378-384; control migratorio como control de las drogas durante el: 360, 388-390; control migratorio durante el: 363-367, 370c; fin del: 394-398; documentos falsos durante el: 375-377; prácticas de la Patrulla Fronteriza durante el: 378

personas de origen mexicano: activismo obrero de las: 239-240; casta de los ilegales y: 199, 409-410; ciudadanos falsos entre las: 396; colaboración afroestadunidense con: 239-240; como blanco de la Operación Mojado: 348-349; como blanco de la Patrulla Fronteriza: 102, 104, 105, 108, 111-114, 308, 397-400, 404-406, 409, 420; como trabajadores migrantes: 24; condiciones sociales de la clase media: 322; crecimiento en Texas de la población de: 103-104; discriminación racial de las: 239, 280, 369, 414; en las jerarquías sociales y raciales de Texas: 73-74, 75, 100, 302; Operación Hold the Line (1993) y: 422-423; prácticas de la Patrulla Fronteriza que motivaron protestas de: 408-409; rebelión de los empresarios agrícolas de la zona fronteriza de Texas y: 303-304; uso del

término: 28n5; violencia contra las: 54-55, 73
petróleo: 218n38
pobreza: 174, 220, 394, 425
polígamos: 68
política del buen vecino: 304
Polk, James: 57
Port Isabel, Texas: 273, *274*, 198
Posse Comitatus (1878): 339
Potts, Esther: 305
Presidio, Texas: 128, 249, 372
primera Guerra Mundial: 63, 179
prisiones: 426, 428-431
problema del mojado: campaña en México contra el: 261-263; debates del Congreso sobre el: 24; "fin" del: 45, 315, 362; muertes: 111n25; Operación Tormenta: 337-338; perfiles delictivos en función de la raza. *Véase también* Operación Mojado; periodo sucesivo a la era del mojado
Programa Bracero: administración bilateral del: 200, 237, 238; composición sexista del: 256, 350; contratos en el: 213n29, 347; deslocalización de la Patrulla Fronteriza y: 288-289; disputas transfronterizas sobre el: 224-225, 263; duración del: 200; escasez de mano de obra en México a causa del: 262-265; esfuerzos de administración por parte de la Patrulla Fronteriza del: 220-226; establecimiento del (1942): 200, 213; importancia del: 200; inmigración ilegal y: 220, 221, 225-226, 237, 261-264; mala administración del: 358, 362, 393; migración obrera mexicana administrada mediante el: 212-213; necesidades de mano de obra en la segunda Guerra Mundial y: 212-213; negativa de Texas a participar en el: 223, 346, 348; número de trabajadores admitidos en el: 315; término del: 394
programa Criminal, Inmoral, y Narcóticos (CIN): 381-383
programa de empleos especiales: 347
programa I-100: 347
prostitutas: 67, 81, 332, 382, 383, 385, 393, 400
Proyecto de ley Harris (1928): 175

Proyecto de Vigilancia de la Aplicación de las Leyes de Inmigración: 413
Pyeatt, Jean: 102, 131

Quillin, Albert: 292-294, 342, 351

racismo angloamericano: afroestadunidenses y: 239-240; división entre legales e ilegales y: 46; jerarquías sociales y raciales y: 73-74; propaganda mexicana sobre el: 189; rebelión de los empresarios agrícolas de la zona fronteriza de Texas y: 346
radio, tecnología de: 204-205, 351
Rak, Mary Kidder: 122-123, 129
Ramírez, Mario: 251
Randolph, A. Phillip: 303
rangers de Texas: colonización angloamericana protegida por los: 54-56; como agentes de la Patrulla Fronteriza: 54, 88-90, 92; creación de los: 54; estrategia de venganza contra terceros de los: 56, 128; "masculinidad primitiva" y: 132; mexicano-estadunidenses como: 96
rapadura de detenidos: 269-270
rastreo: definición del: 109-110; discriminación racial en el: 108-109, 111-112; leyes de prohibición y: 106
Rawls, Fletcher: 268, 270, 276, 278, 289, 351
Ray, C. B.: 305-306
raza: casta de los ilegales y: 39, 145, 199; control de la migración transfronteriza y: 240, 278, 283; durante el periodo sucesivo a la era del mojado: 366, 369, 374; durante la era carcelaria: 428-430; influencia de la Patrulla Fronteriza en la historia de la: 24, 25, 199; jerarquías raciales: 72; métodos de rastreo de la Patrulla Fronteriza y: 114-116; observancia de las leyes de inmigración estadunidenses y: 156-57; perfil de los musulmanes y: 427; personas de origen mexicano y: 199, 240, 280, 366; rebelión de los empresarios agrícolas de la zona fronteriza de Texas y: 346. *Véase también* condición de la raza blanca; división entre blancos y negros; racismo angloamericano

rebelión cristera (1926-1929): 176-177
rebelión de los empresarios agrícolas en la
    zona fronteriza de Texas con México:
    como crisis de aceptación: 315; desloca-
    lización de la Patrulla Fronteriza y: 286-
    287, 297-298; enfrentamientos armados
    durante la: 307; lógica de los agriculto-
    res: 299-305, 325-327; métodos de resis-
    tencia: 292; Operación Mojado y: 294-
    296, 319, 348; Partidas Especiales de
    Deportación de Mexicanos y: 322; ver-
    siones de la Patrulla Fronteriza que nie-
    gan la: 346-347
redadas: 397, 411
redes sociales: 254
Reeves, Edwin: 88
regionalismo: 25, 100, 202
región de la frontera méxico-estaduni-
    dense: antecedentes históricos: 57-62;
    aprehensiones en la: 395; autoridad po-
    liciaca limitada en la: 268; como atrac-
    ción turística: 260; como centro de acti-
    vidad de la Patrulla Fronteriza: 24-25,
    36-37, 85-86; definición de la: 51; distri-
    tos de la Patrulla Fronteriza en la: 87; du-
    rante la segunda Guerra Mundial: 36;
    geología: 58; intercepción de drogas en
    la: 389-390; jerarquías sociales y racia-
    les en la: 73-74, 108, 111; militarización
    de la: 425-427; permeabilidad de la:
    268. *Véase también* frontera de Arizona
    con México; zona fronteriza de Califor-
    nia con México; zona fronteriza de Texas
    con México
registro de detenidos desnudos: 383
regreso voluntario: 158, 165, 235c
relaciones entre México y China: 147-148
repatriación: 234-235c
Revolución mexicana (1910-1920): 63, 65,
    169
Reyes, Silvestre: 420-422
Reynosa y Matamoros, región algodonera
    de: 262, 264, 266
Rhyne, Charlie: 293
río Bravo: ahogamientos en el: 423; geolo-
    gía: 58-59; peligros de cruzar el: 251-
    252; trazo de la frontera méxico-estadu-
    nidense por el cauce del: 57, 59

río Hondo, Texas: 293, 295
río Nuevo: 423
Roal, Virgilio: 357
Rodríguez, Eugenia: 257
Rodríguez, Hortencia: 257
Rooney, John J.: 385
Roosevelt, Franklin D.: 303
Rosas, Ana: 215
Rosier, John: 231
Russelltown, Texas: 294

Sacramento, California: 372n20
Sahli, Walter: 359
salario: 119, 165, 207, 424; mínimo: 222, 263
Saldaña, Manuel: 96
Salinger, Bob: 201, 207, 269-270, 288, 363-364
Saltillo, México: 189, 191
Samora, Joseph J.: 325
San Antonio, Texas, Distrito de la Patrulla
    Fronteriza de: 87, 105
San Benito, Texas: 294
Sánchez, George: 15, 27, 167
Sánchez, Robert: 357
San Diego, California: 251n25, 400n77, 423
Sandoval, José: 137
San Elizario, Texas: 113, 114
San Luis Potosí, México: 219, 243
San Pedro, California: 394
San Pedro, México: 264
Santibáñez, Enrique: 186-188
Santos Coy, Julio: 114
Saul, John V.: 137-138, 211
Saunders, Lyle: 333
Schuster, Carl: 348
Scott, James C.: 272
Secretaría de Agricultura de México: 219
Secretaría de Gobernación de México: 33,
    183-184, 189
segregación racial: afroestadunidenses y:
    281-282; clase media mexicano-estadu-
    nidense y: 94; colaboración transfronte-
    riza para terminar con la: 240-241; en
    las labores agrícolas: 280; personas de
    origen mexicano y: 71-72; repercusiones
    en la legitimidad internacional de Esta-
    dos Unidos de la: 303
segunda Guerra Mundial: 25, 201-202, 217,
    299; actividades de la Patrulla Fronteri-

za durante la: 322; campos de internamiento durante la: 201n2; cooperación internacional en la vigilancia después de la: 33n10; deslocalización de la Patrulla Fronteriza y: 288, 289; diversificación económica durante la: 310; entrada de Estados Unidos a la: 201; expansión económica de México a raíz de la: 395; influencia en la política racial de la: 303; relaciones México-Estados Unidos después de la: 343, 344; relaciones México-Estados Unidos durante la: 217, 218; trabajadores mexicanos contratados durante la: 213-214

Seitz, Robert J.: 380

Sentencing Project (organización): 429

Servicio de Aduanas de Estados Unidos: 390

Servicio de Inmigración y Naturalización de Estados Unidos (INS): campos de internamiento operados por el: 201, 53n2; Centro de Documentos Fraudulentos: 377; centros de detención de: 243, 272, 365, 383; corrupción en el: 412; informes anuales del: 396; Programa Bracero y: 225, 348; programa de empleos especiales: 347; programa I-100: 347; reorganización administrativa del: 203, 29n7, 203n5; vallas erigidas por el: 247

Sevy (agente de la Patrulla fronteriza): 163

Sinaloa, México: 219, 242, 391

Sindicato Nacional de Trabajadores Agrícolas (Estados Unidos): 323-324

Sipe, Lawrence: 130

sistema de cuotas de inmigración: 69

Snow, David: 260-261

soberanía: 26

Sonora, México: 161-163, 242, 391

Soto, Cesar: 421

Spinnler, G. E.: 112-113, 119

Stern, Alexandra Minna: 132

Stiles, Wesley: 83

Stovall, E. J.: 113-114

Study of the Impact of Illegal Aliens on the County of San Diego (Villalpando): 400n77

Superman es ilegal (canción de Jorge Lerma): 24, 25, 42, 400, 431

supremacía blanca: 79

Swing, Joseph: como comisionado del INS: 340, 355, 363, 366, 383, 384; Operación Mojado dirigida por: 317-319, 340-345; Programa Bracero y: 347-349; sobre el control de la delincuencia: 383-384; sobre el fin de la era del mojado: 362; sobre los traslados forzosos en barco: 273

Talavera, Manuel: 160

Tamaulipas, México: 219, 221

Tampico, México: 273-274, 276

Taylor, Paul Schuster: 72, 74, 94, 118

tecnología de radio: 204, 205

Téllez, Manuel: 175

Ten-Dollar Club: 291

terrorismo: 426, 427

Texas: colonización angloamericana de: 54n4; deportación desde: 318n4; discriminación antimexicana en: 96; empresa agrícola en: 58; rechazo del Programa Bracero en: 220, 346, 347

Thomas, Jack: 134

Thur, Alfred E.: 153

Tichenor, Daniel: 27

Tidwell, Samuel: 403

Todd (agente de la Patrulla Fronteriza): 163

Torreón, México: 189, 243

Torres, Anselmo: 137

Torres, Pete A.: 97, 100, 105, 108, 145, 325, 407

trabajadores migrantes: 60-63

transporte: 219

traslados forzosos de inmigrantes indocumentados: 243, 247, 258, 272, 304, 308, 369

Tratado de Amistad, Comercio y Navegación (México-Japón, 1888): 148

Tratado de Amistad y Comercio (México-China, 1893): 148

Tratado de Libre Comercio de América del Norte (TLCAN, 1994): 424

Tribunal de Distrito de Estados Unidos: 186

Tucson, Arizona: 209

Tule Lake, campo de internamiento: 203n5

Tumlinson, Elizabeth: 53

Tumlinson, John Jackson: 53, 54

Tydings-McDuffe: 62

Unión Estadunidense de las Libertades Civiles: 411
Universidad de Misisipi: 365
Unrepentant Sinner (Askins): 134
Uribe, Manuel: 97, 325

Vallalva, Isaac: 421
vallas: 248-250, 258, 268, 272, 337
valle bajo del río Bravo: 63, 118, 265, 309, 329
valle de San Joaquín: 58, 62
Valle Imperial: 58, 62, 118, 149, 154n25, 155, 156, 250, 324
Val Verde, Texas, condado de: 115
venganza contra terceros: 128-130, 132, 273
Veracruz (barco de vapor): 273
Veracruz, México: 219
Viejos Trescientos: 21, 53, 57
Villalpando, Vic: 400n77
violadores de la frontera: 379n31
violencia: absolución local de los actos de: 137-139; campañas de venganza: 127-130; control migratorio transfronterizo y: 240, 247-249, 268-276; durante la segunda Guerra Mundial: 208-209, 224; rechazo de los reclutas de la Patrulla Fronteriza de la: 211, 212; en la rebelión de los empresarios agrícolas de la zona fronteriza de Texas: 346; guerra contra las drogas y: 425-426; investigación federal de la: 136; discriminación por razón de sexo y: 256-257; humillación como táctica de: 271; implicaciones sociales de la: 124-132; "masculinidad primitiva" y: 132, 133; observancia de las leyes de inmigración a través de la: 29, 30, 51, 403; poblaciones indígenas desposeídas por medio de la: 58; *rangers* de Texas y: 54-55; raza y: 408-410; resistencia al arresto: 252-254, 259-260
violencia policiaca: 246
visa, pago de derechos de: 68, 152, 179, 188

Wacquant, Loïc: 430
Waller, Timothy: 416n17
Webb, Grover: 91
Webb, Walter Prescott: 55
Weber, Devra: 72

Weddle, Harry: 154
Wells, Richard H.: 209
Wetback in the Lower Rio Grande Valley, The (Saunders y Leonard): 333
What Price Wetbacks? (Idar y McClellan): 326
Whittick, Kellogg: 419
Wideman, Edgar: 428
Williams, Ivan: 162
Williams, Ralph: 131, 367
Wilmoth, Grover C.: 139-143, 157-158, 165, 208
Wounded Knee, Dakota del Sur: 365
Wright, Emmanuel Avant ("Dogie"): 53-56, 91-94, 120, 123, 136, 199, 404
Wright, William L.: 54

Yankelevich, Pablo: 15
Young, W. G.: 128

Zacatecas, México: 177
Zapata, Texas: 255-256
Zavala, Ricardo: 184
Zona de Exclusión Asiática: 68, 148
zona fronteriza de California con México: 50, 51, 52; agentes de la Patrulla Fronteriza en la: 151-152; centros de detención del INS en la: 243; cruces ilegales de la: 247; dificultades para la observancia de las leyes de inmigración en la: 157-158; dificultades fiscales de la Patrulla Fronteriza y: 157-159; inmigrantes mexicanos vigilados en la: 166-168; migración asiática vigilada en la: 148-150, 160-163; Operación Mojado en la: 340, 341-344; Partidas Especiales de Deportación de Mexicanos en la: 227-229
zona fronteriza de Texas con México: 44-45; aprehensiones por violación de las leyes de inmigración en la: 112, 114-115; archivos de correspondencia sobre la: 147; centros de detención en la: 243; colonización angloamericana de la: 54n4; condiciones sociales de las personas de origen mexicano en la: 322; contrabando de bebidas alcohólicas en la: 121, 122, 126, 137; cruces ilegales en la: 257-258; definición de la: 51; dificultades fiscales

de la Patrulla Fronteriza y: 157-158; división entre legales e ilegales en la: 111-123, 146; durante la segunda Guerra Mundial: 201; empresas agrícolas y trabajadores migrantes en la: 58-59; inmigrantes mexicanos encarcelados en la: 185; jerarquías sociales y raciales en la: 93-95, 111, 145; labores agrícolas en la: 115, 118; métodos de rastreo de la Patrulla Fronteriza en la: 102-111; observancia de las leyes de inmigración como control de los trabajadores en la: 119-122; Partidas Especiales de Deportación de Mexicanos en la: 227-228; puestos de liderazgo de la Patrulla Fronteriza en: 90; rebelión de los empresarios agrícolas en la: enfrentamientos armados: 307; violencia de la Patrulla Fronteriza en la: 126-134, 144-145, 211-212; vigilancia de la movilidad de las personas de origen mexicano en la: 105

Índice general

Sumario   11
Agradecimientos   13
Prefacio a la edición en español   18
Introducción   23

Primera parte
FORMACIÓN [49]

I. *Los primeros años*   53
   La región fronteriza méxico-estadunidense   57
   Ley de Inmigración de Estados Unidos: genealogía
     de un mandato   66
   La cruzada de los nativistas   69
   El establecimiento de la Patrulla Fronteriza
     de Estados Unidos   78
   Los hombres de la Patrulla Fronteriza de Estados
     Unidos   85

II. *Refugio de violencia*   102
    La vigilancia de los mexicanos   103
    Observancia de la ley migratoria como control
      de los trabajadores   119
    La venganza de Jack: el mundo social de violencia
      de la Patrulla Fronteriza   124
    La Escuela de Capacitación de la Patrulla
      Fronteriza   139

III. *La zona fronteriza de California y Arizona* 147
Vigilancia de las rutas migratorias del Pacífico 148
La restricción fiscal 157
Un aumento costoso 160
La economía política de vigilar la inmigración
mexicana 166

IV. *Trabajadores migrantes de México, inmigrantes
ilegales de Estados Unidos* 169
La política y las promesas de emigración de mano
de obra mexicana 173
Los problemas de la inmigración ilegal 179
El sistema mexicano de control de la emigración 188

Segunda parte
TRANSFORMACIÓN [197]

V. *Un nuevo comienzo* 201
Control de la inmigración y observancia de
la frontera en un mundo en guerra 202
Los reclutas 207
Administrar la migración de trabajadores
mexicanos 212
Partidas Especiales de Deportación de Mexicanos 227
Las esposas de los agentes de la Patrulla Fronteriza 230

VI. *Las rutas de control migratorio* 239
Estados Unidos, México y la transformación de la
deportación 242
"Sin señales de violencia": bilateralidad, género
y evolución de la violencia de Estado 247
México y el problema de la emigración 261
Las posibilidades de la bilateralidad 268

VII. *Rebelión: un levantamiento de agricultores* 285
Resistencia en el sur de Texas 287
La lógica de la resistencia 299

Tercera parte
OPERACIÓN MOJADO Y MÁS ALLÁ [313]

VIII. *Los triunfos de 1954*   317
Los ilegales, la ilegalidad y la sociedad
    estadunidense   322
La Operación Tormenta de 1953   337
La Operación Mojado de 1954   340
El retiro que siguió a la era del mojado   350
El acuerdo de 1955   353

IX. *"La era del mojado se acabó"*   362
El control de la inmigración tras la era del mojado   363
La actitud del control migratorio   366
Las capacidades de detención y deportación   369
Ciudadanos falsos   375
De mojados a delincuentes   378
Control de las drogas, control migratorio   388
El decomiso de drogas en la frontera con México   390
El fin del periodo que siguió a la era del mojado   394

Epílogo   403
Historias tácitas   407
Los hombres y las mujeres de la patrulla   415
Vigilancia de los mexicanos en la era carcelaria   428
Bibliografía selecta   435
Índice analítico   457

*¡La Migra! Una historia de la Patrulla Fronteriza de
Estados Unidos*, de Kelly Lytle Hernández, se terminó
de imprimir y encuadernar en abril de 2015 en Impresora
y Encuadernadora Progreso, S. A. de C. V. (IEPSA),
Calz. San Lorenzo, 244; 09830 México, D. F.
La edición consta de 2 000 ejemplares.